임상심리사 2급
기출문제집 필기

임상심리전문가 **문가인** 편저

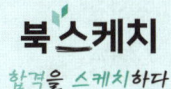

임상심리사 기본 정보

자격종목

- 자격명 : 임상심리사2급
- 관련부처 : 보건복지부
- 시행기관 : 한국산업인력공단
- 관련직업 : 임상심리사, 심리치료사

개요

임상심리사는 심신의 건강 증진을 돕고, 심리적 장애가 있는 사람에게 심리평가와 심리검사 등을 통해 자문을 한다. <u>임상심리사는 주로 심리상담에서 인지, 정서, 행동적인 심리상담을 하지만 정신과의사들이 행하는 약물치료는 하지 않는다.</u> 정신과병원, 심리상담기관, 사회복귀시설 및 재활센터에서 주로 근무하며 개인이 혹은 여러 명이 모여 심리상담센터를 개업하거나 운영할 수 있다. 이 외에도 사회복지기관, 학교, 병원의 재활의학과나 신경과, 심리건강 관련 연구소 등 다양한 사회기관에 진출할 수 있다.

연도별 검정현황

연도	필기			실기		
	응시	합격	합격률	응시	합격	합격률
2021	6,469	5,465	84.5%	6,461	2,614	40.5%
2020	5,032	3,948	78.5%	6,081	1,220	20.1%
2019	6,016	3,947	65.6%	5,858	1,375	23.5%
2018	5,621	3,885	69.1%	6,189	1,141	18.4%
2017	5,294	4,360	82.4%	6,196	1,063	17.2%
2016	5,424	4,412	81.3%	5,810	1,327	22.8%
2015	4,442	3,100	69.8%	5,330	826	15.5%
2014	3,455	3,068	88.8%	3,367	476	14.1%
2013	2,405	2,070	86.1%	2,136	770	36%
2012	1,475	875	59.3%	1,201	345	28.7%
2011	1,092	802	73.4%	1,037	177	17.1%

임상심리사 시험 정보

2023년도 시험일정

구분	필기시험			실기시험		
	원서 접수	시험 일시	합격 발표	원서 접수	시험 일시	합격 발표
1회	1/10~1/19	2/13~3/15	3/21	3/28~3/31	4/22~5/7	6/9~8/8
2회	4/17~4/20	5/13~6/4	6/14	6/27~6/30	7/22~8/6	9/1~10/31
3회	6/19~6/22	7/8~7/23	8/2	9/4~9/7	10/7~10/20	11/15~1/14

※ 원서접수시간은 원서접수 첫날 10:00부터 마지막 날 18:00까지임
※ 정확한 시험일정은 큐넷 홈페이지(http://www.q-net.or.kr/) 참고

응시자격

임상심리와 관련하여 1년 이상 실습수련을 받은 자 또는 2년 이상 실무에 종사한 자로서 대학졸업자 및 졸업예정자

시험과목

필기	① 심리학개론, ② 이상심리학, ③ 심리검사, ④ 임상심리학, ⑤ 심리상담
실기	임상 실무

검정방법

필기	객관식 4지 택일형 과목당 20문항(과목당 30분) (총 2시간 30분, 100문항)
실기	필답형(3시간, 100점)

합격기준

필기	100점을 만점으로 하여 과목당 40점 이상, 전과목 평균 60점 이상
실기	100점을 만점으로 하여 과목당 60점 이상

필기시험 출제기준

필기 과목명	주요 항목	문제 수
심리학개론	발달심리학, 성격심리학, 학습 및 인지 심리학, 심리학의 연구 방법론, 사회심리학	20
이상심리학	이상심리학의 기본개념, 이상행동의 유형	20
심리검사	심리검사의 기본개념, 지능검사, 표준화된 성격검사, 신경 심리검사, 기타 심리검사	20
임상심리학	심리학의 역사와 개관, 심리평가 기초, 심리치료의 기초, 임상심리학의 자문, 교육, 윤리, 임상 특수분야	20
심리상담	상담의 기초, 심리상담의 주요 이론, 심리상담의 실제, 중독상담, 특수문제별 상담유형	20

임상심리사 2급 우대현황

우대법령	조문내역	활용내용
공무원임용 시험령	제27조 경력경쟁채용시험 등의 응시자격 등(별표7,별표8)	경력경쟁채용시험 등의 응시
	제31조 자격증 소지자 등에 대한 우대(별표12)	6급 이하 공무원 채용시험 가산대상자격증
교육감소속지방공무원 평정규칙	제23조 자격증 등의 가산점	5급 이하 공무원,연구사 및 지도사 관련 가점사항
국가공무원법	제36조의2 채용시험의 가점	공무원 채용시험 응시가점
군무원인사법 시행령	제10조 경력경쟁 채용요건	경력경쟁채용시험으로 신규채용할 수 있는 경우
군인사법 시행규칙	제14조 부사관의 임용	부사관 임용자격
근로자직업능력개발법 시행령	제27조 직업능력개발훈련을 위하여 근로자를 가르칠 수 있는 사람	직업능력개발훈련교사의 정의
	제28조 직업능력개발훈련교사의 자격취득(별표2)	직업능력개발훈련교사의 자격
	제44조 교원 등의 임용	교원임용시자격증소지자에 대한 우대
기초연구진흥 및 기술개발지원에 관한 법률 시행규칙	제2조 기업부설연구소 등의 연구시설 및 연구전담요원에 대한 기준	연구전담요원의 자격기준
연구직 및 지도직 공무원의 임용 등에 관한 규정	제26조의2 채용시험의 특전(별표6,별표7)	연구사 및 지도사 공무원 채용시험 시가점
중소기업인력지원특별법	제28조 근로자의 창업 지원 등	해당 직종과 관련분야에서 신기술에 기반한 창업의 경우 지원
지방공무원임용령	제17조 경력경쟁 임용시험 등을 통한 임용의 요건	경력경쟁 시험 등의 임용
	제55조의3 자격증 소지자에 대한 신규임용시험의 특전	6급 이하 공무원 신규임용 시 필기시험 점수 가산
지방공무원 평정규칙	제23조 자격증 등의 가산점	5급 이하 공무원 연구사 및 지도사 관련 가점 사항
행정안전부소관비상대비자원관리법 시행규칙	제2조 인력자원의 관리 직종(별표)	인력자원 관리 직종
국가기술자격법	제14조 국가기술자격취득자에 대한 우대	국가기술자격 취득자 우대
국가기술자격법 시행규칙	제21조 시험위원의 자격 등 (별표16)	시험위원의 자격
국가기술자격법 시행령	제27조 국가기술자격취득자의 취업 등에 대한 우대	공공기관 등 채용 시 국가기술자격 취득자 우대
국회인사규칙	제20조 경력경쟁채용 등의 요건	동종 직무에 관한 자격증소지자에 대한 경력경쟁채용
군무원인사법 시행규칙	제18조 채용시험의 특전	채용시험의 특전
비상대비자원관리법	제2조 대상자원의 범위	비상대비자원의 인력자원 범위

이 책의 차례

PART 1 2022년 임상심리사 2급 기출문제

2022년 제1회 기출문제(2022. 03. 05. 시행) · 8
2022년 제3회 기출복원(2022. 07. 20. 시행) · 34

PART 2 2021년 임상심리사 2급 기출문제

2021년 제1회 기출문제(2021. 03. 07. 시행) · 62
2021년 제3회 기출문제(2021. 08. 14. 시행) · 88

PART 3 2020년 임상심리사 2급 기출문제

2020년 제1·2회 통합 기출문제(2020. 06. 06. 시행) · 118
2020년 제3회 기출문제(2020. 08. 22. 시행) · 146

PART 4 2019년 임상심리사 2급 기출문제

2019년 제1회 기출문제(2019. 03. 03. 시행) · 176
2019년 제3회 기출문제(2019. 08. 04. 시행) · 204

PART 5 2018년 임상심리사 2급 기출문제

2018년 제1회 기출문제(2018. 03. 04. 시행) · 232
2018년 제3회 기출문제(2018. 08. 19. 시행) · 258

PART 6 2017년 임상심리사 2급 기출문제

2017년 제1회 기출문제(2017. 03. 05. 시행) · 288
2017년 제3회 기출문제(2017. 08. 26. 시행) · 314

PART 7 2016년 임상심리사 2급 기출문제

2016년 제1회 기출문제(2016. 03. 06. 시행) · 342
2016년 제3회 기출문제(2016. 08. 21. 시행) · 368

임상심리사 2급 필기

2022년 임상심리사 2급 기출문제

2022년 제1회 기출문제
2022. 03. 05. 시행

2022년 제3회 기출문제
2022. 07. 02. 시행

2022년 제1회 임상심리사 2급 필기 기출문제
2022년 03월 05일 시행

제1과목 심리학 개론

001
임상심리학 연구방법 중 내담자와의 면접을 통해 증상과 경과를 체계적으로 연구하는 방법은?

① 실험연구 ② 상관연구
③ 사례연구 ④ 혼합연구

해설
사례연구는 특정한 개인이나 집단을 집중적으로 조사하여 결론을 얻는 연구방법으로 사례가 제한되어 있으므로 일반화의 문제와 연구자의 주관적 기대 및 편향이 개입될 가능성이 있다.

002
성격이론과 대표적인 연구자가 잘못 짝지어진 것은?

① 정신분석 이론 – 프로이트(Freud)
② 행동주의 이론 – 로저스(Rogers)
③ 인본주의 이론 – 매슬로우(Maslow)
④ 특질 이론 – 올포트(Allport)

해설
인간 중심상담의 창안자인 칼 로저스(Carl Rogers)는 상담의 주요 개념으로 자기 또는 자아(self)를 강조하였다.

003
기억 연구에서 집단이 회상한 수가 집단구성원 각각 회상한 수의 합보다 적은 것을 의미하는 것은?

① 책임감 분산 ② 청크 효과
③ 스트룹 효과 ④ 협력 억제

해설
협력억제는 기억 연구에서 집단이 회상한 수가 집단 구성원 각각 회상한 수의 합보다 적은 것을 의미한다.

004
여러 상이한 연령에 속하는 사람들로부터 동시에 어떤 특성에 대한 자료를 얻고, 그 결과를 연령 간 비교하여 발달적 변화과정을 추론하는 연구방법은?

① 종단적 연구방법
② 횡단적 연구방법
③ 교차비교 연구방법
④ 단기종단적 연구방법

해설
횡단적 연구는 많은 시간과 비용을 요구하는 종단적 연구의 단점을 보완하기 위해 고안된 연구로 동시에 여러 연령층을 연구할 수 있으므로 시간과 비용이 적게 든다.

005

단순 공포증이 유사한 대상에게 확대되는 현상을 설명하는 학습 원리는?

① 변별조건형성 ② 자극 일반화
③ 자발적 회복 ④ 소거

> **해설**
> 자극 일반화 : 어떤 자극이 일단 조건자극으로서 형성되고 나면 이 자극과 유사한 다른 자극들도 무조건자극과 짝지어진 적이 전혀 없는 자극까지 조건반응이 확장되는 현상을 말한다.

006

실험장면에서 실험자가 조작하는 처치 변인은?

① 독립변인 ② 종속 변인
③ 조절 변인 ④ 매개 변인

> **해설**
> 독립변인은 다른 변인들과는 독립적으로 변화하기 때문에 자유로운 값을 지니는 자극조건이다. 종속 변인은 하나 또는 그 이상의 독립변인이 변화한 결과에 따라 그 값이 변하는 변인이다.

007

프로이트의 성격 구조에 대한 설명으로 틀린 것은?

① 이드는 쾌락원칙을 따른다.
② 초자아는 항문기의 배변훈련 과정을 겪으면서 발달한다.
③ 성격의 구조 가운데 가장 마지막으로 발달하는 체계가 초자아이다.
④ 자아는 성격의 집행자로서, 인지능력에 포함된다.

> **해설**
> 초자아는 아동이 사회적으로 바람직하지 않은 행위에 대한 부모나 다른 성인들의 금지들을 자신의 가치로 받아들이면서 형성된다.

008

Cattell의 성격이론에 관한 설명과 가장 거리가 먼 것은?

① 주로 요인분석을 사용하여 성격 요인을 규명하였다.
② 지능을 성격의 한 요인인 능력특질로 보았다.
③ 개인의 특정 행동을 설명할 수 있느냐에 따라 특질을 표면특질과 근원특질로 구분하였다.
④ 성격특질이 서열상으로 조직화되어 있다고 보았다.

> **해설**
> Cattell은 성격특성이 서열적으로 조직화되어 있지 않다고 보았다.

009

성격을 정의할 때 고려하는 특징으로 가장 거리가 먼 것은?

① 시간적 일관성
② 환경에 대한 적응성
③ 개인의 독특성
④ 개인의 자율성

> **해설**
> • 성격개념의 특징
>   – 내적 속성 : 성격은 직접 관찰할 수 있는 아니며, 개인의 말투나 행동을 통해 간접적으로 측정한다.
>   – 통합성 : 성격은 정신·신체적인 체제들(인지, 감정, 행동)의 통합적인 과정이다.
>   – 독특성(고유성) : 개인마다 고유하고 독특하다.
>   – 일관성 : 성격은 시간이 흘러도 안정적이고 잘 변화하지 않는 특성을 보이며, 여러 다른 상황에서도 비교적 일관된 행동이다.
>   – 역동성 : 성격과 상황은 서로 영향을 주고받는 역동적 관계이다.
> * 자율성은 성격개념의 특징이 아니다.

010
인지학습이론에 대한 설명으로 틀린 것은?

① 형태주의는 공간적인 관계보다는 시간 변인에 주로 관심을 둔다.
② Tolman은 강화가 무슨 행동을 하면 어떤 결과가 일어날 것이란 기대를 확인시켜 준다고 보았다.
③ 통찰은 해결 전에서 해결로 갑자기 일어나며 대개 '아하' 경험을 하게 된다.
④ 인지도는 학습에서 내적 표상이 중요함을 보여준다.

> **해설**
> 형태주의에서는 학습을 비연속적 인지현상(통찰)으로 파악하며, 접촉, 지금-여기(here and now), 자각 및 책임감 등을 중시한다.

011
에릭슨의 심리·사회적 발달이론에서 노년기에 맞는 위기는?

① 고립감
② 열등감
③ 단절감
④ 절망감

> **해설**
> 에릭슨의 심리·사회적 발달단계
>
> | 단계 | 연령 | 심리적 위기 | 덕목 |
> |---|---|---|---|
> | 1단계 | 0세~1세 | 신뢰감 대 불신감 | 희망 |
> | 2단계 | 1세~3세 | 자율성 대 수치심 | 의지력 |
> | 3단계 | 3세~6세 | 주도성 대 죄의식 | 목적 |
> | 4단계 | 6세~11세 | 근면성 대 열등감 | 능력 |
> | 5단계 | 청소년기 | 자아 정체감 대 역할 혼미 | 충성심 |
> | 6단계 | 성인 초기, 장년기 | 친밀감 대 고립감 | 사랑 |
> | 7단계 | 성인중기, 중년기 | 생산성 대 침체감 | 배려 |
> | 8단계 | 성인 후기, 노년기 | 통합성 대 절망감 | 지혜 |

012
고전적 조건형성에 관한 설명으로 옳은 것은?

① 대부분의 정서적인 반응들은 고전적 조건형성을 통해 학습될 수 있다.
② 중립자극은 무조건자극 직후에 제시되어야 한다.
③ 행동 변화의 효과를 거두기 위해서는 적절한 반응의 수나 비율에 따라 강화가 이루어져야 한다.
④ 모든 자극에 대한 모든 반응은 연쇄(chaining)를 사용하여 조건형성을 할 수 있다.

> **해설**
> 고전적 조건화로 정서 반응을 학습할 수 있다. 예를 들면 개에게 물린 사람이 다른 시간, 상황에서도 개를 두려워하게 될 수 있다.

013
자신의 행동을 통해서 태도를 확인하고 이해하는 과정을 설명하는 이론은?

① 인지부조화 이론
② 자기지각 이론
③ 자기고양편파 이론
④ 자기정체성 이론

> **해설**
> 벰(D. J. Bem)이 주장한 자기지각 이론은 우리의 내적 상태(신념, 태도, 동기, 그리고 감정들)는 현재의 행동방식에 대한 지각과 과거에 그 상황에서 어떻게 행동했었는지에 대한 회상을 통하여 추론된다는 것이다.

014
집단사고가 일어나는 상황과 가장 거리가 먼 것은?

① 집단의 응집력이 높은 경우
② 집단이 외부 영향으로부터 고립된 경우
③ 집단의 리더가 민주적인 경우
④ 실행 가능한 대안이 부족하여 집단의 스트레스가 높은 경우

> **해설**
> 쟈니스(Janis)는 집단사고(Group-Think)가 응집력이 높을 때, 외부로부터 단절되어 있을 때, 리더가 지시적이고, 제시한 방안보다 더 좋은 방안을 찾을 가망이 없다는 데서 오는 스트레스가 높을 때 나타나는 경향이 높다고 하였다.
> * 리더가 민주적인 경우는 해당되지 않는다.

015
어떤 사람의 행동을 보고 상황이나 외적 요인보다는 사람의 기질이나 내적 요인에 그 원인을 두려고 하는 것은?

① 고정관념
② 현실적 왜곡
③ 후광효과
④ 기본적 귀인 오류

> **해설**
> 기본적 귀인 오류 : 사회심리학에서 가장 중요한 현상 중 하나로, 행동의 실제 원인이 상황에 있는데도 불구하고 원인을 사람(사람의 소인)에게로 돌리는 오류를 말한다.

016
의미망 모형에 관한 설명으로 틀린 것은?

① 많은 정보는 의미망으로 조직화할 수 있고 의미망은 노드(node)와 통로(pathway)로 구성되어 있다.
② 모형의 가정을 어휘 결정 과제로 검증할 수 있다.
③ 버터가 단어인지를 판단하는 데 걸리는 시간은 간호사보다 빵이라는 단어가 먼저 제시되었을 때 더 느리다.
④ 활성화 확산 과정으로 설명할 수 있다.

> **해설**
> 의미망 모형(semantic network model) : 어휘 점화 효과를 설명하는 것으로 '의미' 정보는 장기기억에서 개념과 개념 간의 상호연결을 갖는 그물망 방식으로 조직된다고 설명한다. 버터가 단어인지를 판단하는 데 걸리는 시간은 간호사보다 빵이라는 단어가 먼저 제시되었을 때 더 빠르다.

017
동조에 관한 설명으로 옳은 것은?

① 집단의 크기에 비례하여 동조의 가능성이 증가한다.
② 과제가 쉬울수록 동조가 많이 일어난다.
③ 개인이 집단에 매력을 느낄수록 동조하는 경향이 더 높다.
④ 집단에 의해서 완전하게 수용 받고 있다고 느낄수록 동조하는 경향이 더 크다.

> **해설**
> 동조는 사람들이 집단의 다른 구성원들에 의해 제시된 행동과 의견을 받아들이려는 경향이다.
> 집단의 크기가 3~4명일 때 동조율이 가장 높다. 정보가 부족하거나 불확실한 상황에서 동조가 잘 나타난다. 자신이 속하였거나, 속하고자 원하는 준거집단의 규범을 받아들여 이에 동조한다.

018
연구설계 시 내적 타당도를 위협하는 요인이 아닌 것은?

① 평균으로의 회귀 ② 측정 도구의 변화
③ 피험자의 반응성 ④ 피험자의 학습효과

해설
내적 타당도란 각 변수 사이의 인과관계를 추론하여 그것이 실험에 따른 진정한 변화에 의한 것인지를 판단하는 인과조건의 충족 정도를 말한다.

019
기억에 관한 설명 중 옳지 않은 것은?

① 기억의 세 단계는 부호화, 저장, 인출이다.
② 감각기억은 매우 큰 용량을 가지고 있지만, 순식간에 소멸한다.
③ 외현기억은 무의식적이며, 암묵기억은 의식적이다.
④ 부호화와 인출을 증진시키는 한 가지 방법은 심상을 사용하는 것이다.

해설
- 외현기억(explicit memory) : 의식적으로 과거 경험을 인출할 때 발생하는 기억으로 그 기억에 관해 설명할 수 있기에 서술기억이라고도 한다.
- 암묵기억(implicit memory) : 스스로 기억하고 있다는 것을 알지 못하지만, 과거의 경험들이 나중의 행동이나 수행에 영향을 주는 기억 종류를 말한다.

020
비율척도에 해당하는 것은?

① 성별 ② 길이
③ 온도 ④ 석차

해설
비율척도(ratio scale) : 절대영점을 가지고 있는 척도로, 모든 산술적인 연산이 가능하며, 몸무게, 키, 거리 등을 측정하는 척도이다.

제 2 과목 이상심리학

021
DSM-5에서 알코올 사용장애 진단기준에 관한 설명으로 옳은 것은?

① 증상의 개수로 알코올사용장애 심각도를 분류한다.
② 알코올로 인한 법적 문제가 진단기준에 포함된다.
③ 교차중독 현상이 진단기준에 포함된다.
④ 음주량과 음주횟수가 진단기준에 포함된다.

해설
경도 : 2~3개의 증상
중등도 : 4~5개의 증상
고도 : 6개 혹은 그 이상의 증상

022
여성의 알코올 중독에 관한 설명으로 옳은 것은?

① 알코올 중독의 남녀 비율은 비슷한 수준이다.
② 여성은 유전적으로 남성보다 알코올 중독의 가능성이 더 크다.
③ 여성 알코올 중독자들은 남성 알코올 중독자들보다 우울을 더 많이 경험하고 자살 시도 횟수가 더 많다.
④ 여성은 남성보다 체지방이 많으므로 술의 효과가 늦게 나타나고 대사가 빠르다.

해설
남성이 여성보다 음주와 관련된 장애를 가지는 비율이 높다.
여성은 남성과 같은 음주량에도 남성보다 높은 혈중 알코올 농도가 유발되기 쉽다.

023
지속성 우울장애(기분 저하증)의 진단기준에 관한 설명으로 틀린 것은?

① 우울 기간 동안 자존감 저하, 절망감 등의 2가지 증상이 나타난다.
② 순환성 장애의 진단기준을 충족해야 한다.
③ 조종 삽화, 경조증 삽화가 없어야 한다.
④ 청소년에서는 기분이 과민한 상태로 나타나기도 한다.

해설
지속성 우울장애 : 만성 주요 우울장애와 기분 부전 장애를 통합한 것이다. 조증 삽화, 경조증 삽화가 없어야 하고, 순환성 장애의 진단기준을 충족하지 않아야 한다.

025
조현병 스펙트럼 및 기타 정신병적 장애에 해당하지 않는 것은?

① 순환성 장애
② 조현양상 장애
③ 조현정동 장애
④ 단기 정신병적 장애

해설
조현병 스펙트럼 및 기타 정신병적 장애의 하위 유형
조현병, 조현정동 장애, 조현양상 장애, 망상장애, 조현형성격 장애, 단기 정신병적 장애

024
이상심리의 이론적 모형에 관한 설명으로 틀린 것은?

① 양극성 장애와 조현병은 유전을 비롯한 생물학적 요인에 영향을 받는다.
② 행동주의자들은 부적응 행동이 학습의 원리에 따라 형성된다고 제안하였다.
③ 실존주의자들은 정신장애가 뇌의 생화학적 이상에 의해서 유발된다고 본다.
④ 인지 이론가들은 비합리적 신념과 역기능적 사고가 이상행동에 영향을 준다고 본다.

해설
실존주의에서는 인간이 세상 속에서 '자신의 정체감' 또는 '의미'를 창조하기 위해 끊임없이 선택해야 하며, 이러한 선택이 불안을 일으킨다고 주장한다.

026
사회불안장애에 대한 설명으로 가장 적합한 것은?

① 공포스러운 사회적 상황이나 활동상황에 대한 회피, 예기불안으로 일상생활, 직업 및 사회적 활동에 영향을 받는다.
② 특정 뱀이나 공원, 동물, 주사 등에 공포스러워 한다.
③ 터널이나 다리에 대해 공포반응이 일어나는 경우이다.
④ 생리학적으로 부교감신경계의 활성 등의 생리적 반응에서 기인한다.

해설
사회불안장애는 한 가지 또는 그 이상의 사회적 상황이나 활동 상황에 대해 현저하고 지속적인 두려움을 느끼는 것으로, 개인이 친숙하지 못한 사람들이나 타인에 의해 주시되는 상황에 대해 두려움을 느낀다.

027
신경발달장애에 관한 설명으로 틀린 것은?

① 뚜렛장애 진단 시 운동성 틱과 음성 틱은 항상 동시에 나타나야 한다.
② 생의 초기부터 나타나는 유아기 및 아동기 장애와 관련이 있다.
③ 비유창성이 청소년기 이후에 시작되면 성인기-발병 유창성 장애로 진단한다.
④ 상동증적 운동장애는 특정 패턴의 행동을 목적 없이 반복하여 부적응적 문제가 초래된다.

> **해설**
> 뚜렛장애 진단 시 운동성 틱과 음성 틱이 반드시 동시에 나타날 필요는 없다.

028
Bleuler가 제시한 조현병(정신분열병)의 4가지 근본 증상, 즉 4A에 해당하지 않는 것은?

① 감정의 둔마(Affective blunting)
② 자폐증(Autism)
③ 양가감정(Ambivalence)
④ 무논리증(Alogia)

> **해설**
> - Bleuler의 4A
>   - 연상의 결함(Association)
>   - 정동의 결함(감정의 둔마)(Affectivity)
>   - 양가감정(Ambivalence)
>   - 자폐증(Autism)

029
주의력 결핍 및 과잉행동장애(ADHD)에 관한 설명으로 틀린 것은?

① 학령전기에 보이는 주요증상은 과잉행동이다.
② 앉아 있도록 요구되는 상황에서 자리를 떠나는 것은 부주의 증상에 해당된다.
③ 증상이 지속되면 적대적 반항장애로 동반 이환할 가능성이 높다.
④ 여성보다 남성에게 더 흔하게 나타난다.

> **해설**
> ②는 과잉행동 증상에 해당된다.
> ④ 남아가 여아의 6~9배 더 많이 나타난다.

030
다음의 사례에 가장 적합한 진단명은?

> 24세의 한 대학원생은 자신의 꿈속에 사는 듯 느껴졌고, 자기 신체와 생각이 자기 것이 아닌 듯 느껴졌다. 자신의 몸 일부는 왜곡되어 보였고, 주변 사람들이 로봇처럼 느껴졌다.

① 해리성 정체성장애
② 해리성 둔주
③ 이인화 / 비현실감 장애
④ 착란장애

> **해설**
> 이인화/비현실감장애는 해리장애의 하위유형으로, 이인화는 개인의 정신과정이나 신체로부터 분리되어 있으며, 비현실감을 느끼는 것이다.

031

주요 신경인지장애에 관한 설명으로 옳은 것은?

① 인지기능의 저하 여부는 병전 수행 수준을 기준으로 삼지 않는다.
② 가족력이나 유전자 검사에서 원인이 되는 유전적 돌연변이의 증거가 있어야 한다.
③ 기억 기능의 저하가 항상 나타난다.
④ 알츠하이머병으로 인한 경우는 서서히 시작되고 점진적으로 진행된다.

해설
알츠하이머는 기억력의 점진적인 퇴행을 가져오는 뇌의 이상에서 오는 병이다. 또한, 알츠하이머는 일상생활에 곤란을 겪을 정도의 심각한 (사고, 기억, 추론) 지적 기능의 상실을 가져옴으로써 신경인지장애에 이르게 된다.

032

분리불안장애에 관한 설명으로 틀린 것은?

① 행동치료, 놀이치료, 가족치료 등을 통하여 호전될 수 있다.
② 부모의 양육 행동, 아동의 유전적 기질, 인지행동적 요인 등이 영향을 미친다.
③ 학령기 아동에서는 학교에 가기 싫어하거나 등교 거부로 나타난다.
④ 성인의 경우 증상이 1개월 이상 나타날 때 진단될 수 있다.

해설
아동·청소년에게서는 증상이 4주 이상, 성인의 분리불안 증상이 6개월 이상 지속되어야 진단된다.

033

B군 성격장애에 해당하지 않는 것은?

① 경계성 성격장애 ② 강박성 성격장애
③ 반사회성 성격장애 ④ 연극성 성격장애

해설
• DSM-5 B군 성격장애
 - 반사회성 성격장애
 - 연극성 성격장애
 - 경계성 성격장애
 - 자기애성 성격장애
* 강박성 성격장애는 C군 성격에 해당한다.

034

다음 장애 중 성기능부전에 포함되지 않는 것은?

① 사정지연 ② 발기장애
③ 마찰도착장애 ④ 여성극치감장애

해설
성기능부전의 하위유형 : 사정지연, 발기장애, 여성극치감장애, 여성 성적관심/흥분장애, 성기-골반통증/삽입장애, 남성성욕감퇴장애, 조기사정, 물질/약물치료로 유발된 성기능부전

035

다음 증상들이 나타날 때 적절한 진단명은?

- 의학적 상태, 물질 중독이나 금단, 치료약물의 사용 등으로 일어난다는 증거가 있다.
- 주의를 집중하는 것이 어렵고, 이해할 수 없는 말을 중얼거린다.
- 방향 감각이 없고 자신의 이름을 말하지 못한다.
- 위의 증상들이 갑자기 나타나고, 몇 시간이나 몇 일간 지속되다가 그 원인을 제거하면 회복되는 경우가 많다.

① 섬망
② 경도신경인지장애
③ 주요신경인지장애
④ 해리성 정체성장애

> **해설**
> 섬망 : 혼돈(confusion)과 비슷하지만, 의식이 혼미해지고 주의집중 및 전환능력이 현저히 감소한다. 기억, 언어, 현실판단 등 인지기능에 일시적 장애 증상이 갑자기 급격하게 나타난다. 원인을 제거하면 증상이 사라진다.

037

변태성욕장애에 해당하지 않는 것은?

① 관음장애
② 소아성애장애
③ 노출장애
④ 성별 불쾌감

> **해설**
> 변태성욕장애의 유형 : 노출장애, 관음장애, 접촉마찰장애, 성적가학장애, 성적피학장애, 아동성애장애, 물품음란장애, 의상전환장애

036

전환장애에 관한 설명으로 틀린 것은?

① 전환장애 진단을 위해서는 증상이 신경학적 질병으로 설명되지 않아야 한다.
② 전환증상은 다양하지만, 특히 흔한 것은 보이지 않음, 들리지 않음, 마비, 무감각증 등이다.
③ 전환증상은 의학적 증거로 설명되지는 않고 있으며 환자들이 일시적인 어려움을 피하기 위하여 의도적으로 꾸며낸 것이다.
④ 전환증상은 내적 갈등의 자각을 차단하는 일차 이득이 있고, 책임감으로부터 구제해주고 동정과 관심을 끌어내는 이차 이득이 있다.

> **해설**
> 전환장애 진단 기준
> - 하나 또는 그 이상의 수의적 운동이나 감각 기능의 증상이 있다.
> - 임상 소견이 증상과 인정된 신경학적 혹은 의학적 상태의 불일치에 대한 증거를 제공한다.
> - 증상이나 결함이 다른 의학적 장애 또는 정신질환으로 잘 설명되지 않는다.
> - 증상이나 결함이 사회적, 직업적, 또는 다른 중요한 기능 영역에서 임상적으로 현저한 고통이나 손상을 초래하거나, 의학적 평가를 필요로 한다.
> * 전환장애는 무의식적인 부인이나 억압이란 방어기제의 결과로 발현된다.

038

대인관계의 자아상 및 정동의 불안정성, 심한 충동성을 보이는 광범위한 행동 양상으로 인해 사회적 부적응이 초래되는 성격장애는?

① 의존성 성격장애
② 경계선 성격장애
③ 편집성 성격장애
④ 연극성 성격장애

> **해설**
> 경계선 성격장애 : 강렬한 애정과 분노가 교차하는 불안정한 대인관계, 심한 충동성과 자해적 행동을 특징으로 한다.

039

조현병에 관한 설명으로 맞는 것은?

① 망상, 환각, 와해된 언어 중 1개 증상이 반드시 포함되어야 한다.
② 양성 증상은 음성 증상보다 더 만성적으로 나타난다.
③ 2개 이상의 영역에서 기능이 저하되어야 진단될 수 있다.
④ 일반적으로 발병 연령의 성별 차이는 나타나지 않는다.

> **해설**
> 조현병의 특징 : 망상, 환각, 비논리적이고 혼란스러운 사고, 기이한 행동, 감정의 둔마 음성 증상이 더 만성적으로 나타난다.
> 일, 대인관계 혹은 자기관리와 같은 주요 영역의 한 가지 이상에 기능 수준이 현저하게 저하되어야 한다.
> 조현병 발병률은 여성이 약간 낮다.

제3과목 심리검사

041
교통사고 환자의 신경심리 검사에서 꾀병을 의심할 수 있는 경우는?

① 기억과제에서 쉬운 과제에 비해 어려운 과제에서 더 나은 수행을 보일 때
② 즉각기억과제와 지연기억과제의 수행에서 모두 저하를 보일 때
③ 뚜렷한 병변이 드러나며 작의적인 반응을 보일 때
④ 단기기억 점수는 정상범위이나 다른 기억 점수가 저하를 보일 때

> **해설**
> 기억과제에서 쉬운 과제보다 어려운 과제에서 더 나은 수행을 보일 때는 증상을 과장한 꾀병을 의심해 볼 수 있다.
> 꾀병이란 이차적 이득을 위해 증상을 과장하는 경우로, 교통사고나 산재 환자의 보상문제, 군입대를 위한 심리검사 등에서 나타날 수 있다.

040
주요우울장애에 동반되는 세부 유형(양상)이 아닌 것은?

① 혼재성 양상 동반
② 멜랑콜리아 양산 동반
③ 급속 순환성 양산 동반
④ 비전형적 양산 동반

> **해설**
> • 주요우울장애 동반 세부 유형
> – 불안증 동반
> – 혼재성 양상 동반
> – 멜랑콜리아 양상 동반
> – 비전형적 양상 동반
> – 기분과 일치하는 정신병적 양상 동반
> – 기분과 일치하지 않는 정신병적 양상 동반
> – 긴장증 동반
> – 주산기 발병 동반
> – 계절성 동반

042
MMPI-2 코드 쌍의 해석적 의미로 틀린 것은?

① 4-9 : 행동화적 경향이 높다.
② 1-2 : 다양한 신체적 증상에 대한 호소와 염려를 보인다.
③ 2-6 : 전환증상을 나타낼 경우가 많다.
④ 3-8 : 사고가 본질적으로 망상적일 수 있다.

> **해설**
> ③은 1-3/3-1 코드 유형에 대한 설명이다.
> 1-3/3-1 코드 유형
> 미성숙, 자기중심적, 히스테리적 성격
> 부정, 억압의 방어기제, 특히 2번이 10번 이상 낮을 때 전형적인 전환장애 프로파일이다.
> 1-3은 비관적 불평불만, 3-1은 세상과 자신에 대한 낙관적, 낙천적임
> 신체적 증상을 조종 또는 수동공격적 방식으로 사용 주의와 애정 요구, 주의가 자신에게 집중되어 있다.

043

두정엽의 병변과 가장 관련이 있는 장애는?

① 구성 장애
② 시각 양식의 장애
③ 청각 기능의 장애
④ 고차적인 인지적 추론의 장애

해설

두정엽은 공간 및 감각 기능, 후두엽은 시각과 관련된 기능, 측두엽은 청각 정보 기능 등을 조절한다. 전두엽은 이 모두를 통제하고 모니터링하는 관제 센터이다. 따라서 두정엽이 손상되면 공간에 대한 인지장애로 구성운동장애가 나타날 수 있다.

044

동일한 사람에게 교육수준이나 환경 및 질병의 영향 등과 같은 모든 가외 변인을 통제한 상태에서 20세, 30세, 40세 때 편차점수를 사용하는 동일한 지능검사를 실시하였다면 지능이 어떻게 나타날 것인가?

① 점진적인 저하가 나타난다.
② 30세 때까지 상승하다가 그 이후 저하된다.
③ 점진적인 상승이 나타난다.
④ 변하지 않는다.

해설

웩슬러 지능검사 : 편차 IQ 개념 도입. IQ는 정규분포라는 가정하에 연령 규준별로 평균 100, 표준편차 15인 표준점수에 의해 IQ 계산한다.
따라서 모든 변인을 통제한 상태에서 동일한 지능검사를 실시한다면 변화가 나타나지 않는다.

045

다면적 인성검사(MMPI-2)에서 개인의 전반적인 에너지와 활동 수준을 평가하며 특히 정서적 흥분, 짜증스러운 기분, 과장된 자기 지각을 반영하는 척도는?

① 척도 1
② 척도 4
③ 척도 6
④ 척도 9

해설

MMPI의 9번 척도(경조증, hypomania)
경조증 탐지를 위해 개발된 척도로, 에너지 및 활동 수준, 정서적 흥분성, 과민하고 짜증스러운 기분, 과장된 자기 지각, 사고의 비약 등의 증상을 포함한다.

046

지능검사와 그 활용에 관한 설명으로 틀린 것은?

① 학습과 진로지도 자료로 활용할 수 있다.
② 지능지수가 높다고 해서 반드시 높은 학업 성취를 보이는 것은 아니다.
③ 검사의 전체 소요시간은 여러 요인에 따라 달라질 수 있다.
④ 웩슬러 지능검사의 특징 중 하나는 정신연령 개념을 도입한 것이다.

해설

편차지능지수는 웩슬러가 지능검사에 적용한 방법으로 표준화, 즉 관련 변수들을 샘플링하고, 각각 나이에 대한 데이터는 정상분포를 가정한다. 이 편차지능지수를 계산하기 위해, 웩슬러는 지능의 원점수를 각 나이에 집단에 대한 원점수의 표준화 정상분포와 비교했다. 결론적으로 웩슬러는 지능지수 평균을 100으로 설정하고, 표준편차를 15로 하였다. 사람의 편차 지능지수 100±로 정의한 것이다. 반면 비네 검사의 경우, 실제연령/정신연령 ×100이라는 단순식으로 설정해 정신연령을 비교한 점수를 의미한다. 이후 톨만은 이 비네 지능검사 점수를 다양한 연령대 아이들 집단에 대한 점수에 비교하여 표준화하였다. 스탠퍼드-비네검사는 표준화된 지능검사이다.

047

다음에서 설명하고 있는 지능 개념은?

- Cattell이 두 가지 차원의 지능으로 구별한 것 중 하나이다.
- 타고나는 지능으로 생애 초기 비교적 급속히 발달하고 20대 초반부터 감소한다.
- Wechsler 지능검사의 동작성 검사가 이 지능과 관련이 있다.

① 결정적 지능　　② 다중지능
③ 유동적 지능　　④ 일반 지능

해설
유동적 지능은 유전적, 신경 생리적 영향에 의해 발달한 지능으로, 지각속도, 지각능력, 기계적 암기능력 등이 유동적 지능에 해당한다. 이러한 유동적 지능은 뇌와 중추신경계의 성숙에 비례하여 발달하고, 연령이 증가함에 따라 점차 쇠퇴한다.

048

특정 학업과정이나 직업에 대한 앞으로의 수행능력이나 적응을 예측하는 검사는?

① 적성검사　　② 지능검사
③ 성격검사　　④ 능력검사

해설
적성검사
적성은 일반적 지식이나 특수한 기술을 습득, 숙달할 수 있는 개인의 잠재력을 의미한다.
적성검사는 학업성취와 관련된 학업 적성, 직업 활동과 관련된 직업적성/사무적성, 기계 적성, 음악 적성, 미술 적성, 언어적성 수공적성, 수리적성 등의 특수 적성으로 세분된다.
적성검사는 인지적 검사로 개인의 특수한 능력 또는 잠재력을 발견하도록 하여 학업이나 취업 등의 진로 결정에 대한 정보 및 미래 성공 가능성을 예측하며, 지능보다 특수하고 광범위한 능력을 측정한다.

049

모집단에서 규준집단을 표집하는 방법과 가장 거리가 먼 것은?

① 군집 표집(cluster sampling)
② 유층 표집(stratified sampling)
③ 비율 표집(ratio sampling)
④ 단순무선표집(simple random sampling)

해설
모집단의 표준편차를 추정할 때 사용하는 분포는 표준정규분포, 카이검정, F 검정 등이다. t 분포는 정규분포의 평균을 측정할 때 사용되는 분포로, 표준정규분포와 유사하지만, 표본이 적을 때(자유도가 30 이하) 사용한다. 이 자유도가 커질수록 표준정규분포에 가까워진다. 그래서 나머지 검정들을 대표본 검정이라고 한다면 t 분포는 소 표본 검정이라고 알려져 있다.
자유도는 n−1이기 때문에 자유도가 적을 때 사용되는 t 분포가 나머지 세 가지 분포에 비해 적은 수의 추정 자료에 근거한다고 볼 수 있다.

050

검사자가 지켜야 할 윤리적 의무로 옳지 않은 것은?

① 검사과정에서 피검자에게 얻은 정보에 대해 비밀을 보장할 의무가 있다.
② 자신이 다루기 곤란한 어려움이 있을 때는 적절한 전문가에게 의뢰하여야 한다.
③ 자신이 받은 학문적인 훈련이나 지도받은 경험의 범위를 벗어난 평가를 해서는 안 된다.
④ 피검자가 자해행위를 할 위험성이 있어도 비밀보장의 의무를 지켜야 하므로 누구에게도 알려서는 안 된다.

해설
임상심리사는 피검자가 자해행위를 할 위험성이 있는 경우에는 비밀보장의 예외사항으로 보호자에게 알릴 의무가 있다.

051
전두엽 기능에 관한 신경심리학적 평가영역과 가장 거리가 먼 것은?

① 의욕(volition)
② 계획능력(planning)
③ 목적적 행동(purposive action)
④ 장기기억능력(long-term memory)

해설
전두엽 집행기능 : 실행 기능, 목표 지향적으로 자신의 행동을 조절·통제·관리해가는 능력
실행기능 평가 검사 : 웩슬러 지능검사의 공통성문제, 언어 유창성 검사, 선로 잇기 검사, 스트룹 검사, 레이 복합 도형 검사, 위스콘신 카드 분류검사

053
다면적 인성검사에 관한 설명으로 틀린 것은?

① 표준화된 규준을 가지고 있다.
② 수검 태도와 검사 결과의 타당성을 확인하는 척도가 있다.
③ MMPI의 임상 척도와 MMPI-2의 기본 임상 척도의 수는 동일하다.
④ 임상 척도 간에 중복되는 문항이 적어서 진단적 변별성이 높다.

해설
MMPI-2(미네소타 다면적 인성검사)는 경험적 방식으로 제작되었는데, 환자군에게 자신에게 해당되는 문항을 고르라고 하여 임상 척도를 구성하였기 때문에 임상 척도 간에 중복되는 문항이 있다.

052
MMPI에서 2, 7 척도가 상승한 패턴을 가진 피검자의 특성으로 옳지 않은 것은?

① 행동화(acting-out) 성향이 강하다.
② 정신치료에 대한 동기는 높은 편이다.
③ 자기비판 혹은 자기 처벌적인 성향이 강하다.
④ 불안, 긴장, 과민성 등 정서적 불안상태에 놓여 있다.

해설
①은 4-9유형의 특징이다.
2-7코드 유형 특징
불안과 긴장이 동반되는 우울, 걱정, 비관주의, 자신감 부족, 소심함, 죄책감, 내적 경험 반추, 완벽주의적 성향, 심리상담이나 정신과적 도움을 구하는 사람에게서 주로 나타나는 프로파일이다.

054
지능을 일반요인과 특수요인으로 구분한 학자는?

① 스피어만(C.Spearman)
② 써스톤(L. Thurstone)
③ 케텔(R. Cattell)
④ 길포드(J. Guilford)

해설
스피어만(Spearman)의 2요인설
요인분석을 지능 영역에 적용하였다. 모든 지적 영역의 기저에는 일반지능요인(g)이 있으며, 각 개별적 영역은 (s)라고 부르는 특수한 기술과 연관된다고 하였다. 예를 들어, 어휘검사나 산술검사에서의 수행은 일반 지능과 특수한 능력, 이 두 가지 능력 모두와 관련된다.

055
검사의 종류와 검사구성방법을 짝지은 것으로 가장 적합하지 않은 것은?

① 16 PF – 요인분석에 따른 검사구성
② CPI – 경험적 준거에 따른 검사구성
③ MMPI – 경험적 준거 방법
④ MBTI – 합리적, 경험적 검사구성의 혼용

해설
MBTI는 칼 구스타브의 성격이론에서 근거해서 만들어진 검사로 이론적 준거에 따라 제작되었다.

056
노인 집단의 일상생활 기능에 대한 양상 및 수준을 평가하기에 가장 적합한 심리검사는?

① MMPI-2
② K-VMI-6
③ K-WAIS-IV
④ K-Vineland-Ⅱ

해설
K-VINELAND-Ⅱ
* 한국판 바인랜드 적응행동척도 2판
검사대상 : 만 0세 0개월 ~ 만 90세 11개월
검사소요시간 : 면담형 20 ~ 60분 / 보호자평정형 30 ~ 60분
적응행동의 평가는 장애인(특히 지적장애인)과 같은 적응행동에 상당한 제한이 있는 사람들뿐만 아니라 다양한 장애(예를 들어, 발달장애, 학습장애, 청각 및 시각장애, ADHD, 정서 및 행동장애, 다양한 유전적 장애 등)의 임상적 진단에 사용될 수 있고, 장애가 없는 개인의 적응 수준을 평가하는 데도 도움이 될 수 있다. 더불어 아동기 발달상의 문제뿐만 아니라 적응기능이 손상된 고령의 사람들을 평가하여 독립적인 생활을 유지하는데 도움이 되는 방법을 찾는 데도 기여할 수 있다.

057
발달검사를 사용할 때 고려해야 할 사항과 가장 거리가 먼 것은?

① 일반적인 기능적 분석만 사용해야 한다.
② 규준에 의한 발달적 비교가 가능해야 한다.
③ 다중기법적 접근을 취해야 한다.
④ 경험적 타당한 측정도구를 사용해야 한다.

해설
발달검사는 질적 분석적인 측면이 강하므로 기능적 분석보다는 경험적, 임상적 분석, 규준에 의한 발달적 비교 등이 중요하다.

058
문장완성검사에 대한 설명으로 틀린 것은?

① 가족, 이성 관계 등 문항의미와 관련하여 이들 문항 세트를 함께 고려하여 해석하는 것이 도움이 된다.
② Rapport 등(1968)은 형식적 면에서 연상의 장애를 '근거리 반응'과 '원거리 반응'으로 개념화하여 설명하고자 했다.
③ 국내에서 출판되고 있는 Sacks의 문장완성검사는 아동용, 청소년용, 성인용으로 구분되어 있다.
④ 누락된 문항이라 하더라도 중요한 가설을 형성할 수 있다는 점에서 주의 깊게 검토해야 한다.

해설
문장완성 검사는 투사검사의 일종이지만, 반투사 검사로 수검자가 검사 자극의 내용을 어느 정도 의식할 수 있다.

059

K-WAIS-IV에서 개념형성능력을 측정하는 소 검사는?

① 차례맞추기
② 공통성문제
③ 이해문제
④ 빠진곳 찾기

해설

한국판 성인용지능검사(K-WAIS-IV)
공통성문제를 측정하는 것
논리적 · 추상적 추론능력, 언어적 개념형성 또는 개념적 사고능력, 본질과 비본질을 구분하는 능력, 언어적 유창성과 관련된 연합능력

060

말의 유창성이 떨어지고 더듬거리는 말투, 말을 길게 하지 못하고 어조나 발음이 이상한 현상 등을 보이는 실어증은?

① 브로카 실어증
② 베르니케 실어증
③ 초피질성 감각 실어증
④ 전도성 실어증

해설

브로카(표현성) 실어증 : 브로카 영역이 손상된 실어증 환자들은 대부분 단어의 의미를 이해할 수 있으며 어떻게 답변하고 싶은지도 알 수 있다. 하지만 단어들을 찾는 데 어려움을 느껴 천천히 애를 쓰면서 한 단어 한 단어를 말해야 하며, 때로는 이렇게 말하는 것이 너무 힘들다 보니 욕설을 내뱉기도 하나 자신이 말한 것은 스스로 이해할 수 있다. 언어의 정상적 리듬 및 강조도 빠져 있으며 이들은 구절을 반복하는 데 어려움을 겪는다.

제 4 과목 임상심리학

061

내담자를 평가할 때 문제행동의 선행조건, 환경적 유인가, 보상의 대체원, 귀인방식과 같은 요소를 중요하게 여기는 평가방법은?

① 정신역동적 평가
② 인지행동적 평가
③ 다축분류체계 평가
④ 기술지향적 평가

해설

인지행동적 평가
객관적인 행동에 더해서 문제 행동 이면의 인지 과정에 대한 평가의 필요성에 의해 개발됨. 자기기술, 인지 구조, 인지적 왜곡, 인지 변화 등을 대상으로 한다.

062

인지치료에서 강조하는 자동적 자기파괴 인지 중 파국화에 해당하는 것은?

① 그 프로젝트가 성공하지 못한 것은 나 때문이다.
② 나는 완벽해져야 하고 나약함을 보여서는 안 된다.
③ 나는 성공하거나 실패하거나 둘 중 하나이다.
④ 이 일이 잘되지 않으면 다시는 이 일과 같은 일은 할 수 없을 것이다.

해설

비합리적 신념은 당위적 사고, 파국화, 좌절에 대한 인내심 부족, 자기 및 타인에 대한 비하 등 여러 가지 특징이 있다. 파국화(재앙화)는 지나친 과장을 의미하는 것으로서, 우리말로는 "~하는 것은 끔찍한 일이다"로 표현된다. 당위적 요구가 충족되지 않았을 때 그와 같은 현실의 결과를 과장되게 해석하는 것이다.

063

다음 30대 여성의 다면적 인성검사 MMPI-2 결과에 대한 일반적 해석으로 적절한 것은?

Hs	D	Hy	Pd	Mf	Pa	Pt	Sc	Ma	Si
72	65	75	50	35	60	64	45	49	60

① 스트레스 상황에서 신체 증상이 두드러지고 회피적 대처를 할 소지가 크다.
② 반사회적 행동을 보일 가능성이 크다.
③ 외향적이고 과도하게 에너지가 항진되어 있기 쉽다.
④ 망상, 환각 등의 정신증적 증상이 나타나기 쉽다.

해설

1-3/3-1 코드 유형
미성숙, 자기중심적, 히스테리적 성격
부정, 억압의 방어기제, 특히 2번이 10번 이상 낮을 때 전형적인 전환장애 프로파일이다.
1-3은 비관적 불평불만, 3-1은 세상과 자신에 대한 낙관적, 낙천적임
신체적 증상을 조종 또는 수동공격적 방식으로 사용
주의와 애정 요구, 주의가 자신에게 집중되어 있다.

064

공식적인 임상심리학의 기원으로 보는 역사적 사건은?

① Wundt의 심리실험실 개설
② Witmer의 심리클리닉 개설
③ Binet의 지능검사 개발
④ James의 '심리학의 원리' 출판

해설

1896년 펜실베니아 대학교에 최초로 심리클리닉을 설립한 사람은 위트머(Witmer)이다. 또한 위트머는 '임상심리학'이라는 용어를 1907년 심리진료소의 기관지에서 처음으로 사용하였다.

065

Wolpe의 체계적 둔감법을 적용하기에 가장 적합한 내담자는?

① 적절한 대처능력이 떨어지고 일반상황에 심각한 불안을 보이는 내담자
② 적절한 대처능력이 있으나 특정상황에 심각한 불안을 보이는 내담자
③ 적절한 대처능력이 있으나 일반상황에 심각한 불안을 보이는 내담자
④ 적절한 대처능력이 떨어지고 특정상황에 심각한 불안을 보이는 내담자

해설

체계적 둔감법은 고전적 조건형성의 원리에 기반을 두고 이완을 통해 불안을 억제하는 상호억제를 원리를 이용한 행동치료기법이다.
이를 개발한 조셉 울페는 공포나 불안이 특정 자극에 대한 학습 또는 연합에 의해 일어난다고 보았다.

066

내담자의 말과 행동에서 표현된 기본적인 감정, 생각 및 태도를 상담자가 다른 참신한 말로 부연해주는 것은?

① 명료화   ② 반영
③ 직면   ④ 해석

해설

반영(reflection) : 내담자의 말과 행동에서 표현된 기본적인 감정, 생각, 및 태도를 상담자가 다른 참신한 말로 부연해주는 것. 감정의 반영, 행동 및 태도의 반영이 있다.

067
행동평가 방법에 관한 설명으로 틀린 것은?

① 자연관찰은 참여자가 아닌 관찰자가 환경 내에서 일어나는 참여자의 행동을 관찰하고 기록하는 방법이다.
② 유사관찰은 제한이 없는 환경에서 관찰하는 방법이다.
③ 자기관찰은 자신이 개인과 환경간의 상호작용에 관한 자료를 수집하도록 한다.
④ 참여관찰은 관찰하고자 하는 개인이 자연스러운 환경에 관여하면서 기록하는 방식이다.

해설
- **자연관찰** : 내담자의 집, 학교, 병원 등에서 자연스럽게 나타나는 문제행동을 관찰하는 것이다.
- **유사관찰(통제된 관찰)** : 내담자가 문제행동을 보이는 상황을 조작해 놓고 그 조건에서의 문제행동을 관찰하는 것으로, 자연적인 상황에서의 관찰법이 가진 제한점을 보완해준다.
- **자기관찰** : 개인이 자신의 행동, 사고, 정서 등을 관찰하고 기록하는 것이다.
- **참여관찰** : 관찰하고자 하는 개인이 자연스러운 환경에 관여하면서 기록하는 방식이다.

068
임상심리학자는 내담자와 이중관계를 갖지 말아야 한다. 이와 가장 관련이 깊은 윤리원칙은?

① 성실성   ② 의무성
③ 유능성   ④ 책임성

해설
이중관계 지양 의무는 성실성과 관련된다. 심리상담자는 자신의 내담자, 학생들과 부적절한 이중관계나 착취 관계를 맺어서는 안 되며, 성적인 문제에 연루되어서는 안 된다.

069
위치감각과 공간적 회전 등의 개별적인 신체 표상과 관련이 있는 대뇌 영역은?

① 전두엽   ② 후두엽
③ 측두엽   ④ 두정엽

해설
- **두정엽** : 공간 및 감각 기능
- **전두엽** : 고차 인지기능 담당, 자발적 운동, 동작, 실행기능, 주의를 전환하고 통제하는 기능
- **후두엽** : 뇌 반구의 가장 뒷부분, 주로 시각 정보를 인지하고 조절한다.
- **측두엽** : 청각 기능, 언어이해, 기억, 정서, 청각 정보 기능 등을 조절한다.

070
바람직한 행동을 한 아동에게 그 아동이 평소 싫어하던 화장실 청소를 면제해 주었더니, 바람직한 행동이 증가했다면 이는 어떤 유형의 조작적 조건 형성에 해당하는가?

① 정적 강화   ② 부적 강화
③ 정적 처벌   ④ 부적 처벌

해설
- **부적 강화** : 불쾌 자극을 제거하여 바람직한 반응의 확률을 높임.
- **정적 강화** : 유쾌 자극을 부여하여 바람직한 반응의 확률을 높임.
- **정적 처벌** : 불쾌 자극을 부여하여 바람직하지 못한 반응의 확률을 감소함.
- **부적 처벌** : 유쾌 자극을 제거하여 바람직하지 못한 반응의 확률을 감소함.

071
정신건강 자문 중 점심시간이나 기타 휴식시간 동안에 임상사례에 대해 동료들에게 자문을 요청하는 형태는?

① 내담자 – 중심 사례 자문
② 피자문자 – 중심 사례 자문
③ 비공식적인 동료집단 자문
④ 피자문자 – 중심 행정 자문

> **해설**
> 심리학에서 가장 널리 사용되고 가치를 두는 자문방법으로, 점심시간이나 휴식시간 동안 비공식적으로 도전적인 임상 사례에 대해 동료들을 자문을 요청하는 것을 포함한다.

072
다음 중 자연관찰법의 특징이 아닌 것은?

① 시간과 비용이 많이 든다.
② 비밀이 보장된다.
③ 자신이 관찰된다는 것을 알았을 때 다르게 행동한다.
④ 관찰은 편파될 수 있다.

> **해설**
> 자연관찰법은 내담자의 집, 학교, 병원 등에서 자연스럽게 나타나는 문제행동을 관찰하는 것이다.

073
강박장애로 치료 중인 고3 학생에게 K-WAIS-IV를 실시한 결과 다른 소 검사보다 상식, 어휘문제의 점수가 유의하게 높았다. 이 검사 결과로 가정해 볼 수 있는 이 학생의 심리적 특성으로 옳은 것은?

① 높은 공간지각력
② 높은 주지화 경향
③ 주의력 저하
④ 현실검증력 손상

> **해설**
> 강박 장애의 방어기제는 주지화, 반동형성, 취소, 대치, 격리이다. 주지화는 감정이나 충동을 직접 경험하는 대신 그것을 지적으로 분석하여 위협적인 감정을 피하는 방법으로 사고를 통해 정서를 통제하는 형태이다(예 죽음을 심하게 두려워하는 사람이, 생과 사는 하나이다라는 식으로 사고하는 것)

074
심리상담 및 심리치료의 과정에서 나타나는 현상과 가장 거리가 먼 것은?

① 내담자는 상담자가 아무런 요구 없이 인간으로서의 관심만을 베푼다는 것을 경험한다.
② 상담관계에서 내담자는 처음부터 새로운 방식으로 반응하고 행동하게 된다.
③ 상담 장면에서는 일반적이고 추상적인 자료보다는 그 상황에서의 실제 행동을 다룬다.
④ 치료유형에 차이가 있음에도 불구하고 심리치료에는 공통요인이 작용한다.

> **해설**
> 상담 관계에서 내담자는 처음부터 새로운 방식으로 반응하고 행동하게 되는 것은 심리상담의 해석기법을 통하여 성취될 수 있으며 상담 후기에 주로 이루어진다.

075
초기 임상심리학자와 그의 활동으로 바르게 짝지어진 것은?

① Witmer – g지능 개념을 제시했다.
② Binet – Army Alpha 검사를 개발했다.
③ Spearman – 정신지체아 특수학교에서 심리학자로 활동했다.
④ Wechsler – 지능검사를 개발했다.

해설
- Alfred Binet : 1905년 최초의 지능검사 언어성 지능검사
- Wilhelm Wundt : 1879년 독일 라이프치히에 심리학 실험실을 개설
- Witmer : 1896년는 Pennsylvania 대학교에서 심리진료소를 개설

076
행동의학에서 주로 다루는 주제로 가장 적합한 것은?

① 공황발작
② 외상 후 스트레스 장애
③ 조현병의 음성증상
④ 만성통증 관리

해설
행동의학은 신체장애에 대한 행동주의적 치료의 응용을 포함한다. 최면과 바이오피드백이 추가된 행동치료 기법들은 비만, 흡연, 의학적 치료에 대한 응종, 통증 관리, 두통, 심혈관 장애를 비롯한 다양한 문제들에 응용되고 있다.

077
다음 중 유관학습의 가장 적합한 예는?

① 욕설을 하지 않게 하기 위해 욕을 할 때마다 화장실 청소하기
② 손톱 물어뜯기를 줄이기 위해 손톱에 쓴 약을 바르기
③ 충격적 스트레스 사건이 떠오를 때 '그만!' 이라는 구호 외치기
④ 뱀에 대한 공포가 있는 사람에게 뱀을 만지는 사람의 영상 보여주기

해설
유관성은 서로 관계없는 자극과 반응을 학습을 통해 관계있는 것으로 만들어주는 것이다. 예를 들면, 학생이 교사가 원하는 바람직한 행동을 하면 학생이 원하는 보상을 하겠다는 협상을 하는 것을 말한다.

078
환자가 처방한 대로 약을 잘 복용하고, 의사의 치료적 권고를 준수하게 하기 위한 가장 적절한 방법은?

① 준수하지 않을 때 불이익을 준다.
② 의사가 권위적이고 단호하게 지시한다.
③ 모든 책임을 환자에게 위임한다.
④ 치료자가 약의 효과 등에 대해 친절하고 상세하게 설명한다.

해설
라포형성은 심리상담장면뿐만 아니라 정신과 장면에서도 중요하다. 먼저 라포를 형성한 후 약의 효과, 약을 먹어야 하는 이유를 설명해주면 환자는 좀 더 약을 잘 복용할 것이다.

079

환자와의 초기 면접에서 면접자가 주로 탐색하는 정보의 내용이 아닌 것은?

① 환자의 증상과 주 호소, 도움을 요청하게 된 이유
② 최근 환자의 적응기제를 혼란시킨 스트레스 사건의 유무
③ 면접과정에서 드러난 고통스런 경험에 대한 이해와 심리적 격려
④ 기질적 장애의 가능성 및 의학적 자문의 필요성에 대한 탐색

해설

- 초기면접 확인 사항
  - 기본 인적 사항
  - 호소문제
  - 내담자가 보는 문제의 심각성과 긴급성
  - 호소문제와 관련된 발달력
  - 현재 및 최근의 사고, 정서, 행동
  - 정서상태평가
  - 사회적·심리적 자원
  - 대인관계 특성
  - 외모 및 행동
  - 이전 상담 및 치료경험
  - 상담동기
  - 심각도/긴급도 평정 및 면접자 소견
  - 상담자 배정에 필요한 정보

080

심리평가 도구 중 최초 개발된 이후에 검사의 재료가 변경된 적이 없는 것은?

① Wechsler 지능검사
② MMPI 다면적 인성검사
③ Bender-Gestalt 검사
④ Rorschach 검사

해설

로샤검사는 1921년 스위스 정신과 의사인 Herman Rorschach에 의해 개발된 투사적 성격검사로, 현재까지 가장 널리 사용되는 대표적인 투사적 검사이며, 검사 도구는 그대로이다. 나머지 검사는 개정판이 발행되었다.

제5과목 심리상담

081

벡(A. Beck)이 제시한 인지적 오류와 그 내용이 옳은 것을 모두 고른 것은?

ㄱ. 개인화 : 내담자가 두 번째 회기에 오지 않을 경우, 첫 회기에서 내가 뭘 잘못했기 때문이라고 강하게 믿는 것
ㄴ. 임의적 추론 : 남자 친구가 바쁜 일로 연락을 못 하면 나를 멀리하려 한다고 결론 내리고 이별을 준비하는 것
ㄷ. 과잉일반화 : 한두 번의 실연당한 경험으로 누구로부터도 항상 실연을 당할 것이라고 생각하는 것

① ㄱ, ㄴ
② ㄱ, ㄷ
③ ㄴ, ㄷ
④ ㄱ, ㄴ, ㄷ

해설

개인화(personalization)
관련지을만한 근거가 없을 때조차 외적 사상들과 자기 자신을 관련짓는 경향이다. 일종의 망상과 비슷하다. 예를 들어, 길을 가다가 어떤 모르는 사람들이 웃고 있다면 자신과 그 사람들은 아무런 관련이 없음에도 불구하고, 그 사람들이 자신을 욕하면서 비웃고 있다고 생각하는 것이다.

① 근거 없는 추론(arbitrary inference)
지지할 만한 적절한 증거 없이 부정적 결론에 도달하는 것이다. 예를 들어 모든 사람이 당신이 한 행동을 꿰뚫어 보고 있다고 확신하는 것이다.

② 선택적 추론(selective abstraction)
사건의 부분적인 세부사항을 근거로 결론을 내리는 것이다. 이 과정에서 다른 정보가 무시되고 전체적 맥락이 간과되기도 한다. 즉, 긍정적인 요소를 무시하고 부정적인 요소만을 토대로 추론한다는 것을 말한다. 예를 들어, 당신에게 여러 가지 장점이 있는데도 불구하고 당신이 가진 약점과 실수를 토대로 자신을 무가치한 학생이라고 생각하는 것이다.

③ 과잉 일반화(overgerneralization)
단 하나의 사건을 근거로 형성된 극단적인 신념을 유사하지도 않은 다른 사건이나 장면에 부적절하게 적용하는 과정이다.

④ 극대화와 극소화(magnification/minimization)
어떤 경우나 상황을 실제 가치보다 더 크게 또는 더 적게 지각하는 것이다. 즉, 부정적인 요소를 확대하고 긍정적 요소는 축소하는 것이다.
⑤ 잘못된 명명(mislabeling)
불완전성과 과거의 실수에 근거해서 자신의 정체감을 묘사하고 이를 자신의 진정한 정체감으로 정의하는 것이다. 예를 들어 피아노를 배운다고 할 때, 한 곡을 실수 없이 다 치면 성공이고 하나라도 틀리면 실패라고 명명한 후 조금이라도 실수하면 자신은 피아노에 가망이 없는 사람이라고 판단하는 것이다. 심지어는 성공조차 실패로 명명한다.
⑥ 이분법적 사고(dichotomous thinking)
흑백논리로 사고하고 해석하거나, 경험을 어느 한 극단으로 범주화하는 것이다. 이러한 사고를 가진 사람은 인간관계를 수평적으로 못 보고 수직적으로 본다.

082
청소년 지위 비행에 해당하는 것은?

① 음주
② 금품갈취
③ 도벽
④ 인터넷중독

해설
Senna(2000)은 지위 비행을 청소년에 걸맞지 않은 행동으로 정의하고, 부모에게 반항, 흡연과 음주, 무단결석 및 교사에 대한 반항, 비행 또래와의 접촉, 가출, 성행위 등으로 지위 비행을 분류하였다.

083
다음 (   )안에 들어갈 내용을 옳게 나열한 것은?

하렌(Harren)은 의사결정 과정으로 인식, 계획, 확신, 이행의 네 단계를 제안하고, 이 과정에 영향을 미치는 주요 요인으로 (ㄱ)과 (ㄴ)을(를) 제시하였다.

① ㄱ : 자아개념, ㄴ : 의사결정유형
② ㄱ : 자아존중감, ㄴ : 정서적 자각
③ ㄱ : 자아효능감, ㄴ : 진로성숙도
④ ㄱ : 정서조절, ㄴ : 흥미유형

해설
하렌(Harren)은 의사결정과정에 영향을 미치는 의사결정자의 개인적인 특징으로 자아개념과 의사결정유형을 제안하였다.
의사결정유형이란 어떤 개인이 결정을 내릴 때 선호하는 접근방식을 일컫는 것으로 하렌은 의사결정이 필요한 과제를 인식하고 그에 반응하는 개인의 특징적 유형, 개인이 의사결정을 내리는 방식이라 정의하였다.

084
단기상담에 적합한 내담자와 가장 거리가 먼 것은?

① 위급한 상황에 있는 군인
② 중요 인물과의 상실을 경험한 자
③ 급성적으로 발생한 문제로 고통받는 내담자
④ 상담에 대해 동기가 낮은 내담자

해설
단기상담에 적합한 내담자
호소하는 문제가 발달상의 과제와 연관된다.
일반적으로 정신병, 중독, 성격 문제보다는 불안이나 우울 등의 문제에 적합하다.
내담자 주위에 정서적 지지를 제공해줄 사람이 있다.

085
개인의 일상적 경험구조, 특히 소속된 분야에서 특별하다고 간주되던 사람들의 일상적 경험구조를 상세하게 연구하고자 하는 목적에서 생겨난 심리상담의 핵심적인 전제조건에 해당하는 것은?

① 매순간 새로운 자아가 출현하고 새로운 경험을 할 때마다 우리는 새로운 위치에 있게 된다.
② 어린 시절의 창조적 적응은 습관적으로 알아차림을 방해한다.

③ 내담자로 하여금 문제를 해결하는 것뿐만 아니라 그 문제를 유지시키는 보다 근본적인 기술을 변화시키도록 돕는 것이 중요하다.
④ 개인은 마음, 몸, 영혼으로 이루어진 체계이며, 삶과 마음은 체계적 과정이다.

> **해설**
> NLP(Nuero Linguistic Programming, 신경언어프로그래밍)의 전제조건
> - 전제조건이란 그것이 반드시 진리이기 때문이 아니라 다만 전제조건의 내용에 근거하여 실천/행동할 때 바람직한 성과를 얻을 수 있기에 사실인 것처럼 생각하고 받아들일 수 있는 명제를 말한다.
> - 정신과 육체는 하나의 체계이다. 정신과 육체는 상호작용을 하며 서로 영향을 미친다. 다른 하나에 영향을 주지 않고 어느 하나를 변화시킨다는 것은 불가능하다.
>   1. 지도는 영토가 아니다.
>   2. 인간의 행동은 목적지향적이다.
>   2. 모든 행동은 긍정적 의도에서 나온다.
>   3. 무의식은 선의적이다.
>   4. 이해하기를 원한다면 실행하라.
>   5. 선택할 수 있다는 것은 그렇지 못한 것보다 바람직하다.
>   6. 사람들은 그 당시에 할 수 있는 최선의 선택을 한다.
>   7. 실패란 없다. 다만 피드백이 있을 뿐이다.
>   8. 사람들은 완벽하게 일한다.
>   9. 의사소통에서 전달하고자 하는 의미는 곧 우리가 상대방으로부터 얻는 반응으로 결정된다.
>   10. 타인의 세계관을 존중하라.
>   11. 우리는 감각을 통해 모든 정보를 처리한다.

086
다음은 어떤 상담에 관한 설명인가?

> 정상적인 성격발달이 특정 발달단계의 성공적인 문제해결과 관련 있다고 보는 상담접근

① 가족체계상담　② 정신분석상담
③ 해결중심상담　④ 인간중심상담

> **해설**
> 프로이트는 심리성적 발달단계를 거치는 동안 욕구를 적절하게 충족하게 되면 다음 단계로 순조롭게 발달해가지만, 각 단계에서 욕구가 지나치게 충족되거나 충족되지 못하면 다음 단계로 발달해가지 못하고 그 단계에 고착하는 현상이 일어나 성격발달에 부정적인 영향을 미친다고 하였다.

087
심리검사 결과 해석 시 주의할 사항과 가장 거리가 먼 것은?

① 검사해석의 첫 단계는 검사 매뉴얼을 알고 이해하는 것이다.
② 내담자가 받은 검사의 목적과 제한점 및 장점을 검토해 본다.
③ 결과에 대한 구체적 예언보다는 오히려 가능성의 관점에서 제시되어야 한다.
④ 검사 결과로 나타난 장점이 주로 강조되어야 한다.

> **해설**
> 심리평가 기본 철학
> - 검사 결과에서 나타난 장점과 함께 심리적 문제의 진단적 인상이나 심도를 제시해야 한다.
> - 철저하게 전문적인 작업이어야 한다.
> - 평가대상자도 존엄한 인간임을 자각해야 한다.
> - 평가 결과는 하나의 가설이며, 그 타당성에 의문이 제기될 수 있음을 인정해야 한다.
> - 선행연구와 임상심리사의 임상 경험을 토대로 전문적인 견해를 제시하고자 해야 한다.

088
주요 상담이론과 대표적 학자들의 연결이 옳지 않은 것은?

① 정신역동이론 - Freud, Jung, Kernberg
② 인본(실존)주의이론 - Rogers, Frankl, Yalom
③ 행동주의이론 - Watson, Skinner, Wolpe
④ 인지치료이론 - Ellos, Beck, Perls

> **해설**
> 인지치료이론 - Beck만 인지치료입장이다.

089

Satir의 의사소통 모형 중 스트레스를 다룰 때 자신의 스트레스를 무시하고 다른 사람에게 힘을 넘겨주며 모두에게 동의하는 말을 하는 것은?

① 초이성형 ② 일치형
③ 산만형   ④ 회유형

> **해설**
> Satir의 의사소통 5가지 유형
> - **회유형** : 상대방을 위해서만 모든 것을 맞추려 한다. 다른 사람의 의견에 지나치게 동조하고 비굴한 자세를 보인다.
> - **비난형** : 상대방을 무시하고 자신의 의견이 최선이며 상대가 받아들이지 않으면 화를 낸다.
> - **초이성형** : 감정표현을 억제하고 매우 냉정한 태도를 취한다. 자신과 타인을 무시하고 상황과 원칙만 강조한다.
> - **산만형** : 다른 사람의 말과 행동을 고려하지 않는다. 대화의 초점 없이 부적절하게 반응한다.
> - **일치형** : 자신이 중심이 되어 타인과 관계를 맺는다. 자신, 타인, 상황을 신뢰하고 존중한다.

090

성 피해자 심리상담 초기 단계의 유의사항으로 옳지 않은 것은?

① 치료 관계 형성에 힘써야 한다.
② 상담자가 상담내용의 주도권을 가져야 한다.
③ 성폭력 피해로 인한 합병증이 있는지 묻는다.
④ 성폭력 피해의 문제가 없다고 부정을 하면 일단 수용해준다.

> **해설**
> 성피해상담 시 초기에는 피해 상황에 대한 자세한 정보를 조심스럽게 묻되, 내담자가 현재 상황에서 표현할 수 있는 것만 표현하도록 선택권을 준다. 피해자에게 상담내용의 주도권을 주도록 한다.

091

학업 상담에 있어 지능에 관한 설명으로 틀린 것은?

① 지능에 대한 학습자가 주관적인 인식은 학습 태도와 관련이 없다.
② 지능지수는 같은 연령대 학생들 간의 상대적 위치를 의미한다.
③ 지능검사는 스탠퍼드-비네 검사, 웩슬러 검사, 카우프만 검사 등이 있다.
④ 지능점수를 통해 학생의 인지적 강점 및 약점을 파악할 수 있다.

> **해설**
> 지능에 대한 학습자가 주관적인 인식은 긍정적인자아개념과 자기충족적 예언으로 작용하여 학업성적에 긍정적인 영향을 줄 수 있다.

092

상담 초기 단계에서 사용하기에 가장 적합한 기법은?

① 경청   ② 자기개방
③ 피드백   ④ 감정의 반영

> **해설**
> 상담초기에는 관심 기울이기, 경청, 공감, 수용적 존중과 개방형 질문 등을 주로 사용함으로써 내담자와의 신뢰감 형성, 정보의 탐색 및 이해가 주로 이루어진다.

093

생애기술 상담이론에서 기술언어(skills language)에 해당하는 것은?

① 내담자가 어떻게 생각하고 느끼는가를 의미하는 것이다.
② 내담자가 어떤 외현적 행동을 하는가를 의미하는 것이다.

③ 내담자 자신의 책임감 있는 삶을 의미하는 것이다.
④ 내담자의 행동을 설명하고 분석하기 위해 사용하는 것을 의미하는 것이다.

> 해설

생애기술상담(Life Skill Counseling)
생애기술은 개인의 심리적 삶을 보장하기 위해 구체적 기술 영역에서 결정하는 일련의 선택이라고 할 수 있다.
기술언어(Skill Language)
생애기술 장단점의 관점에서 내담자 문제에 대해 생각하고 말하는 것. 특히 내담자의 문제를 지속시키는 구체적인 사고기술과 행동 기술상의 단점을 규명하고, 그것들을 상담목표로 전환하는 것을 포함한다.

095
병적 도박에 관한 설명으로 틀린 것은?

① 대개 돈의 액수가 커질수록 더 흥분감을 느끼며 흥분감을 느끼기 위해 액수를 더 늘린다.
② 도박행동을 그만두거나 줄이려고 시도할 때 안절부절못하거나 신경이 과민해진다.
③ 병적 도박은 DSM-5에서 반사회성 성격장애로 분류된다.
④ 병적 도박은 전형적으로 남자는 초기 청소년기에, 여자는 인생의 후기에 시작되는 경우가 많다.

> 해설

병적 도박은 DSM-5에서 비물질 관련장애로 분류된다.

094
알코올중독 가정의 성인아이(Adult Child)에 관한 특성이 아닌 것은?

① 처음부터 끝까지 일을 완수하는데 어려움이 있다.
② 권위 있는 사람에게 친밀감을 느낀다.
③ 지속적으로 타인의 인정과 확인을 받고 싶어 한다.
④ 자신을 평가절하한다.

> 해설

부모가 알코올 중독인 아이 중 어떤 아이들은 이를 보상하기 위해 가족과 친구들 사이에서 '책임감 있는 부모'처럼 행동한다. 그들은 자기 자신을 강력하게 억제하고 학업성취에 과도하게 집착함으로써, 혹은 친구나 선생님들과 감정적인 교류를 전혀 하지 않음으로써 부모의 알코올 중독으로부터 받은 상처를 극복하고자 한다. 이들의 정서적 문제는 성인이 되고 난 후에야 표면에 떠오르게 되는데, 이들을 일컬어 성인아이(adult-child of alcoholics, ACOA)라고 부른다.

096
집단상담에서 침묵 상황에 대한 효과적 개입으로 틀린 것은?

① 회기 초기에 오랜 침묵을 허용하는 것은 지도력 발휘가 안된 것이다.
② 생산적으로 여겨지는 침묵 상황에서 말하려는 집단원에게 기다리라고 제지할 수 있다.
③ 말하고 싶으나 기회를 잡지 못하는 집단원에게 말할 기회를 준다.
④ 대리학습이나 경험이 되므로 침묵하는 집단원이 집단 내내 말하지 않더라도 그대로 놔둔다.

> 해설

집단 전체가 침묵할 경우 생산적인 침묵이면 적극적으로 참여를 독려하고, 비생산적인 경우에는 집단원 태도의 의미를 탐색할 기회를 제공해주어야 한다. 또한 침묵을 지적하거나 재촉하며 이야기하기를 부추기면 도리어 저항이 일어날 수 있으므로 주의하여야 한다.

097

자살로 인해 가까운 사람을 잃은 자살 생존자에 관한 설명으로 틀린 것은?

① 분노는 자살생존자가 겪는 흔한 감정 중 하나이다.
② 자살생존자는 스스로를 비난하기 때문에 고통 받는다.
③ 자살생존자에게 상실에 대한 경험을 이야기하게 하는 것은 과거의 상황을 재경험하게 하므로 피하는 것이 좋다.
④ 자살생존자는 종종 자살에 관한 사회문화적 낙인에 대처하는 데 부담감을 느끼게 된다.

해설
자살생존자란 가족, 친구, 동료, 유명인 등 사회적 관계 내에서 발생한 자살을 경험하고 그러한 심리적 외상을 견디며 생존해 가는 사람을 뜻한다. 자살유가족을 포함해 가족 외의 친밀한 사람까지 확장된 더 큰 개념이라고 할 수 있다.

098

인간중심상담 이론에 관한 설명으로 틀린 것은?

① 가치의 조건화는 주요 타자로부터 긍정적 존중을 받기 위해 그들이 원하는 가치와 기준을 내면화하는 것이다.
② 자아는 성격의 조화와 통합을 위해 노력하는 원형이다.
③ 현재 경험이 자기개념과 불일치할 때 불안을 경험하게 된다.
④ 실현화 경향성은 자기를 보전, 유지하고 향상시키고자 하는 선천적 성향이다.

해설
- 자기개념은 로저스의 성격이론에서 가장 중요한 구성개념이다. 어린 유아는 자신의 내부에서 지각되는 자기개념과 외부의 타인에 대한 경험을 구별하기 시작하면서 자기 존재에 대한 인식이 발달한다. 자기개념은 개인이 자신에 대하여 지닌 지속적인 체계적 인식을 말한다. 아동은 부모의 기대와 가치를 내면화하여 자기개념을 형성한다.
- 원형은 칼 구스타트 융이 이론화한 개념으로, 페르소나, 아니마, 아니무스, 그림자, 자기라는 5개의 원형을 중요시하게 여겼다.

099

행동주의 상담의 한계에 관한 설명으로 틀린 것은?

① 상담과정에서 감정과 정서의 역할을 강조하지 않는다.
② 내담자의 문제에 대한 통찰이나 심오한 이해가 불가능하다.
③ 고차원적 기능과 창조성, 자율성을 무시한다.
④ 상담자와 내담자의 관계를 중시하여 기술을 지나치게 강조한다.

해설
행동주의 : 상담자와 내담자의 관계보다는 기술을 지나치게 강조한다.

100

키츠너(Kitchener)가 제시한 상담의 기본적 윤리원칙 중 상담자가 내담자와 맺은 약속을 잘 지키며 믿음과 신뢰를 주는 행동을 하는 것은?

① 자율성(autonomy)
② 무해성(nonmaleficence)
③ 충실성(fidelity)
④ 공정성(justice)

해설
키츠너(Kitchener)의 심리상담자의 기본적인 도덕 원칙(윤리 원칙)은 자율성, 선행, 무해성, 공정성, 충실성이다.
충실성(Fidelity) : 상담자는 내담자를 돕는 일에 열정을 가지고 충실하게 임해야 하며 약속을 잘 지켜야 한다.

2022년 제1회 임상심리사 2급 필기 채점표

구분	제1과목	제2과목	제3과목	제4과목	제5과목	전과목 평균
점수						

2022년 제1회 임상심리사 2급 필기 정답

001	002	003	004	005	006	007	008	009	010	011	012	013	014	015	016	017	018	019	020
③	②	④	②	②	①	②	④	④	①	④	①	②	③	④	③	③	③	③	②
021	022	023	024	025	026	027	028	029	030	031	032	033	034	035	036	037	038	039	040
①	③	②	③	①	①	①	④	②	③	④	④	②	③	①	③	④	②	①	③
041	042	043	044	045	046	047	048	049	050	051	052	053	054	055	056	057	058	059	060
①	③	②	④	④	④	③	①	③	④	④	①	④	①	④	④	①	②	②	①
061	062	063	064	065	066	067	068	069	070	071	072	073	074	075	076	077	078	079	080
②	④	①	②	②	②	②	①	④	②	③	②	③	②	④	④	①	④	③	④
081	082	083	084	085	086	087	088	089	090	091	092	093	094	095	096	097	098	099	100
④	①	①	④	④	②	④	④	④	①	④	②	③	②	③	④	③	②	④	③

2022년 제3회 임상심리사 2급 필기 기출복원

2022년 07월 20일 시행

※ 시험 후기에 근거하여 복원한 문제입니다.

제1과목 심리학 개론

001
실험장면에서 실험자가 조작하는 처치변인은?

① 독립변인 ② 종속변인
③ 조절변인 ④ 매개변인

해설
효과를 연구하기 위해 처치되는 특정변인은 독립변인, 독립변인의 처치에 영향을 받는 변인은 종속변인이라고 한다.

002
Cattell의 성격이론에 관한 설명과 가장 거리가 먼 것은?

① 주로 요인분석을 사용하여 성격요인을 규명하였다.
② 지능을 성격의 한 요인인 능력특질로 보았다.
③ 개인의 특정 행동을 설명할 수 있느냐에 따라 특질을 표면특질과 근원특질로 구분하였다.
④ 성격특질이 서열적으로 조직화되어 있다고 보았다.

해설
카텔은 특질을 근원 특질(source trait)과 표면 특질(surface trait)로 구분한다. 근원 특질은 하나의 독립적인 요인으로 작용하여 인간의 행동을 발생시키는 성격 요인으로 시간이나 상황에 따라 다르게 나타나지 않는 안정성과 일관성을 지니고 있다. 반면 표면 특질은 단일 요소로 구성된 것이 아니기 때문에 상황이나 시간에 따라 얼마든지 다르게 발현되어 나타날 수 있다. 성격특성이 서열적으로 조직화되었다고 가정한 것이 아니다.

003
어떤 사람의 행동을 보고 상황이나 외적 요인보다는 사람의 기질이나 내적 요인에 그 원인을 두려고 하는 것은?

① 고정관념
② 현실적 왜곡
③ 후광효과
④ 기본적 귀인오류

해설
기본적 귀인오류 : 사회심리학에서 가장 중요한 현상들 중 하나로, 행동의 실제 원인이 상황에 있는데도 불구하고 원인을 사람(사람의 소인)에게로 돌리는 오류를 말한다.

004
A type 성격의 특성이 아닌 것은?

① 강한 경쟁심 ② 약속 불이행
③ 강한 적대감 ④ 쉽게 긴장

해설
A유형은 경쟁적이며 늘 시간에 쫓기는 느낌을 가지고 소화하기 어려운 정도의 빡빡한 일정으로 계획을 세우는 편이다. 작은 일에 예민하고 자주 화를 느낀다. 겉으로 분노를 표현하지 않기도 하지만, 혈압을 높이는 작용을 한다. 이런 사람들은 타인의 단점에 주목하여 분노나 적개심을 가지며, 공감이 결여된 모습을 보이기도 한다. 시간에 대한 강박관념이 있어 한 번에 두 가지 일을 하고 계속적으로 시간을 확인하는 모습을 보인다.

005
자극에 대한 반복된 혹은 지속된 노출이 반응의 점차적인 감소를 낳는 일반적 과정은?

① 습관화 ② 민감화
③ 일반화 ④ 체계화

해설
어떠한 자극이 여러 번 반복하여 일어날 때, 이 자극에 대해서 반응하는 강도가 감소하는 것을 말한다. 습관화는 자극이 비교적 짧은 기간 동안에 반복될 때 나타나는 반사들의 공통적인 특징이다.

006
동조에 관한 설명으로 옳은 것은?

① 집단의 크기에 비례하여 동조의 가능성이 증가한다.
② 과제가 쉬울수록 동조가 많이 일어난다.
③ 개인이 집단에 매력을 느낄수록 동조하는 경향이 더 높다.
④ 집단에 의해서 완전하게 수용 받고 있다고 느낄수록 동조하는 경향이 더 크다.

해설
동조는 사람들이 집단의 다른 구성원들에 의해 제시된 행동과 의견을 받아들이려는 경향이다.
집단의 크기가 3~4명일 때 동조율이 가장 높다. 정보가 부족하거나 불확실한 상황에서 동조가 잘 나타난다. 자신이 속하였거나, 속하고자 원하는 준거집단의 규범, 즉 집단에 매력을 느낄 수록 받아들여 이에 동조한다.

007
성격의 결정요인에 관한 설명으로 옳은 것은?

① 유전적 영향에 대한 증거는 쌍생아 연구에 근거하고 있다.
② 초기 성격 이론가들은 환경적 요인을 강조하여 체형과 기질을 토대로 성격을 분류하였다.
③ 환경적 요인이 성격에 영향을 주는 방식은 학습이론의 맥락에서 이해할 수 있다.
④ 성격은 유전적 요인과 환경적 요인의 상호작용에 의하여 결정된다.

해설
성격 이론은 크게 유형론과 특질론으로 구분되며, 유전적 요인을 강조하였다.
유형론(typology)의 대표적인 예 : 히포크라테스의 4대 체액론, 크레취머와 셸든의 체격론이다.
특질론 : 올포트(Allport), 아이젱크(Eysenck), 카텔(Cattell), 5요인(big 5)이 있다.

008

훈련받은 행동이 빨리 습득되고 높은 비율로 오래 유지되는 강화계획은?

① 고정비율계획 ② 고정간격계획
③ 변화비율계획 ④ 변화간격계획

해설

변화비율 강화계획 : 강화가 발생한 후 다음 강화가 발생하기까지 정해진 일정한 수만큼이 아니라 예기치 않게 변하는 것을 말한다. 그러나 무작위로 무조건적으로 강화를 발생시키는 것이 아니라 평균값을 유지하며 발생시키게 된다. 잭팟을 한번 터트린 이후에는 그 쾌감을 잊지 못해서 계속해서 매달리게 되는 것도 변화비율에 의해 강화된 것이다(예 잭팟, 도박, 경마, 복권)

009

고전적 조건형성에 대한 설명으로 맞는 것은?

① 중립자극은 무조건 자극 직후에 제시되어야 한다.
② 행동변화의 효과를 거두기 위해서는 적절한 반응의 수나 비율에 따라 강화가 이루어져야 한다.
③ 적절한 행동은 즉시 강화하고, 부적절한 행동은 무시함으로써 새로운 행동을 가르칠 수 있다.
④ 대부분의 정서적인 반응들은 고전적 조건형성을 통해 학습될 수 있다.

해설

고전적 조건형성에서는 시간이 중요하다. 조건자극과 무조건자극은 유기체가 그것들이 서로 관련되어 있다는 것을 지각할 수 있을만큼 시간적으로 충분히 가까이 제시되어야 한다. 조건 자극이 무조건자극에 선행하는 경우에 조건형성이 더 잘 일어난다.

010

기억의 인출과정에 대한 설명으로 틀린 것은?

① 인출이 이후의 기억을 증가시킬 수 있다
② 장기기억에서 한 항목을 인출한 것이 이후에 관련된 항목의 회상을 방해할 수 있다.
③ 인출행위가 경험에서 기억하는 것을 변화시킬 수 있다.
④ 기분과 내적 상태는 인출단서가 될 수 없다.

해설

인출단서 : 특정 기억을 탐색할 때 이용가능한 자극이다. 이러한 단서들은 퀴즈의 질문과 같이 외적으로 제공되거나, 내적으로 만들어질 수 있다. 인출단서는 점화(priming), 맥락효과(부호화 특수성원리), 정서(기분상태)와 관련이 있다.

011

프로이트(S. Freud)의 성격 구조에 관한 설명으로 옳은 것은?

① 자아는 현실원리를 따르며 개인이 현실에 적응하도록 돕는다.
② 자아는 일차적 사고과정을 따른다.
③ 자아는 자아이상과 양심으로 구성되어 있다.
④ 초자아는 성적욕구와 관련된 것으로 쾌락의 원리를 따른다.

해설

자아(ego) : 현실원리를 따름. 의식적이고 합리적인 성격요소, 본능을 만족시킬 현실적인 수단을 찾는 것
초자아(superego) : 자아 이상과 양심으로 구성 도덕적 가치와 부모들의 기준을 내면화함으로 생김. 자아가 원초아의 바람직하지 않는 충동에 대해 사회적으로 수용할 수 있는 배출구를 찾을 것을 강력히 요구.
원초아(id) : 쾌락원리를 따름. 출생시에 나타나는 것, 타고난 생물학적 본능을 충족시키는 것, 즉각적으로 본능을 충족시키려고 시도

012
성격의 정의에 관한 설명으로 틀린 것은?

① 성격에는 개인이 가지고 있는 고유하고 독특한 성질이 포함된다.
② 개인의 독특성은 시간이 지나도 비교적 안정적으로 변함없이 일관성을 지닌다.
③ 성격은 다른 사람이나 환경과 상호작용하는 관계에서 행동양식을 통해 드러난다.
④ 성격은 타고난 것으로 개인이 속한 가정과 사회적 환경에 영향을 받지 않는다.

해설
성격은 생물학적 요인(유전 요인, 신체 요인, 생화학물질)의 영향과 사회적 요인(유아기의 경험, 사회 및 문화, 가정, 형제 관계, 동료집단)이 상호작용해서 결정된다(성격은 타고난 것만이 아님).

013
단기기억의 특성이 아닌 것은?

① 정보의 용량이 매우 제한적이다.
② 작업기억(working memory)이라 불린다.
③ 현재 의식하고 있는 정보를 의미한다.
④ 거대한 도서관에 비유할 수 있다.

해설
단기기억은 짧은 시간 동안에만 기억할 수 있으며 용량이 한정적이다(1청크 7±2) 단기 기억은 감각기억에서 선택적 주의를 통해 여과된 정보를 처리하여 장기 기억에 전달 기능을 수행한다. 단기 기억 속의 정보는 시연 과정을 통해 정보를 부호화하여 처리된다.

014
인지부조화 이론의 예로 옳지 않은 것은?

① 지루한 일을 하고 1,000원 받은 사람이 20,000원 받은 사람에 비해 그 일이 재미있다고 생각한다.
② 열렬히 사랑했으나 애인과 헤어진 남자가 떠나간 애인이 못생기고 성격도 나쁘다고 생각한다.
③ 빵을 10개나 먹은 사람이 빵을 다 먹고 난 후, 자신이 배가 고팠었음을 인식한다.
④ 반미적인 태도를 지닌 사람이 친미적인 발언을 한 후 친미적 태도로 변화되었다.

해설
인지부조화 이론은 사람들이 기존의 태도에 반대되는 행동을 취하는 경우에, 이 행동을 상황 탓으로 돌릴 수 없게 된다면 부조화라는 불편감을 경험하며, 이에서 벗어나고자 태도를 행동에 맞추어 변화시킨다는 것이다.

015
단기기억의 기억용량을 나타내는 것은?

① 3±2개
② 5±2개
③ 7±2개
④ 9±2개

해설
단기 기억에서 한 번에 처리할 수 있는 정보 처리의 용량은 정보의 형태와 관계없이 약 5개에서 9개 정도이다. 이를 Miller는 신비의 숫자 7±2라고 부른다.

016

표본조사에 대한 설명으로 옳지 않은 것은?

① 연구자가 모집단의 모든 성원을 조사할 수 없을 때 표본을 추출한다.
② 모집단의 특성을 일반화하기 위해서는 표본은 모집단의 부분집합이어야 한다.
③ 표본의 특성을 모집단에 일반화하기 위해서 무선표집을 사용한다.
④ 표본추출에서 표본의 크기가 작을수록 표집오차도 줄어든다.

> **해설**
> 표본조사는 모집단의 모든 구성원을 조사할 수 없을 때 표본을 표집하여 사용한다. 표본이 모집단을 잘 대표하지 못하는 경우 표집오차가 증가한다. 표본의 크기가 클수록 표집오차는 낮아지지만 정비례하는 것은 아니다.

017

생후 22주 된 아동들은 사물이나 대상이 눈앞에 보이지 않더라도 계속 존재한다는 것을 안다. 이를 나타내는 것은?

① 대상영속성
② 지각적 항상성
③ 보존
④ 정향반사

> **해설**
> 피아제의 인지발달에서 감각운동기(0~2세)에는 감각적 반사운동을 하며 주위에 대해 강한 호기심을 보이고 대상영속성을 이해하게 된다. 대상영속성은 물체가 물리적으로 보이지 않아도 마음속으로 물체의 이미지를 떠올릴 수 있는 능력이다.

018

고전적 조건형성에 대한 설명으로 옳지 않은 것은?

① 조건자극과 무조건 자극이 빈번하게 짝지어지면 조건형성이 더 잘 일어난다.
② 무조건 자극이 조건자극에 선행하는 경우에 조건형성이 더 잘 일어난다.
③ 조건형성이 소거된 후 일정시간이 지난 후 조건자극이 주어지면 여전히 조건 반응이 발생하기도 한다.
④ 학습과정에서 제시되지 않았던 자극이라도 조건자극과 유사하면 조건반응을 유발시킬 수 있다.

> **해설**
> 고전적 조건형성을 위해서는 시간의 원리가 중요한데 조건자극은 무조건자극보다 바로 전에 제시되어야 조건형성이 더 잘 이루어진다. 무조건자극이 선행된 이후에 조건자극이 제시되면 조건형성이 어려워진다.
> ③은 자발적 회복에 대한 설명이며, ④는 일반화에 대한 설명이다.

019

강화에 관한 설명으로 옳지 않은 것은?

① 계속적 강화보다는 부분 강화가 소거를 더욱 지연시킨다.
② 고정비율 계획보다는 변화비율 계획이 소거를 더욱 지연시킨다.
③ 강화가 지연됨에 따라 그 효과가 감소한다.
④ 어떤 행동에 대해 돈을 주거나 칭찬을 해주는 것은 일차 강화물이다.

> **해설**
> 강화물은 일차 강화물(primary reinforcer)과 이차 강화물(secondary reinforcer)로 구분된다. 일차 강화물은 자연적 혹은 선천적 강화자극으로 유기체의 생물학적 요구를 만족시키는 자극이고 이차 강화물은 돈, 칭찬, 미소, 관심과 같은 자극이다.

020

뉴런의 전기화학적 활동에 관한 설명으로 옳지 않은 것은?

① 뉴런은 자연적으로 전하를 띠는데, 이를 활동전위라고 한다.
② 안정전위는 뉴런의 세포막 안과 밖 사이의 전하 차이를 의미한다.
③ 활동전위는 축색의 세포막 채널에 변화가 있을 경우 발생한다.
④ 활동전위는 전위쇼크가 일정 수준 즉, 역치에 도달할 때에만 발생한다.

> **해설**
> 활동전위는 외부 자극으로 인해 세포막 내외의 전위차가 신속하게 변하는 것을 말한다.

022

Bleuler가 제시한 조현병(정신분열병)의 4가지 근본증상, 즉 4A에 해당하지 않는 것은?

① 감정의 둔마(affective blunting)
② 자폐증(autism)
③ 양가감정(ambivalence)
④ 무논리증(alogia)

> **해설**
> Bleuler의 4A
> 연상의 결함(Association)
> 정동의 결함(Affectivity)
> 양가감정(ambivalence)
> 자폐증(Autisim)

제 2 과목 이상심리학

021

신경발달장애에 관한 설명으로 틀린 것은?

① 뚜렛장애 진단 시 운동성 틱과 음성 틱은 항상 동시에 나타나야 한다.
② 생의 초기부터 나타나는 유아기 및 아동기 장애와 관련이 있다.
③ 비유창성이 청소년기 이후에 시작되면 성인기-발병 유창성 장애로 진단한다.
④ 상동증적 운동장애는 특정 패턴의 행동을 목적 없이 반복하여 부적응적 문제가 초래된다.

> **해설**
> 뚜렛장애 진단 시 운동성 틱과 음성 틱이 반드시 동시에 나타날 필요는 없다.

023

주의력 결핍 과잉행동장애(ADHD)는 뇌와 행동과의 관계에서 볼 때 어떤 부위의 결함을 시사하는가?

① 전두엽의 손상
② 측두엽의 손상
③ 변연계의 손상
④ 해마의 손상

> **해설**
> **전두엽집행기능** : 실행 기능, 목표 지향적으로 자신의 행동을 조절·통제·관리해가는 능력
> **실행기능 평가 검사** : 웩슬러 지능검사의 공통성문제, 언어 유창성 검사, 선로 잇기 검사, 스트룹 검사, 레이 복합 도형 검사, 위스콘신 카드 분류검사

024
우울증의 원인에 관한 설명으로 틀린 것은?

① 생물학적 입장-도파민의 과도한 활동 결과
② 정신분석 이론-자기를 향한 무의식적인 분노의 결과
③ 행동주의 이론-정적 강화 감소의 결과
④ 인지이론-부정적이고 비관적인 생각의 결과

> **해설**
> 우울증의 발생 요인 중 생물학적 요인으로는 세로토닌 신경전달물질의 활동을 담당하는 유전자 이상, 노르에피네프린의 활동 저하, 코르티솔 호르몬의 이상 분비 등이 있다.

025
편집성 성격장애의 행동특성으로 가장 적합한 것은?

① 다른 사람이 자신을 이용하거나 피해를 입힌다고 생각한다.
② 단순히 아는 정도의 사람을 "매우 친한 친구"라고 지칭한다.
③ 반복적으로 자살을 시도하거나 행동한다.
④ 거의 어떤 활동에서도 즐거움을 느끼지 못한다.

> **해설**
> 편집성 성격장애는 타인에 대한 강한 불신과 의심이 핵심 증상이다.

026
다음 장애 중 성기능부전에 포함되지 않는 것은?

① 사정지연
② 발기장애
③ 마찰도착장애
④ 여성극치감장애

> **해설**
> **성기능부전의 하위유형** : 사정지연, 발기장애, 여성극치감장애, 여성 성적관심/흥분장애, 성기-골반통증/삽입장애, 남성성욕감퇴장애, 조기사정, 물질/약물치료로 유발된 성기능부전

027
자살에 관한 설명과 가장 거리가 먼 것은?

① 모든 자살은 우울한 사람에게 국한되어 나타난다.
② 자살 기도자는 여성이 많으나 자살 성공자는 남성이 많다.
③ 자살률은 경제적 불황기에는 올라가며, 경제적 번영기에는 안정되어 있으며, 전쟁 중에는 감소한다.
④ 미국에서 아동 및 청소년기의 자살률은 증가하는 추세이다.

> **해설**
> 모든 자살이 우울한 사람에게 국한되어 나타나는 것은 아니다.

028

DSM-5에서 주요 신경인지장애의 하위 유형에 해당하지 않는 것은?

① 알츠하이머병
② 피크병 형
③ 루이체병 형
④ 파킨슨병 형

해설

주요 신경인지장애의 하위 유형
알츠하이머병, 혈관성 질환, 외상성 뇌손상, 파킨슨병, 루이체병, 헌팅턴병 형

029

양극성장애(Bipolar disorder) 조증시기에 있는 환자의 방어적 대응양상을 판단할 수 있는 행동이 아닌 것은?

① 화장을 진하게 하고 다닌다.
② 자신이 신의 사자라고 이야기한다.
③ 증거도 없는 행동을 두고 남을 탓한다.
④ 활동 의욕은 줄어들어 과다 수면을 취한다.

해설

조증시기에는 활동이 증가하므로 활동 의욕이 준다는 내용은 틀린 문항이다.

조증 삽화의 특징
자존감의 증가나 과대감, 수면욕구 감소, 말이 많아지거나 끊기 어려울 정도로 계속 말을 함, 사고의 비약, 주의산만, 목표 지향적 활동의 증가, 고통스런 결과를 초래하는 활동에의 지나친 몰두(과소비, 무분별한 성행위, 어리석은 사업투자)

030

DSM-5에서 알코올사용장애 진단기준에 관한 설명으로 옳은 것은?

① 증상의 갯수로 알코올사용장애 심각도를 분류한다.
② 알코올로 인한 법적문제가 진단기준에 포함된다.
③ 교차중독 현상이 진단기준에 포함된다.
④ 음주량과 음주횟수가 진단기준에 포함된다.

해설

경도 : 2~3개의 증상
중등도 : 4~5개의 증상
고도 : 6개 혹은 그 이상의 증상

031

물질 관련 장애에 포함되지 않는 것은?

① 알코올 중독(intoxication)
② 대마계(칸나비스) 사용장애(use dosorder)
③ 담배 중독(intoxication)
④ 아편계 금단(withdrawal)

해설

타바코 관련 장애는 타바코 사용장애와 타바코 금단으로 분류된다. 담배 중독이란 진단유형은 존재하지 않는다.

032

조현병의 양성증상에 해당되는 것은?

① 무의욕증
② 무사회증
③ 와해된 행동
④ 감퇴된 정서 표현

해설
와해된 행동은 양성증상(positive symptom)의 일종으로 혼란스러운 행동, 긴장증적 행동이 이에 해당한다.
양성증상의 예: 망상, 환각, 와해된 언어나 행동
음성증상의 예: 무의욕증, 무언어증, 무쾌락증, 정서적 둔마, 자발성의 결여

033

다음 중 DSM-5의 주요우울장애(major depressive disorder) 진단기준에 해당하지 않는 것은?

① 증상이 사회적, 직업적 또는 다른 중요한 기능 영역에서 정상적으로 현저한 고통이나 손상을 초래한다.
② 삽화가 물질의 생리적 효과나 다른 의학적 상태로 인한 것이 아니다.
③ 주요우울삽화가 조현정동장애, 조현병 등 기타 정신병적 장애로 더 잘 설명되지 않는다.
④ 조증 삽화 혹은 경조증 삽화가 존재한 적이 있다.

해설
주요우울장애는 조증삽화 혹은 경조증삽화와 관련이 없으며, 조증삽화 혹은 경조증삽화는 양극성장애와 관련이 있다.

034

소인-스트레스 이론(diathesis-stress theopy)에 대한 설명으로 가장 적합한 것은?

① 소인은 생후 발생하는 생물학적 취약성을 의미한다.
② 스트레스가 소인을 변화시킨다.
③ 소인과 스트레스는 서로 억제한다.
④ 소인은 스트레스 상황에서 발현된다.

해설
소인-스트레스 이론(=취약성-스트레스 이론)은 환경으로부터 주어지는 심리사회적 스트레스와 그에 대응하는 개인의 특성을 고려해야 한다는 입장이다. 이상행동은 유전적, 생리적, 심리적으로 특정 장애에 걸리기 쉬운 개인적 특성과 스트레스 경험이 상호작용함으로써 발생한다.

035

다음 중 만성적인 알코올 중독자에게 흔히 발생하는 것으로 비타민 B_1(티아민)결핍과 관련이 깊으며, 지남력장애, 최근 및 과거 기억력의 상실, 작화증 등의 증상을 보이는 장애는?

① 혈관성 치매
② 코르사코프 증후군
③ 진전 섬망
④ 다운 증후군

해설
코르사코프 증후군은 장기간에 걸친 음주에 의해 의 장애가 오는 것이 특징이다. 주된 증상은 건망증, 기억력장애, 작화증 등이 특징이며, 해마가 손상이 원인이다.

036

양극성 장애에 대한 설명으로 틀린 것은?

① 조증 상태에서는 사고의 비약 등의 사고장애가 나타난다.
② 우울증 상태에서는 자살을 시도하기도 한다.
③ 조증은 서서히 우울증은 급격히 나타난다.
④ 조증과 우울증이 반복되는 장애이다.

> **해설**
> 조증은 급격하게 수시간에서 수일에 걸쳐서 급격하게 악화된다.

037

성도착장애에 관한 설명으로 틀린 것은?

① 물품음란장애에는 여성보다 남성에게서 훨씬 더 많이 나타난다.
② 동성애를 하위 진단으로 포함한다.
③ 복장도착장애는 강렬한 성적흥분을 위해 이성의 옷을 입는 것이다.
④ 관음장애는 대부분 15세 이전에 발견되며 지속되는 편이다.

> **해설**
> **성도착장애의 하위 유형**
> 관음장애, 노출장애, 접촉마찰장애, 성적 피학장애, 성적 가학장애, 아동성애장애, 성애물장애, 의상전환장애

038

DSM-5의 신경발달장애에 해당하지 않는 것은?

① 지적장애
② 분리불안장애
③ 자폐 스펙트럼 장애
④ 주의력 결핍 및 과잉행동장애

> **해설**
> 분리불안장애는 불안장애의 하위범주이다.

039

DSM-5의 성기능부전에 해당하지 않는 것은?

① 조루증
② 성정체감 장애
③ 남성 성욕감퇴장애
④ 발기 장애

> **해설**
> **성기능부전의 하위 유형** : 사정지연, 발기장애, 여성 극치감장애, 여성 성적관심/흥분장애, 성기-골반통증/삽입장애, 남성성욕감퇴장애, 조기사정, 물질/약물치료로 유발된 성기능부전

040

급식 및 섭식장애에 대한 설명으로 틀린 것은?

① 이식증은 아동기에서 가장 발병률이 높다.
② 되새김 증상은 다른 정신장애에서 발생하는 경우 심각성과 상관없이 추가적으로 진단할 수 있다.
③ 신경성 폭식장애에서는 체중증가를 막기 위한 반복적이고 부적절한 보상행동이 나타난다.
④ 신경성 식욕부진증의 유병률은 여성이 남성보다 높다.

해설
되새김 증상(반추장애)의 진단기준에서는 되새김증상이 지적장애·지적발달장애나 다른 신경발달장애와 관련하여 발생한다면 되새김증상은 별도로 임상적 관심을 받아야 할 만큼 심각한 것이어야 한다 (DSM-5진단기준).

해설
타당도는 측정도구가 측정하고자 하는 개념이나 속성을 얼마나 잘 측정하고 있는가의 정도를 말하는 것으로, 국어시험에서 독해력을 측정하려면 독해력을 가장 잘 측정할 수 있는 측정치로 측정하여야 한다.

제3과목 심리검사

041
정신지체가 의심되는 6세 6개월된 아동의 지능검사로 가장 적합한 것은?

① H-T-P   ② BGT-2
③ K-WAIS-4   ④ K-WIPPSI

해설
일반적으로 능력이 평균 이하인 6세 아동은 K-WIPPSI, 평균 이상인 아동은 K-WISC-4를 실시한다.

042
Thorndike가 분류한 지능의 범주에 해당하지 않는 것은?

① 추상적 지능   ② 구체적 지능
③ 적응적 지능   ④ 사회적 지능

해설
손다이크(Thorndike)는 지능을 사회적 지능, 구체적 지능, 추상적 지능의 세 가지로 분류하였다.

043
국어시험에서 독해력을 측정하려 했지만 실제로는 암기력을 측정했다면 무엇이 잘못되었다고 할 수 있는가?

① 신뢰도   ② 타당도
③ 객관도   ④ 실용도

044
K-WAIS-4의 기본지식 소검사가 측정하는 요인과 가장 거리가 먼 것은?

① 연속적 정보처리능력
② 획득된 지식
③ 기억
④ 정보축적

해설
K-WAIS-4의 기본지식 소검사가 측정하는 요인
언어적 이해력(요인분석), 획득된 지식, 결정적 지능, 기억의 인출, 의사소통에 있어서 청각-음성적 통로, 표상적 수준의 조직화, 청각적 수용, 기억, 일반적 능력, 장기기억, 내용의 기억, 정보의 전체 범위, 일반 지능, 지적동기, 정보축적 등이다.

045
BSID-II(Bayley Scale of Infant Development-II)에 대한 설명으로 틀린 것은?

① 신뢰도와 타당도에 관한 보다 많은 정보를 제공하여 검사의 심리측정학적 질이 개선되었다.
② 유아의 기억, 습관화, 시각선호도, 문제해결 등과 관련된 문항들이 추가되었다.
③ BSID-II에서는 대상 연령범위가 16일에서 48개월까지로 확대되었다.
④ 지능척도, 운동척도의 2가지 척도로 구성되어 있다.

해설
BSID-II 검사는 인지(Mental), 동작(Motor), 행동평정척도(BRS)등 3가지로 구성되어 있다.

046
아동의 지적발달이 또래 집단에 비해 지체되어 있는지 혹은 앞서고 있는지를 평가하기 위해, Stern이 사용한 IQ 산출방식은?

① 지능지수(IQ)=[정신연령/신체연령]×100
② 지능지수(IQ)=[정신연령/신체연령]+100
③ 지능지수(IQ)=[신체연령/정신연령]×100
④ 지능지수(IQ)=[신체연령/정신연령]+100

해설
독일의 심리학자 스턴(Stern)은 신체연령에 대한 정신연령의 비율에 100을 곱하여 지능을 평가할 수 있도록 고안하였다.

047
뇌손상 환자의 병전지능 수준을 측정하기 위한 자료와 가장 거리가 먼 것은?

① 교육수준, 연령과 같은 인구학적 자료
② 이전의 직업기능 수준 및 학업 성취도
③ 이전의 암기력 수준, 혹은 웩슬러 지능검사에서 기억능력을 평가하는 소검사 점수
④ 웩슬러 지능검사에서 상황적 요인에 이해 잘 변화하지 않는 소검사 점수

해설
병전지능은 교육수준, 연령과 같은 인구학적 자료, 이전의 직업기능 수준 및 학업 성취도, 웩슬러 지능검사에서 상황적 요인에 의해 잘 변화하지 않는 소검사 점수(상식, 어휘, 토막짜기)를 활용한다. 암기력수준이나 기억능력을 평가하는 소검사는 상황에 의해 변화되기 쉬우므로 병전지능의 추정을 위한 자료로 적합하지 않다.

048
적성검사에 관한 설명으로 옳지 않은 것은?

① 개인의 특수한 영역에서의 능력을 측정한다.
② 적성검사는 능력검사로 불리기도 한다.
③ 적성검사는 개인의 미래수행을 예측하는데 사용된다.
④ 학업적성은 실제 학업성취와 일치한다.

해설
학업적성, 예를 들면 탐구형의 적성을 지니고 있다고 해도 학업성취와 꼭 일치한다고 볼 수는 없다. 학업성취는 지능, 성취동기, 자아개념 등과도 관련되기 때문이다.

049
지능이론가와 모형이 잘못 짝지어진 것은?

① 스피어만(Spearman) - 2요인 모형
② 써스톤(Thurstone) - 다요인/기본정신능력 모형
③ 가드너(Gardner) - 다중지능 모형
④ 버트(Burt) - 결정성 및 유동성 지능 모형

해설
결정성 및 유동성 지능 모형은 Cattell로 유동성 지능은 생득적 지능, 결정성 지능은 학습이나 경험을 통해 더 풍부해지는 지능을 의미한다.

050

신경심리평가 중 주의력 및 정신적 추적능력을 평가할 수 있는 검사가 아닌 것은?

① Wechsler 지능검사의 기호쓰기 소검사
② Wechsler 지능검사의 숫자 소검사
③ Trail Making Test
④ Winsconsin Card Sorting Test

해설
Wisconsin Card Sorting Test(WCST)
WCST 검사는 전두엽(특히 전전두엽)의 기능을 평가하는 검사이다.

051

MMPI에서 각 임상척도의 평균과 표준편차로 옳은 것은?

① 평균 50, 표준편차 15
② 평균 50, 표준편차 10
③ 평균 100, 표준편차 15
④ 평균 100, 표준편차 10

해설
다면적인성검사(MMPI)의 임상척도의 평균은 50, 표준편차는 10이다.

052

MMPI 임상척도의 제작 방식은?

① 내적 구조 접근 및 요인분석
② 내적 준거 방식
③ 외적 준거 방식
④ 객관적 방식

해설
다면적인성검사(MMPI)를 제작할 때, 정상인 집단과 정신장애인 집단을 설정하고 이 두 집단을 구별해 줄 수 있는 문장들을 선정하여 문항을 제작하는 방식을 외적 준거 방식이라고 한다.

053

검사-재검사 신뢰도 방법으로 심리검사의 신뢰도를 구할 때의 단점에 관한 설명으로 틀린 것은?

① 두 검사 사이의 시간 간격이 너무 길면 측정 대상의 속성이나 특성이 변할 가능성이 있다.
② 반응 민감성에 의해 검사를 치르는 경험이 개인의 진점수를 변화시킬 가능성이 있다.
③ 두 검사시의 시간 간격이 너무 짧으면 첫 번째 검사 때 응답했던 것을 기억해서 그대로 쓰는 이월효과가 있다.
④ 경비가 절감되나 시간이 너무 오래 걸린다.

해설
검사-재검사 신뢰도는 같은 검사를 같은 피험자에게 일정 시간 간격을 두고 2회에 걸쳐 실시한 후 두 점수간의 상관계수로 신뢰도를 추정하는 것이다. 검사-재검사 신뢰도를 구하는 방법은 경비가 많이 들고, 시간이 오래 걸린다.

054

K-WAIS 검사에서 동작성 검사의 측정 내용이 아닌 것은?

① 숫자외우기
② 빠진 곳 찾기
③ 차례맞추기
④ 토막짜기

해설
숫자외우기는 언어성 검사의 측정내용이다.

055

K-WAIS-Ⅳ 검사 시행에 관한 설명으로 옳은 것은?

① 언어성 검사를 먼저 실시한 후 동작성 검사를 시행한다.
② 집단적으로 시행하는 것을 원칙으로 하지만 경우에 따라 개별적으로 시행한다.
③ K-WAIS-Ⅳ는 단순히 평가뿐 아니라 교육적 성격을 가지기 때문에 검사에 대해 정답을 피드백해 주는 것이 일반적이다.
④ 검사 수행 시의 세밀한 행동관찰도 검사결과를 해석하는 데 중요한 자료가 된다.

> 해설
> ① 언어성 검사와 동작성 검사를 교대로 시행한다.
> ② 개별적으로 시행한다.
> ③ K-WAIS-Ⅳ는 정답을 가르쳐 주지 않는다.

056

BGT(Bender-Gestalt Test)의 장점에 관한 설명으로 틀린 것은?

① 피검사자의 뇌기능 장애 평가에 유용하다.
② 자기 자신을 과장되게 표현하려는 피검사자에게 유용하다.
③ 적절하게 말할 수 있는 능력이 없거나 말할 수 있는 능력은 있으나 이야기를 하기 싫어할 때 유용하다.
④ 피검사자가 말로 의사소통을 할 능력이 충분히 있더라도 언어적 행동으로 성격의 강점과 약점에 관한 정보를 얻기 힘들 때 유용하다.

> 해설
> 자기 자신을 과장되게 표현하려는 피검사자보다는 언어적인 방어가 심한 환자에게 유용하다.

057

Rorschach 검사의 실시에 관한 설명으로 옳은 것은?

① 수검자가 질문을 할 경우 검사자는 지시적으로 반응해야 한다.
② 일반적으로 수검자와 마주 보는 좌석 배치가 표준적인 절차이다.
③ 질문단계에서는 추가적인 반응을 확인하기 위해 주의를 기울여야 한다.
④ 수검자가 카드 Ⅰ에서 5개를 넘겨 반응을 할 때는 중단시킨다.

> 해설
> ① 수검자가 질문을 할 경우 검사자는 비지시적으로 반응해야 한다.
> ② 일반적으로 수검자와 옆으로 나란히 하는 좌석배치가 표준적인 절차이다.
> ③ 질문단계에서는 질문단계에서 얻을 정보만 얻는다.

058

연령이 69세인 노인 환자의 신경심리학적 평가에 적합하지 않은 검사는?

① SNSB
② K-VMI-6
③ Rorschach
④ K-WAIS-Ⅳ

> 해설
> Rorschach 검사는 투사적 성격검사이다.

059
주제통각검사(TAT)에 관한 설명으로 틀린 것은?

① TAT성인용 도판은 남성용, 여성용, 남녀 공용으로 나누어진다.
② TAT는 대인관계상의 역동적인 측면을 파악하는 데 유용하다.
③ TAT는 준거조율전략(Criterion keying strategy)을 통해 개발되었다.
④ TAT반응은 순수한 지각반응이 아닌 개인의 선행경험과 공상적 체험이 혼합된 통각적 과정이다.

해설
TAT는 투사적 검사로 준거조율전략과 관련이 없다.

060
표준화 검사가 다른 검사에 비하여 객관적인 해석을 가능하게 해 주는 이유는?

① 타당도가 높기 때문이다.
② 규준이 마련되어 있기 때문이다.
③ 신뢰도가 높기 때문이다.
④ 실시가 용이하기 때문이다.

해설
표준화된 검사는 규준을 갖고 있으므로 다른 검사에 비하여 객관적인 해석이 가능하다.

제4과목 임상심리학

061
공식적인 임상심리학의 기원으로 보는 역사적 사건은?

① Wundt의 심리실험실 개설
② Witmer의 심리클리닉 개설
③ Binet의 지능검사 개발
④ James의 '심리학의 원리' 출판

해설
1896년 펜실베니아 대학교에 최초로 심리클리닉을 설립한 사람은 위트머(Witmer)이다. 또한 위트머는 '임상심리학'이라는 용어를 1907년 심리진료소의 기관지에서 처음으로 사용하였다.

062
정신상태검사 면접에서 환자를 통해 평가하는 항목이 아닌 것은?

① 외모와 태도
② 지남력
③ 정서의 유형과 적절성
④ 가족관계

해설
정신상태검사 면접은 환자의 외모, 태도 및 활동(의식의 수준, 복장, 눈 맞춤, 협동과 저항의 정도, 적절한 자발성, 비잘성 및 자동적인 움직임 등), 기분 및 정서, 말하기와 언어, 사고과정, 내용 및 지각, 인지, 통찰 및 판단, 지남력 등에 대한 관찰을 포함한다.

063
다음에서 설명하고 있는 것은?

> 전문적인 지식을 나누어 줌으로써 어떤 사람이 노력하여 얻고자 하는 것이 효과를 증진시키는 과정이다.

① 자조 ② 평가
③ 자문 ④ 개입

해설
자문이란 병원, 치료센터, 학교, 기업체, 정부기관 등의 다양한 장면에 존재하는 특정한 질문과 문제에 대해 인간 행동의 지식과 이론을 응용하여 전문적 지식을 나누는 것이다.

064
임상심리클리닉에 설치된 일방거울을 통해 결혼생활에 문제가 있는 부부의 대화 및 상호작용을 관찰하여 이들의 의사소통 문제를 평가하였다면 이러한 관찰법은?

① 자연관찰법 ② 유사관찰법
③ 자기관찰법 ④ 참여관찰법

해설
- ② **유사관찰법** : 내담자가 문제행동을 보이는 상황을 조직해 놓고, 제한된 환경 속에서 문제행동을 관찰한다.
- ① **자연관찰법** : 내담자의 환경에서 자연스럽게 나타나는 문제행동을 관찰한다.
- ③ **자기관찰법** : 내담자가 스스로의 행동을 관찰하고 기록한다.
- ④ **참여관찰법** : 관찰하고자 하는 개인이 관찰자가 되어 자연스러운 환경에 관여하면서 평가한다.

065
인간 마음의 요소적 구조를 탐색하기 위하여 내성법을 사용하였던 초기 심리학파는?

① 구조주의 ② 기능주의
③ 행동주의 ④ 인본주의

해설
구조주의 심리학(Wundt, 19세기)은 의식의 내용과 앎의 과정을 심리학의 주요 문제로 다루었으며 연구가 가능함을 강조한 초기 심리학 조류이다.

066
알코올중독 환자에게 술을 마시면 구토를 유발하는 약을 투약하는 치료하는 기법은?

① 행동조성 ② 혐오치료
③ 자기표현훈련 ④ 이완훈련

해설
혐오치료에서는 특정 자극 상황이 더 혐오적으로 변화하도록 조건형성 절차를 실시한다. 주로 과식, 과음, 흡연, 의상도착증, 노출증 등의 문제에 활용되어지며 부적응적이고 지나친 탐닉이나 선호를 제거하는 데 사용된다(예 술을 끊기를 원하는 사람에게 술을 보거나 냄새 맡거나 맛보게 하고, 동시에 혐오적인 경험을 하게 된다).

067
임상심리학자로서 지켜야 할 내담자에 대한 비밀보장에 관한 설명으로 틀린 것은?

① 일반적으로 상담과정에서 내담자에 대해 알게 된 사실을 다른 사람들에게 말하면 안 된다.
② 아동 내담자의 경우에도 아동에 관한 정보를 부모에게 알려서는 안된다.
③ 자살 우려가 있는 경우 내담자의 비밀을 지키는 것보다는 가족에게 알려 자살예방 조치를 취하는 것이 더 중요하다.
④ 상담 도중 알게 된 내담자의 중요한 범죄 사실에 대해서는 비밀을 지킬 필요가 없다.

해설
자해, 자살 및 타해 및 타살계획, 사회의 안전, 전염병, 아동의 인권, 판사의 명령 등의 사유는 내담자에 대한 비밀보장의 예외가 된다. 또한, 아동이나 청소년 상담의 경우, 부모교육이나 부모상담을 위해서 상담내용에 대한 노출이 필요하다.

068
체계적 둔감법에 대한 설명으로 틀린 것은?

① 고전적 조건형성 원리에 기초한 행동치료 기법이다.
② 특정한 대상에 불안을 느끼는 경우에 효과적이다.
③ 이완훈련, 불안위계 목록 작성, 둔감화로 구성된다.
④ 심상적 홍수법과 달리 불안 유발 심상에 노출되지 않는다.

해설
체계적 둔감법도 최종적으로는 불안 유발 심상에 노출시키는 방법이다.

069
임상심리학자로서 책임과 능력에 있어서 바람직하지 못한 것은?

① 서비스를 제공할 때 높은 기준을 유지한다.
② 자신의 활동결과에 대해 책임을 진다.
③ 자신의 능력과 기술의 한계를 알고 있어야 한다.
④ 자신만의 경험을 기준으로 내담자를 대한다.

해설
임상심리학자는 자신만의 경험을 기준으로 삼는 것이 아니라 지속적으로 교육수련을 받고 경험을 쌓음으로써 변화와 발전의 시대적 흐름 속에서도 항상 최신의 기술을 가지고 있어야 한다.

070
심리사회적 또는 환경적 스트레스와 조합된 생물학적 또는 기타 취약성이 질병을 일으킨다는 것은?

① 상호적 유전 – 환경 조망
② 병적 소질 – 스트레스 조망
③ 사회적 조망
④ 생물학적 조망

해설
병적 소질-스트레스조망(=취약성-스트레스이론)은 환경으로부터 주어지는 심리사회적 스트레스와 그에 대응하는 개인의 특성을 고려해야 한다는 입장이다. 이상행동은 유전적. 생리적. 심리적으로 특정 장애게 걸리기 쉬운 개인적 특성과 스트레스 경험이 상호작용함으로써 발생한다.

071
행동평정척도에 관한 설명으로 옳은 것은?

① 평정하고자 하는 속성을 명확하게 정의해야 한다.
② 후광효과가 작용하기 어렵다.
③ 내현적이거나 추론된 성격 측면을 평가하는 데 적합하다.
④ 각각의 항목에 대해 극단적인 점수에 평정하는 경향이 있다.

해설
평정하고자 하는 속성을 명확하게 정의해야 하며, 나머지 문항은 틀린 내용이다. 후광효과가 작용할 수 있고, 외현적 행동평가에 적합하고, 극단점수에 평정하는 경향은 없다.

072
임상심리학자의 고유한 역할과 가장 거리가 먼 것은?

① 사례관리　② 심리평가
③ 심리치료　④ 심리학적 자문

해설
임상심리학자는 심리평가, 심리치료, 심리상담, 정신재활, 교육, 자문, 행정, 연구 등의 역할을 주로 한다. 사례관리는 임상심리학자보다는 사회복지사의 역할에 가깝다.

073
심리평가에 관한 설명과 가장 거리가 먼 것은?

① 심리평가는 심리학자들이 진단을 내리고, 치료를 계획하고, 행동을 예측하기 위하여 정보를 수집하고 평가하는 과정이다.
② 심리평가의 자료는 환자에 대한 면접자료, 과거기록, 행동관찰 사항, 심리검사에 관한 결과들이 포함된다.
③ 제1, 2차 세계대전 당시 신병들에 대한 심리평가의 요구는 임상심리학에서 심리평가의 중요성과 심리검사 제작의 필요성을 촉진시켰다.
④ 임상장면에서 심리검사를 실시할 때 자주 사용하는 MMPI, K-WAIS, Rorschach, TAT와 같은 검사들은 반드시 포함되어야 한다.

해설
내담자의 특성에 맞추어 적절한 검사를 선택해서 실시해야 한다.

074
심리치료에서 일반적으로 강조하는 목표와 가장 거리가 먼 것은?

① 전이감정의 해결
② 사기저하를 극복하고 희망을 얻기
③ 현실적인 삶을 수용하기
④ 개인의 잘못된 생각을 자각하기

해설
전이감정의 해결은 정신분석적 치료와 관련된다. 심리치료의 일반적인 목표는 사기저하극복 및 희망고취, 회피극복, 잘못된 생각의 자각, 현실적인 삶의 수용, 통찰의 획득이다.

075
인지치료에 대한 설명으로 틀린 것은?

① 개인의 문제가 잘못된 전제나 바탕을 둔 현실 왜곡에서 나온다고 본다.
② 개인이 지닌 왜곡된 인지는 학습상의 결함에 근거를 두고 있다.
③ 부정적인 자기개념에서 비롯된 자동적 사고들은 대부분 합리적인 사고들이다.
④ 치료자는 왜곡된 사고들을 풀어주고 보다 현실적인 방식들을 학습하도록 도와준다.

> **해설**
> 부정적인 자기개념에서 비롯된 자동적 사고들은 대부분 합리적 사고가 아니고 비합리적 사고이다.
> 이런 비합리적 사고들은 부정적 감정들을 유발한다.

076
다음 상담자에게 효율적인 치료를 위해 가장 필요한 것은?

> 심리치료 상담을 시행하는 사람은 정서적으로 보다 성숙되고 안정될 것을 요구받는다. 상담자는 자신의 개인적인 문제와 관련하여 지나치게 공격적인 내담자 또는 잠재적인 동성애 갈등을 지닌 내담자 등 특정문제를 보이는 내담자와의 관계에서 악영향이 발생한다.

① 임상실습훈련 ② 지도감독
③ 소양교육 ④ 개인적 심리치료

> **해설**
> 상담자가 심리적인 문제를 지닌 경우 역전이가 발생할 수 있고 결과적으로 유능한 심리상담 서비스를 제공하기 어려우므로, 먼저 개인적 심리치료를 받아야 한다.

077
비만에 관한 설명과 가장 거리가 먼 것은?

① 스트레스, 우울, 문화와 같은 심리적, 사회적 요인들이 비만과 관련되어 있다.
② 병적 비만은 광범위한 질병으로 인한 조기 사망과 관련된다.
③ 체중 감량을 시도하는 대부분의 사람들은 체중 감량에 성공한다.
④ 비만을 유발하는 데 생물심리사회적 요인들이 관련된다.

> **해설**
> 체중 감량을 시도하는 대부분의 사람들이 체중 감량에 성공하지는 못한다.

078
심리학적 평가보고서 작성 시 반드시 포함되지 않아도 되는 사항은?

① 심리검사가 의뢰된 이유
② 인지와 정서기능
③ 예후와 진단적 정보
④ 질환의 원인

> **해설**
> 심리검사 및 결과해석으로 질환의 원인은 알 수 없으므로 필수적 포함사항이 아니다.

079
실존적 접근의 심리치료는?

① 인지치료
② 의미치료
③ 자기교습훈련
④ 합리적 정서행동치료

> **해설**
> 실존치료의 바탕이 되고 있는 실존주의 철학은 개인의 자유, 책임, 주관성을 중요하게 여기며 각자 고유성을 지니는 개인은 자신의 행동과 운명의 주인이라는 점을 강조한다.
> 빅터 프랭클은 실존주의 치료자로 '의미 및 추구의 의지'를 인간의 가장 기본적인 욕구로 보았으며, 이러한 가정에 근거하여 의미치료를 제창하였다.

080
신경심리검사를 유용하게 사용할 수 있는 환자 집단이 아닌 것은?

① 신경증 환자
② 뇌손상 환자
③ 간질 환자
④ 중추 신경계 손상 환자

해설
신경심리검사는 뇌와 행동과의 관계를 다룬 검사로 뇌의 기능을 심리측정적인 방식으로 측정하고 그 결과를 분석, 해석하는 일련의 과정이다. 신경심리검사는 신경증 환자 검사에 유용하게 사용할 수 있는 검사는 아니다.

제 5 과목 심리상담

081
벡(A. Beck)이 제시한 인지적 오류와 그 내용이 옳은 것을 모두 고른 것은?

ㄱ. 개인화 : 내담자가 두 번째 회기에 오지 않을 경우, 첫 회기에서 내가 뭘 잘못했기 때문이라고 강하게 믿는 것
ㄴ. 임의적 추론 : 남자 친구가 바쁜 일로 연락을 못 하면 나를 멀리하려 한다고 결론 내리고 이별을 준비하는 것
ㄷ. 과잉일반화 : 한두 번의 실연당한 경험으로 누구로부터도 항상 실연을 당할 것이라고 생각하는 것

① ㄱ, ㄴ
② ㄱ, ㄷ
③ ㄴ, ㄷ
④ ㄱ, ㄴ, ㄷ

해설
① 개인화(personalization)
관련지을만한 근거가 없을 때조차 외적 사상들과 자기 자신을 관련짓는 경향이다. 일종의 망상과 비슷하다. 예를 들어, 길을 가다가 어떤 모르는 사람들이 웃고 있다면 자신과 그 사람들은 아무런 관련이 없음에도 불구하고, 그 사람들이 자신을 욕하면서 비웃고 있다고 생각하는 것이다.

② 근거 없는 추론(arbitrary inference)
지지할 만한 적절한 증거 없이 부정적 결론에 도달하는 것이다. 예를 들어 모든 사람이 당신이 한 행동을 꿰뚫어 보고 있다고 확신하는 것이다.

③ 과잉 일반화(overgerneralization)
단 하나의 사건을 근거로 형성된 극단적인 신념을 유사하지도 않은 다른 사건이나 장면에 부적절하게 적용하는 과정이다.

④ 극대화와 극소화(magnification/minimization)
어떤 경우나 상황을 실제 가치보다 더 크게 또는 더 적게 지각하는 것이다. 즉, 부정적인 요소를 확대하고 긍정적 요소는 축소하는 것이다.

⑤ 잘못된 명명(mislabeling)
불완전성과 과거의 실수에 근거해서 자신의 정체감을 묘사하고 이를 자신의 진정한 정체감으로 정의하는 것이다. 예를 들어 피아노를 배운다고 할 때, 한 곡을 실수 없이 다 치면 성공이고 하나라도 틀리면 실패라고 명명한 후 조금이라도 실수하면 자신은 피아노에 가망이 없는 사람이라고 판단하는 것이다. 심지어는 성공조차 실패로 명명한다.

⑥ 이분법적 사고(dichotomous thinking)
흑백논리로 사고하고 해석하거나, 경험을 어느 한 극단으로 범주화하는 것이다. 이러한 사고를 가진 사람은 인간관계를 수평적으로 못 보고 수직적으로 본다.

⑦ 선택적 추론(selective abstraction)
사건의 부분적인 세부사항을 근거로 결론을 내리는 것이다. 이 과정에서 다른 정보가 무시되고 전체적 맥락이 간과되기도 한다. 즉, 긍정적인 요소를 무시하고 부정적인 요소만을 토대로 추론한다는 것을 말한다. 예를 들어, 당신에게 여러 가지 장점이 있는데도 불구하고 당신이 가진 약점과 실수를 토대로 자신을 무가치한 학생이라고 생각하는 것이다.

082
성피해자에 대한 심리치료 과정 중 초기 단계에서 상담자가 유의해야 할 사항과 가장 거리가 먼 것은?

① 치료의 관계형성을 위해 수치스럽고 창피한 감정이 정상적인 감정임을 공감한다.
② 피해상황에 대한 진술은 상담자 주도로 이루어져야 한다.
③ 성피해 사실에 대한 내담자의 부정을 허락한다.
④ 내담자에게 치료자에 대한 감정을 묻고 치료자를 선택할 수 있도록 해 준다.

해설
성피해상담시 초기에는 피해 상황에 대한 자세한 정보를 조심스럽게 묻되, 내담자가 현재 상황에서 표현할 수 있는 것만 표현하도록 선택권을 준다. 피해자에게 상담 내용의 주도권을 주도록 한다.

083
병적 도박에 관한 설명으로 틀린 것은?

① 대개 돈의 액수가 커질수록 더 흥분감을 느끼며 흥분감을 느끼기 위해 액수를 더 늘린다.
② 도박행동을 그만두거나 줄이려고 시도할 때 안절부절 못하거나 신경이 과민해진다.
③ 병적 도박은 DSM-5에서 반사회성 성격장애로 분류된다.
④ 병적 도박은 전형적으로 남자는 초기 청소년기에, 여자는 인생의 후기에 시작되는 경우가 많다.

해설
병적 도박은 도박장애라는 명칭으로 DSM-5에서 비물질관련장애로 분류되었다.

084
다음에서 설명하는 상담기술은?

> 내담자의 감정에 대한 명확한 이해를 포함하여 내담자의 진술을 반복하거나 재표현하기도 한다.

① 재진술
② 감정반영
③ 해석
④ 통찰

해설
반영(reflection) : 내담자의 말과 행동에서 표현된 기본적인 감정, 생각, 및 태도를 상담자가 다른 참신한 말로 부언해주는 것. 감정의 반영, 행동 및 태도의 반영.

085
알코올 중독을 치료하기 위해 음주 시 구토를 유발하는 약물을 사용하는 것과 같은 조건형성 기법은?

① 소거
② 홍수법
③ 혐오치료
④ 충격치료

해설
혐오치료는 제거하려는 문제행동과 불쾌경험을 짝짓는 방법으로 매우 효과적인 행동변화 기법이다.

086

특정한 직업분야에서 훈련이나 직무를 성공적으로 수행할 가능성을 예측하는 데 가장 적합한 검사는?

① 직업적성검사
② 직업흥미검사
③ 직업성숙도검사
④ 직업가치관검사

> **해설**
>
> **직업적성검사** : 적성이란 특정 영역(학업, 업무 등)에서 능력을 발휘하는 잠재적인 가능성을 말하며, 직업적성검사는 직업과 관련된 다양한 능력을 진단하는 검사이다.
>
> **직업흥미검사** : 흥미란 어떤 종류의 활동에 대해서 개인이 가지고 있는 쾌, 불쾌, 수락, 거부의 경향성을 말하며 특히 직업흥미는 직업의 선택, 직업의 지속, 직업세계의 만족감, 직업에서의 성공 등과 밀접한 관련이 있다.
>
> **진로성숙도검사** : 초6~고3을 대상으로 진로계획 태도와 진로계획 능력을 측정하기 위한 검사이다.
>
> **직업가치관검사** : 직업가치란 직업생활을 통하여 충족하고자 하는 욕구 또는 상대적으로 중요시하는 것을 의미한다. 이 검사는 직업과 관련된 다양한 욕구 및 가치들에 대해 상대적으로 무엇을 얼마나 더 중요하게 여기는가를 살펴보고, 그 가치가 충족될 가능성이 높은 직업을 탐색할 수 있도록 도움을 주는 검사이다.

087

REBT 상담에 대한 설명으로 옳지 않은 것은?

① 내담자의 비합리적 신념을 발견하고 규명한다.
② 내담자의 무의식을 의식화하고 자아를 강화시킨다.
③ 주요한 상담기술로 인지적 재구성, 스트레스 면역 등이 있다.
④ 합리적 행동 반응을 개발, 촉진하기 위한 행동연습을 실시한다.

> **해설**
>
> 정신분석상담의 목표는 내담자의 무의식을 의식화하고 자아의 기능을 견고하게 하는 것은 정신분석상담의 목표이다. 인지정서행동(REBT) 상담은 내담자의 삶의 철학 자체를 변화시키는 데 목표가 있다.

088

성문제 상담에서 상담자가 지켜야 할 일반적 지침으로 옳지 않은 것은?

① 상담자는 성에 대한 자신의 태도를 자각하고 있어야 한다.
② 내담자가 성에 대한 올바른 지식을 가지고 있음을 전제로 상담을 시작한다.
③ 상담 중 내담자와 성에 관하여 개방적인 의사소통을 한다.
④ 자신의 한계를 넘어서는 문제는 다른 전문가에게 의뢰한다.

> **해설**
>
> 내담자에게는 올바른 성지식이 있음을 전제하고 상담을 하지는 않는다.

089
다음 중 집단상담의 장점과 가장 거리가 먼 것은?

① 심리적으로 상처를 입을 가능성이 줄어들어 치료속도가 빠르다.
② 다양한 성격의 소유자들을 접할 수 있다.
③ 시간과 비용면에서 경제적이다.
④ 새로운 행동을 현실 검증해 볼 수 있는 기회를 제공한다.

해설
①번은 개인상담의 특징이다.

090
성희롱 피해 경험으로 인해 분노, 불안, 수치심을 느끼고 대인관계를 기피하는 내담자에 대한 초기 상담 개입 전략으로 옳지 않은 것은?

① 분노상황을 탐색하고 호소 문제를 구체화한다.
② 불안감소를 위해 이완 기법을 실시한다.
③ 수치심과 관련된 감정을 반영해 준다.
④ 대인관계 문제 해결을 위해 가해자에 대한 공감 훈련을 한다.

해설
피해자에게 가해자에 대한 이해와 용서를 구하거나 이를 공공연히 암시하지 않는다. 또한, 설령 쾌감을 느꼈더라도 피해의 책임이 전적으로 가해자에게 있음을 주지시키는 조치를 취하므로 가해자에 대한 공감훈련은 적절하지 않다.

091
다음 중 행동치료 기법으로 분류되지 않는 것은?

① 강화
② 모델링
③ 홍수요법
④ 반영

해설
반영은 내담자의 말과 행동에서 표현된 기본적인 감정, 생각 및 태도를 상담자가 다른 참신한 말로 부연해 주는 것이다.

092
내담자 중심 상담이론에서 상담관계 형성을 위해 제안한 3가지 주요한 원리가 아닌 것은?

① 무의식적 해석
② 무조건적인 긍정적 존중
③ 공감적 이해
④ 진실성

해설
내담자 중심상담이론에서 상담관계 형성을 위해 제안하는 3가지 주요한 원리는 '무조건적 긍정적 존중, 공감적 이해, 진실성'이다.

093
게슈탈트 상담에서 강조하는 것이 아닌 것은?

① 지금 – 여기
② 내담자의 억압된 감정에 대한 해석
③ 미해결 과제와 회피
④ 환경과의 접촉

해설
내담자의 억압된 감정에 대한 해석은 게슈탈트 심리치료보다는 정신분석에서 중점을 두는 부분이다.

094

인지적 결정론에 따른 치료적 접근과 입장이 다른 것은?

① 합리적 정서치료
② 점진적 이완훈련
③ 인지치료
④ 자기교습훈련

해설

에드문트 제이콥슨(Edmund Jacobson, 1938)은 심리학과 생리학의 이론을 근거로 심신의 긴장을 이완시키는 체계적인 방법을 제시하였다. 그의 이론에 따르면, 긴장은 생리적 긴장과 심리적 긴장으로 구분되고, 모든 종류의 심리적 긴장은 반드시 어떤 형태의 생리적 또는 신체적 긴장을 수반하고 있다. 심리적 긴장 없어도 신체적 혹은 생리적 긴장을 경험하게 되면 심리적 긴장이 일어나게 되고, 신체적 긴장이 사라지면 그로 인하여 발생된 심리적 긴장도 없어진다.

096

합리적-정서적 치료에서 제시하는 비합리적 생각 중에 '자기 자신이 시도하는 일을 결과적으로 제대로 되지 않을 것'이라고 믿는 생각은 어디에 해당되는가?

① 당위성
② 과잉 일반화
③ 절대적 사고
④ 부정적 예언

해설

'자기 자신이 시도하는 일은 결과적으로 제대로 되지 않을 것'이라는 생각은 부정적 예언에 해당한다.

095

현실치료에서 Glasser가 제시한 8가지 원리에 해당되지 않는 것은?

① 감정보다 행동에 중점을 둔다.
② 현재보다 미래에 초점을 맞춘다.
③ 계획을 세워 계획에 따라 실천하겠다는 약속을 다짐받는다.
④ 변명은 금물이다.

해설

윌리암 글래서는 1960년대에 현실치료 이론에서 본 적인 욕구로 소속감, 힘, 즐거움, 자유, 생존욕구를 이야기하였으며 미래가 아닌 현실에 초점을 맞추었다.

097

집단치료의 준비과정에서 다루어야 할 것과 가장 거리가 먼 것은?

① 집단치료에 대한 오해
② 비현실적인 공포
③ 집단에 대한 기대
④ 집단 응집력의 제고

해설

집단치료 과정 중 집단 응집력의 제고는 과도기단계와 작업단계에서 이루어진다.

098

개인의 일상적 경험구조, 특히 소속된 분야에서 특별하다고 간주되던 사람들의 일상적 경험구조를 상세하게 연구하고자 하는 목적에서 생겨난 심리상담의 핵심적인 전제조건에 해당하는 것은?

① 매순간 새로운 자아가 출현하고 새로운 경험을 할 때마다 우리는 새로운 위치에 있게 된다.
② 어린 시절의 창조적 적응은 습관적으로 알아차림을 방해한다.
③ 내담자로 하여금 문제를 해결하는 것뿐만 아니라 그 문제를 유지시키는 보다 근본적인 기술을 변화시키도록 돕는 것이 중요하다.
④ 개인은 마음, 몸, 영혼으로 이루어진 체계이며, 삶과 마음은 체계적 과정이다.

해설

NLP(Nuero Linguistic Programming, 신경언어프로그래밍)의 전제조건 : 전제조건이란 그것이 반드시 진리이기 때문이 아니라 다만 전제조건의 내용에 근거하여 실천/행동할 때 바람직한 성과를 얻을 수 있기에 사실인 것처럼 생각하고 받아들일 수 있는 명제를 말한다.

정신과 육체는 하나의 체계이다라는 전제조건의 의미
정신과 육체는 상호작용을 하며 서로 영향을 미친다.

다른 하나에 영향을 주지 않고 어느 하나를 변화시킨다는 것을 불가능하다.
1. 지도는 영토가 아니다. 2. 인간의 행동은 목적지향적이다. 3. 모든 행동은 긍정적 의도에서 나온다. 4. 무의식은 선의적이다. 5. 이해하기를 원한다면 실행하라. 6. 선택할 수 있다는 것은 그렇지 못한 것보다 바람직하다. 7. 사람들은 그 당시에 할 수 있는 최선의 선택을 한다. 8. 실패란 없다. 다만 피드백이 있을 뿐이다. 9. 사람들은 완벽하게 일한다. 10. 의사소통에서 전달하고자 하는 의미는 곧 우리가 상대방으로부터얻는 반응으로 결정된다. 10. 타인의 세계관을 존중하라. 11. 우리는 감각을 통해 모든 정보를 처리한다. 12. 정신과 육체는 하나의 체계이다.

099

정신분석에서 내담자가 지속적이고 반복적인 학습을 통해 자신이 이해하고 통찰한 바를 충분히 소화하는 과정은?

① 자기화
② 훈습
③ 완전학습
④ 통찰의 소화

해설

내담자가 지속적이고 반복적인 학습을 통재 자신이 이해하고 통찰하는 바를 충분히 소화하는 과정을 훈습이라고 한다.

100

약물중독 개입모델 중 영적인 성장에 초점을 두고 자조집단을 활용하는 형식으로 진행되는 모델은?

① 12단계 모델
② 교육 모델
③ 사회문화 모델
④ 공중보건 모델

해설

12단계 모델은 알코올 중독을 성공적으로 치료하는 단계를 설명하는 모델이라고 할 수 있다.

2022년 제3회 임상심리사 2급 필기 채점표

구분	제1과목	제2과목	제3과목	제4과목	제5과목	전과목 평균
점수						

2022년 제3회 임상심리사 2급 필기 정답

001	002	003	004	005	006	007	008	009	010	011	012	013	014	015	016	017	018	019	020
①	④	④	②	①	③	②	③	④	④	①	④	④	④	③	④	①	②	④	①
021	022	023	024	025	026	027	028	029	030	031	032	033	034	035	036	037	038	039	040
①	④	①	①	②	①	②	②	②	①	③	④	①	③	④	①	②	②	②	②
041	042	043	044	045	046	047	048	049	050	051	052	053	054	055	056	057	058	059	060
④	③	②	①	④	①	③	④	④	④	②	③	④	①	④	②	④	③	③	②
061	062	063	064	065	066	067	068	069	070	071	072	073	074	075	076	077	078	079	080
②	④	③	②	①	②	④	④	④	②	①	①	④	①	③	④	③	④	②	①
081	082	083	084	085	086	087	088	089	090	091	092	093	094	095	096	097	098	099	100
④	②	③	②	③	①	④	④	②	③	①	②	②	②	④	④	④	④	②	①

임상심리사 2급 필기

2021년 임상심리사 2급 기출문제

2021년 제1회 기출문제
2021. 03. 07. 시행

2021년 제3회 기출문제
2021. 08. 14. 시행

2021년 제1회 임상심리사 2급 필기 기출문제

2021년 03월 07일 시행

제1과목 심리학 개론

001
고전적 조건형성에서 조건자극과 무조건자극을 배열할 때 조건형성 효과가 가장 오래 지속되는 배열은?

① 후진배열 ② 흔적배열
③ 지연배열 ④ 동시적배열

해설
- **지연배열** : 조건 자극이 먼저 제시되지만 조건 자극이 사라지기 전에 무조건 자극이 제시됨.
- **후진배열** : 무조건 자극이 먼저 제시되고 조건 자극이 나중에 제시됨.
- **흔적배열** : 조건 자극이 제시되고 조건 자극이 완전히 사라지고 난 후에 무조건 자극이 제시됨.
- **동시 배열** : 조건 자극과 무조건 자극이 동시에 제시되고 동시에 사라짐.

002
조건형성의 원리와 그에 해당하는 예를 잘못 연결시킨 것은?

① 조작적 조건형성의 응용 – 행동수정
② 소거에 대한 저항 – 부분 강화 효과
③ 강화보다 처벌 강조 – 행동 조성
④ 고전적 조건형성의 응용 – 유명연예인 광고모델

해설
행동조형(조성, shaping)
일련의 복잡한 행동을 학습시키기 위해, 목표행동에 근접하는 행동을 보일 때마다 강화를 하여 점진적으로 목표행동을 학습시키는 방법을 말한다.
동물조련사들이 동물에게 복잡한 묘기 행동을 학습시킬 때 이러한 행동조성법이 사용된다.

003
성격의 5요인 이론 중 다른 사람들의 복지에 대해 관심을 가지며, 사람들을 신뢰하고, 다른 사람에 대해 편견을 덜 갖는 경향을 나타내는 것은?

① 개방성(Openness)
② 외향성(Extraversion)
③ 우호성(Agreeableness)
④ 성실성(Conscientiousness)

해설
- **우호성** : 사고·감정·행동에서 공정적인 감정부터 적대감까지의 연속선상을 따라 개인의 대인관계 지향성이 어느 위치에 있는지를 측정
- **개방성** : 자신의 경험을 주도적으로 추구하고 평가하는지를 측정. 낯선 것에 대한 인내와 탐색 정도를 측정
- **외향성** : 대인관계에서의 상호작용 정도와 강도를 측정
- **성실성** : 목표지향적인 행동을 조직하고 지속해서 유지하며, 목표지향적 행동에 동기를 부여하는 정도를 측정

004
다음은 무엇에 관한 설명인가?

방어기제 중 우리가 가진 바람직하지 않은 자질들을 과장하여 다른 사람들에게 부여함으로써 우리의 결함을 인정하지 않도록 막아주는 것

① 부인 ② 투사
③ 전위 ④ 주지화

> **해설**
> - **투사** : 자신이 인정하지 못하는 감정을 다른 사람의 탓으로 돌림
> - **부인** : 가장 원초적인 방어기제로 감당하기 힘든 욕구나 충동, 정보를 거부하여 불안을 막는 방법이다.
> - **전위(전치, 치환)** : 본능적 충동이 원래 대상보다 덜 위협적인 대상으로 옮겨가는 현상이다.
> - **주지화** : 지적으로 분석하여 위협적인 감정을 피하는 방법으로 사고를 통해 정서를 통제하는 형태이다.

005
다음 설명에 해당하는 것은?

> - 아동들의 자기개념이 왜 우선적으로 남자-여자 구분에 근거하는지를 설명하고자 한다.
> - 아동에게 성이라는 렌즈를 통해 세상을 보도록 가르치는 문화의 역할을 중요시한다.

① 사회학습 이론 ② 인지발달 이론
③ 성 도식 이론 ④ 정신분석학 이론

> **해설**
> **Sandra Bem의 성 도식 이론** : 사회학습이론과 인지발달이론의 요소를 결합. 성역할 개념의 습득과정을 설명하는 정보처리이론으로서, 성 유형화가 아동의 인지발달 수준이나 사회문화적 요인의 영향을 받지만 동시에 성 도식화 과정을 통해 형성된다고 설명한다.

006
심리검사의 오차 유형 중 측정 결과에 변화를 주는 것은?

① 해석적 오차 ② 항상성 오차
③ 외인적 오차 ④ 검사자 오차

> **해설**
> 해석적 오차, 항상성 오차, 검사자 오차는 검사 결과에 큰 영향을 주지 않지만, 신뢰도나 타당도, 모집단 동질성, 변인 같은 내인적, 외인적 오차는 심리검사 결과에 큰 영향을 준다.

① **해석적 오차** : 측정결과를 해석하는 과정에서 생긴 오차
② **항상성 오차** : 검사의 시기나 횟수와 관계없이 일정하게 작용하는 오차
④ **검사자 오차** : 검사를 하는 검사자로 인해 생긴 오차

007
프로이트(S. Freud)의 성격 구조에 관한 설명으로 옳은 것은?

① 자아는 현실 원리를 따르며 개인이 현실에 적응하도록 돕는다.
② 자아는 일차적 사고과정을 따른다.
③ 자아는 자아이상과 양심으로 구성되어 있다.
④ 초자아는 성적욕구와 관련된 것으로 쾌락의 원리를 따른다.

> **해설**
> - **자아(ego)** : 현실원리를 따름. 의식적이고 합리적인 성격요소, 본능을 만족시킬 현실적인 수단을 찾는 것
> - **초자아(superego)** : 자아이상과 양심으로 구성 도덕적 가치와 부모들의 기존상태를 내면화함으로 생김. 자아가 원초아의 바람직하지 않은 충동에 대해 사회적으로 수용할 수 있는 배출구를 찾을 것을 강력히 요구.
> - **원초아(id)** : 쾌락원리를 따름. 출생 시에 나타나는 것, 타고난 생물학적 본능을 충족시키는 것, 즉각적으로 본능을 충족시키려고 시도

008
검사에 포함된 각 질문 또는 문항들이 동일한 것을 측정하는 정도를 나타내는 것은?

① 내적일치도 ② 경험타당도
③ 구성타당도 ④ 준거타당도

> **해설**
> **내적일치도(내적 합치도)** : 신뢰도의 일종으로 검사 문항들간의 일관성이나 합치성을 의미한다.

009
성격과 환경 간의 상호작용 중 개인의 성격은 타인으로부터 독특한 반응을 이끌어낸다는 것은?

① 유도적 상호작용　② 반응적 상호작용
③ 주도적 상호작용　④ 조건적 상호작용

해설
유도적 상호작용 : 사람의 성격은 타인의 특별한 반응을 유도하려 한다는 점에서, 성격과 환경과의 상호작용이 이루어진다는 것이다.

010
켈리(Kelly)의 개인적 구성개념이론에 관한 설명으로 옳지 않은 것은?

① 성격 연구의 목적은 개인이 자신과 자신의 사회적 세상을 해석하는 데 사용하는 차원을 찾는 것이어야 한다.
② 개개인을 직관적 과학자로 보아야 한다.
③ 특질검사는 개인의 구성개념을 측정하기에 가장 적합하다.
④ 구성개념의 대조 쌍은 논리적으로 반대일 필요가 없다.

해설
켈리(George Kelly)의 성격이론은 모든 인간이 과학자라는 가정, 즉 과학자로서 인간 관점에 근거한다.
개인 구성개념 : 우리가 사건을 해석하고 예언하는 데 사용하는 인지적 구조
성격 평가기법 : 역할 구성개념 목록 검사를 개발(특질검사가 아님)

011
성격의 정의에 관한 설명으로 틀린 것은?

① 성격에는 개인이 가지고 있는 고유하고 독특한 성질이 포함된다.
② 개인의 독특성은 시간이 지나도 비교적 안정적으로 변함없이 일관성을 지닌다.
③ 성격은 다른 사람이나 환경과 상호작용하는 관계에서 행동양식을 통해 드러난다.
④ 성격은 타고난 것으로 개인이 속한 가정과 사회적 환경에 영향을 받지 않는다.

해설
성격은 생물학적 요인(유전 요인, 신체 요인, 생화학 물질)의 영향과 사회적 요인(유아기의 경험, 사회 및 문화, 가정, 형제 관계, 동료집단)이 상호작용해서 결정된다(성격은 타고난 것만이 아님).

012
단기기억의 특성이 아닌 것은?

① 정보의 용량이 매우 제한적이다.
② 작업기억(working memory)이라 불린다.
③ 현재 의식하고 있는 정보를 의미한다.
④ 거대한 도서관에 비유할 수 있다.

해설
단기기억은 짧은 시간 동안에만 기억할 수 있으며 용량이 한정적이다(1청크 7±2). 단기기억은 감각기억에서 선택적 주의를 통해 여과된 정보를 처리하여 장기기억에 전달 기능을 수행한다. 단기기억 속의 정보는 시연 과정을 통해 정보를 부호화하여 처리된다.

013
사람들이 자기 자신의 행동을 설명할 때 현저한 상황적 원인들은 지나치게 강조하고 사적인 원인들은 미흡하게 강조하는 것은?

① 사회억제 효과　② 과잉정당화 효과
③ 인지부조화 현상　④ 책임감 분산 효과

> **해설**
> 과잉정당화 효과란 자기 행동의 동기를 자기 내부에서 찾지 않고 외부에서 주어진 보상 탓으로 돌리는 현상을 말한다.

014
연구방법의 주요 개념에 관한 설명으로 옳지 않은 것은?

① 측정 : 한 변인의 여러 값들에 숫자를 할당하는 체계
② 실험 : 원인과 결과에 대한 가설을 정밀하게 검사하는 것
③ 실험집단 : 가설의 원인이 제공되지 않는 집단
④ 독립변인 : 실험자에 의해 정밀하게 통제되는 가설의 원인으로서 참가자의 과제와 무관한 변인

> **해설**
> 실험집단과 통제집단은 실험처치 유무에 따라 달라진다. 실험처치를 하는 집단이 실험집단이며, 아무런 조치를 시행하지 않는 경우 통제집단에 해당된다.

015
사랑의 삼각형 이론에서 사랑의 3가지 요소에 포함되지 않는 것은?

① 관심(Attention)
② 친밀감(Intimacy)
③ 열정(Passion)
④ 투신(Commitment)

> **해설**
> Sternberg의 사랑의 삼각형 이론 : 친밀감, 열정, 투신(=개입)

016
사람들은 혼자 있을 때보다 자신과 같은 일을 수행하고 있는 다른 사람들이 있을 때 수행이 향상된다는 것을 지칭하는 것은?

① 동조효과
② 방관자효과
③ 사회촉진
④ 사회태만

> **해설**
> 사회적 촉진(Social Facilitation)은 타인의 존재가 일종의 자극제로 작용함으로써 수행이 향상되는 것 (예 자전거 경주에서 함께 달릴 때 더 빠르다는 것을 발견, 개미들은 다른 개미들이 있을 때 더 굴을 많이 파고, 닭들은 더 먹음)

017
다음의 설명에 해당하는 것은?

> 척도상의 대표적 수치를 의미하며 평균, 중앙치, 최빈치가 그 예이다.

① 빈도분포값
② 추리통계값
③ 집중경향값
④ 변산측정값

> **해설**
> 집중경향값(central tendency)은 전체 분포에 대해 한 점수를 대표로 인정하는 통계적 기준이다.

018
기억에 정보를 저장하기 위해서 환경의 물리적 정보의 속성을 기억에 저장할 수 있는 속성으로 변화시키는 과정은?

① 주의과정　　② 각성과정
③ 부호화과정　④ 인출과정

해설
기억으로 되는 처리 과정은 부호화(정보를 입력) → 저장(정보를 저장) → 인출(필요 시 정보를 꺼냄)의 단계를 거친다. 부호화(encoding)는 새로운 정보에 주의를 기울여 그 정보를 받아들이고 처리하는 단계이다.

019
통계분석에 관한 설명으로 옳지 않은 것은?

① 2개의 모평균 간에 차이가 있는지를 검정하기 위해서 중다회귀분석(multiple regression analysis)을 이용한다.
② 3개 또는 그 이상의 평균치 사이에 차이가 있는지를 검정하기 위해서 분산분석을 사용한다.
③ 빈도 차이의 유의성을 검증하기 위해서 x^2 검정을 사용한다.
④ 피어슨 상관계수 r은 근본적으로 관련성을 보여주는 지표이지 어떠한 인과적 요인을 밝혀주지는 않는다.

해설
중다회귀분석은 독립변수가 2개 이상인 회귀모형에 의한 자료 분석이며 독립변수와 종속변수 사이의 구체적인 함수식을 찾아내고, 독립변수로부터 종속변수를 예측하기 위한 통계분석방법이다.

020
소거(extinction)가 영구적인 망각이 아니라는 증거가 될 수 있는 것은?

① 변별　　　　② 조형
③ 자극 일반화　④ 자발적 회복

해설
얼마간의 휴지기 후 소거된 반응이 다시 나타나는 현상을 **자발적 회복**(spontaneous recovery)이라고 하며 이는 소거가 영구적인 망각이 아니라는 증거로 제시된다.

제 2 과목 이상심리학

021
이상행동의 분류와 평가에 관한 설명으로 옳지 않은 것은?

① 범주적 분류는 이상행동이 정상행동과는 질적으로 구분되며 흔히 독특한 원인에 의한 것이기 때문에 정상행동과는 명료한 차이점을 지니고 있다는 가정에 근거한다.
② 차원적 분류는 정상행동과 이상행동의 구분이 부적응성 정도의 문제일 뿐 질적인 차이는 없다는 가정에 근거한다.
③ 타당도는 한 분류체계를 적용하여 환자들의 증상이나 장애를 평가했을때 동일한 결과가 도출되는 정도를 의미한다.
④ 같은 장애로 진단된 사람들에게서 동일한 원인적 요인들이 발견되는 정도는 원인론적 타당도이다.

해설
분류체계의 타당도는 분류체계가 증상, 원인 등에 있어서 서로 다른 장애들을 제대로 구분하고 있는가를 말한다.

022
조현병의 양성증상에 해당되는 것은?

① 무의욕증
② 무사회증
③ 와해된 행동
④ 감퇴된 정서 표현

해설
와해된 행동은 양성증상(positive symptom)의 일종으로 혼란스러운 행동, 긴장증적 행동이 이에 해당한다.
양성증상의 예 : 망상, 환각, 와해된 언어나 행동
음성증상의 예 : 무의욕증, 무언어증, 무쾌락증, 정서적 둔마, 자발성의 결여

023
물질관련장애에 관한 설명으로 옳지 않은 것은?

① 물질에 대한 생리적 의존은 내성과 금단증상으로 나타난다.
② 임신 중의 과도한 음주는 태아알코올증후군을 유발할 수 있다.
③ 모르핀과 헤로인은 자극제(흥분제)의 대표적 종류이다.
④ 헤로인의 과다 복용은 뇌의 호흡 중추를 막아 죽음에 이르게 할 수 있다.

해설
모르핀, 헤로인은 억제제이다.
• **중추신경 억제제** : 알코올, 아편, 모르핀, 헤로인, 진정제, 신경안정제, 수면제
• **중추신경 흥분제** : 카페인, 니코틴, 코카인, 암페타민(필로폰)
• **환각제** : 대마초, LSD, 팬시클리딘, 엑스터시

024
조현병 스펙트럼 및 기타 정신병적 장애에 해당하지 않는 것은?

① 망상장애
② 순환성장애
③ 조현양상장애
④ 단기 정신병적 장애

해설
순환성장애는 양극성 및 관련장애의 하위유형이다.
조현병 스펙트럼 및 기타 정신병적 장애의 하위유형
조현병, 조현정동장애, 조현양상장애, 망상장애, 조현형 성격장애, 단기정신병적, 장애

025
반사회적 성격장애와 가장 관련이 없는 것은?

① 품행장애의 과거력
② 역기능적 양육환경
③ 붕괴된 자아와 강한 도덕성 발달
④ 신경전달물질인 세로토닌(Serotonin)의 부족

해설
반사회적 성격장애는 자신의 이익과 쾌락을 위해서 타인을 이용하거나 사회의 규칙이나 법을 어기기도 한다. 따라서 도덕성 발달은 반사회적 성격장애와 관련이 없다.

026
DSM-5에 의한 성격장애의 분류로 옳지 않은 것은?

① A군 성격장애 : 조현성 성격장애
② C군 성격장애 : 편집성 성격장애
③ B군 성격장애 : 연극성 성격장애
④ C군 성격장애 : 회피성 성격장애

해설
편집성 성격장애는 A군의 성격범주에 해당한다.
• **A군** : 편집형 성격장애, 조현성 성격장애, 조현형 성격장애
• **B군** : 반사회성 성격장애, 경계선 성격장애, 연극성 성격장애, 자기애성 성격장애
• **C군** : 회피성 성격장애, 의존성 성격장애, 강박성 성격장애

027
노출장애에 관한 설명과 가장 거리가 먼 것은?

① 성도착적 초점은 낯선 사람에게 성기를 노출시키는 것이다.
② 성기를 노출시켰다는 상상을 하면서 자위행위를 하기도 한다.
③ 청소년기나 성인기 초기에 시작되는 것으로 알려져 있다.
④ 노출 대상은 사춘기 이전의 아동에게 국한된다.

해설
노출장애는 낯선 사람에게 자신의 성기를 노출시키거나 또는 노출했다는 상상을 하면서 자위행위를 하기도 한다.
진단기준은 1) 사춘기 이전의 아동에게 성기를 노출함으로써 성적 흥분을 일으킴
2) 신체적으로 성숙한 개인에게 성기를 노출함으로써 성적 흥분을 일으킴.
3) 1)과 2)가 둘 다 있는 경우에 대한 명시를 요구하고 있다.

028
DSM-5의 신경발달장애에 해당하지 않는 것은?

① 지적장애
② 분리불안장애
③ 자폐스펙트럼장애
④ 주의력결핍 과잉행동장애

해설
분리불안장애는 불안장애의 하위유형이다.
신경발달장애의 하위유형 : 지적장애, 의사소통장애, 자폐스펙트럼장애, 주의력결핍 과잉행동장애, 특정학습장애, 운동장애

029
스트레스 호르몬이라고 부리는 코티솔(cortisol)이 분비되는 곳은?

① 부신
② 변연계
③ 해마
④ 대뇌피질

해설
스트레스는 시상하부, 뇌하수체, 부신피질을 활성화시킨다. 시상하부의 활동은 전측 뇌하수체로 하여금 부신피질자극 호르몬을 분비하게 하며, 이 호르몬은 부신피질을 자극하여 코티솔을 분비하게 하며, 코티솔은 혈당을 높이고 신진대사를 증진시킨다.

030
강박장애를 가진 내담자의 심리치료에 가장 효과적인 방법은?

① 행동조형
② 자유연상법
③ 노출 및 반응방지법
④ 혐오조건화

해설
노출 및 반응방지법(ERP) : 학습이론에 근거한 행동치료적 기법으로서 강박장애 환자들이 그들이 두려워하는 자극이나 사고에 노출시키되 강박행동을 하지 못하게 하는 방법이다.

031
우울장애에 대한 치료방법으로 적절하지 않은 것은?

① 대인관계치료(interpersonal psychotherapy)
② 기억회복치료(memory recovery therapy)
③ 인지행동치료(cognitive behavioral therapy)
④ 단기정신역동치료(brief psychodynamictherapy)

> **해설**
> 우울장애와 신경인지장애(치매)는 증상이 유사하다. 인지기능의 손상여부에 따라 구분되는데, 우울증은 인지기능의 손상이 없으며, 신경인지장애는 인지기능의 손상이 있다. 따라서 기억회복치료는 인지기능의 손상과 관련이 있는 신경인지장애에 시행하는 것이 적절하므로 3번이 오답이다.

032
알코올 사용장애에 관한 설명으로 옳은 것은?

① 가족력이나 유전과는 관련성이 거의 없다.
② 성인 여자가 성인 남자보다 유병률이 높다.
③ 자살, 사고, 폭력과의 관련성이 거의 없다.
④ 금단 증상의 불쾌한 경험을 피하거나 경감시키기 위해 음주를 지속하게 된다.

> **해설**
> 알코올을 섭취하다가 중단하면 불쾌한 금단증상이 나타나고, 다시 알코올을 섭취하면 불쾌한 금단증상이 사라지므로 알코올 섭취, 음주를 지속하게 되는 것은 맞는 문장이다.

033
파괴적, 충동조절 및 품행장애에 관한 설명으로 옳지 않은 것은?

① 병적 방화의 필수 증상은 고의적이고 목적이 있는, 수차례의 방화 삽화가 존재하는 것이다.
② 품행장애의 유병률은 아동기에서 청소년기로 갈수록 증가한다.
③ 병적 도벽은 보통 도둑질을 미리 계획하지 않고 행한다.
④ 간헐적 폭발성 장애는 언어적 공격과 신체적 공격을 모두 포함해야 한다.

> **해설**
> 간헐적 폭발성장애의 진단기준은 언어적 공격이나 신체적 공격 둘 중 1개만 포함되어도 된다고 명시하고 있다.

034
양극성장애(Bipolar disorder) 조증시기에 있는 환자의 방어적 대응양상을 판단할 수 있는 행동이 아닌 것은?

① 화장을 진하게 하고 다닌다.
② 자신이 신의 사자라고 이야기한다.
③ 증거도 없는 행동을 두고 남을 탓한다.
④ 활동의욕은 줄어들어 과다 수면을 취한다.

> **해설**
> 조증 시기에는 활동이 증가하므로 활동의욕이 준다는 내용은 틀린 문항이다.
> **조증 삽화의 특징**
> 자존감의 증가나 과대감, 수면욕구 감소, 말이 많아지거나 끊기 어려울 정도로 계속 말을 함, 사고의 비약, 주의산만, 목표지향적 활동의 증가, 고통스런 결과를 초래하는 활동에의 지나친 몰두(과소비, 무분별한 성행위, 어리석은 사업투자)

035
DSM-5에 제시된 신경인지장애의 병인에 해당하지 않는 것은?

① 알츠하이머병　② 레트
③ 루이소체　　　④ 파킨슨병

> **해설**
> DSM-5의 신경인지장애는 DSM-Ⅳ의 치매이다. 따라서 치매의 병인론이 아닌 것을 고르면 된다.
>
> 레트장애는 DSM-Ⅳ의 광범위한 발달장애의 하위유형이고, 알츠하이머, 루이소체, 파킨슨병은 신경인지장애의 원인이다. 기타 원인으로는 전측두엽퇴행증, 혈관 질환, 외상성 뇌손상, 물질 및 약물사용, HIV감염, 프리온병, 헌팅턴병도 신경인지장애가 있다.

036
아동 A에게 진단할 수 있는 가장 가능성이 높은 장애는?

> 4세 아동 A는 어머니와 애정적 관계를 형성하지 못하며, 장난감을 가지고 노는 데는 흥미가 없고 사물을 일렬로 배열하거나 자신의 몸을 앞뒤로 흔들면서 알 수 없는 말을 한다.

① 자폐 스펙트럼장애
② 의사소통장애
③ 틱장애
④ 특정학습장애

해설
자폐 스펙트럼 장애의 2가지 주요한 증상은 사회적 상호작용과 의사소통의 결함과 제한적, 반복적인 관심, 활동, 행동이다.

037
치매에 관한 설명으로 가장 적합한 것은?

① 기억손실이 없다.
② 약물남용의 가능성이 많다.
③ 증상은 오전에 가장 심해진다.
④ 자신의 무능을 최소화하거나 자각하지 못한다.

해설
치매(신경인지장애)진단에 해당되는 경우, 자신의 인지기능의 저하나 일상생활의 무능을 최소화하려고 변명하기도 하고, 혹은 이러한 증상을 자각하지 못하기도 한다.

038
공황장애의 특징에 해당하는 것을 모두 고른 것은?

ㄱ. 메스꺼움 또는 복부 불편감
ㄴ. 몸이 떨리고 땀 흘림
ㄷ. 호흡이 가빠지고 숨이 막힐 것 같은 느낌
ㄹ. 미쳐버리거나 통제력을 상실할 것 같은 느낌

① ㄷ, ㄹ
② ㄱ, ㄴ, ㄹ
③ ㄴ, ㄷ, ㄹ
④ ㄱ, ㄴ, ㄷ, ㄹ

해설
공황장애라 함은 심한 불안증상과 관련되므로 ㄱ, ㄴ, ㄷ, ㄹ이 모두 해당된다고 볼 수 있다.

039
해리장애에 대한 설명으로 적절하지 않은 것은?

① 해리 현상에 영향을 주는 주된 요인으로 학대받은 개인경험, 고통스러운 상태로부터의 도피 등이 있다.
② 해리 현상을 유발하는 가장 주된 방어기제는 투사로 알려져 있다.
③ 해리성 둔주는 정체감과 과거를 망각할 뿐만 아니라 완전히 다른 장소로 이동한다.
④ 해리성 기억상실증은 중요한 자서전적 정보를 회상하지 못하는 것으로, 해리성 둔주가 나타날 수 있다.

해설
해리장애와 관련된 주요한 방어기제는 투사가 아니라 억압과 부인이다. 투사는 편집증적 인격장애, 조현병, 피해망상과 관련있는 방어기제이다.

040
주요우울장애 환자가 일반적으로 나타내는 특징적 증상이 아닌 것은?

① 거절에 대한 두려움
② 불면 혹은 과다수면
③ 정신운동성 초조
④ 일상활동에서의 흥미와 즐거움의 상실

해설
- 주요우울장애 환자의 특징
  - 거의 매일 하루 대부분을 우울한 기분의 지속이 있다(주관적 보고 혹은 객관적 관찰).
  - 거의 매일 하루 대부분을 활동에서 흥미나 즐거움이 뚜렷하게 저하된다.
  - 의미 있는 체중의 증가나 체중의 감소가 있다.
  - 거의 매일 불면이나 과다수면이 있다.
  - 거의 매일 정신운동 초조나 지체가 객관적으로 관찰할 수 있다.
  - 거의 매일 무기력 또는 부적절한 죄책감을 느낌
  - 거의 매일 피로나 활력의 상실이 있다.
  - 반복적인 죽음에 대한 생각, 반복적인 자살사고 또는 자살 시도

제 3 과목 심리검사

041
신경심리학적 능력 중 BGT 및 DAP, 시계 그리기를 통해 가장 효과적으로 평가할 수 있는 것은?

① 주의능력
② 기억능력
③ 실행능력
④ 시공간 구성능력

해설
시공간구성기능검사 : 신경심리검사의 일종으로 우반구에 편재된 기능을 측정하는 검사, 주로 그림이나 시각운동협응을 요하는 검사들이다. BGT, DAP, CDT 검사를 통해 이런 시공간구성기능을 평가할 수 있다.

042
신경심리검사에 대한 설명으로 옳은 것은?

① Broca와 Wernick는 실행증 연구에 뛰어난 업적을 남겼으며, Benton은 임상신경심리학의 창시자라고 할 수 있다.
② X레이, MRI 등 의료적 검사결과가 정상으로 나온 경우에는 신경심리검사보다 의료적 검사결과를 신뢰하는 것이 타당하다.
③ 신경심리검사는 고정식(fixed) battery와 융통식(flexible) battery 접근이 있는데, 두 가지 접근 모두 하위검사들이 독립적인 검사들은 아니다.
④ 신경심리검사는 환자에 대한 진단, 환자의 강점과 약점, 향후 직업능력의 판단, 치료계획, 법의학적 판단, 연구 등에 널리 활용된다.

해설
브로카와 베르니케 연구는 실행증이 아니라 실어증 연구에 업적을 남겼다.
Benton은 기억검사 도구를 만든 사람이다.
신경심리검사는 엑스레이, MRI 등 의료적 검사결과가 정상으로 나온 경우에도 실시해보았을 때 인지적 손상에 대한 평가가 가능하다.
신경심리검사는 종합검사와 단일검사가 있고 종합검사의 하위검사들은 모두 독립적인 검사로 활용가능하다.

043
심리검사자가 준수해야 할 윤리적 의무로 옳은 것을 모두 고른 것은?

ㄱ. 심리검사 결과 해석 시 수검자의 연령과 교육수준에 맞게 설명해야 한다.
ㄴ. 심리검사 결과가 수검자의 삶에 영향을 줄 수 있음을 인식해야 한다.
ㄷ. 컴퓨터로 실시하는 심리검사는 특정한 교육과 자격이 필요 없다.

① ㄱ
② ㄱ, ㄴ
③ ㄴ, ㄷ
④ ㄱ, ㄴ, ㄷ

해설
컴퓨터로 실시하는 심리검사도 지필검사와 마찬가지로 특정한 교육과 자격이 필요하다(예 온라인용 MMPI-2검사).

044
표집 시 남녀 비율을 정해놓고 표집해야 하는 경우에 가장 적합한 방법은?

① 군집표집(cluster sampiling)
② 유층표집(stratified sampling)
③ 체계적표집(systematic sampling)
④ 구체적표집(specific sampling)

해설
유층표집(층화표본추출)
모집단을 동질적인 몇 개의 층으로 나누어 각 층에서 무작위로 표본을 추출하는 것을 말한다. 이것은 모집단의 모든 구성 성분을 다 포함하고 싶을 경우에 사용한다.

045
MMPI-2의 각 척도에 대한 해석으로 가장 적합한 것은?

① 6번 척도가 60T 내외로 약간 상승한 것은 대인관계민감성에 대한 경험을 나타낸다.
② 2번 척도는 반응성 우울증보다는 내인성 우울증과 관련이 높다.
③ 4번 척도의 상승 시 심리치료 동기가 높고 치료의 예후가 좋음을 나타낸다.
④ 7번 척도는 불안 가운데 상태불안 증상과 연결성이 높다.

해설
6번 척도는 편집 척도로 60~69점 사이 점수일 경우 대인관계에서 민감하고 타인의 의견에 민감하게 반응할 수 있다. 65T 이상~80T 이하면 관계 사고, 피해망상, 의심 등 정신증적 증상이 나타날 수 있다.

046
웩슬러 지능검사의 하위지수 중 지적 장애를 가진 사람들이 어려움을 겪는 것으로 알려진 소검사들을 가장 많이 포함하고 있는 것은?

① 언어이해
② 지각추론
③ 작업기억
④ 처리속도

해설
지적장애는 신경발달장애의 하위범주이다. 따라서 선천적·유전적으로 지능의 문제가 있으므로, 유동성 지능이 취약하다. 언어이해 지표인 공통성문제는 유동성지능도 관여되며, 기타 어휘, 이해, 상식, 단어추리 검사 등도 유동성 지능을 바탕으로 후천적으로 발달되는 결정성지능이기 때문에 학습의 어려움을 겪을 수 있다.

047
Guilford의 지능구조 입체모형에서 조작(operation)요인에 해당하는 것은?

① 표정, 동작 등의 행동적 정보
② 사고결과의 적절성을 판단하는 평가
③ 의미 있는 단어나 개념의 의미적 정보
④ 어떤 정보에서 생기는 예상이나 기대들의 합

해설
- 길포드(Guilford)이론의 지능구조
  - 내용(사고의 대상) : 시각, 청각, 상징, 의미
  - 행동 조작(사고의 과정) : 평가, 수렴적 조작, 확산적 조작, 기억파지, 기억저장
  - 인지 결과(사고의 결과) : 단위, 분류, 관계, 체계, 전환, 함축

048
지능검사를 해석할 때 고려사항으로 옳지 않은 것은?

① 작업기억과 처리속도는 상황적 요인에 민감한 지수임을 감안한다.
② 지수점수를 해석할 때 여러 지수들 간에 점수 차이가 유의한지를 살펴봐야 한다.
③ 지수가 유의한 차이가 있을 경우 전체척도 IQ는 해석하기가 용이하다.
④ 지수 점수간의 비교를 통해 상대방 약점이 문제의 원인이 될 수 있는지 확인한다.

> **해설**
> 지수가 유의한 차이가 있을 경우, 즉 4개의 지표 중 가장 높은 지표에서 가장 낮은 지표점수의 차이가 23점 이상인 경우 전체지능지수는 단일점수로서 의미가 없으며, 전체지능지수를 산출하기는 하지만 해석에는 사용하지 못하고, 각각의 4가지 지수에 대해 별도로 해석해야 한다.

049
다음 MMPI-2 프로파일과 가장 관련이 있는 진단은?

```
L=56, F=78, K=38
1(Hs)=56, 2(D)=58, 3(Hy)=54, 4(Pd)=53,
5(Mf)=54, 6(Pa)=76, 7(Pt)=72, 8(Sc)=73,
9(Ma)=55, 0(Si)=66
```

① 품행장애　② 우울증
③ 전환장애　④ 조현병

> **해설**
> **6-8-7코드유형**
> 3코드 유형으로 해석가능하며, 이 프로파일은 심각한 정신병리를 암시하며 임상적 진단으로는 조현병이 가장 흔하다. 피해망상, 과대망상, 환각이 나타나고, 감정적으로 둔화되어 있거나 부적절한 정서를 보인다. 타인에 대한 의심이나 분노감이 많고 사회적으로 철수되어 있다.

050
BSID-II(Bayley Scale of Infant Development-II)에 대한 설명으로 틀린 것은?

① 신뢰도와 타당도에 관한 보다 많은 정보를 제공하여 검사의 심리측정학적 질이 개선되었다.
② 유아의 기억, 습관화, 시각선호도, 문제해결 등과 관련된 문항들이 추가되었다.
③ BSID-II에서는 대상 연령범위가 16일에서 48개월까지로 확대되었다.
④ 지능척도, 운동척도의 2가지 척도로 구성되어 있다.

> **해설**
> **Bayley의 영아발달 척도**
> 베일리가 1969년 생후 2개월에서 30개월까지의 영유아를 대상으로 한 발달척도(BSID)를 고안한 이후, 1993년 개정판(BSID-II)을 통해 생후 1개월에서 42개월까지의 영유아를 대상으로 한 표준화가 이루어졌다.
> BSID-II 검사는 인지(Mental), 동작(Motor), 행동평정척도(BRS)등 3가지로 구성되어 있다.

051
성격을 측정하는 자기보고 검사에 관한 설명으로 옳은 것은?

① 개인의 심층적인 내면을 탐색하는데 흔히 사용된다.
② 응답결과는 개인의 반응경향성과 무관하다.
③ 강제선택형 문항은 개인의 묵종 경향성을 예방하는 데 효과적이다.
④ 사회적으로 바람직하게 응답하려는 경향을 나타내기 쉽다.

> **해설**
> 자기보고형 검사의 단점으로, 수검자가 사회적으로 바람직한 방향으로 응답하려는 경향성을 보일 수 있어, 검사 결과에 영향을 미칠 수 있다는 것이다.

052

80세 이상의 노인집단용 규준이 마련되어 있는 심리검사는?

① MMPI-A
② K-WISC-Ⅳ
③ K-Vineland-Ⅱ
④ SMS(Socail Maturity Scale)

> **해설**
> K-VINELAND-Ⅱ
> *한국판 바인랜드 적응행동척도 2판
>
> 검사 대상 : 만 0세 0개월 ~ 만 90세 11개월
> 검사소요시간 : 면담형 20 ~ 60분 / 보호자평정형 30 ~ 60분
>
> 적응행동의 평가는 장애인(특히 지적장애인)과 같은 적응행동에 상당한 제한이 있는 사람들뿐만 아니라 다양한 장애(예를 들어, 발달장애, 학습장애, 청각 및 시각장애, ADHD, 정서 및 행동장애, 다양한 유전적 장애 등)의 임상적 진단에 사용될 수 있고, 장애가 없는 개인의 적응 수준을 평가하는 데도 도움이 될 수 있다. 더불어 아동기 발달상의 문제뿐만 아니라 적응기능이 손상된 고령의 사람들을 평가하여 독립적인 생활을 유지하는 데 도움이 되는 방법을 찾는 데도 기여할 수 있다.

053

Rorschach 검사에서 반응의 결정인 중 인간운동반응(M)에 대한 설명으로 옳지 않은 것은?

① M 반응이 많은 사람은 행동이 안정되어 있고 능력이 뛰어남을 나타낸다.
② M 반응이 많을수록 그 사람은 그의 세계의 지각을 풍부하게 만들기 위해 자유롭게 구사할 수 있는 상상력을 지니고 있다.
③ 상쾌한 기분은 M 반응의 수를 증가시킨다.
④ 좋은 형태의 수준을 가진 M의 출현은 높은 지능의 존재를 부정하는 것이며 가능한 M이 많이 나타난다는 사실은 낮은 지능을 의미한다.

> **해설**
> 결정인 중 M은 인간운동반응으로 인간의 신체적 활동, 동물 또는 가공적 인물이 인간이 하는 것과 같은 활동을 포함하고 있는 반응이다.
> Tanaka는 M반응은 지능과 정적 상관이 있으며, Exner는 매우 복잡한 정신활동, 추리, 상상활동 등 고차적인 사고작용과 관련된다고 하였다.

054

MMPI-2의 자아강도 척도(ego-strength scale)에 관한 설명으로 틀린 것은?

① 정신치료의 성공여부를 예측하기 위해 고안되었다.
② 개인의 전반적인 기능수준과 상관이 있다.
③ 효율적인 기능과 스트레스를 견디는 능력을 반영한다.
④ F 척도가 높을수록 자아강도 척도의 점수는 높아진다.

> **해설**
> 자아강도 척도와 F척도는 반비례 관계이다. F척도는 높을수록 심각한 문제가 있을 가능성과 관련 있으며, 자아강도척도는 높을수록 적응을 잘하고 있음을 나타낸다.

055

MMPI-2를 실시할 때 고려해야 할 사항으로 옳지 않은 것은?

① 검사의 목적과 결과의 비밀보장에 대해 설명한다.
② 검사 결과는 환자와 치료자에게 중요한 자료가 됨을 강조할 필요가 있다.
③ 수검자들이 피로해있지 않는 시간대를 선택한다.
④ 수검자의 독해력의 중요하지 않다.

> **해설**
> 수검자에게 초학교 6학년 이상의 독해력을 요구하고 있다.

056

신경심리검사의 실시에 대한 설명으로 옳은 것은?

① 두부외상이나 뇌졸중 환자의 경우에는 급성기에 바로 검사를 실시하는 것이 바람직하다.
② 어려운 검사는 피로가 적은 상태에서 실시하고 어려운 검사와 쉬운 검사를 교대로 실시하는 것이 좋다.
③ 운동 기능을 측정하는 검사는 과제제시와 검사 사이에 간섭과제를 사용한다.
④ 진행성 뇌질환의 경우 6개월 정도가 지난 후에 정신상태와 인지기능을 평가하는 것이 바람직하다.

해설
두부 외상이나 뇌졸중 환자 등 급성기에 검사를 실시할 경우 검사진행의 어려움 등으로 검사결과가 적절하지 않을 수 있으며, 간섭과제는 주로 기억력을 비롯한 인지기능검사이다. 진행성 뇌질환 환자의 경우는 바로 검사를 실시하는 것이 좋다.

057

타당도에 관한 설명으로 틀린 것은?

① 준거타당도는 검사점구와 외부 측정에서 얻는 일련의 수행을 비교함으로써 결정된다.
② 준거타당도는 경험타당도 또는 예언타당도라고 불리기도 한다.
③ 구성타당도는 측정될 구성개념에 대한 평가도구의 대표성과 적합성을 말한다.
④ 구성타당도는 내용 및 접근법에서 직면하게 될 부적합성 및 문제점을 해결하기 위해 개발되었다.

해설
구성타당도는 검사가 측정하려고 하는 심리적 구성개념을 얼마나 정확하게 측정해주는가를 측정하는 것으로 검사 도구의 적합성과 관련이 있다.

058

지능을 구성하는 요인에 관한 Cattell과 Horn의 이론 중 결정화된 지능(crystallized intelligence)에 관한 설명으로 옳은 것은?

① 비언어적 요인과 관련된 능력을 말한다.
② 후천적이기보다는 선천적으로 이미 결정화된 지능의 측면을 말한다.
③ 나이가 들어감에 따라 낮아진다.
④ 문화적 요인에 의해 더 많은 영향을 받는다.

해설
결정성 지능은 나이가 들수록 발달하는 지능으로 비언어적 요인보다는 언어적 요인과 관련이 높으며, 후천적으로 발달하는 지능이다. 또한, 나이가 들수록 결정성지능지수는 높아진다고 볼 수 있다.
후천적으로 발달하는 지능이기 때문에 문화적 요인에 의해 더 많은 영향을 받는다고 볼 수 있다.

059

적성검사에 관한 설명으로 옳지 않은 것은?

① 개인의 특수한 영역에서의 능력을 측정한다.
② 적성검사는 능력검사로 불리기도 한다.
③ 적성검사는 개인의 미래수행을 예측하는데 사용된다.
④ 학업적성은 실제 학업성취와 일치한다.

해설
학업적성, 예를 들면 탐구형의 적성을 지니고 있다고 해도 학업성취와 꼭 일치한다고 볼 수는 없다. 학업성취는 지능, 성취동기, 자아개념 등과도 관련되기 때문이다.

060

K-WISC-IV에서 인지효능지표에 포함되는 소검사가 아닌 것은?

① 숫자　　　　② 행렬 추리
③ 기호쓰기　　④ 순차연결

> **해설**
> - 일반능력지수는 언어이해지수와 지각추리지표로 추론된 지수이다.
>   - **언어이해지수 핵심 소검사** : 공통성, 어휘, 이해
>   - **지각추론지수 핵심 소검사** : 토막짜기, 공통그림찾기, 행렬추리
> - 인지효능지수는 작업기억지수와 처리속도지수로 추론된 지수이다.
>   - **작업기억지수 핵심 소검사** : 숫자, 순차연결
>   - **처리속도지수 핵심 소검사** : 동형찾기, 기호쓰기
>
> 인지효능지수는 일반지능지수와 비교해서 기본 인지능력을 얼마나 효율적으로 사용하는지 파악할 수 있는 점수이다.
> 행렬 추리는 지각추론 지표에 포함되는 소검사이다.

제 4 과목 임상심리학

061

강제입원, 아동 양육권, 여성에 대한 폭력, 배심원 선정 등의 문제에 특히 관심을 가지는 심리학 영역은?

① 아동임상심리학　　② 임상건강심리학
③ 법정심리학　　　　④ 행동의학

> **해설**
> 법정 심리학은 광의 개념의 법 심리학에 포함되는 분야로 생각될 수 있지만, 법 심리학과 동일한 내용을 다룬다. 대부분은 피고인에 대한 형사책임 판단, 형사와 민사에서의 특정 행위에 대한 능력 평가, 재범 위험성 평가처럼 재판과 관련된 임상적인 평가가 필요한 부분이 중심이 된다.

062

MMPI-2의 타당도 척도 중 부정왜곡을 통해 극단적인 수준으로 정신병적 문제가 있음을 나타내려는 경우에 상승하는 것은?

① S scale　　　　② F(P) scale
③ TRIN scale　　④ VRIN scale

> **해설**
> F(P) : 비전형 정신병리 척도
> 실제로 정신병리를 지니고 있어 F점수가 높아질 가능성을 탐지하기 위해 만들어졌다. F(P)점수가 100점 이상이면 부정왜곡의 가능성이 있다.

063

역할-연기에 대한 설명과 가장 거리가 먼 것은?

① 주장 훈련과 관련이 있다.
② 사회적 기술을 포함하고 있다.
③ 행동시연을 해야 한다.
④ 이완 훈련을 해야 한다.

> **해설**
> 역할연기는 내담자로 하여금 어떤 상황을 가정하여 그 역할이나 행동을 실제로 해보도록 하는 기법을 말한다. 또한, 부모나 직장 상사에게 자기주장을 못하는 사람에게 상담자가 대역을 함으로써 자기주장을 해보도록 하기도 한다. 사회적기술훈련과 관련되며 사회적 기술, 행동시연이 포함된다. 이 과정에서는 이완훈련이 동반되지는 않는다.

064

미국에서 임상심리학이 비약적으로 발전하게 된 계기가 된 것은?

① 자원봉사자들의 활동
② 루스벨트 대통령의 후원
③ 제2차 세계대전
④ 매카시즘의 등장

해설

제1차 세계대전
Yerkes는 집단지능검사인 Army 알파와 Army 베타를 개발하였다(1917). Woodworth는 이상행동평가를 위해 정신신경증 척도를 개발하였다. 전쟁 당시의 심리검사의 수요확대로 임상심리학자의 활동이 증가되기 시작하였다.

제2차 세계 대전
군인들에 대한 집단 심리검사와 더불어 심리치료에 대한 요구가 급증하였고 이에 임상심리학자들의 역할이 점차 확장되었다.

해설

- 두정엽 : 공간 및 감각 기능
- 후두엽 : 뇌반구의 가장 뒷부분, 주로 시각정보를 인지하고 조정한다.
- 측두엽 : 청각기능, 언어 이해, 기억, 정서, 청각정보 기능 등을 조절한다.
- 전두엽 : 고차인지기능 담당, 자발적 운동, 동작, 실행기능, 주의를 전환하고 통제하는 기능

065
임상심리사로서 전문적인 관계를 유지하는 데 바람직한 지침사항과 가장 거리가 먼 것은?

① 다른 전문직에 종사하는 동료들의 욕구, 특수한 능력, 그리고 의무에 대하여 적절한 관심을 가져야 한다.
② 동료 전문가와 관련된 단체나 조직의 특권 및 의무를 존중하여 행동하여야 한다.
③ 소비자의 최대이익에 기여하는 모든 자원들을 활용해야 한다.
④ 동료 전문가의 윤리적 위반가능성을 인지하면 즉시 해당 전문가 단체에 고지해야 한다.

해설
동료 전문가의 윤리적 위반가능성을 인지하면 그 전문가의 슈퍼바이져와 그 기관에 먼저 고지하는 것이 바람직하다.

066
시각적 처리와 시각적으로 중재된 기억의 일부 측면에 관여하는 뇌의 위치는?

① 두정엽　　② 후두엽
③ 전두엽　　④ 측두엽

067
불안에 관한 노출치료의 내용과 가장 거리가 먼 것은?

① 노출은 불안을 더 일으키는 자극에서 낮은 불안을 일으키는 자극 순으로 진행되어야 한다.
② 노출은 공포, 불안이 제거될 때까지 반복되어야 한다.
③ 노출은 불안을 유발해야 한다.
④ 환자는 될 수 있는 한 공포스러운 자극에 주의를 기울이고 그 자극과 관계를 맺도록 노력해야 한다.

해설
노출치료는 경미한 불안을 일으키는 자극에서부터 심한 불안을 느끼는 자극 순으로 진행한다.

068
다음의 설명에 해당하는 것은?

불안을 유발하는 기억과 통찰을 무의식적으로 억압하거나 회피하려는 시도로 치료 시간에 잦은 지각이나 침묵, 의사소통의 회피 등을 보인다.

① 합리화　　② 전이
③ 저항　　　④ 투사

해설
저항은 내담자가 자발적으로 치료를 받기 위해 찾아왔음에도 불구하고 다양한 방식으로 치료과정을 방해하는 행동들을 의미한다. 예를 들어, 치료시간에 늦거나 치료시간을 잊는 일, 꿈을 기억해오지 않는 일, 자유연상이 잘 되지 않는 것, 치료에 흥미를 잃는 것은 저항의 한 형태라고 할 수 있다.

069
행동평가에 관한 설명으로 가장 적합한 것은?

① 자연적인 상황에서 실제 발생한 것만을 대상으로 평가한다.
② 행동표본은 내면심리를 반영한 것으로 해석된다.
③ 특정 표적행동의 조작적 정의가 상이할 수 있음을 고려해야 한다.
④ 관찰 결과는 요구 특성이나 피험자의 반응성 요인과는 무관하다.

해설
행동주의적 입장의 행동평가에서는 성격을 구체적인 상황에서 나타나는 행동의 용어로 설명하며, 행동주의자들은 공격성에 관심을 두는 것이 아니라 공격적인 행동에 관심을 두게 된다.

070
문장완성검사에 관한 설명으로 틀린 것은?

① 수검자의 자기개념, 가족관계 등을 파악할 수 있다.
② 수검자가 검사자극의 내용을 감지할 수 없도록 구성되어 있다.
③ 수검자에 따라 각 문항의 모호함 정도는 달라질 수 있다.
④ 개인과 집단 모두에게 실시될 수 있다.

해설
피검자의 의식적인 통제나 방어가 쉽게 이루어진다.

071
심리치료 이론 중 전이와 역전이의 중요성을 강조하고 치료에 활용하는 접근은?

① 정신분석적 접근
② 행동주의적 접근
③ 인본주의적 접근
④ 게슈탈트적 접근

해설
전이와 역전이 분석은 정신분석에 유용하게 활용하는 기법이다. 치료자와 내담자의 상호전이를 이해하는 것이 중요하다는 점에서도 역전이를 치료적으로 활용하는 움직임이 나타나고 있다.

072
인간중심리치료에 대한 설명으로 적합하지 않은 것은?

① 인간중심접근은 개인의 독립과 통합을 목표로 삼는다.
② 인간중심적 상담(치료)은 치료과정과 결과에 대한 연구관심사를 포괄하면서 개발되었다.
③ 치료자는 주로 내담자의 자기와 세계에 대한 인식에 주로 관심을 가진다.
④ 내담자가 정상인인가, 신경증 환자인가, 정신병 환자인가에 따른 다른 치료원리가 적용된다.

해설
인간중심 치료의 중요한 태도중의 하나인 무조건 존중은 내담자에 대한 가치중립적인 입장에서 인간 그 자체를 존중하는 것이 치료적으로 작용한다고 생각하며, 심리검사를 통한 진단을 중요하게 생각하지 않는다.

073
임상심리사가 수행하는 역할과 가장 거리가 먼 것은?

① 심리치료 상담　② 심리검사
③ 언어치료　　　④ 심리재활

해설
임상심리사는 심리검사, 심리치료, 심리상담, 심리재활, 교육, 자문, 행정, 연구를 주된 역할로 하고 있으며, 언어치료는 해당되지 않는다.

074
다음에 해당하는 관찰법은?

- 문제행동의 빈도, 강도, 만성화된 문제행동을 유지시키는 요인을 실제장면에서 관찰하는 데 효과적이다.
- 시간과 비용이 많이 들며, 대부분의 사람은 자신들이 관찰된다는 것을 알고 있을 때 다르게 행동한다.

① 자연관찰법　　② 통제된 관찰법
③ 자기관찰법　　④ 연합관찰법

해설
자기관찰법(자기감찰)
개인이 자신의 행동, 사고, 정서 등을 관찰하고 기록하는 것이다. 목표 행동의 빈도, 강도, 기간을 기록하고 선행 자극조건과 행동 뒤의 결과가 무엇인지를 기록하여, 문제행동의 발생 과정과 변화를 인식하게 한다. 자기관찰이 자신에 대한 기록과 관찰을 왜곡하게 되는 단점이 있기는 하지만, 경비가 저렴하고 자신의 행동에 대한 피드백으로 문제행동을 통제하는 장점을 갖는다.

075
다음에 해당하는 자문의 유형은?

주의력 결핍과잉행동 장애를 가진 아동의 혼란된 행동을 다루는 방법을 확신하지 못하고 있는 초등학교 3학년 담임교사에게 자문을 해주었다.

① 내담자 중심 사례 자문
② 프로그램 중심 행정 자문
③ 피자문자 중심 사례 자문
④ 자문자 중심 행정 자문

해설
내담자나 환자 중심의 개인적인 사례 혹은 내담자와 관련된 문제들보다는 피자문자가 도전한 경험에 초점을 둔다.

076
합동가족치료에 대한 설명으로 틀린 것은?

① 비행 청소년들과 그들의 가족들을 위한 개입법으로 개발되었다.
② 한 치료자가 가족전체를 동시에 본다.
③ 치료자는 상황에 따라 비지시적인 역할을 할 수 있다.
④ 치료자는 가족 구성원에게 과제를 준다.

해설
사티어에 의해 시행된 합동가족치료는 조현병 자녀를 둔 가족에 대한 치료로부터 출발하였다.

077
Rogers가 제안한 내담자의 긍정적 변화를 촉진시키기 위한 치료자의 3가지 조건에 해당하지 않는 것은?

① 무조건적 존중　② 정확한 공감
③ 창의성　　　　④ 솔직성

해설

Rogers가 제안한 내담자의 긍정적 변화를 촉진시키기 위한 치료자의 3가지 조건
① 상담자는 내담자를 향해 무조건적 긍정적 존중을 실천하고 있다.
② 상담자는 내담자의 내적 참조체제를 경험하며 공감적으로 이해하고 있다.
③ 내담자는 상담자가 자신에 대해 긍정적 존중을 하고 상담자가 이해한다는 것을 지각한다.

078

접수면접의 목적에 대한 설명으로 가장 적합한 것은?

① 환자의 심리적 기능 수준과 망상, 섬망 또는 치매와 같은 이상 정신현상이 유무를 선별하기 위해 실시한다.
② 가장 적절한 치료나 중재 계획을 권고하고 환자의 증상이나 관심을 더 잘 이해하기 위해 실시한다.
③ 환자가 중대하고 외상적이거나 생명을 위협하는 위기에 있을 때 그 상황에서 구해내기 위해서 실시한다.
④ 환자가 보고하는 증상들과 문제들을 집단으로 분류하기 위해서 실시한다.

해설

- 접수면접 확인 사항
  - 기본 인적 사항
  - 호소문제
  - 내담자가 보는 문제의 심각성과 긴급성
  - 호소문제와 관련된 발달력
  - 현재 및 최근의 사고, 정서, 행동
  - 정서상태평가
  - 사회적 · 심리적 자원
  - 대인관계 특성
  - 외모 및 행동
  - 이전 상담 및 치료경험
  - 상담동기
  - 심각도/긴급도 평정 및 면접자 소견
  - 상담자 배정에 필요한 정보

079

불안장애를 지닌 내담자에게 적용한 체계적 둔감법의 단계를 바르게 나열할 것은?

ㄱ. 이완 상태에서 가장 낮은 위계의 불안 자극에 노출한다.
ㄴ. 이완 상태에서 더 높은 위계의 불안 자극에 노출한다.
ㄷ. 불안 자극의 위계를 정한다.
ㄹ. 불안 상태와 양립불가능하여 불안을 억제하는 효과를 지닌 이완 기법을 배운다.

① ㄱ→ㄴ→ㄷ→ㄹ
② ㄷ→ㄱ→ㄴ→ㄹ
③ ㄷ→ㄹ→ㄱ→ㄴ
④ ㄹ→ㄱ→ㄴ→ㄷ

해설

체계적 둔감법은 고전적 조건형성의 원리에 기반을 두고 이완을 통해 불안을 억제하는 상호억제 원리를 이용한 행동치료기법이다.

080

평가 면접에서 면접자의 태도에 대한 설명으로 틀린 것은?

① 수용 : 내담자의 가치에 대한 기본적인 존중과 관련되어 있다.
② 해석 : 면접자가 자신의 내면과 부합하는 심상을 수용하는 것과 관련되어 있다.
③ 이해 : 내담자의 관점에서 세계를 보기 위한 노력과 관련되어 있다.
④ 진실성 : 면접자의 내면과 부합하는 것을 전달하는 정도와 관련되어 있다.

해설

평가면접시의 해석은 피면접자가 자신의 내면과 부합하는 심상을 수용하는 것과 관련된다.

제 5 과목 심리상담

081
다음 사례에서 사용된 행동주의 상담 기법은?

> 내담자는 낮은 학업 성적으로 인해 학교 적응에 어려움을 겪고 있다. 상담자는 내담자가 평소 컴퓨터 게임하는 것을 매우 좋아한다는 사실을 알았다. 상담자는 내담자가 하루 계획한 학습량을 달성하는 경우, 컴퓨터 게임을 30분 동안 하도록 개입하였다.

① 자기교수훈련, 정적 강화
② 프리맥의 원리, 정적 강화
③ 체계적 둔감법, 자기교수훈련
④ 자극통제, 부적강화

해설
선호하는 반응은 덜 선호하는 반응을 강화하여 행동의 발생 빈도를 증가시킬 수 있다는 원리이다. 강화의 상대성을 이용한 것으로 프리맥(D. Premack)이 제안하였다. 아동이 컴퓨터 게임을 선호하고 수학을 공부하는 것을 별로 원하지 않는 경우, 아동이 수학을 스스로 공부하는 행동을 증가시키기 위하여, 수학을 한 뒤에 컴퓨터 게임을 하도록 하는 것은 프리맥 원리를 이용하는 것이다.

082
보딘(Bordin)이 제시한 작업동맹(working alliance)의 3가지 측면이 옳은 것은?

① 작업의 동의, 진솔한 관계, 유대관계
② 진솔한 관계, 유대관계, 서로에 대한 호감
③ 유대관계, 작업의 동의, 목표에 대한 동의
④ 서로에 대한 호감, 동맹, 작업의 동의

해설
Bordin은 작업동맹의 개념을 '상담의 목표와 과제 및 유대관계의 발달에 대한 동의를 토대로 한 상담자와 내담자 사이의 협력'으로 정의내리면서 중요한 하위 개념으로 (1) 상담 중에 달성될 목표 등에 대해 내담자와 상담자 간의 합의 (2) 포함된 과업들에 대한 합의 (3) 목표와 과제 모두를 달성하는 데 중요한 내담자와 상담자 간의 유대를 제안하였다.

083
인간중심상담에 관한 설명으로 옳지 않은 것은?

① 모든 인간에게 실현경향성이 있다고 보는 긍정적 인간관을 지닌다.
② 이상적 자기와 현실적 자기 간에 괴리가 큰 경우 심리적 부적응이 발생한다고 본다.
③ 상담자가 내담자에 대해 무조건적 긍정적 존중의 태도를 지니는 것을 강조한다.
④ 아동의 부모의 기대와 가치를 내면화하여 현실적인 자기를 형성한다.

해설
자기(자기개념)은 로저스의 성격이론에서 가장 중요한 구성개념이다. 어린 유아는 자신의 내부에서 지각되는 자기개념과 외부의 타인에 대한 경험을 구별하기 시작하면서 자기 존재에 대한 인식이 발달한다. 자기개념은 개인이 자신에 대하여 지닌 지속적인 체계적 인식을 말한다. 아동은 부모의 기대와 가치를 내면화하여 자기개념을 형성한다.

084
정신분석적 상담기법 중 상담진행을 방해하고 현재 상태를 유지하려는 의식적, 무의식적 생각, 태도, 감정, 행동을 의미하는 것은?

① 전이
② 저항
③ 해석
④ 훈습

해설
저항은 내담자가 자발적으로 치료를 받기 위해 찾아왔음에도 불구하고 다양한 방식으로 치료과정을 방해하는 행동들을 의미한다. 예를 들어, 치료시간에 늦거나 치료시간을 잊는 일, 꿈을 기억해오지 않는 일, 자유연상이 잘되지 않는 것, 치료에 흥미를 잃는 것은 저항의 한 형태라고 할 수 있다.

085
Kromboltz가 제시한 상담의 목표에 해당하지 않는 것은?

① 내담자가 요구하는 목표여야 한다.
② 상담자의 도움을 통해 내담자가 달성할 수 있는 목표여야 한다.
③ 내담자가 상담목표 성취의 정도를 평가할 수 있어야 한다.
④ 모든 내담자에게 동일하게 적용될 수 있는 목표이어야 한다.

해설
- 심리상담 목표설정의 원리
  - 성과가 있어야 한다.
  - 명백하고 구체적이어야 한다.
  - 측정할 수 있어야 한다.
  - 현실적이어야 한다.
  - 타당해야 한다.
  - 내담자의 가치와 일관되어야 한다.
  - 목표는 합리적인 시간 내에 성취되어야 한다.

086
상담 진행과정에 관한 설명으로 옳지 않은 것은?

① 초기 : 비자발적 내담자의 경우 상담목표를 설정하지 않음
② 중기 : 내담자가 자신의 문제를 이해하고 반복적인 학습이 일어남
③ 중기 : 문제 해결 과정에서 저항이 나타날 수 있음
④ 종결기 : 상담 목표를 기준으로 상담성과를 평가함

해설
비자발적 내담자라고 할지라도 내담자에게 자신의 삶에서 가장 중요한 것이 무엇인가를 물어봄으로써 지금 현 상태와 자신의 가치관을 비교해보고 현 상태를 유지하고 싶지 않게 만드는 몇 가지를 찾을 수 있게 된다. 이를 통해 심리상담 목표를 설정할 수 있게 된다.

087
글래서(Glasser)의 현실치료 이론에서 가정하는 기본적인 욕구가 아닌 것은?

① 생존의 욕구
② 권력의 욕구
③ 자존감의 욕구
④ 재미에 대한 욕구

해설
- Glasser의 현실치료에서 강조하는 기본욕구 5가지
  - 사랑과 소속의 욕구
  - 힘(권력)에 대한 욕구
  - 자유에 대한 욕구
  - 즐거움(재미)에 대한 욕구
  - 생존에 대한 욕구

088
내담자의 현재 상황에서의 욕구와 체험하는 감정의 자격을 중요시하는 상담이론은?

① 인간중심 상담   ② 게슈탈트 상담
③ 교류분석 상담   ④ 현실치료 상담

해설
게슈탈트 상담기법 중 지금-여기의 체험에 초점 맞추기란 알아차림을 촉진하기 위해서 내담자로 하여금 과거나 미래가 아닌 현재, 즉 '지금-여기'에서 경험하는 것들에 초점을 맞추도록 격려한다. 이를 위해서 1) 욕구와 감정 알아차리기 2) 신체감각 알아차리기 3) 언어와 행위 알아차리기 4) 환경 알아차리기가 있다.

089

위기개입 전략으로 옳지 않은 것은?

① 내담자의 즉각적인 욕구에 주목한다.
② 내담자와 진실한 관계를 형성하는 것이 중요하다.
③ 위기개입 시 현재 상황과 관련된 과거에 초점을 맞춘다.
④ 각각의 내담자와 위기를 독특한 것으로 보고 반응한다.

해설

- 위기개입 전략의 특징
  - 시간 제한적이다.
  - 현재 상태에 중점을 두며, 생활 문제에 초점을 둔다.
  - 위기상황에서의 변화 노력의 첫 번째 전략으로 과업을 사용하며, 다양한 실천 이론과 개입에 적응할 수 있는 광범위한 모델이다.
  - 위기로 인해 도움이 필요한 클라이언트에 대한 집중적, 구체적, 즉각적 개입의 중요성을 강조한다.
  - 사람들이 위기에 몰렸을 때 거기에 적응을 하든, 못하든 대처하려는 잠재력을 가지고 있다고 가정한다.
  - 시기적절한 개입은 위기 기간 사람들의 방어를 낮추고 치료적 개입에 대한 수용성을 높여준다.
  - 환경의 특성을 변화시키거나 개인이 대처양식을 변화시킴으로써 균형상태를 회복할 수 있다.
  - 위기 이전까지 정상적으로 기능해 온 개인이나 가족에게 적합하다.

090

도박중독의 심리·사회적 특징에 대한 설명으로 옳은 것은?

① 도박 중독자들은 대체로 도박에만 집착할 뿐 다른 개인적인 문제를 가지지 않는다.
② 도박 중독자들은 직장에서 도박 자금을 마련하기 위해 남보다 더 열심히 노력한다.
③ 심리적 특징으로 단기적인 만족을 추구하기보다는 장기적인 만족을 추구한다.
④ 도박행동에 문제가 있음을 인정하지 않고 변명하려 든다.

해설

병적 도박자들은 도박을 중단하면 안절부절못하고 우울해지거나 과민하고 집중력이 저하되는 금단증상을 보인다. 도박장애로 치료받는 사람들의 반 이상이 자살사고를 가지며, 약 17%는 자살 시도를 한다.

도박장애 진단기준
지속적이고 반복적인 문제적 도박 행동이 임상적으로 현저한 손상이나 고통을 일으키고 지난 12개월동안 다음의 항목 중 4개 또는 그 이상이 나타나야 한다.
1. 원하는 흥분을 얻기 위해 액수를 늘리면서 도박하려는 욕구
2. 도박을 줄이거나 중지시키려고 시도할 때 안절부절못하거나 과민해짐
3. 도박을 조절하거나 줄이거나 중지시키려는 노력이 반복적으로 실패함
4. 종종 도박에 집착함(예) 과거의 도박 경험을 되새기고, 다음 도박의 승산을 예견해 보거나 계획하고, 도박으로 돈을 벌 수 있는 방법을 생각)
5. 괴로움(예) 무기력감, 죄책감, 불안감, 우울감)을 느낄 때 도박함

091

학업상담의 특징에 관한 설명으로 틀린 것은?

① 비자발적 내담자가 많다.
② 부모의 관여가 적절한 수준과 형태로 이루어지도록 돕는다.
③ 학습의 영역에서 문제가 발생하였으므로 문제의 원인은 인지적인 것이다.
④ 학습과정에서 겪는 문제를 통합적으로 해결하여 유능한 학습자가 되도록 조력하는 과정이다.

해설

학업상담의 경우, 학습문제는 지능 및 기초학습능력, 선수학습, 학습전략 등은 물론 공부의 동기와 정서적, 환경적인 요인들이 원인일 수 있으므로 이런 요인들을 모두 고려해야 한다.

092
상담자의 윤리에 관한 설명으로 틀린 것은?

① 비밀보장은 상담진행 과정 중 가장 근본적인 윤리기준이다.
② 내담자의 윤리는 개인 상담뿐만 아니라 집단 상담이나 가족상담에서도 고려되어야 한다.
③ 상담여부를 결정하는 것은 내담자이며 상담자는 내담자에게 정확한 정보를 제공해야 한다.
④ 상담이론과 기법은 반복적으로 검증된 것으로서 시대 및 사회여건과 무관하게 적용해야 한다.

해설
상담자의 윤리의 하나로서 '유능성'의 의미는 상담자가 지속해서 교육 수련을 받고 경험을 쌓음으로써 변화와 발전의 시대적 흐름 속에서도 항상 최신의 기술을 가지고 있어야 한다는 것이다.
상담에 있어서 가장 기본적인 윤리는 비밀보장이다.

093
성희롱 피해 경험으로 인해 분노, 불안, 수치심을 느끼고 대인관계를 기피하는 내담자에 대한 초기 상담 개입 전략으로 옳지 않은 것은?

① 분노상황을 탐색하고 호소 문제를 구체화한다.
② 불안감소를 위해 이완 기법을 실시한다.
③ 수치심과 관련된 감정을 반영해 준다.
④ 대인관계 문제 해결을 위해 가해자에 대한 공감 훈련을 한다.

해설
피해자에게 가해자에 대한 이해와 용서를 구하거나 이를 공공연히 암시하지 않는다. 또한, 설령 쾌감을 느꼈더라도 피해의 책임이 전적으로 가해자에게 있음을 주지시키는 조치를 취하므로 가해자에 대한 공감훈련은 적절하지 않다.

094
청소년 비행의 원인을 사회학적 관점에서 설명하는 이론이 아닌 것은?

① 아노미 이론
② 사회통제 이론
③ 욕구실현 이론
④ 하위문화 이론

해설
사회학적 관점에서 청소년 비행의 원인으로는 아노미이론, 사회통제이론, 하위문화이론, 차별접촉이론이 있다.
- **아노미 이론**: 사회 내 결속력이 약해지고 규범이나 규칙이 제대로 준수되지 않았을 때 혼란이 발생하며 심지어 사회해체까지 야기될 수 있다고 봄.
- **사회통제 이론**: 관습을 지키면 사회에 결속되고 유대를 갖게 된다는 신념의 부재로 사회 규칙을 어겨 일어남.
- **하위문화 이론**: 노동자계급 아이들이 상류계급 문화를 접하며 적응상 문제에 봉착하고, 그들만의 집단문화를 형성하여, 자신들의 자존심을 공동으로 방어하는 수단으로 비행을 일으킴
- **차별접촉 이론**: 비행친구들끼리 차별적 집단을 형성하고, 영향을 받는 것

095
교류분석에서 치료의 바람직한 목표인 치유의 4단계에 해당되지 않는 것은?

① 계약의 설정
② 증상의 경감
③ 전이의 치유
④ 각본의 치유

해설
교류분석(Transactional Analysis : TA) : 1957년 미국의 정신과 의사인 에릭 번(Eric bern)에 의해 창안된 인간의 교류나 행동에 관한 이론체계이자 동시에 거기에 의거하여 실시하는 치료요법이다.

교류 분석 치료 치유의 4단계
① **사회의 통제** : 타인과의 상호작용에 있어 개인은 스스로의 행동의 통제를 발달시킨다.
② **증상의 경감** : 개인이 불안과 같은 자신의 증세의 완화를 주관적으로 느끼는 것을 포함한다.
③ **전이의 치유** : 내담자는 치료사를 하나의 내 사물로 자신의 머릿속에 보유하여 건강을 유지할 수 있게 된다. 즉, 중요한 심리적 내 사물을 보유하는 동안 내담자의 치유상태가 유지된다는 것이다.
④ **각본의 치유** : 내담자는 각본에서 완전히 벗어나 제한적 각본 결단을 재결단 하여, 자율적인 사람이 되는 것을 포함한다.

096
진로상담에서 진로 미결정 내담자를 위한 개입방법과 비교하여 우유부단한 내담자에 대한 개입방법이 갖는 특징이 아닌 것은?

① 정기적인 계획 하에 상담해야 한다.
② 대인관계나 가족 문제에 대한 개입이 필요하다.
③ 정보제공이나 진로선택에 관한 문제를 명료화하는 개입이 효과적이다.
④ 문제에 기저에 있는 역동을 이해하고 감정을 반영하는 것이 효과적이다.

해설
정보 제공이나 진로선택에 관한 문제를 명료화하는 개입이 효과적인 내담자는 '진로 결정자'에게 하는 것이 적절하다.
진로 의사결정 수준에 따른 내담자 분류
(Sampson, Peterson 및 Reardon)
① **진로 결정자**
자신의 선택을 명료화하기를 원함
자신의 선택을 실천하기 위해 도움을 청하는 내담자
진로 의사가 결정된 것처럼 보이나 실제로는 결정을 하지 못하는 내담자
② **진로 미결정자**
자신의 모습, 직업 혹은 의사결정을 위한 지식이 부족한 내담자
다양한 능력으로 지나치게 많은 기회를 갖게 되어 진로 결정을 하기 어려운 내담자
진로 결정을 하지 못하지만 성격적인 문제는 없는 내담자
미 결정자들은 정상적으로 발달하고 있는 사람들로, 비록 진로 선택을 구체화할 수 없지만 진로 선택의 과업으로 인해 압력이나 스트레스를 받지 않음
③ **우유부단형**
생활에 전반적인 장애를 주는 불안을 가진 내담자
일반적으로 문제해결 과정에서 부적응적인 성격을 지니고 있는 내담자
우유부단형은 일반적으로 결정을 쉽게 하지 못하는 성격적인 특징을 가지고 있으며, 높은 수준의 불안, 좌절, 불분명한 개인적 정체감, 낮은 수준의 자신감이나 자기존중감을 지니고 있음. 특히 관계를 형성하고 유지하는데 유의해야 할 내담자

097
다음에서 설명하는 용어로 옳은 것은?

> 두 약물의 약리작용 및 작용부위가 유사하여, 한 가지 약물에 대해 내성이 생긴 경우, 다른 약물을 투여해도 동일한 효과를 나타내는 현상

① 강화   ② 남용
③ 교차내성   ④ 공동의존

해설
교차내성
한 약물에 대해 내성이 생겼을 때, 그 약물의 구조 또는 작용이 비슷한 다른 약물에 대해서도 내성이 나타나 약물효과가 감소되는 것
교차내성은 대부분 동일 계열 약물을 복용할 때 나타나는데, 아편제의 약물류는 화학적 성분이 같지 않아도 교차내성이 발생한다. 교차내성 때문에 다른 약물을 처음 복용한다 해도 효과가 감소하므로 비사용자가 사용하는 양보다 더 많은 양을 사용해야 비슷한 정도의 효과를 얻을 수 있다.

098
심리학 지식을 상담이나 치료의 목적으로 활용하기 위해 최초의 심리클리닉을 펜실베니아 대학교에 설립한 사람은?

① 위트머(Witmer)
② 볼프(Wolpe)
③ 스키너(Skinner)
④ 로저스(Rogers)

해설

1896년 펜실베니아 대학교에 최초로 심리클리닉을 설립한 사람은 위트머(Witmer)이다. 또한 위트머는 '임상심리학'이라는 용어를 1907년 심리진료소의 기관지에서 처음으로 사용하였다.

099
Ellis의 ABCDE 모형에 관한 설명으로 옳은 것은?

① A : 문제 장면에 대한 내담자의 신념
② B : 선행사건
③ C : 정서적.행동적 결과
④ D : 새로운 감정과 행동

해설

- Ellis의 ABCDE모형
  - A(Activating Event : 선행사건)
    내담자의 감정을 동요시키거나 내담자의 행동에 영향을 미치는 사건을 의미한다.
  - B(Belief System : 비합리적 신념체계)
    선행사건에 대한 내담자의 비합리적 신념체계와 사고체계를 의미한다.
  - C(Consequence : 결과)
    선행사건을 경험한 후 자신의 비합리적 신념체계를 통해 그 사건을 해석함으로써 느끼게 되는 정서적, 행동적 결과를 말한다.
  - D(Disqute : 논박)
    내담자가 가지고 있는 비합리적 신념이나 사고에 대해 그것이 사리에 부합하는 것인지 논리성, 현실성, 효율성에 비추어 반박하는 것으로서 내담자의 비합리적 신념체계를 수정하기 위한 것이다.
  - E(Effect : 효과)
    논박으로 인해 나타나는 효과로서 내담자가 가진 비합리적인 신념을 철저하게 논박하여 합리적인 신념으로 대체한다.

100
다음 설명에 해당하는 기법은?

- 공통의 관심사를 공유함으로써 집단응집력을 촉진한다.
- 연계성에 주목하며 집단원 간의 상호작용을 촉진한다.
- 집단원의 말과 행동을 다른 집단원의 관심사나 공통성과 관련짓는다.

① 해석하기
② 연결하기
③ 반영하기
④ 명료화하기

해설

구성원들 간의 상호작용을 촉진하는 한 가지 방법은 집단 내에서 드러나는 주제를 찾고, 그 주제에 대해 각 구성원이 하는 작업들을 연결시키는 것이다. 집단지도자와 구성원의 상호작용보다 구성원끼리의 상호작용을 추구하는 지도자들은 연결 기술에 많이 의존한다.

2021년 제1회 임상심리사 2급 필기 채점표

구분	제1과목	제2과목	제3과목	제4과목	제5과목	전과목 평균
점수						

2021년 제1회 임상심리사 2급 필기 정답

001	002	003	004	005	006	007	008	009	010	011	012	013	014	015	016	017	018	019	020
③	③	③	②	③	③	①	①	①	③	④	④	②	③	①	③	③	③	①	④
021	022	023	024	025	026	027	028	029	030	031	032	033	034	035	036	037	038	039	040
③	③	③	②	③	②	④	②	①	②	④	④	④	②	①	④	④	④	②	①
041	042	043	044	045	046	047	048	049	050	051	052	053	054	055	056	057	058	059	060
④	④	②	②	①	①	②	③	④	④	④	③	③	④	④	②	③	④	④	②
061	062	063	064	065	066	067	068	069	070	071	072	073	074	075	076	077	078	079	080
③	②	④	③	④	②	①	③	②	①	④	③	①	④	①	③	②	③	③	②
081	082	083	084	085	086	087	088	089	090	091	092	093	094	095	096	097	098	099	100
②	③	④	②	④	①	②	③	④	④	③	④	④	③	①	③	③	①	③	②

2021년 제3회 임상심리사 2급 필기 기출문제

2021년 08월 14일 시행

제1과목 심리학 개론

001
성격의 결정요인에 관한 설명으로 틀린 것은?

① 유전적 영향에 대한 증거는 쌍생아 연구에 근거하고 있다.
② 초기 성격 이론가들은 환경적 요인을 강조하여 체형과 기질을 토대로 성격을 분류하였다.
③ 환경적 요인이 성격에 영향을 주는 방식은 학습이론의 맥락에서 이해할 수 있다.
④ 성격은 유전적 요인과 환경적 요인의 상호작용에 의하여 결정된다.

해설
성격 이론은 크게 유형론과 특질론으로 구분되며, 유전적 요인을 강조하였다.
유형론(typology)의 대표적인 예 : 히포크라테스의 4대 체액론, 크레취머와 셀돈의 체격론이다.
특질론 : 올포트(Allport), 아이젱크(Eysenck), 카텔(Cattell), 5요인(big 5)이 있다.

002
조사연구에서 참가자의 인지기능을 측정하기 위해 그가 가입한 정당을 묻는 것은 어떤 점에서 가장 문제가 되는가?

① 안면 타당도 ② 외적 타당도
③ 공인 타당도 ④ 예언 타당도

해설
타당도란 측정하려고 의도하는 것을 측정하였는가를 보는 것이다. 조사연구에서는 참가자들의 인지기능을 측정하고자 가입정당을 묻는 것이다.

003
표본의 크기에 관한 설명으로 틀린 것은?

① 모집단이 동질적일수록 표본 크기는 작아도 된다.
② 동일한 조건에서 표본의 크기가 클수록 통계적 검증력은 증가한다.
③ 사례 수가 작으면 표준오차가 커지므로 작은 크기의 효과를 탐지할 수 있다.
④ 측정도구의 신뢰도가 낮을 경우 대규모 표본을 이용하는 것이 효과적이다.

해설
표본조사는 모집단의 모든 구성원을 조사할 수 없을 때 표본을 표집하여 사용한다. 표본이 모집단을 잘 대표하지 못하는 경우 표집오차가 증가한다. 표본의 크기가 클수록 표집오차는 낮아지지만 정비례하는 것은 아니다.

004
다음과 같은 연구의 종류는?

> A는 '정장 복장' 스타일과 '캐주얼 복장' 스타일 중 어떤 옷이 면접에서 더 좋은 점수를 얻게 하는지 살펴보고자 한다. A는 대학생 100명을 모집하고, 이들을 컴퓨터를 이용해 '정장 복장' 조건에 50명, '캐주얼 복장' 조건에 50명을 무선으로 배정한 후, 실제 취업면접처럼 면접자를 섭외하여 한 면접에 3명의 면접자를 배정하여 면접을 진행하였다. 이후 각 학생들이 면접자들에게 얻은 점수의 평균을 조사하였다.

① 사례연구 ② 상관연구
③ 실험연구 ④ 혼합연구

> **해설**
> 실험연구에서는 다른 조건들을 일정하게 고정시켜 통제하고 알아보고자 하는 변인을 실험자의 의도대로 조작(처치)하거나 변화시킴으로써 다른 변인이 어떤 영향을 받는지 조사한다. 이때 실험자에 의해 조작되고 변화되는 변수가 독립 변수이고, 그로 인해 변화할 것이라 예상되는 변수를 종속 변수라고 한다. 통제집단은 실험자의 조작이 가해지지 않은 집단으로 실험의 효과를 비교하기 위한 선정된 집단이다.

005
현상학적 이론에 대한 설명으로 틀린 것은?

① 인간은 성취를 추구하는 존재로 파악한다.
② 인간을 자신의 환경에 굴복하지 않고 오히려 환경을 통제하고 조정할 수 있는 적극적인 힘을 갖고 있는 존재로 파악한다.
③ 현재 개인이 경험하고, 느끼고, 행동하는 것이 중요하며, 개인의 진정한 모습을 이해하는 것도 이를 통해 가능하다고 본다.
④ 인간은 타고난 욕구에 끌려 다니는 존재로 간주한다.

> **해설**
> 로저스의 현상학적 이론은 인간의 행동은 개인이 지각한 현상적인 장에서 유기체가 지각한 욕구를 만족시키기 위한 목표지향적 시도를 한다고 보았다. 이 시도는 자신을 성장시키는 긍정적 방향으로 이루어지며, 실현경향성이라고 한다.

006
발달의 일반적 특징으로 틀린 것은?

① 발달의 이전 경험의 누적에 따른 산물이다.
② 한 개인의 발달은 역사·문화적 맥락의 영향을 받는다.
③ 발달의 각 영역은 상호의존적이기보다는 서로 배타적이다.
④ 대부분의 발달적 변화는 성숙과 학습의 산물이다.

> **해설**
> 발달은 성숙과 학습에 의존하며 개인차가 발생하고, 발달의 각 측면은 서로 밀접한 상호 연관성이 있다.

007
기질과 애착에 관한 설명으로 틀린 것은?

① 불안정-회피애착 아동은 주양육자에게 과도한 집착을 보인다.
② 내적작동모델은 아동의 대인관계에 대한 지표 역할을 한다.
③ 기질은 행동 또는 반응의 개인차를 설명해주는 생물학적 기초를 가지고 있다.
④ 주양육자가 아동의 기질을 고려하여 적절하게 양육한다면 아동의 까다로운 기질이 반드시 불안정 애착으로 이어지는 것은 아니다.

> **해설**
> 불안정-회피애착의 아동은 무관심한 것처럼 보이고 엄마가 되돌아 왔을 때 적극적으로 회피하고 무시한다.

008
훈련받은 행동이 빨리 습득되고 높은 비율로 오래 유지되는 강화계획은?

① 고정비율계획
② 고정간격계획
③ 변화비율계획
④ 변화간격계획

> **해설**
> - 변화비율 강화계획 : 강화가 발생한 후 다음 강화가 발생하기까지 정해진 일정한 수만큼이 아니라 예기치 않게 변하는 것을 말한다. 그러나 무작위 또는 무조건적으로 강화를 발생시키는 것이 아니라 평균값을 유지하며 발생시키게 된다. 잭팟을 한번 터트린 이후에는 그 쾌감을 잊지 못해서 계속해서 매달리게 되는 것도 변화비율에 의해 강화된 것이다(예 잭팟, 도박, 경마, 복권).

009
단기기억의 특징이 아닌 것은?

① 용량이 제한되어 있다.
② 절차기억이 지정되어 있다.
③ 정보를 유지하는 시간이 제한되어 있다.
④ 망각의 일차적 원인은 간섭이다.

해설

단기기억(작업기억): 단기기억은 짧은 시간 동안에만 기억할 수 있으며 용량이 한정적이다.
단기기억 속에서 처리되는 정보는 기억 유지를 위해 시연 과정을 통해 정보를 부호화하여 처리된다.
망각의 원인은 간섭이다.

010
다음 중 온도나 지능검사의 점수를 측정할 때 사용되는 척도는?

① 명명척도
② 서열척도
③ 등간척도
④ 비율척도

해설

등간척도(interval scale)
간격척도, 동간척도라고도 한다. 동일한 측정 단위 간격마다 동일한 차이를 부여하는 척도이다. 등간척도는 척도치의 가산이 가능하지만 임의의 영점을 가지기 때문에 척도치 사이의 비율 관계는 성립하지 않는다. 따라서 80점을 받은 학생이 40점을 받은 학생보다 2배의 능력을 가졌다고 할 수 없으며, 지능검사의 점수 측정에서 사용된다.

011
비행기 여행에 두려움을 가지고 있는 환자의 경우, 정신분석적 입장에서 볼 때, 이 두려움의 주된 원인으로 가정할 수 있는 것은?

① 두려운 느낌을 갖게 만드는 무의식적 갈등의 전이
② 어린 시절 사랑하는 부모에게 닥친 비행기 사고의 경험
③ 비행기의 추락 등 비행기 관련 요소들의 통제 불가능성
④ 자율신경계 등 생리적 활동의 이상

해설

정신분석에서 두려움 등 심리적 문제는 과거의 부정적인 기억이 무의식속에 저장되어 있다가 발현된 것으로 본다.

012
대뇌의 우반구가 손상되었을 때 주로 영향을 받게 될 능력은?

① 통장 잔고 점검
② 말하기
③ 얼굴 재인
④ 논리적 문제 해결

해설

뇌기능의 편중화이론에서는 뇌기능의 국지화와 각 반구가 주로 처리하는 능력은 좌우뇌에 있어서 비대칭적이다(예 좌반구 - 언어이해, 숫자, 자세유지, 분석·체계적 사고 우반구-시공간적 지각, 정서이해, 감성, 직관)

013
귀인이론에 관한 설명으로 틀린 것은?

① 성공 상황에서 노력 요인으로 귀인할 경우 학습 행동을 동기화할 수 있다.
② 귀인 성향은 과거 성공, 실패 상황에서의 반복적인 원인 탐색 경험에 의해 형성된다.
③ 귀인의 결과에 따라 자부심, 죄책감, 수치심 등의 정서가 유발되기도 한다.
④ 능력 귀인은 내적, 안정적, 통제 가능한 귀인 유형으로 분류된다.

해설
능력귀인은 내적, 안정적, 통제불가능 귀인유형으로 분류된다.

014
고전적 조건형성에 대한 설명으로 맞는 것은?

① 중립자극은 무조건 자극 직후에 제시되어야 한다.
② 행동변화의 효과를 거두기 위해서는 적절한 반응의 수나 비율에 따라 강화가 이루어져야 한다.
③ 적절한 행동은 즉시 강화하고, 부적절한 행동은 무시함으로써 새로운 행동을 가르칠 수 있다.
④ 대부분의 정서적인 반응들은 고전적 조건형성을 통해 학습될 수 있다.

해설
고전적 조건화로 정서반응을 학습할 수 있다. 예로 개에게 물린 사람은 다른 시간, 상황에서도 개를 두려워하게 될 수 있다.

015
인상형성에 관한 설명으로 틀린 것은?

① 인상형성 시 정보처리를 할 때 최소의 노력으로 빨리 처리하려고 하기 때문에 많은 오류나 편향을 나타내는데, 이러한 현상에서 인간을 '인지적 구두쇠'라고 보는 입장도 있다.
② 내현성격이론은 사람들이 인상형성을 할 때 타인과 관련된 다양한 정보를 통합적이고 객관적으로 평가하는 것을 말한다.
③ Anderson은 인상형성과 관련하여 가중평균모형을 주장했다.
④ 인상형성 시 긍정적인 정보보다 부정적인 정보가 더 큰 영향을 미치는데, 이를 부정성 효과라고 한다.

해설
내현성격이론 : 사람들은 남을 판단하는 경우에 여러 자료가 없어도 한두 가지 정보를 바탕으로 다양한 영역에서 상대한 대한 추측을 한다. 사회의 통념에다가 개개인들이 사회생활을 하면서 나름대로 터득한 성격을 이론을 갖고 이를 적용시키는 것을 것을 말한다(예 민간속설, 관상학, 독서 등을 통해서 믿게 된 믿음들).

016
정신분석의 방어기제 중 투사에 해당하는 것은?

① 아주 위협적이고 고통스러운 충동이나 기억을 의식에서 추방시키는 것
② 반대되는 동기를 강하게 표현함으로써 자신의 동기를 숨기는 것
③ 자신이 가진 바람직하지 않은 자질들을 과장하여 다른 사람에게 부여하는 것
④ 불쾌한 현실이 있음을 부정하는 것

해설
투사 : 자신이 인정하지 못하는 감정을 다른 사람의 탓으로 돌림

017
Freud가 설명한 인간의 3가지 성격 요소 중 현실 원리를 따르는 것은?

① 원초아　　② 자아
③ 초자아　　④ 무의식

> **해설**
> **자아(ego)** : 환경에 대한 현실적인 적응을 담당하는 심리적 구조와 기능을 의미한다. 이러한 자아는 생후 6~8개월부터 발달하기 시작하여 2~3세가 되어야 자아의 기능을 수행하게 된다. 자아는 현실의 여건을 고려하여 판단하고 욕구충족을 지연하며 행동을 통제하는데, 이것은 자아가 현실원리에 따라 작동하기 때문이다.

018
성격심리학의 주요한 모델인 성격 5요인에 대한 설명으로 옳은 것은?

① 5요인에 대한 개인차에서 유전적 요인은 찾아볼 수 없다.
② 성실성 점수가 높은 사람의 경우 행동을 계획하고 통제하는 것을 돕는 전두엽의 면적이 더 큰 경향이 있다.
③ 뇌의 연결성은 5요인의 특질에 영향을 미치지 않는다.
④ 정서적 불안정성인 신경증은 일생동안 계속해서 증가하고 성실성, 우호성, 개방성과 외향성은 감소한다.

> **해설**
> **성실성** : 목표 지향적인 행동을 조직하고 지속적으로 유지하며, 목표 지향적 행동에 동기를 부여하는 정도를 측정

019
자신과 타인의 휴대폰 소리를 구별하거나 식용버섯과 독버섯을 구별하는 것은?

① 변별　　② 일반화
③ 행동조형　　④ 차별화

> **해설**
> 변별이란 서로 어떤 관계가 있다고 하더라도 한 자극에 대하여서는 반응하고 다른 자극에 대하여서는 반응하지 않도록 학습하는 것이다. 일반화가 훈련할 때 사용했던 자극뿐만 아니라 그와 유사한 자극에 대해서도 같은 반응을 하는 현상을 말한다면, 변별은 훈련 때 사용했던 바로 그 자극에 대해서만 반응하는 현상을 말한다. 변별과정은 일반화 다음에 뒤따르게 되며, 이는 학습에서 매우 중요하다(예 휴대폰 소리 구분, 식용버섯과 독버섯 구분).

020
기억의 인출과정에 대한 설명으로 틀린 것은?

① 인출이 이후의 기억을 증가시킬 수 있다
② 장기기억에서 한 항목을 인출한 것이 이후에 관련된 항목의 회상을 방해할 수 있다.
③ 인출행위가 경험에서 기억하는 것을 변화시킬 수 있다.
④ 기분과 내적 상태는 인출단서가 될 수 없다.

> **해설**
> **인출단서** : 특정 기억을 탐색할 때 이용가능한 자극이다. 이러한 단서들은 퀴즈의 질문과 같이 외적으로 제공되거나, 내적으로 만들어질 수 있다. 인출단서는 점화(priming), 맥락효과(부호화 특수성원리), 정서(기분상태)와 관련있다.

제 2 과목 이상심리학

021
광장공포증에 관한 설명으로 가장 적합한 것은?

① 광장공포증의 남녀 간의 발병비율은 비슷한 수준이다.
② 아동기에 발병률이 가장 높다.
③ 광장공포증이 있으면 공황장애는 진단할 수 없다.
④ 공포, 불안, 회피 반응은 전형적으로 6개월 이상 지속된다.

해설
공포, 불안, 회피 반응이 전형적으로 6개월이상 지속될 때 광장공포증으로 진단되므로 맞는 내용이다.
광장공포증은 공황발작을 함께 경험하는 경우가 흔하다.
광장공포증은 20대 중반에 가장 많이 발병하며, 남자보다 여자에게 더 많이 발병한다.

022
반사회성 인격장애의 진단기준이 아닌 것은?

① 반사회적 행동은 조현병이나 양극성장애의 경과 중에만 발생되지는 않는다.
② 10세 이전에 품행장애의 증거가 있어야 한다.
③ 사회적 규범을 지키지 못한다.
④ 충동성과 무계획성을 보인다.

해설
15세 이전에 타인의 권리를 무시하거나 침해하는 행동양식이 시작되어야 한다.

023
다음 중 치매의 원인에 따른 유형으로 볼 수 없는 것은?

① 알츠하이머 질환
② 혈관성 질환
③ 파킨슨 질환
④ 페닐케톤뇨증

해설
DSM-5의 신경인지장애는 DSM-IV의 치매이다. 따라서 치매의 병인론이 아닌 것을 고르면 된다.
치매의 원에 따른 유형으로는 알츠하이머, 루이소체, 파킨슨병, 전측두엽퇴행증, 혈관 질환, 외상성 뇌손상, 물질 및 약물사용, HIV감염, 프리온병, 헌팅턴병 등이 있다. 페닐케톤뇨증은 비정상적인 두뇌발달을 초래하는 대표적인 지적장애이다.

024
다음 사례에 가장 적절한 진단명은?

> A는 중소기업에서 일하는 직원이다. 오늘은 동료직원 B가 새로운 상품에 대해서 발표하기로 했는데, 전근을 해서 A가 대신 발표하게 되었다. 평소 A는 다른 사람이 자신의 발표에 대해 나쁘게 평가할 것 같아 다른 사람 앞에서 발표하기를 피해왔다. 발표 시간이 다가오자 온 몸에 땀이 쏟아지고, 숨 쉬기가 어려워졌으며, 곧 정신을 잃고 쓰러질 것 같이 느껴졌다.

① 범불안장애
② 공황장애
③ 강박장애
④ 사회불안장애

해설
사회불안장애는 한 가지나 그 이상의 사회적 상황이나 활동 상황에 대한 현저하고 지속적인 두려움, 즉 개인이 친숙하지 못한 사람들이나 타인에 의해 주시되는 상황에 대한 두려움이 주요한 증상이다.

025

배설장애 중 유뇨증에 관한 설명으로 틀린 것은?

① 반복적으로 불수의적으로 잠자리나 옷에 소변을 본다.
② 유병률은 5세에서 5~10%, 10세에서 3~5%이며, 15세 이상에서는 약 1 %정도이다.
③ 야간 유뇨증은 여성에서 더 흔하다.
④ 야간 유뇨증은 종종 REM수면 단계 동안 일어난다.

> **해설**
> 주간 유뇨증이 여성에게서 더 흔하다.

026

신체증상 및 관련 장애에 관한 설명으로 틀린 것은?

① 전환장애는 스트레스 요인이 동반되지 않는 경우도 있다.
② 신체증상장애는 일상에 중대한 지장을 일으키는 신체증상이 존재한다.
③ 질병불안장애는 심각한 질병에 걸렸다는 집착이 6개월 이상 지속된다.
④ 허위성 장애는 외적 보상이 쉽게 확인된다.

> **해설**
> 허위성 장애는 환자역할을 하기 위해 의도적으로 병을 만들어 내거나 위장하는 것으로, 꾀병과는 차이가 있는데 꾀병은 꾀병을 부리는 목적이 있는 반면, 허위성 장애는 아무런 현실적 이득이 없는데 단지 환자역할을 하려는 심리적 욕구에 기인한 것이다.

027

우울장애에 대한 설명으로 옳지 않은 것은?

① 주요우울장애의 발병은 20대에 최고치를 보인다.
② 주요우울장애의 유병률은 남자보다 여자에게서 더 높다.
③ 노르에피네프린이나 세로토닌 같은 신경전달물질이 우울장애와 관련된다.
④ 적어도 1년 동안 심하지 않은 우울을 지속적으로 경험할 때 지속성 우울장애로 진단한다.

> **해설**
> 2년 동안(아동・청소년의 경우1년) 우울한 기분이 없는 날보다 있는 날이 더 많으며 우울감이 지속되는 장애로, DSM-Ⅳ의 만성 주요우울장애와 기분부전장애가 통합된 것이다.

028

양극성장애에 대한 설명으로 틀린 것은?

① 조증 상태에서는 사고의 비약 등의 사고장애가 나타난다.
② 우울증 상태에서는 자살을 시도하기도 한다.
③ 조증은 서서히 우울증은 급격히 나타난다.
④ 조증과 우울증이 반복되는 장애이다.

> **해설**
> 양극성 장애는 조증과 우울증이 번갈아 나타나는 장애로 조증 상태에서는 사고의 비약, 우울증상태에서는 자살사고 및 시도 및 사고의 지연이 나타난다.

029

품행장애에 대한 설명으로 틀린 것은?

① 발병연령은 일반적으로 7~15세이며, 이 진단을 받은 아동 중 3/4은 소년이다.
② 주요한 사회적 규범을 위반하고 다른 사람들의 기본적인 권리를 종종 침해한다.
③ 사람이나 동물에 대한 공격적 행동, 절도나 심각한 거짓말 등이 전형적인 행동이다.
④ 청소년기 발병형은 아동기 발병형에 비해 성인기까지 지속되는 경향이 있다.

해설
품행장애는 아동 및 청소년기의 장애로서 다른 사람의 기본 권리나 나이에 적합한 사회규준 및 규율을 위반하는 행동양상이 반복적이고 지속적으로 나타나는 장애이다. 아동기-발병형(10세 이전)이 청소년기-발병형(10세 이전에는 품행장애의 특징적 증상을 충족하지 않음)에 비해 품행장애가 성인기까지 지속되는 경향이 있다.

030

이상행동의 원인을 다음과 같이 설명하는 이론은?

- 인간의 감정과 행동은 객관적, 물리적 현실보다 주관적, 심리적 현실에 의해서 결정된다.
- 정신장애는 인지적 기능의 편향 및 결손과 밀접하게 연관되어 있다.

① 정신분석 이론   ② 행동주의 이론
③ 인지적 이론   ④ 인본주의 이론

해설
엘리스의 합리적 정서치료나 벡의 인지치료와 관련 있는 이론이 인지이론이며, 인지적 왜곡이나 결손을 수정, 변화시키면, 정신장애가 완화된다는 이론 및 치료기법이다.

031

알코올 사용장애에 관한 설명으로 틀린 것은?

① 금단 증상은 과도하게 장기간 음주하던 것을 줄이거나 양을 줄인 지 4~12시간 정도 후 나타나는 것이 특징이다.
② 장기간의 알코올 사용에 따르는 비타민 B의 결핍은 극심한 혼란, 작화반응 등을 특징으로 하는 헌팅턴병을 유발할 수 있다.
③ 알코올은 중추신경계에서 다양한 뉴런과 결합하여 개인을 진정시키는 효과를 가져온다.
④ 아시아인들은 알코올을 분해하는 탈수소효소가 부족하여 알코올 섭취 시 부정적인 반응이 쉽게 나타난다.

해설
코르사코프 증후군은 장기간에 걸친 음주에 의해 단기기억의 장애가 오는 것이 특징이다. 주된 증상은 건망증, 기억력장애, 작화증 등이 특징이며, 해마가 손상이 원인이다.

032

이상행동 및 정신장애의 판별기준과 가장 거리가 먼 것은?

① 적응적 기능의 저하 및 손상
② 주관적 불편감과 개인의 고통
③ 가족의 불편감과 고통
④ 통계적 규준의 일탈

해설
주관적 불편감과 개인적 고통, 적응적 기능의 저하와 손상, 문화적 규범의 일탈, 통계적 규준의 일탈 등이다.

033
지적장애에 관한 설명으로 옳지 않은 것은?

① 지적장애 중 가장 많은 비율을 차지하는 것은 경도의 지적장애이다.
② 지적장애를 일으키는 염색체 이상 중 가장 일반적인 것은 다운증후군에 의한 것이다.
③ 최고도의 지적장애의 경우, 훈련을 해도 걷기, 약간의 말하기, 스스로 먹기 같은 기초 기술을 배우거나 나아질 수 없다.
④ 경도의 지적장애를 가진 아동의 경우, 자기관리는 연령에 적합하게 수행할 수 있다.

해설
최고도의 지적장애의 경우, 도움과 훈련을 통해 일부 직업적 활동의 기초를 마련할 수 있다. 음악듣기, 영화보기, 산책하기, 물놀이와 같은 여가활동에 참여할 수 있다.

034
조현병의 양성 증상에 포함되지 않는 것은?

① 망상
② 환각
③ 와해된 언어
④ 둔화된 정서

해설
둔화된 정서는 음성증상이다.
양성증상의 예: 망상, 환각, 와해된 언어나 행동
음성증상의 예: 무의욕증, 무언어증, 무쾌락증, 정서적 둔마, 자발성의 결여

035
회피성 성격장애에서 나타나는 대인관계 특징은?

① 자신의 목적을 달성하기 위해서 타인을 이용한다.
② 타인에게 과도하게 매달리고 복종적인 경향을 띤다.
③ 친밀한 관계를 바라지도 않으며 타인의 칭찬이나 비판에 무관심해 보인다.
④ 비판이나 거절, 인정받지 못함 등에 대한 두려움이 특징적이다.

해설
회피성 성격장애는 부정적 평가, 비판, 비난에 대한 두려움으로 인해 사회적 상황 및 의미있는 대인관계도 회피, 스스로 무능하고 매력 없고, 열등하다고 생각하며, 새로운 활동이나 대인관계가 요구되는 활동을 회피한다.

036
사람이 스트레스 장면에 처하게 되면 일차적으로 불안해지고 그 장면을 통제할 수 없게 되면 우울해진다고 할 때 이를 설명하는 이론은?

① 학습된 무기력 이론
② 실존주의 이론
③ 사회적문화적 이론
④ 정신분석 이론

해설
학습된 무기력 이론은 Seligman(1975)에 의해 처음 제기되었다.
통제할 수 없는 상황에 오래 있으면 무력감이 학습되고, 나중에 통제 가능한 상황에 있게 되어도 상황을 변화시키려는 노력을 하지 않게 된다는 이론이다.

037

DSM-5의 조현병 진단기준에 해당하지 않는 것은?

① 망상이나 환각 등의 특징적 증상이 2개이상 1개월이 기간 동안 상당 시간에 존재한다.
② 직업, 대인관계 등 주요한 생활영역에서의 기능수준이 발병 전에 비해 현저하게 저하된다.
③ 장애의 지속적 징후가 적어도 3개월 이상 지속된다.
④ 장애가 물질의 생리적 효과나 다른 의학적 상태로 인한 것이 아니다.

해설
조현병의 경우 증상이 적어도 6개월 이상 지속되어야 한다.

038

물질 관련 장애에 포함되지 않는 것은?

① 알코올 중독(intoxication)
② 대마계(칸나비스) 사용장애(use dosorder)
③ 담배 중독(intoxication)
④ 아편계 금단(withdrawal)

해설
타바코 관련 장애는 타바코 사용장애와 타바코 금단으로 분류된다. 담배 중독이란 진단유형은 존재하지 않는다.

039

알츠하이머병으로 인한 신경인지장애와 주요 우울장애의 증상 구분에 관한 설명으로 옳은 것은?

① 알츠하이머병으로 인한 신경인지장애는 기억 손실을 감추려는 시도를 하는 데 반해 주요우울장애에서는 기억 손실을 불평한다.
② 알츠하이머병으로 인한 신겨인지장애는 자기의 무능이나 손상을 과장하는 데 반해 주요우울장애에서는 숨기려 한다.
③ 주요우울장애보다 알츠하이머병으로 인한 신경인지장애에서 알코올 등의 약물남용이 많다.
④ 주요우울장애에서는 증상이 진행이 고른 데 반해 알츠하이머병으로 인한 신경인지장애에서는 몇 주안에도 진행이 고르지 못한다.

해설
우울증과 신경인지장애(치매)는 증상이 유사하다. 인지기능의 손상여부에 따라 구분되는데, 우울증은 인지기능의 손상이 없으며, 신경인지장애는 인지기능의 손상이 있다.

040

성도착장애에 관한 설명으로 틀린 것은?

① 물품음란장애는 여성보다 남성에게서 훨씬 더 많이 나타난다.
② 동성애를 하위 진단으로 포함한다.
③ 복장도착장애는 강렬한 성적흥분을 위해 이성의 옷을 입는 것이다.
④ 관음장애는 대부분 15세 이전에 발견되며 지속되는 편이다.

해설
성도착장애의 하위유형
관음장애, 노출장애, 접촉마찰장애, 성적 피학장애, 성적 가학장애, 아동성애장애, 성애물장애, 의상전환장애

제 3 과목 심리검사

041
로샤(Rorschach) 검사의 엑스너(J. Exner)종합체계에서 유채색 반응이 아닌 것은?

① C'
② CF
③ FC
④ Cn

해설
① C'은 무채색 반응이고 ② CF, ③ FC, ④ Cn은 유채색반응이다.
C : 순수색채반응, 반응이 색채에 근거
CF : 색채-형태반응, 반응이 주로 색채에 근거하고 이차적으로 형태가 사용된 경우
FC : 형태-색채반응, 반응이 주로 형태에 근거하고 이차적으로 색채가 사용된 경우
Cn : 색채명명반응, 반점의 색채만 명명한 경우
C′ : 순수무채색 반응. 반응의 반점이 무채색에만 근거한 경우
C′F : 무채색-형태반응, 반응이 주로 무채색에 근거하고 이차적으로 형태가 사용된 경우
FC′ : 형태-무채색 반응, 반응이 주로 형태에 근거하고 이차적으로 색채가 사용된 경우

042
아동의 지적 발달이 또래 집단에 비해 지체되어 있는지 혹은 앞서고 있는지를 평가하기 위해, Stern이 사용한 IQ산출계산방식은?

① 지능지수(IQ)=[정신연령/신체연령]×100
② 지능지수(IQ)=[정신연령/신체연령]+100
③ 지능지수(IQ)=[신체연령/정신연령]×100
④ 지능지수(IQ)=[신체연령/정신연령]÷100

해설
지능지수는 1912년에 독일의 심리학자 슈테른(W. Stern)에 의해 처음으로 공식화되었다. 그는 정신연령에서 생활연령을 나누고 여기에 100을 곱한 수치를 지능지수라고 정의했다. 즉 지능지수(IQ)란 (MA/CA)×100 이라는 것이다. 여기에서 M.A는 정신연령이며, C.A는 실제연령을 의미한다. 실제 연령은 신체연령 혹은 생활연령으로도 불린다.

043
집-나무-사람(HTP) 검사에 관한 설명으로 맞는 것은?

① 집, 나무, 사람의 순서대로 그리도록 한다.
② 각 그림마다 시간제한을 두어야 한다.
③ 문맹자에게는 실시할 수 없다.
④ 머레이(H. Murray)가 개발하였다.

해설
집-나무-사람(HTP) 검사는 시간제한이 없으며, 문맹자에게도 실시가능하다. Buck이 DAP의 사람 그리기 과제가 유발하는 불안이나 위협감을 감소시키기 위하여 나무와 집 그림을 추가하여 H-T-P를 시행하였다.

044
MMPI-2의 타당도 척도 중 비전형성을 측정하는 척도에서 증상타당성을 의미하는 것은?

① TRIN
② FBS
③ F(P)
④ F

해설
FBS척도(증상타당도척도)
본래 '부정왜곡 척도'로 개발되었으나 척도해석에 이론이 여지가 있어서, 약자는 유지한 채 현재 '증상타당도(Symptom Validity)척도'로 불리게 되었다. 개인상해 소송이나 신체장애 판정장면에서 꾀병을 탐지하기 위한 총 43개의 문항으로 구성되어 있다.

045

지능에 대한 설명으로 틀린 것은?

① 아동기의 전반적인 인지발달은 청소년기보다 그 속도가 느리다.
② 발달규준에서는 수검자의 생활연령과 정신연령을 함께 표기한다.
③ 편차 IQ는 집단 내 규준에 속한다.
④ 추적규준은 연령별로 동일한 백분위를 갖는다고 가정한다.

> **해설**
> 지능의 발달은 태내에서 가장 현저하게 발달하고, 출생 후 최고조, 아동기에도 여전히 발달속도가 빠르다. 이후 점차 느려지며 감소되지만 전반적인 발달은 상당히 둔화된다. 청소년기에 전두엽 기능 및 지적발달은 점차 둔화된다.

046

선로 잇기 검사(Trail making test)는 대표적으로 어떤 기능 또는 능력을 측정하기 위해 고안된 검사인가?

① 주의력
② 기억력
③ 언어능력
④ 시공간 처리능력

> **해설**
> 선로잇기검사는 주의집중력과 정신적 추적능력을 평가한다.
> 선로잇기검사는 A형과 B형으로 구분할 수 있는데 A유형의 경우, 불규칙적으로 배열된 숫자들을 순서대로 선을 그어 연결시키는 것으로 주의지속능력과 정신운동속도가 요구되는 검사이다. B유형의 경우는 숫자와 문자를 번갈아가며 순서대로 연결시켜야 하므로 주의전환과 집중력, 기억력, 숫자와 문자에 대한 즉시 재인 등이 요구된다. A, B 유형 모두에 요구되는 기능은 기억력이고, 주의력보다는 집중력과 주의전환 기능으로 보아야 한다.

047

심리검사 선정기준으로 틀린 것은?

① 신뢰도와 타당도가 높은 검사를 선정한다.
② 검사의 경제성과 실용을 고려해 선정한다.
③ 수검자의 특성과 상관없이 의뢰 목적에 맞춰 선정한다.
④ 객관적 검사와 투사적 검사의 장.단점을 고려하여 선정한다.

> **해설**
> 심리검사는 수검자의 특성을 잘 검토할 수 있는 검사, 신뢰도와 타당도가 높은 검사를 이용하고 경제성과 실용성을 고려해야 하며, 객관적 검사와 투사적 검사의 장·단점을 고려해서 실시해야 한다.

048

다음 환자는 뇌의 어떤 부위가 손상되었을 가능성이 높은가?

> 30세 남성이 운전 중 중앙선을 침범한 차량과 충돌하여 두뇌 손상을 입었다. 이후 환자는 매사 의욕이 없고, 할 수 있는데도 불구하고 어떤 행동을 시작하려고 하지 않으며, 계획을 세우거나 실천하는 것이 거의 안된다고 한다.

① 측두엽
② 후두엽
③ 전두엽
④ 두정엽

> **해설**
> 전두엽은 진화에서 가장 늦게 발달하였으며 뇌에서 가장 큰 부분이다. 고차 인지기능을 담당하고, 자발적 운동, 동작, 실행기능, 주의를 전환하고 통제하는 기능을 담당한다.

049
MMPI 제작 방식에 관한 설명으로 옳은 것은?

① 정신병리 이론을 바탕으로 하여 제작되었다.
② 합리적·이론적 방식을 결합하여 제작되었다.
③ 정신장애군과 정상군을 변별하는 통계적 결과에 따라 경험적 방식으로 제작되었다.
④ 인성과 정신병리와의 상관성에 대한 선행 연구 결과들을 바탕으로 하여 제작되었다.

해설
MMPI는 경험적 방식으로 제작되었다. 경험적 방식이란 다양한 종류의 문항을 모은 후, 정상 집단과 정신과 환자 집단을 변별해주는 문항을 골라 임상 척도를 구성하였다.

050
뇌손상 환자의 병전지능 수준을 측정하기 위한 자료와 가장 거리가 먼 것은?

① 교육수준, 연령과 같은 인구학적 자료
② 이전의 직업기능 수준 및 학업 성취도
③ 이전의 암기력 수준, 혹은 웩슬러 지능검사에서 기억능력을 평가하는 소검사 점수
④ 웩슬러 지능검사에서 상황적 요인에 의해 잘 변화하지 않는 소검사 점수

해설
병전지능은 교육수준, 연령과 같은 인구학적 자료, 이전의 직업기능 수준 및 학업 성취도, 웩슬러 지능검사에서 상황적 요인에 이해 잘 변화하지 않는 소검사 점수(상식, 어휘, 토막짜기)를 활용한다. 암기력 수준이나 기억능력을 평가하는 소검사는 상황에 의해 변화되기 쉬우므로 병전지능의 추정을 위한 자료로 적합하지 않다.

051
WAIS-IV의 소검사 중 언어이해 지수 척도의 보충 소검사에 해당되는 것은?

① 공통성   ② 상식
③ 어휘   ④ 이해

해설
언어이해 지수의 핵심 소검사는 공통성, 상식, 어휘이며, 보충 소검사는 이해 문제이다.

052
투사적 검사에 관한 설명으로 옳은 것은?

① 벤더게슈탈트검사에서 성인이 그린 도형 A의 정상적인 위치는 용지의 정 중앙이다.
② 동작성 가족화 검사는 가족의 정서적인 관계를 살펴보는 데 유용하다.
③ 아동용 주제통각검사의 카드 수는 주제통각검사와 동일하다.
④ 주제통각검사 카드는 성인 남성과 성인 여성으로만 구별된다.

해설
① 벤더게슈탈트검사(BGT)에서 성인이 그린 도형 A의 정상적인 위치는 용지 상부의 1/3이내에 있고 가장자리에서는 (어느 가장자리든) 2.5cm이상 떨어져 있다면 정상적인 위치에 있는 것으로 볼 수 있다.
③ 아동용 주제통각검사(CAT)의 카드 수는 10개, 성인용은 20개다.
④ 주제통각검사(TAT) 카드는 성인 남성과 성인 여성용, 남·여공용이 있다.

053
성격검사에 관한 설명으로 틀린 것은?

① MMPI-A는 만 15세 수검자에게 실시 가능하다.
② CAT은 모호한 검사자극을 통해 개인의 의식 영역밖의 정신현상을 측정하기 위한 성격검사이다.
③ 16성격요인검사는 케텔(R. Cattell)의 성격특성 이론을 근거로 개발되었다.
④ 에니어그램은 인간의 성격유형을 8개로 설명한다.

해설
에니어그램은 인간의 성격유형을 9기지로 분류하였다.
1. 완벽주의자(개혁가)
2. 돕고자 하는 사람(조력가)
3. 성취하는 사람(선동가)
4. 개인주의자(예술가)
5. 탐구자(사색가)
6. 충실한 사람(충성가)
7. 열정적인 사람(만능가)
8. 도전하는 사람(지도자)
9. 평화주의자(조정가)

054
카우프만 아동용지능검사(K-ABC)에 관한 설명으로 틀린 것은?

① 정보처리적인 이론적 관점에서 제작되었다.
② 성취도를 평가할 수도 있다.
③ 언어적 기술에 덜 의존하므로 언어능력의 문제가 있는 아동에게 적합하다.
④ 아동용 웩슬러지능검사(WISC)와 동일한 연령대의 아동을 대상으로 한다.

해설
카우프만(Kafuman)검사의 대상 연령은 2세 6개월에서 12세 6개월까지 아동의 지능 및 성취도를 평가하기 위한 검사이다.

055
다음에서 설명하는 검사는?

유아 및 학령전 아동이 발달 과정을 체계적으로 측정하기 위한 최초의 검사로서, 표준 놀이기구와 자극 대상에 대한 유아의 반응을 직접 관찰하여, 의학적 평가나 신경학적 원인에 의한 이상을 평가하기 위해 사용된다.

① Gessell의 발달 검사
② Bayley의 언어발달 척도
③ 시.지각 발달 검사
④ 사회성숙도 검사

해설
세계 최초로 개발된 3세까지의 어린이에 대한 발달 검사는 Gessell의 발달 검사로 발달연령과 발달지수로 표시된다.

056
지능의 개념에 관한 연구자와 주장의 연결이 틀린 것은?

① Wechsler-지능은 성격과 분리될 수 없다.
② Horn-지능은 독립적인 7개 요인으로 이루어져 있다.
③ Cattell-지능은 유동적 지능과 결정화된 지능으로 구분할 수 있다.
④ Spearman-지적 능력에는 g요인과 s요인이 존재한다.

해설
Horn과 Cattell은 지능을 유동성 지능과 결정성 지능으로 구분하였는데, 유동적 지능은 유전적. 신경생리적 영향에 의해 발달된 지능으로, 지각속도, 지각능력, 기계적 암기능력 등이다. 이러한 지능은 뇌와 중추신경계의 성숙에 비례하여 발달하고, 연령이 증가함에 따라 점차 쇠퇴한다.
결정성 지능은 환경이나 경험, 문화의 영향에 의해 발달되는 지능으로서, 유동성 지능을 토대로 후천적인 발달이 이루어진다.

057
표준점수에 관한 설명으로 틀린 것은?

① 대표적인 표준점수는 Z점수가 있다.
② 표준점수는 원점수를 직선변화하여 얻는다.
③ 웩슬러지능검사의 IQ수치도 일종의 표준점수이다.
④ Z점수가 0이라는 것은, 그 사례가 해당 집단의 평균치보다 1표준편차 위에 있다는 것을 의미한다.

> **해설**
> Z점수가 해당 집단의 평균치보다 1표준편차 위에 있으려면 0이 아니라 +1이 나와야 한다. Z점수가 0점이라는 것은 그 사례가 해당집단의 평균이라는 것을 나타낸다.
> 표준값 z는 원수치인 x가 평균에서 얼마나 떨어져 있는지를 나타낸다. 음수이면 평균이하, 양수이면 평균이상이다.

058
심리검사의 윤리에 관한 설명으로 틀린 것은?

① 자격을 갖춘 사람이 심리검사를 실시해야 한다.
② 검사 동의를 구할 때에는 비밀유지의 한계에 대해 알려야 한다.
③ 동의할 능력이 없는 사람에게도 평가의 본질과 목적을 알려야 한다.
④ 자동화된 서비스를 사용할 경우 검사자는 평가의 해석에 대한 책임을 지지 않는다.

> **해설**
> 자동화된 서비스여도 평가해석에 심리검사자의 윤리적 책임을 져야 한다.

059
신경심리평가 중 주의력 및 정신적 추적능력을 평가할 수 있는 검사가 아닌 것은?

① Wechsler 지능검사의 기호쓰기 소검사
② Wechsler 지능검사의 숫자 소검사
③ Trail Making Test
④ Winsconsin Card Sorting Test

> **해설**
> Wisconsin Card Sorting Test는 초기 개념화, 인내력, 설정 유지 및 학습장애 여부를 평가하며, Stroop검사와 함께 전두엽의 실행기능을 측정하는 검사이다.

060
노년기 인지발달에 관한 설명으로 옳은 것은?

① 정보처리 속도가 크게 증가한다.
② 결정지능의 감퇴가 유동지능보다 현저해진다.
③ 인지발달의 변화양상에서 개인차가 더 커지게 된다.
④ 의미기억이 일화기억보다 더 많이 쇠퇴한다.

> **해설**
> 노년기에는 전반적으로 정보처리 속도가 현저하게 떨어지고, 유동지능은 감퇴하는 반면, 결정지능은 향상되기도 한다. 의미기억은 유지되나 일화기억은 더 많은 쇠퇴하는 경향이 있다.

제 4 과목 임상심리학

061
우리나라 임상심리학자의 고유 역할에 해당되지 않는 것은?

① 연구
② 자문
③ 약물치료
④ 교육

해설
우리나라의 경우 임상심리학자는 심리검사, 심리상담, 심리치료, 재활, 교육, 자문, 행정, 연구를 담당하나, 약물치료는 담당하고 있지 않다.

062
현실치료에 관한 설명으로 틀린 것은?

① 내담자가 실행하지 못한 것에 대한 변명을 허용하지 않는다.
② 전행동(total behavior)의 '생각하기'에는 공상과 꿈이 포함된다.
③ 개인은 현실에 대한 자각을 통해 현실 그 자체를 알 수 있다.
④ 내담자 개인의 책임을 강조한다.

해설
현실치료에서는 인간의 모든 행동은 기본적 욕구인 생존, 사랑, 권력, 자유, 재미를 충족시키기 위해서 선택한 것이다. 인간은 기본적 욕구를 충족시킬 수 있는 좋은 세계를 획득하기 위해서 전체행동을 선택하는 통제시스템이라는 것이 선택이론의 골자이다.

063
알코올중독 환자에게 술을 마시면 구토를 유발하는 약을 투약하는 치료하는 기법은?

① 행동조성
② 혐오치료
③ 자기표현훈련
④ 이완훈련

해설
혐오치료에서는 특정 자극 상황이 더 혐오적으로 변화하도록 조건형성 절차를 실시한다. 주로 과식, 과음, 흡연, 의상도착증, 노출증 등의 문제에 활용되어지며 부적응적이고 지나친 탐닉이나 선호를 제거하는 데 사용된다(예 술을 끊기를 원하는 사람에게 술을 보거나 냄새 맡거나 맛보게 하고, 동시에 혐오적인 경험을 하게 된다).

064
다음에 해당하는 인지치료 기법은?

친한 친구와 심하게 다퉈 헤어졌을 때 마음이 많이 아프지만 이 상황을 자신의 의사소통이나 대인관계 방식을 돌아볼 수 있는 기회로 삼는다.

① 개인화
② 사고중지
③ 의미축소
④ 재구성

해설
인지적 재구성법은 1950년 엘리스(A. Ellis)가 창안한 합리정서행동치료의 불안감소방법이다.

인지적 재구성법은 4단계로 이루어진다.
첫 번째 단계는 인지적 재구성의 일반적 원리를 설명한다.
두 번째 단계는 내담자의 유형에 따라 각자의 비합리적인 사고를 탐구하도록 한다.
세 번째 단계는 내담자 스스로 문제를 분석하고 해결방법을 찾아보도록 한다.
네 번째 단계는 행동의 실천 및 실제 연습을 통해 합리적인 대처행동을 일으키는 방법을 배운다.

065

임상심리학자로서 지켜야 할 내담자에 대한 비밀보장에 관한 설명으로 틀린 것은?

① 일반적으로 상담과정에서 내담자에 대해 알게 된 사실을 다른 사람들에게 말하면 안 된다.
② 아동 내담자의 경우에도 아동에 관한 정보를 부모에게 알려서는 안된다.
③ 자살 우려가 있는 경우 내담자의 비밀을 지키는 것보다는 가족에게 알려 자살예방 조치를 취하는 것이 더 중요하다.
④ 상담 도중 알게 된 내담자의 중요한 범죄 사실에 대해서는 비밀을 지킬 필요가 없다.

해설
임상심리학자의 비밀보장의 예외의 경우는 자해, 자살 및 타해 및 타살계획, 사회의 안전, 전염병, 아동의 인권, 판사의 명령 등의 사유는 내담자에 대한 비밀보장의 예외가 된다. 또한, 아동이나 청소년 상담의 경우, 부모교육이나 부모상담을 위해서 상담내용에 대한 노출이 필요하다.

066

다음 중 접수면접의 주요 목적과 가장 거리가 먼 것은?

① 환자를 병원이나 진료소에 의뢰할지를 고려한다.
② 제공되는 서비스에 대한 환자의 질문에 대답한다.
③ 환자에게 신뢰, 래포 및 희망을 심어주려고 시도한다.
④ 환자가 자신이나 다른 사람을 해칠 중대한 위험상태에 있는지 결정한다.

해설
- 접수면접 확인 사항
  - 기본 인적 사항
  - 호소문제
  - 내담자가 보는 문제의 심각성과 긴급성
  - 호소문제와 관련된 발달력
  - 현재 및 최근의 사고, 정서, 행동
  - 정서상태평가
  - 사회적·심리적 자원
  - 대인관계 특성
  - 외모 및 행동
  - 이전 상담 및 치료경험
  - 상담동기
  - 심각도/긴급도 평정 및 면접자 소견
  - 상담자 배정에 필요한 정보

067

행동평가와 전통적 심리평가 간의 차이점으로 틀린 것은?

① 행동평가에서 성격의 구성개념은 주로 특정한 행동패턴을 요약하기 위해 사용한다.
② 행동평가는 추론의 수준이 높다.
③ 전통적 심리평가는 예후를 알고, 예측하기 위한 것이다.
④ 전통적 심리평가는 개인 간이나 보편적 법칙을 강조한다.

해설
전통적 심리평가가 행동평가보다 추론의 수준이 높다. 행동주의적 입장의 행동평가에서는 성격을 구체적인 상황에서 나타나는 행동의 용어로 설명하는 바, 행동주의자들은 공격성에 관심을 두는 것이 아니라 공격적인 행동에 관심을 두게 된다. 정신역동적 심리평가에는 행동을 징후로 보는 반면, 행동평가에서는 전체적 행동을 반영하는 표본으로 간주한다.

068

성격평가질문지에서 척도명과 척도군의 연결이 틀린 것은?

① 저빈도척도(INF)-타당도척도
② 지배성척도(DOM)-대인관계척도
③ 자살관념척도(SUI)-치료고려척도
④ 공격성척도(AGG)-임상척도

해설

공격성(AGG)척도도 자살관념 척도와 함께 치료고려 척도이다.

• 검사의 구성

척도	하위척도	문항수	척도	하위척도	문항수
타당도 척도	비일관성 척도 (ICN)	10	정신분열병 척도 (SCZ)	정신병적 경험	8
	저빈도 척도 (INF)	8		사회 부적응	8
	부정적 인상척도 (NIM)	9		사고 장애	8
	긍정적 인상척도 (PIM)	9	경계선적 특징척도 (BOR)	정서적 불안정	24
임상척도	신체적인 호소척도 (SOM)	전환	8		정체감 문제
		신체화	8		부적 관계
		건강 염려	8		자기 상해
	불안척도 (ANX)	인지적	8	반사회적 특징척도 (ANT)	반사회적 행동	24
		정서적	8		자기애적 행동
		신체적	8		자극 추구
	불안관련 장애척도 (ARD)	강박적-충동	8	알코올 문제척도 (ALC)		12
		공포증	8	약물사용 척도 (DRG)		12
		외상적 스트레스	8	공격성 척도 (AGG)	공격적인 태도	6
	우울척도 (DEP)	인지적	8		언어적 공격성	6
		정서적	8		물리적 공격성	6
		생리적	8	치료척도	자살관념 척도 (SUI)	12
	조증척도 (MAN)	행동수준	8		스트레스 척도 (STR)	8
		과장	8		비지지 척도 (NON)	8
		과민	8		치료거부 척도 (RXR)	8
	망상척도 (PAR)	지나친 경계	8	대인관계 척도	지배성 척도 (DOM)	12
		학대	8		온정성 척도 (WRM)	12
		분개	8			

069

잠재적인 학습문제의 확인, 학습실패 위험에 처한 아동에 대한 프로그램을 운용, 학교 구성원들에게 다양한 관점 제공, 부모 및 교사에게 특정 문제행동에 대한 대처기술을 제공하는 학교심리학자의 역할은?

① 예방
② 교육
③ 부모 및 교사훈련
④ 자문

해설

• **학교심리학자가 하는 일**
  학교심리학자는 학교라는 장에서 아동·학생의 지적·인격적 성장을 돕기 위해 개인이나 집단을 대상으로 직접·간접적으로 심리학적 측면에서 지도와 조언을 하는 사람이다.
  - **평가**: 학생의 학업기술, 학습적성, 학습환경, 지능, 정서, 사회성 및 행동발달, 정신건강 상태를 평가하고, 각종 교육적, 심리적 서비스의 필요성을 평가한다.
  - **개입**: 학생의 학교적응 및 학업수행을 방해하는 인지, 정서 및 행동문제, 대인간 문제나 가족문제를 해결하도록 개별학생에게 직접적인 심리상담을 제공하거나 각종 심리교육적 프로그램을 제공한다. 위기관리 프로그램을 통해서 학교와 학생들이 위기에 대처하도록 돕는다.
  - **예방**: 각종 심리적, 교육적 위기에 놓여있는 학생들뿐 아니라 모든 학생들의 적응과 건강한 발달을 촉진하고, 하나의 시스템으로서 학교가 보다 안전하고 효과적인 학습환경을 갖추도록 일차, 이차 및 삼차예방프로그램을 개발하고 실행하며, 이를 위해서 학생 뿐 아니라 학부모, 교사, 학교관리자와 긴밀히 협력한다.
  - **자문**: 교사, 학교관리자 및 학부모가 경험하는 학생의 학습 및 행동문제를 효과적으로 해결하기 위해, 이들과 긴밀히 협조하는 가운데 전문적 자문을 제공한다.
  - **연구**: 각종 교육적 및 심리적 서비스 프로그램의 효과를 평가하고, 증거에 기초한 학교심리학 실무를 개발하는데 필요한 연구를 수행한다.
  - **수련감독**: 학교심리사 1급의 경우는 수련 받는 자를 수련 감독한다.

070
체계적 둔감법에 대한 설명으로 틀린 것은?

① 고전적 조건형성 원리에 기초한 행동치료 기법이다.
② 특정한 대상에 불안을 느끼는 경우에 효과적이다.
③ 이완훈련, 불안위계 목록 작성, 둔감화로 구성된다.
④ 심상적 홍수법과 달리 불안 유발 심상에 노출되지 않는다.

해설
체계적 둔감법도 최종적으로는 불안 유발 심상에 노출시키는 방법이다.

071
행동평가의 목적에 해당되지 않는 것은?

① 처치를 수정하기
② 진단명을 탐색하기
③ 적절한 처치를 선별하기
④ 문제행동과 그것을 유지하는 조건을 확인하기

해설
진단명 탐색은 전통적 평가의 목적과 관련된다.
행동평가의 목적
문제 행동과 그것을 유지하는 조건을 확인한다.
적절한 처치를 식별한다.
처치효과를 평가한다.
전통적 평가의 목적
문제의 원인을 진단·분류한다.
병인론적 원인을 밝힌다.
예측을 도와준다.

072
다음 중 관계를 중심으로 치료가 초점화되고 있는 정신역동적 접근방법의 단기치료가 아닌 것은?

① 핵심적 갈등관계 주제(core coflictual relation ship theme)
② 불안유발 단기치료(anxiety provoking brief therapy)
③ 기능적 분석(functional analysis)
④ 분리개별화(separation and individuation)

해설
기능적 분석(functional analaysis)은 환경 내에서 어떠한 선행조건(A; Antecedent)에 의하여 어떠한 문제 행동(B; Behavior)이 발생하였는지, 그 행동에 대하여 어떠한 결과(C; Consequence)가 따르게 되었는지를 분석하여 행동의 원인에 대한 정확한 평가를 하는 것이다.

073
HTP검사해석으로 옳은 것은?

① 필압이 강한 사람은 약한 사람에 비해 억제된 성격일 가능성이 높다.
② 지우개를 과도하게 많이 사용한 사람은 대부분 자신감이 높다.
③ 집 그림 중에서 창과 창문은 내적 공상 활동에 대한 정보를 제공하는 중요한 지표이다.
④ 나무의 가지와 사람의 팔은 대인관계에 대한 욕구를 탐색할 수 있는 정보를 제공한다.

해설
필압이 강한 경우 : 자신감, 충동성, 공격성 반영
지우개를 과도하게 많이 사용한 경우 : 내면의 불확실감, 불안감 반영
집그림의 창과 창문 : 환경과 상호작용을 가능하게 하는 2차적 매개체
나무의 가지와 사람의 팔 : 나무의 가지-환경 혹은 타인과의 접촉을 통해 만족을 얻고 성취하는 심리적 자원이나 능력, 대인접촉, 사람의 팔-나무그림의 가지와 유사, 대인관계 능력

074

셀리에(Selye)의 일반적응증후군의 단계로 옳은 것은?

① 경고 → 소진 → 저항
② 경고 → 저항 → 소진
③ 저항 → 경고 → 소진
④ 소진 → 저항 → 경고

해설

캐나다의 한스 셀리에(1907~1982)는 사람이 스트레스를 받을 때 전신에 나타나는 반응을 일반적응증후군이라고 하며 3단계로 구분하였다.
- **경고단계** : 처음에 경고반응이 나타나는데 쇼크단계와 역쇼크단계를 거친다.
- **저항단계** : 경고반응에도 불구하고 스트레스가 지속되면 저항단계가 일어난다.
- **소진단계** : 유해한 스트레스에 장기간 노출될 경우 이것이나 다른 새로운 스트레스에 대한 신체의 저항력은 결국 붕괴된다.

075

행동치료를 위해 현재문제에 대한 기능분석을 하면 규명할 수 있는 요소가 아닌 것은?

① 문제행동을 일으키는 자극이나 선행조건
② 문제행동과 관련 있는 유기체 변인
③ 문제행동과 관련된 인지적 해석
④ 문제행동의 결과

해설

기능적 분석(functional analaysis)은 환경 내에서 어떠한 선행조건(A; Antecedent)에 의하여 어떠한 문제행동(B; Behavior)이 발생하였는지, 그 행동에 대하여 어떠한 결과(C; Consequence)가 따르게 되었는지를 분석하여 행동의 원인에 대한 정확한 평가해설을 하는 것이다.

076

두뇌기능의 국재화에 관한 설명으로 옳은 것은?

① 특정 인지능력은 국부적인 뇌 손상에 수반되는 한정된 범위의 인지적 결함으로만 발생한다고 본다.
② Broca 영역은 좌반구 측두엽 손상으로 수용적 언어결함과 관련된다.
③ Wernicke 영역은 좌반구 전두엽 손상으로 표현 언어 결함과 관련된다.
④ MRI 및 CT가 개발되었으나 기능 문제 확인에는 외과적 검사가 이용된다.

해설

두뇌기능의 국재화는 특정 기능이나 특정 기능 장애는 뇌의 특정부위와 관련된다는 것을 말한다. Broca영역이 문제가 생기면 표현성 실어증이 생기고, Wernicke영역이 문제가 생기면 수용 언어 결함이 나타난다.

077

방어기제에 대한 개념과 설명이 옳게 연결된 것은?

① 투사(projection) : 당면한 상황에서 얻게 된 결과에 대해 어쩔 수 없었다고 생각하며 행동한다.
② 대치(displacement) : 추동대상을 위협적이지 않거나 이용 가능한 대상으로 바꾼다.
③ 반동형성(reaction formation) : 이전의 만족방식이나 이전 단계의 만족대상으로 후퇴한다.
④ 퇴행(regression) : 무의식적 추동과는 정반대로 표현한다.

해설
투사(Projection) : 자신이 무의식에 품고 있는 공격적 계획과 충동을 남의 것이라고 떠넘겨 버리는 정신 기제이다.
반동형성(reaction Formation) : 겉으로 나타나는 태도나 언행이 마음속의 욕구와 반대인 경우이다.
퇴행(regression) : 이전의 발달단계로 되돌아감으로써 현재의 불안이나 책임감을 회피하는 것이다.

078
다음 뇌 관련 장애들은 공통적으로 어떤 질환과 관련이 있는가?

> 헌팅톤병, 파킨슨병, 알츠하이머

① 종양
② 뇌혈관 사고
③ 퇴행성 질환
④ 만성 알코올 남용

해설
퇴행성 질환은 노화와 깊은 관련을 가지면서, 정상적인 노화의 과정과는 달리 급속하게 신경계의 일부 또는 뇌 전체에 비정상적인 신경세포의 죽음이 일어나 뇌와 척수의 기능이 상실되어 인지 능력, 보행–운동 능력 등이 감소하는 질환이다.

079
단기 심리치료에서 좋은 결과를 이끌어 내기 위한 요인이 아닌 것은?

① 치료자의 온정과 공감
② 견고한 치료적 동맹 관계
③ 문제에 대한 회피
④ 내담자의 적절한 긍정적 기대

해설
단기심리치료에서는 시간제한적인 심리치료로, 직면의 기술적 사용 등의 기법을 적용하므로 문제에 대한 회피를 하는 것은 적절하지 않다.

080
임상심리학자로서 책임과 능력에 있어서 바람직하지 못한 것은?

① 서비스를 제공할 때 높은 기준을 유지한다.
② 자신의 활동결과에 대해 책임을 진다.
③ 자신의 능력과 기술의 한계를 알고 있어야 한다.
④ 자신만의 경험을 기준으로 내담자를 대한다.

해설
상담자의 윤리의 하나로서 '유능성'의 의무가 있는데, 상담자가 지속적으로 교육 수련을 받고 경험을 쌓음으로써 변화와 발전의 시대적 흐름 속에서도 항상 최신의 기술을 가지고 있어야 한다는 것이다.

제 5 과목 심리상담

081
심리치료의 발전에 관한 설명으로 옳지 않은 것은?

① 인지심리학의 발전과 더불어 개발된 치료방법들은 1960~70년대 행동치료와 접목되면서 인지행동치료로 발전하였다.
② 로저스(Rogers)는 정신분석치료의 대안으로 인간중심 심리치료를 제시하면서 자신의 치료활동을 카운슬링(counseling)으로 지칭하였다.
③ 윌버(Wilber)는 자아초월 심리학의 이론체계를 발전시켰으며 그의 이론에 근거한 통합적 심리치료를 제시하였다.
④ 제임스(James)는 펜실베이니아 대학교에 최초의 심리클리닉을 설립하여 학습장애와 행동장애 아동을 대상으로 치료활동을 시작하였다.

> **해설**
> 1896년 펜실베이니아 대학교에 최초로 심리클리닉을 설립한 사람은 위트머(Witmer)이다. 또한 위트머는 '임상심리학'이라는 용어를 1907년 심리진료소의 기관지에서 처음으로 사용하였다.

082

내담자에게 바람직한 목표행동을 설정해두고, 그 행동에 근접하는 행동을 보일 때 단계적으로 차별강화를 주어 바람직한 행동에 접근해가도록 만드는 치료기법은?

① 역할연기
② 행동조형(조성)
③ 체계적 둔감화
④ 재구조화

> **해설**
> **행동조형(조성, shaping)**
> 일련의 복잡한 행동을 학습시키기 위해, 목표행동에 근접하는 행동을 보일 때마다 강화를 하여 점진적으로 목표행동을 학습시키는 방법을 말한다.
> 동물조련사들이 동물에게 복잡한 묘기 행동을 학습시킬 때 이러한 행동조성법이 사용된다.

083

특성-요인 상담에 관한 설명으로 틀린 것은?

① 상담자 중심의 상담방법이다.
② 사례연구를 상담의 중요한 자료로 삼는다.
③ 문제의 객관적 이해보다는 내담자에 대한 정서적 이해에 중점을 둔다.
④ 내담자에게 정보를 제공하고 학습기술과 사회적 적응기술을 알려 주는 것을 중요시한다.

> **해설**
> **특성-요인상담**
> 개인의 특성과 직업 또는 직무를 구성하는 요인에 중점을 두는 상담으로, 대표 이론가는 Parsons, Williamson, Hull 등이 있다.
> 개별적이고 과학적인 측정방법(검사)으로 개인의 특성을 식별하여 직업 특성에 연결시키는 것이 핵심이며, 생의 어느 특정한 시기에 이루어지는 의사결정에 도움을 준다. 개인차 심리학 및 응용심리학에 근거한다.
>
> **특성요인 이론의 한계** : 진로상담이론이 지시적이며, 상담사 중심이고, 상담사의 지식과 기술에 초점을 두고 있다는 점에서 상담사의 책임이 너무 크다. 내담자의 감정, 태도, 상담사와의 협력적 관계가 경시되는 문제점이 있다. 또한, 검사결과에 과도하게 의존하고 적성을 변하지 않는 것이라고 보는 점은 이 이론의 한계이다.

084

다음은 가족상담 기법 중 무엇에 관한 설명인가?

> 가족들이 어떤 특정한 사건을 언어로 표현하는 대신에 공간적 배열과 신체적 표현으로 묘사하는 기법

① 재구조화
② 순환질문
③ 탈삼각화
④ 가족조각

> **해설**
> 가족조각은 한 가족구성원이 다른 가족구성원에 대해 느끼는 내적 정서상태를 자세와 동작 및 소도구를 사용하여 공간적으로 나타내는 것이다.
>
> 조각 작업이란 지속적으로 움직이는 상태에 있는 가족들의 상호작용 패턴 및 심리 내적 과정을 신체와 몸 동작들을 통해 공간에서 외현화하는 것이다.

085

성상담을 할 때 상담자가 가져야 할 시행지침으로 옳은 것은?

① 성과 관련된 개인적 사고는 다루지 않는다.
② 내담자의 죄책감과 수치심은 다루지 않는다.
③ 성폭력은 낯선 사람에 의해서만 발생함을 감안한다.
④ 성폭력은 성적 자기결정권의 침해임을 감안한다.

해설
성폭력은 성적 자기결정권의 침해이다.

086

정신분석에서 내담자가 지속적이고 반복적인 학습을 통해 자신이 이해하고 통찰한 바를 소화하는 과정은?

① 자기화 ② 훈습
③ 완전학습 ④ 통찰의 소화

해설
훈습이란 무의식적 갈등이 어떻게 현실생활에서 나타나고 있으며 그에 대한 깨달음을 어떻게 적응적 행동으로 실천할 수 있는지를 검토하며 변화하는 점진적인 과정이다.

087

중학교 교사인 상담자가 학생을 상담하는 과정에서 구조화를 하는 방법으로 틀린 것은?

① 상담자와 내담자는 상담관계 이외의 사제관계를 맺고 있으므로 이런 이중적인 관계로 인해 예상되는 문제나 어려움을 사전에 논의한다.
② 상담에 대해 현실적으로 기대할 수 있는 바가 무엇인지, 기대의 실현을 위해 상담자와 내담자가 각각 해야 할 역할이 무엇인지에 대해 설명한다.
③ 정규적인 상담을 할 계획이라면 상담자와 내담자가 만나는 요일이나 시간을 정하고, 한번 만나면 매회 면접시간의 길이와 전체 상담과정의 길이나 횟수에 대해서도 알려준다.
④ 상담내용에 대한 비밀보장의 원칙을 내담자에게 알려주고, 비밀보장의 한계에 대한 정보는 내담자의 솔직한 자기개방을 저해할 수 있으므로 상담관계의 신뢰성이 충분히 형성된 이후에 알려주는 것이 좋다.

해설
상담의 구조화
상담의 효과를 구조화하기 위해 상담의 본질, 제한점, 목표 등을 규정하고 상담자와 내담자의 역할 및 책임, 바람직한 태도 등의 명백하게 협의해서 정하는 것이다. 시간의 제한, 행동의 제한, 내담자 역할의 구조화, 상담자 역할의 구조화, 상담 과정 및 목표의 구조화, 비밀보장의 원칙 및 한계 등을 정한다.

088

청소년기 자살의 위험인지와 가장 거리가 먼 것은?

① 공격적이고 약물남용 병력이 있으며 충동성이 높은 행동장애의 경우
② 성적이 급락하고 식습관 및 수면행동의 변화가 심한 경우
③ 습관적으로 부모에 대한 반항이나 저항을 보이는 경우
④ 동료나 가족 등 가까운 이들과 떨어져 지내는 회피행동이 증가한 경우

해설
청소년의 자살의 원인은 자아존중감의 결여, 스트레스, 우울증, 가정환경, 학교환경, 지역사회와 관련되며, 특징으로는 충동성, 도움을 청하거나 심적 고통을 호소하는 극단적 표현, 자살에 대한 환상, 또래의 영향 등이다. 습관적인 반항이나 저항은 품행장애와 관련될 수 있어서 자살원인과 다소 거리가 있다.

089
항갈망제에 해당하는 것을 모두 고른 것은?

> ㄱ. 노르트립틸린(Nortiptyline)
> ㄴ. 날트렉손(Naitreexone)
> ㄷ. 아캄프로세이트(Acamprosate)

① ㄱ
② ㄱ, ㄴ
③ ㄴ, ㄷ
④ ㄱ, ㄴ, ㄷ

해설
항갈망제는 술에 대한 갈망을 감소시켜주는 약으로, 뇌에서 술을 강박적으로 섭취하도록 작용하는 신경부위에 직접 작용한다.
현재 임상에서 사용하고 있는 항갈망제로, 우리나라 식품의약품안전처로부터 알코올사용장애 치료에 대해 승인을 받은 약물은 디설피람, 날트렉손, 아캄프로세이트다.

090
가족치료의 주된 목표와 가장 거리가 먼 것은?

① 가계의 특징을 파악하고 이를 재구조화한다.
② 가족구성원 간의 잘못된 관계를 바로 잡는다.
③ 특정 가족구성원의 문제행동을 수정한다.
④ 가족구성원 간의 의사소통 유형을 파악하고 의사소통이 잘 되도록 한다.

해설
가족치료에서 무엇보다 중요한 것은 개인에게서 문제의 원인을 찾는 개인적인 결함모형에서 관계와 관계 사이의 역기능을 파악한 대인관계적 모형으로 개념을 변화시켜야 한다는 것이다. 더 나아가 문제행동은 가족의 상호작용, 생육사, 그리고 맥락을 반영하고 있다는 것이다.

091
다음 알코올 중독 내담자에게 적용할 만한 동기강화상담의 기법과 가장 거리가 먼 것은?

> "제가 술 좀 마신 것 때문에 아내가 저를 이곳에 남겨두었다는 것을 믿을 수가 없군요. 그녀의 문제가 무엇인지 모르겠어요. 이 방에 불러서 이야기 좀 하고 싶어요. 음주가 문제가 아니라 그녀가 문제인 것이니까요."

① 반영반응(reflection response)
② 주창대화(advocacy talk)
③ 재구성화하기(reframing)
④ 초점 옮기기(shifing focus)

해설
동기강화상담이란 내담자의 양가감정을 탐색하고 해결함으로써 그 사람의 내면에 있는 변화동기를 강화시킬 목적으로 하는 내담자-중심적이면서 지시적인 방법이다.
동기강화상담의 기본기술(OARS): 개방형질문하기(Opening question), 인정하기(Affirming), 반영하기(Reflection), 요약하기(Summarinzing)이다.
주창(Advocacy)대화는 내담자의 저항행동을 불러일으키고 저항을 더 심화시키는 반응이나 행동을 말하는 개념으로 어떤 특정한 명분을 위해 논쟁하거나 항변한다는 함축적 의미가 들어있다. 이 주창대화는 상담자와 내담자 간의 라포가 손상되고 상담관계에서의 불협화음의 골이 더 깊어지는 등 상담회기나 내담자와의 관계를 나빠지게 할 수 있다.

092
청소년 비행의 원인을 현대사회의 가치관 혼란현상으로 설명하는 것은?

① 아노미이론
② 사회통제이론
③ 하위문화이론
④ 사고충돌이론

> **해설**
> 사회학적 관점에서 청소년 비행의 원인으로는 아노미이론, 사회통제이론, 하위문화이론, 차별접촉이론이 있다.
> - **아노미 이론** : 사회 내 결속력이 약해지고 규범이나 규칙이 제대로 준수되지 않았을 때 혼란이 발생하며 심지어 사회해체까지 야기될 수 있다고 봄.
> - **사회통제 이론** : 관습을 지키면 사회에 결속되고 유대를 갖게 된다는 신념의 부재로 사회 규범을 어겨 일어남.
> - **하위문화이론** : 노동자계급 아이들이 상류계급 문화를 접하며 적응상 문제에 봉착하고, 그들만의 집단문화를 형성하여, 자신들의 자존심을 공동으로 방어하는 수단으로 비행을 일으킴
> - **차별접촉이론** : 비행친구들끼리 차별적 집단을 형성하고, 영향을 받는 것

093

상담 시 내담자에게 관심을 집중시키는 기술과 가장 거리가 먼 것은?

① 개방적인 몸자세를 취한다.
② 내담자를 향해서 편안한 자세로 앉는다.
③ 내담자를 지나치게 응시하지 않는다.
④ 내담자에게 잘 듣고 있다고 항상 말로 확인해준다.

> **해설**
> 경청은 언어적 경청과 비언어적 경청이 있다.

094

인간중심 상담의 과정을 7단계로 나눌 때, ( )에 들어갈 내용의 순서가 올바른 것은?

> 1단계 : 소통의 부재
> 2단계 : 도움의 필요성 인식 및 도움 요청
> 3단계 : 대상으로서의 경험 표현
> 4단계 : (ㄱ)
> 5단계 : (ㄴ)
> 6단계 : (ㄷ)
> 7단계 : 자기실현의 경험

① ㄱ : 지금-여기에서 더 유연한 경험표현
　ㄴ : 감정수용과 책임증진
　ㄷ : 경험과 인식의 일치
② ㄱ : 감정수용과 책임증진
　ㄴ : 경험과 인식의 일치
　ㄷ : 지금 – 여기에서 더 유연한 경험표현
③ ㄱ : 경험과 인식의 일치
　ㄴ : 지금-여기에서 더 유연한 경험표현
　ㄷ : 감정수용과 책임증진
④ ㄱ : 감정수용과 책임증진
　ㄴ : 지금 – 여기에서 더 유연한 경험표현
　ㄷ : 경험과 인식의 일치

> **해설**
> **인간중심상담의 7단계 상담 과정**
>
> **1단계** : 1단계에서는 자기와 의사소통하는 것을 싫어한다. 의사소통은 단지 외부적인 것들에 한한다.
> **2단계** : 자신에 대해서가 아닌 문제들에 관하여 말하고 표현하기 시작한다. 그러나 문제는 외적인 것처럼 보이고 내담자는 개인적 책임을 받아들이려고 하지 않는다.
> **3단계** : 자신에 관해, 대상으로서의 자신과 관련된 경험에 대해, 그리고 '주로 타인에 반영된 대상 존재로서의 자기에 대해' 자유롭게 표현함으로써 마음이 풀린다.
> **4단계** : 수용, 이해, 공감은 내담자를 다음 단계로 옮겨 가게 하며, 혐오감, 두려움, 증오감과 같은 현재의 느낌이나 경험과 함께 보다 강한 감정이 표현된다.
> **5단계** : 여기서는 현재의 감정들이 자유롭게 표현은 되지만 놀라움과 공포가 있다. 비록 두렵고, 믿지 못하고, 불명확하긴 하지만, 완전한 경험이 이루어지는 상태에 가까워지고 있다.
> **6단계** : 이 단계는 뚜렷하고 극적인 경향이 있다. 감정은 즉시 경험된다. 경험과 연결된 감정을 두려워하거나, 부정하거나 저항하는 것이 아니라 그대로 받아들인다.
> **7단계** : 이 단계에서 내담자는 자기 스스로의 움직임을 계속한다. 이 단계는 치료 시간 이외의 장면에서도 이루어질 수 있으며, 치료과정에서 그런 움직임이 보고되기도 한다. 내적 의사소통과 외적 의사소통은 자유스럽다.

095

상담자가 내담자에 대한 치료를 중단 또는 종결할 수 있는 경우에 해당하지 않는 것은?

① 내담자가 제3자의 위협을 받는 등 중대한 사유가 있는 경우
② 내담자가 치료과정에 불성실하게 임하는 경우
③ 내담자에 대한 계속적인 서비스가 도움이 되지 않을 경우
④ 내담자가 더 이상 심리학적 서비스를 필요로 하지 않는 경우

> 해설
> 내담자가 치료과정에 불성실하게 임하는 경우는 상담의 종결사유에 해당하지 않는다.

096

임상적인 상황에서 활용되는 최면에 관한 가정과 가장 거리가 먼 것은?

① 최면상태는 자연스러운 것이나 치료자에 의해 형식을 갖춘 최면유도로만 일어날 수 있다.
② 모든 최면은 자기최면이라 할 수 있다.
③ 각 개인은 치료와 자기실현에 필요한 자원을 담고 있는 무의식을 소유하고 있다.
④ 내담자는 무의식 탐구로 알려진 일련의 과정을 진행시킬 수 있다.

> 해설
> 최면은 자연스러운 것이며, 치료자의 이완의 유도에 의한 최면도 있지만 각성상태에서 일어나는 각성최면도 있다.

097

Beck의 인지적 왜곡 중 개인화에 대한 예를 적절한 것은?

① "관계가 끝나버린 건 모두 내 잘못이야."
② "이 직업을 구하지 못하면, 다시는 일하지 못할 거야."
③ "나는 정말 멍청해."
④ "너무 불안하니까, 고속도로를 달리는 것은 위험할 거야."

> 해설
> 개인화(personalization)
> 관련지을만한 근거가 없을 때조차 외적 사상들과 자기 자신을 관련짓는 경향이다. 일종의 망상과 비슷하다. 예를 들어, 길을 가다가 어떤 모르는 사람들이 웃고 있다면 자신과 그 사람들은 아무런 관련이 없음에도 불구하고, 그 사람들이 자신을 욕하면서 비웃고 있다고 생각하는 것이다. 개인화를 관계사고라고도 하며 이런 관계사고가 심해지면 관계망상이 될 수 있다.

098

다음 사례에서 직면기법과 가장 가까운 반응은 어느 것인가?

> 집단모임에서 여러 명의 집단원으로부터 부정적인 피드백은 받은 한 집단원에게 다른 집단원이 그의 느낌을 묻자 아무렇지도 않다고 하지만 그의 얼굴 표정이 몹시 굳어 있을 때, 지도자가 이를 직면하고자 한다.

① "○○씨, 지금 느낌이 어떤지 좀 더 말씀하시면 어떨까요?"
② "○○씨, 방금 아무렇지도 않다고 말씀하셨습니다."
③ "○○씨, 이러한 일은 창피함을 느끼게 만드는 것 같습니다."
④ "○○씨, 말씀과는 달리 얼굴이 굳어있고 목소리가 떨리는군요."

> **해설**
> 직면은 정신분석이론에 입각한 방어기제에 대한 직면, 인간중심이론에 입각한 불일치나 모순에 대한 직면, 인지정서행동치료에 입각한 비합리적 사고에 대한 직면이 있다. ④번은 인간중심이론에 의한 직면으로 말과 행동의 불일치에 대한 직면이다.

100
Gottfredson의 직업포부 발달이론에서 직업과 관련된 개인발달의 단계에 해당하지 않는 것은?

① 힘과 크기 지향성
② 성역할 지향성
③ 개인선호 지향성
④ 내적 고유한 자아 지향성

> **해설**
> 1. 힘과 크기의 지향성(3~5세) : 사고과정이 구체화되며, 어른이 된다는 것의 의미를 알게되는 단계
> 2. 성 역할 지향성(6~8세) : 자아개념이 성의 발달에 의해서 영향을 받게 되고, 성역할을 획득하는 단계
> 3. 사회적 가치 지향성(9~13세) : 사회계층 및 사회질서에 대한 개념이 발달하기 시작하면서 사회적 가치를 인지하는 단계
> 4. 내적, 고유한 자아지향성(14세 이후) : 내면적 사고를 통하여 자기인식 및 자아정체감이 발달되며, 타인에 대한 개념이 생겨난다. 자기성찰과 사회계층의 맥락에서 직업적 포부가 더욱 발달하는 단계

099
학습상담 과정에 대한 설명과 가장 거리가 먼 것은?

① 현실성 있는 상담 목표를 설정해서 상담한다.
② 학습문제와 관련된 내담자의 감정을 이해하고 격려한다.
③ 내담자의 장점, 자원 등을 학습상담과정에 적절히 활용한다.
④ 학습문제와 무관한 개인의 심리적 문제들은 회피하도록 한다.

> **해설**
> 학업상담의 경우, 학습문제는 지능 및 기초학습능력, 선수학습, 학습전략 등은 물론 공부의 동기와 정서적. 환경적인 요인들이 원인일 수 있으므로 이런 요인들을 모두 고려해야 한다.

2021년 제3회 임상심리사 2급 필기 채점표

구분	제1과목	제2과목	제3과목	제4과목	제5과목	전과목 평균
점수						

2021년 제3회 임상심리사 2급 필기 정답

001	002	003	004	005	006	007	008	009	010	011	012	013	014	015	016	017	018	019	020
②	①	③	③	④	③	①	③	②	③	②	③	④	④	②	③	②	②	①	④
021	022	023	024	025	026	027	028	029	030	031	032	033	034	035	036	037	038	039	040
④	②	④	④	③	④	②	③	④	③	②	③	④	④	①	③	③	①	①	②
041	042	043	044	045	046	047	048	049	050	051	052	053	054	055	056	057	058	059	060
①	①	②	②	①	①	③	④	③	②	④	④	①	②	②	④	④	④	④	①
061	062	063	064	065	066	067	068	069	070	071	072	073	074	075	076	077	078	079	080
③	③	②	④	②	④	②	④	①	②	②	③	④	②	③	①	③	③	③	④
081	082	083	084	085	086	087	088	089	090	091	092	093	094	095	096	097	098	099	100
④	②	③	④	④	②	③	③	③	②	①	④	①	②	①	①	④	④	④	③

임상심리사 2급 필기

2020년 임상심리사 2급 기출문제

2020년 제1·2회 통합 기출문제
2020. 06. 06. 시행

2020년 제3회 기출문제
2020. 08. 22. 시행

2020년 제1·2회 임상심리사 2급 필기 기출문제

2020년 06월 06일 시행

제1과목 심리학 개론

001
기억의 왜곡을 줄이는 데 효과적인 방법으로 가장 거리가 먼 것은?

① 반복해서 학습하기
② 연합을 통한 인출단서의 확대
③ 기억술 사용
④ 간섭의 최대화

> **해설**
> 간섭이론(interference theory) : 입력된 다른 정보 속성의 유사성에 따라 간섭이 일어나 망각이 발생한 다고 설명한다.
> 순행 간섭(proactive interference) : 이전에 학습했던 정보가 새롭게 학습한 정보를 간섭함으로 인해 기억하기 어려워지는 현상이다.
> 역행 간섭(retroactive interference) : 새롭게 학습한 정보가 이전에 학습한 정보를 간섭해서 기억하기 어려워지는 현상이다.

002
설문조사에서 문항에 대한 응답을 「매우 찬성」에서 「매우 반대」까지 5개의 답지로 응답하게 만든 척도는?

① 리커트(Likert) 척도
② 써스톤(Thusrtsone) 척도
③ 거트만(Guttman) 척도
④ 어의변별(semantic differtial) 척도

> **해설**
> 리커트 척도는 1932년 렌시스 리커트에 의해서 개발되었다. 리커트 척도는 문장을 제시하고, 제시된 문장에 대해서 얼마나 동의하는지를 강제로 선택하도록 되어 있으며, 주로 개인의 태도(생각, 지각 감정) 등을 측정하는데 사용된다. 5단계 척도를 가장 많이 사용한다.

003
최빈값에 관한 설명으로 옳지 않은 것은?

① 모집단이 동질적일수록 표본 크기는 작아도 된다.
② 동일한 조건에서 표본의 크기가 클수록 통계적 검증력은 증가한다.
③ 사례 수가 작으면 표준오차가 커지므로 작은 크기의 효과를 탐지할 수 있다.
④ 측정도구의 신뢰도가 낮을 경우 대규모 표본을 이용하는 것이 효과적이다.

> **해설**
> 집중 경향치(central tendency)는 하나의 점수분포에서 중심적 경향을 나타내는 값을 말하는 것으로 대푯값(representative value)라고도 한다.
> 집중 경향치의 대표적인 통계치는 평균(mean), 중앙값(mdedian), 최빈값(mode)이다.
> 평균은 가장 보편적인 집중 경향치로 산술평균을 의미한다. 측정치의 합을 사례수로 나눈 것으로 비정상적으로 분포를 벗어난 극단값의 영향을 가장 많이 받는다. 중앙값은 모든 수치를 가장 작은 것에서 큰 순서로 나열할 때 중앙에 위치하는 점수를 의미한다. 최빈값은 분포에서 가장 빈번하게 관찰되는 수치를 말한다.

004

기온에 따라 학습 능률이 어떻게 달라지는가를 알아보기 위해 기온을 13°C, 18°C, 23°C인 세 조건으로 만들고 학습능률은 단어의 기억력 점수로 측정하였다. 이 때 독립변수는 무엇인가?

① 기온
② 기억력 점수
③ 학습능률
④ 예언

해설

독립 변수(independent variable) : 연구자에의 조작되는 변수(예) 기온에 따른 학습 능률 실험에서 독립변수는 기온, 마리화나가 기억에 미치는 영향에서 마리화나 양이 독립변수)
종속 변수(dependent variable) : 연구자의 조작에 의한 실험 참가자의 반응.

005

인간의 동조행동에 대한 설명으로 틀린 것은?

① 집단이 전문가로 이루어져 있을수록 동조행동은 커진다.
② 대체로 집단의 크기가 커질수록 동조행동은 줄어든다.
③ 집단의 의견이나 행동의 만장일치가 깨지면 동조행동은 거의 나타나지 않는다.
④ 비동조에의 동조(conformity to nonconformity)는 행위자의 과거행동에 일관되게 행동하려는 경향이다.

해설

동조(conformity)는 외부 지시나 압력이 아닌 타인이나 사회적인 흐름에 의식적 또는 무의식적으로 영향을 받아 행동의 변화를 나타내는 현상이다. 잘 모르던 정보를 제공을 받는 경우, 집단에 매력을 느낄수록, 다수의 인정을 받으려는 동기가 높은 경우, 이탈에 대한 집단압력이 부담스러운 경우에 동조 경향이 높다. 집단 동조효과는 집단이 클수록 더 크게 나타나면서 개인의 개성을 중시하는 문화보다는 집단을 중시하는 문화에서 더 많이 나타난다.
개인의 주관이나 확신이 강한 경우에는 동조경향이 낮게 발생한다.

006

Kbler-Ross가 주장한 죽음의 단계에 대한 순서로 옳은 것은?

① 부정→ 분노→ 타협→ 우울→ 수용
② 분노→ 우울→ 부정→ 타협→ 수용
③ 우울→ 부정→ 분노→ 타협→ 수용
④ 타협→ 부정→ 분노→ 우울→ 수용

해설

사망학 개척자인 스위스 출신 정신의학자 엘리자베스 퀴블러 로스(Elizabeth Kubler-Ross, 1926~2004. 8. 24)가 그녀의 저서 '사망과 임종(on Death and Dying)에 대하여'에서 말기 암 등으로 죽어가는 환자들이 겪는 심리적 변화를 부인-분노-타협-우울-수용의 5단계 순서로 하는 모형을 제시했다.

007

다음은 무엇에 관한 설명인가?

> 가장 널리 사용되고 있는 성격검사로 성격 특성과 심리적인 문제를 측정하는 데 사용되는 임상적 질문지

① 주제통각검사
② Rorschach 검사
③ 다면적 인성검사
④ 문장완성검사

> **해설**
> 다면적 인성검사(MMPI)는 가장 많이 사용되는 자기보고식 성격검사이며, 정신과 환자의 진단평가를 위해 개발되었다. 다면적 인성검사(MMPI), 객관적 성격검사이며 주제통각검사, Rorschach 검사, 문장완성검사는 투사검사이다.

008
인본주의 성격이론에 대한 설명으로 옳은 것은?

① 무의식적 욕구나 동기를 강조한다.
② 대표적인 학자는 Bandura와 Watson이다.
③ 외부 환경자극에 의해 행동이 결정된다고 본다.
④ 개인의 성장 방향과 선택의 자유에 중점을 둔다.

> **해설**
> 인본주의 심리학은 정신분석이 인간을 원초적이고 동물적인 추동 때문에 지배 받는 존재로 보는 것과 행동주의가 동물연구를 기초로 인간을 기계적, 수동적인 존재로 비인간화한 것을 비판하면서 인간에 대한 낙관적인 관점으로 등장한다. 인본주의 성격이론은 개인의 능동적인 성장가능의 방향과 선택에서 자유로운 주체로 보았다. 인본주의 관점의 대표적인 학자는 인간 중심 접근을 제시한 로저스(Rogers)와 욕구 위계를 제시하고 이를 바탕으로 자아 실현 접근을 제안한 매슬로우(Maslow)이다.

009
성격의 5요인 모델에 속하지 않는 것은?

① 개방성   ② 성실성
③ 외향성   ④ 창의성

> **해설**
> 아이젱크와 카텔은 성격의 기본 구조는 5개의 상위 요인으로 통합된다는 5요인 모형(five-factor model) 혹은 빅 파이브(big 5) 모형을 제기했다.
> 5개의 성격요인은 성실성, 호감성(친화성), 외향성, 불안정성(신경성), 개방성이다.

010
성격의 일반적인 특성과 가장 거리가 먼 것은?

① 독특성   ② 안정성
③ 일관성   ④ 적응성

> **해설**
> 성격은 개인의 고유하고 독특한 성질을 포함하는 것으로 비교적 일관적이고 지속적이며 안정적인 특성을 가진다.

011
프로이트(Freud)의 성격체계에서 자아(ego)의 역할이 아닌 것은?

① 중재 역할   ② 현실 원칙
③ 충동 지연   ④ 도덕적 가치

> **해설**
> **자아(ego)** : 현실원리를 따름. 의식적이고 합리적인 성격요소, 본능을 만족시킬 현실적인 수단을 찾는 것
> **초자아(superego)** : 자아이상과 양심으로 구성 도덕적 가치와 부모들의 기준을 내면화함으로 생김. 자아가 원초아의 바람직하지 않은 충동에 대해 사회적으로 수용할 수 있는 배출구를 찾을 것을 강력히 요구.
> **원초아(id)** : 쾌락원리를 따름. 출생시에 나타나는 것, 타고난 생물학적 본능을 충족시키는 것, 즉각적으로 본능을 충족시키려고 시도

012
다음 중 모집단의 표준편차를 적은 수의 표본자료에서 추정할 경우 사용하는 분포로 가장 적합한 것은?

① 정규분포   ② t분포
③ x^2 분포   ④ F 분포

> **해설**
> t-검증은 모집단의 분산이나 표준편차를 알지 못할 때 모집단을 대표하는 표본으로부터 추정된 분산이나 표준편차를 가지고 "두 모집단의 평균 간의 차이는 없다"라는 귀무가설과 "두 모집단의 평균 간에 차이가 있다"라는 대립가설 중의 하나를 선택할 수 있도록 하는 통계적 검정방법이다. 표본의 크기가 30 미만의 경우 정규분포를 가정할 수 없으므로 t-검증을 사용한다.

> **해설**
> **변동비율 강화계획**: 강화가 발생한 후 다음 강화가 발생하기까지 정해진 일정한 수만큼이 아니라 예기치 않게 변하는 것을 말한다. 그러나 무작위로 무조건적으로 강화를 발생시키는 것이 아니라 평균값을 유지하며 발생시키게 된다. 잭팟을 한번 터트린 이후에는 그 쾌감을 잊지 못해서 계속해서 매달리게 되는 것도 변화비율에 의해 강화된 것이다(예 잭팟, 도박, 경마, 복권).

013
효과적인 설득을 위해 고려해야 할 사항이 아닌 것은?

① 설득자가 설득행위가 일어난 상황에 주의를 기울일 필요가 있다.
② 설득자는 피설득자의 특질과 상태를 고려할 필요가 있다.
③ 메시지의 강도가 중요하다.
④ 설득자의 자아존중감이 무엇보다 중요하다.

> **해설**
> 설득자의 자아존중감은 효과적인 설득과 관련성이 없다.

015
뉴런의 전기화학적 활동에 관한 설명으로 옳지 않은 것은?

① 뉴런은 자연적으로 전하를 띄는데, 이를 활동전위라고한다.
② 안정전위는 뉴런의 세포막 안과 밖 사이의 전하 차이를 의미한다.
③ 활동전위는 축색의 세포막 채널에 변화가 있을 경우 발생한다.
④ 활동전위는 전치 쇼크가 일정 수준 즉, 역치에 도달할 때에만 발생한다.

> **해설**
> 활동전위는 외부 자극으로 인해 세포막 내외의 전위차가 신속하게 변하는 것을 말한다.

014
강화계획 중 유기체는 여전히 특정한 수의 반응을 행한 후에 강화를 받지만 그 숫자가 예측할 수 없게 변하는 것은?

① 고정비율 강화계획
② 변동비율 강화계획
③ 고정간격 강화계획
④ 변동간격 강화계획

016
Piaget가 발달심리학에 끼친 영향과 가장 거리가 먼 것은?

① 환경 속의 자극을 적극적으로 구축하는 가설-생성적인 개체로 아동을 보게 하였다.
② 인간 마음의 변화를 생득적-경험적이라는 두 대립된 시각으로 보는 데 큰 기여를 했다.
③ 발달심리학에서 추구하는 학습이론이 구조와 규칙에 대한 심리학이 되는 데 그 기반을 제공했다.
④ 발달심리학이 인간의 복잡한 지적능력의 변화를 탐색하는 분야가 되는 데 기여했다.

> **해설**
> 피아제(J. Piaget)는 인간의 인지발달(cognitive development)은 환경과의 상호작용을 통한 지속적으로 확실한 도식의 산물로 보았다. 피아제는 비고츠키보다 언어의 생득성보다 인지 기능의 선천적 능력을 더 인정했다.

> **해설**
> 감각기억에서 주의가 기울여진 정보는 작업기억(단기기억)으로 넘어간다.

017
로져스(Rogers)의 '자기 개념'에 관한 설명으로 옳지 않은 것은?

① 사람의 세상에 대한 지각에 영향을 준다.
② 상징화되지 못한 감정들로 구성되어 있다.
③ 자기에는 지각된 자기 외에 되고 싶어 하는 자기도 포함된다.
④ 지각된 경험에 의해 형성된다.

> **해설**
> 자기(자기개념)은 로져스의 성격이론에서 가장 중요한 구성개념이다. 어린 유아는 자신의 내부에서 지각되는 자기개념과 외부의 타인에 대한 경험을 구별하기 시작하면서 자기 존재에 대한 인식이 발달한다. 자기개념은 개인이 자신에 대하여 지니고 있는 지속적인 체계적 인식을 말한다. 아동은 부모의 기대와 가치를 내면화하여 자기개념을 형성한다.

019
연합학습 이론에 대한 설명으로 틀린 것은?

① 고전적 조건형성 이론 : 능동적 차원의 행동변화
② 조작적 조건형성 이론 : 결과에 따른 행동변화
③ 고전적 조건형성 이론 : 무조건 자극과 조건자극의 짝짓기 빈도, 시간적 근접성, 수반성 등이 중요
④ 조작적 조건형성 이론 : 강화계획을 통해 행동출현 빈도의 조절 가능

> **해설**
> 고전적 조건형성은 인간의 행동을 수동적 차원으로 본다.

018
장기기억의 특성에 관한 설명 중 옳지 않은 것은?

① 장기기억에서 주의를 기울인 정보는 다음 기억인 작업기억으로 전이된다.
② 장기기억의 정보는 일반적으로 의미에 따라서 부호화된다.
③ 장기기억에서의 망각은 인출 실패에 따른 것이다.
④ 장기기억의 몇몇 망각은 저장된 정보의 상실에 의해 일어난다.

020
음식물과 같이 하나 이상의 보상과 연합되어 중립 자극 자체가 강화적 속성을 띠게 되는 현상은?

① 소거(extinction)
② 자발적 회복(spontaneous recovery)
③ 자극 일반화(stimulus generalization)
④ 일반적 강화(generalized reinforcer)

> **해설**
> 고전적 조건형성이 된 후에는 중립자극도 조건자극이 되어 강화인이 된다.

제2과목 이상심리학

021
병적 도벽에 관한 설명으로 옳은 것은?

① 개인적으로 쓸모가 없거나 금전적으로 가치가 없는 물건을 훔치려는 충동을 저지하는 데 반복적으로 실패한다.
② 훔친 후에 고조되는 긴장감을 경험한다.
③ 훔치기 전에 기쁨, 충족감, 안도감을 느낀다.
④ 훔치는 행동이 품행장애로 더 잘 설명되는 경우에도 추가적으로 진단한다.

해설

병적 도벽 : 남의 물건을 훔치고 싶은 충동을 참지 못해 반복적 도둑질하는 심리적 장애이다.
진단기준 : 개인적인 용도로 쓸모가 없거나 금전적으로 가치가 없는 물건을 훔치려는 충동을 저지하는 데 반복적으로 실패한다.
- 훔치기 직전에 고조되는 긴장감이 나타난다.
- 훔쳤을 때의 기쁨, 만족감 또는 안도감이 있다.
- 훔치는 행위는 분노나 복수를 표현하거나 망상이나 환각에 의한 반응으로 하는 것이 아니다.
- 훔치는 행위가 품행장애, 조증 삽화 또는 반사회적 성격 장애로 더 잘 설명되지 않는다.

022
주요우울장애에 대한 설명으로 옳은 것은?

① 주요우울장애의 유병률은 문화권에 관계없이 비슷하다.
② 주요우울장애의 유병률은 60세 이상에서 가장 높다.
③ 정신증적 증상이 나타나면 주요우울장애로 진단할 수 없다.
④ 생물학적 개입방법으로는 경두개 자기자극법, 뇌심리부자극 등이 있다.

해설

주요우울장애의 유병률은 문화에 따라 다르게 나타나며, 청소년에게 유병률이 가장 높다. 주요우울장애인 경우에도 정신증적 증상이 나타날 수 있다(예 죄책망상).
* **경두개 자기자극법** : 경두개자기자극술은 전자기 코일에서 발생한 자기장을 머리 표면을 통해 두개골을 통과시켜 두뇌의 특정 부위의 신경 세포를 활성 또는 억제하는 뇌 자극술로 우울증, 난치성 강박증, 만성 통증에 활용한다.
* **뇌심부자극** : 미세한 전극을 깊은 핵 부위에 위치시켜 신경세포들의 활성을 자극시키는 수술방법으로 우울장애 및 강박증, 파킨슨병, 뚜렛장애에 활용한다.

023
성격장애에 대한 설명으로 옳은 것은?

① 성격장애는 아동기, 청소년기에는 진단할 수 없다.
② 반사회성 성격장애의 경우 품행장애의 과거력이 있다면 연령과 상관없이 진단할 수 있다.
③ 회피성 성격장애이 유병률은 여성에게서 더 높다.
④ 경계성 성격장애의 유병률은 여성에게서 더 높다.

해설

성격장애는 청소년기에 진단가능하다.
반사회적 성격장애는 18세 이상 되어야 진단가능하다.
회피성 성격장애의 유병률은 남성이 더 높다.

024
자폐 스펙트럼 장애의 진단에 특징적인 증상만으로만 묶인 것은?

① 사회적-감정적 상호성의 결함, 관계 발전, 유지 및 관계에 대한 이해의 결함, 상동증적이거나 반복적인 운동성 동작
② 구두 언어 발달의 지연, 비영양성 물질을 지속적으로 먹음, 상징적 놀이 발달의 지연
③ 일반적인 의학적 상태, 타인과의 대화를 시작하거나 지속하는 능력의 현저한 장애, 발달수준에 적합한 친구관계 발달의 실패
④ 동물에게 신체적으로 잔혹하게 대함, 반복적인 동작성 매너리즘(mannerism), 다른 사람들과 자발적으로 기쁨을 나누지 못함

> **해설**
> 자폐 스펙트럼 장애의 2가지 주요한 증상은 사회적 상호작용과 의사소통의 결함과 제한적, 반복적인 관심, 활동, 행동이다.

025
이상심리학의 역사에 관한 설명으로 틀린 것은?

① Kraepeline은 현대 정신의학의 분류체계에 공헌한 바가 크다.
② 고대 원시사회에서는 정신병을 초자연적 현상으로 이해하였다.
③ Hippocrates는 모든 질병은 그 원인이 마음에 있다고 하였다.
④ 서양 중세에는 과학적 접근 대신 악마론적 입장이 성행하였다.

> **해설**
> 히포크라테스는 체액론에서 인체는 불·물·공기·흙이라는 4원소로 되어 있고, 인간의 생활은 그에 상응하는 혈액·점액·황담즙·흑담즙의 조화가 깨졌을 경우를 '디스크라지에'라 하여, 이때 병이 생긴다고 하였다.

026
우울장애의 원인에 관한 설명으로 옳은 것은

① 신경전달물질인 노어에피네프린 및 세로토닌의 결핍과 관련이 있다.
② 갑성선 기능 항진과 관련된다.
③ 코티졸 분비감소와 관련된다.
④ 비타민 B_1, B_6, 엽산의 과다와 관련이 있다.

> **해설**
> 중추신경계에 존재하는 신경전달물질인 생체아민 중에서 노르에피네프린(norepinephrine)과 세로토닌(serotonin)이 우울증의 병태생리에 가장 중요한 역할을 하고 있다. 즉 노르에피네프린이나 세로토닌이 감소될 경우 우울증이 발병한다.

027
환각제에 해당되는 약물은?

① 팬시클리딘 ② 대마
③ 카페인 ④ 오피오이드

> **해설**
> **환각제** : 대마초, LSD, 팬시클리딘, 엑스터시
> **중주신경 억제제** : 알코올, 아편, 모르핀, 헤로인, 진정제, 신경안정제, 수면제
> **중추신경 흥분제** : 카페인, 니코틴, 코카인, 암페타민(필로폰)

028
자기애성 성격장애에 대한 설명으로 틀린 것은?

① 과도한 숭배를 원한다.
② 자신의 중요성에 대해 과대한 느낌을 가진다.
③ 자신의 방식에 따르지 않으면 일을 맡기지 않는다.
④ 대인관계에서 착취적이다.

> **해설**
> 자기애성 성격장애 진단기준
> 1. 자신의 중요성에 대한 과대한 느낌
> 2. 무한한 성공, 권력, 명석함, 아름다움, 이상적인 사랑가 같은 공상에 몰두
> 3. 자신의 문제는 특별하여 높은 지위에 있는 사람 또는 기관만이 이해할 수 있다는 믿음
> 4. 과도한 숭배를 요구함
> 5. 특별한 자격이 있는 것 같은 느낌
> 6. 대인관계에서 착취적임
> 7. 감정이입의 결여
> 8. 타인을 자주 부러워하거나 타인이 자신을 시기한다는 믿음
> 9. 오만하고 건방진 행동이나 태도

029

주요 우울장애와 양극성 장애의 비교설명으로 옳은 것은?

① 주요우울장애와 양극성 장애의 발병률은 비슷하다.
② 주요우울장애는 여자가 남자보다, 양극성 장애는 남자가 여자보다 높은 발병률을 보인다.
③ 주요우울장애는 사회경제적으로 낮은 계층에서 발생비율이 높고, 양극성 장애는 높은 계층에서 더 많이 발견된다.
④ 주요우울장애 환자는 성격적으로 자아가 약하고 의존적이며, 강박적인 사고를 보이는 경우가 많은 데 비해, 양극성 장애의 경우에는 병전 성격이 히스테리성 성격장애의 특징을 보인다.

> **해설**
> 주요우울장애의 유병률은 여자가 더 높으며, 양극성 장애는 남녀가 비슷하다.

030

소인-스트레스이론(diathesis-stress theory)에 대한 설명으로 가장 적합한 것은?

① 소인은 생후 발생하는 생물학적 취약성을 의미한다.
② 스트레스가 소인을 변화시킨다.
③ 소인과 스트레스는 서로 억제한다.
④ 소인은 스트레스 상황에서 발현된다.

> **해설**
> 소인-스트레스 이론(=취약성-스트레스이론)은 환경으로부터 주어지는 심리사회적 스트레스와 그에 대응하는 개인의 특성을 고려해야 한다는 입장이다. 이상행동은 유전적·생리적·심리적으로 특정 장애에 걸리기 쉬운 개인적 특성과 스트레스 경험이 상호작용함으로써 발생한다.

031

알츠하이머병으로 인한 신경인지장애의 특성에 대한 설명으로 옳은 것은?

① 초기에는 일반적으로 오래된 과거에 관한 기억장애만을 가지고 있다.
② 인지 기능의 저하는 서서히 나타난다.
③ 기질적 장애 없이 나타나는 정신병적 상태이다.
④ 약물, 인지, 행동적 치료 성공률이 높은 편이다.

> **해설**
> 알츠하이머는 기억력의 점진적인 퇴행을 가져오는 뇌의 이상에서 오는 병이다. 또한, 알츠하이머는 일상생활에 곤란을 겪을 정도의 심각한 (사고, 기억, 추론) 지적기능의 상실을 가져옴으로써 신경인지장애에 이르게 된다.

032

다음 중 만성적인 알코올 중독자에게 흔히 발생하는 것으로 비타민 B_1(티아민)결핍과 관련이 깊으며, 지남력장애, 최근 및 과거 기억력의 상실, 작화증 등의 증상을 보이는 장애는?

① 혈관성 치매
② 코르사코프 증후군
③ 진전 섬망
④ 다운 증후군

> **해설**
> 코르사코프 증후군은 장기간에 걸친 음주에 의해 단기기억의 장애가 오는 것이 특징이다. 주된 증상은 건망증, 기억력장애, 작화증(사실에 근거가 없는 일을 말하는 병적 상태) 등이 특징이며, 해마의 손상이 원인이다.

033

불안 증상을 중심으로 한 정신장애에 대한 설명으로 가장 거리가 먼 것은?

① 강박장애 : 원치 않는 생각이 침습적으로 겪험되고, 이를 무시하거나 억압하려 하고, 중화시키려고 노력한다.
② 외상 후 스트레스장애 : 외상적 사건을 경험하고 난 후에 불안상태가 지속된다.
③ 공황장애 : 갑자기 엄습하는 강렬한 불안, 즉 공황발작을 반복적으로 경험한다.
④ 범불안장애 : 다른 사람들과 상호작용하는 사회적 상황을 두려워하여 회피한다.

> **해설**
> ④번은 회피성 성격장애와 관련된다.

034

DSM-5에서 변태성욕장애의 유형에 대한 설명으로 옳은 것은?

① 노출장애 : 다른 사람이 옷을 벗고 있는 모습을 볼 때 훔쳐봄으로써 성적 흥분을 느끼는 경우
② 관음장애 : 동의하지 않는 사람에게 자신의 성기나 신체 일부를 반복적으로 나타내는 경우
③ 소아성애장애 : 사춘기 이전의 아동을 대상으로 한 성적 활동을 통해 반복적이고 강렬한 성적 흥분이 성적 공상, 충동, 행동으로 발현되는 경우
④ 성적가학장애 : 굴욕을 당하거나 매질을 당하거나 묶이는 등 고통을 당하는 행위를 중심으로 성적 흥분을 느끼거나 성적행위를 반복

> **해설**
> **변태성욕장애의 유형** : 노출장애, 관음장애, 접촉마찰장애, 성적가학장애, 성적피학장애, 아동성애장애, 물품음란장애, 의상전환장애
> ①번과 ②번이 바뀜
> ④번은 성적피학장애에 대한 설명임.

035

급식 및 섭식장애에 대한 설명으로 틀린 것은?

① 이식증은 아동기에서 가장 발병률이 높다.
② 되새김 증상은 다른 정신장애에서 발생하는 경우 심각성과 상관없이 추가적으로 진단할 수 있다.
③ 신경성 폭식장애에서는 체중증가를 막기 위한 반복적이고 부적절한 보상행동이 나타난다.
④ 신경성 식욕부진증의 유병률은 여성이 남성보다 높다.

> **해설**
> 되새김증상(반추장애)이 지적장애, 지적발달장애나 다른 신경발달장애와 관련하여 발생한다면, 별도로 임상적 관심을 받아야 할 만큼 되새김증상이 심각한 것이어야 한다(DSM-5진단기준).

036
지적장애에 관한 설명으로 틀린 것은?

① 심각한 두부외상으로 인해 이전에 습득한 인지적 기술을 소실한 경우에는 지적장애와 신경인지장애로 진단할 수 있다.
② 경도의 지적장애는 여성보다 남성에게 더 많다.
③ 지적장애는 개념적, 사회적, 실행적 영역에 대한 평가로 진단된다.
④ 지적장애 개인의 지능지수는 오차 범위를 포함해서 대략 평균에서 1표준편차 이하로 평가된다.

> **해설**
> 지능의 분류
> - 최우수 수준 : IQ 130 이상
> - 우수 수준 : IQ 120~129
> - 평균 상 수준 : IQ 110~119
> - 평균 수준 : IQ 90~109
> - 평균 하 수준 : IQ 80~8
> - 경계선 수준 : IQ 70~79
> - 지적장애 수준 : IQ 69 이하
> * 지적장애는 표준화된 지능검사 IQ 70 미만을 말한다. 평균(IQ 100) 표준편차 15이므로, 평균에서 2표준편차 미만임

037
조현병의 원인에 관한 설명으로 옳은 것은?

① 사회적 낙인 : 조현병 환자는 발병 후 도시에서 빈민거주지역으로 이동한다.
② 도파민(Dopamine) 가설 : 조현병의 발병이 도파민이라는 신경전달물질의 과다활동에 의해 유발된다.
③ 사회선택이론 : 조현병이 냉정하고 지배적이며 갈등을 심어주는 어머니에 의해 유발된다.
④ 표출정서 : 조현병이 뇌의 특정 영역의 구조적 손상에 의해 유발된다.

> **해설**
> ① 사회적 선택설을 설명하고 있다.
> ③ 조현병을 유발하는 어머니의 성격을 설명하고 있다.
> ④ **표출정서** : 가족간 갈등이 많고 분노를 과하게 표현하며 간섭이 심한 정서적 표현을 한다.

038
신경성 식욕부진증에 관한 설명으로 틀린 것은?

① 폭식하거나 하제를 사용하는 경우는 해당하지 않는다.
② 체중과 체형이 자기평가에 지나치게 영향을 미친다.
③ 말랐는데도 체중의 증가와 비만에 대한 극심한 두려움이 있다.
④ 체중을 회복시키고 다른 합병증의 치료를 위해 입원치료가 필요한 경우도 있다.

> **해설**
> 신경성 식욕부진증은 폭식-하제 사용형과 제한형으로 구분된다.

039
대형 화재현장에서 살아남은 남성이 불이 나는 장면에 극심하게 불안증상을 느낄 때 의심할 수 있는 가능성이 가장 높은 장애는?

① 외상후 스트레스 장애
② 적응장애
③ 조현병
④ 범불안장애

해설
외상후 스트레스 장애(PTSD)는 생명의 위협을 느낄 정도의 충격적인 외상을 경험한 후, 재경험, 회피반응, 과잉각성 반응, 인지의 부정적 변화를 1개월 이상 겪을 때 진단된다.

040
섬망(delirium) 증상의 특징이 아닌 것은?

① 주의를 기울이고 집중, 유지, 전환하는 능력의 감소
② 환경 또는 자신에 대한 지남력의 저하
③ 증상은 오랜 기간에 걸쳐서 발생
④ 오해, 착각 또는 환각을 포함하는 지각장애

해설
섬망(Delirium) : '혼돈(confusion)'과 비슷하지만 의식이 혼미해지고 주의집중 및 전환능력이 현저한 감소, 기억, 언어, 현실판단 등 인지기능에 일시적 장애 증상이 급격하고 갑자기 나타난다.

제 3 과목 심리검사

041
심리검사의 윤리적 문제에 대한 설명으로 옳지 않은 것은?

① 검사자들은 검사제작의 기술적 측면에만 관심을 가질 필요가 있다.
② 제대로 자격을 갖춘 검사자만이 검사를 사용해야 한다는 조건은 부당한 검사사용으로부터 피검자를 보호하기 위한 조치이다.
③ 검사자는 규준, 신뢰도, 타당도 등에 관한 기술적 가치를 평가할 수 있어야 한다.
④ 심리학자에게 면허와 자격에 관한 법을 시행하는 것은 직업적 윤리 기준을 세우기 위함이다.

해설
검사제작들은 검사제작의 기술적 측면(규준, 신뢰도 타당도)과 함께 윤리적 측면(피검자 보호, 검사도구의 보안, 평가에 대한 동의 등)에도 관심을 가질 필요가 있다.

042
MMPI-2의 재구성 임상척도 중 역기능적 부정 정서를 나타내며, 불안과 짜증 등을 경험하는 경우 상승하는 척도는?

① RC4
② RC1
③ RC7
④ RC9

해설
RC7 역기능적 부정 정서와 관련된다. 척도7(Pt)에서 의기소침과 관련된 문항(RCD)을 제거하여 순수한 척도의 7(강박증)의 핵심적 특징을 알아보기 위한 척도이다.

043
시각운동협응 및 시각적 단기기억, 계획성을 측정하며 운동(motor) 없이 순수하게 정보처리 속도를 측정하는 소검사는?

① 순서화 ② 동형찾기
③ 지우기 ④ 어휘

해설
처리속도의 핵심소검사는 기호쓰기와 동형찾기, 보충소검사는 선택이 있다.
이중 동형찾기는 반응 부분을 훑어보고 반응 부분의 모양 중 표적 모양과 일치하는 것이 있는지 제한시간 내 찾는 검사이다.

044
MMPI-2의 임상척도 중 0번 척도가 상승한 경우 나타나는 특징은?

① 외향적이다.
② 소극적이다.
③ 자신감이 넘친다.
④ 관계를 맺는 데 능숙하다.

해설
0번척도(Si, 내향성) : 대인관계나 사회적 활동을 회피하는 경향을 평가하고자 개발되었다. 혼자 있거나 소수의 친한 사람들과 있을 때 편안해한다.

045
표본에서 얻은 타당도 계수가 표집에 의한 우연요소에 의해 산출된 것이 아님을 확인하기 위해 필요한 것은?

① 추정의 표준오차
② 모집단의 표준편차
③ 표본의 표준편차
④ 표본의 평균

해설
모집단의 분포가 정상이면, 무선적으로 계속 표집한 결과의 평균치의 표집분포는 평균치들의 평균을 중심으로 하여 평균치들의 표준편차의 크기와 변산도를 보이면서 정상적으로 분포될 것이라는 것이 짐작된다. 이 표준분포의 표준편차를 표준오차(standard error)라고 한다. 표준편차의 측정처럼 표준오차는 평균으로의 표준, 폭은 전형적인 간격을 명확하게 보여주는 것이다.

046
Wechsler 지능검사를 실시할 때 주의할 사항으로 옳은 것은?

① 피검자가 응답을 못하거나 당황하면 정답을 알려주는 것이 원칙이다.
② 모호하거나 이상하게 응답한 문항을 다시 질문하여 확인할 필요는 없다.
③ 모든 검사에서 피검자가 응답할 수 있을 때까지 충분한 여유를 주어야 한다.
④ 피검자의 반응을 기록할 때는 그대로 기록하는 것이 원칙이다.

해설
표준화된 지시에는 정답을 알려주도록 되어 있지 않다. 모호하거나 이상한 문항을 다시 질문하면 다시 알려줄 필요는 있다. 시간제한이 있는 검사는 제한된 시간이 지나면 중지하여야 한다. 반응의 기록은 그대로 기록함으로써 질적분석의 자료로 활용한다.

047
BGT(Bender-Gestalt-Test)에 관한 설명으로 옳지 않은 것은?

① 기질적 장애를 판별하려는 목적에서 만들어졌다.
② 언어적인 방어가 심한 환자에게 유용하다.
③ 정서적 지수와 기질적 지수가 거의 중복되지 않는다.
④ 통일된 채점체계가 없으며 전문가 간의 불일치가 발생할 수 있다.

해설
BGT(벤더 게슈탈트검사)는 정서적 지수와 기질적 지수가 중복되는 경우가 있다. 예를 들면 조현병 환자의 특징과 기질적 뇌손상 환자의 특징은 유사한 특징을 보이기도 한다.

048
다음 중 뇌손상으로 인해 기능이 떨어진 환자를 평가하고자 할 때 흔히 부딪힐 수 있는 환자의 문제와 가장 거리가 먼 것은?

① 시력장애
② 주의력 저하
③ 동기저하
④ 피로

해설
기능이 떨어졌다 함은 뇌 자체가 손상되었다는 의미가 아니며 뇌손상으로 인해 심리적 어려움이 생겼다는 의미이므로 후두엽 손상과 관련있는 시력장애는 관련이 없다.

049
K-WAIS-Ⅳ에서 일반능력지수(GAI)에 해당하지 않는 것은?

① 행렬추론
② 퍼즐
③ 동형찾기
④ 토막짜기

해설
일반능력지수(GAI)는 언어이해지수(VCI)+지각추리지표(PRI)에 추론된 지수이다.
- **언어이해지수 핵심소검사** : 공통성, 어휘, 이해
- **지각추론지수 핵심소검사** : 토막짜기, 행렬추론, 퍼즐

행렬추론, 퍼즐, 토막짜기는 지각추론지수이며, 동형찾기는 처리속도지표에 해당한다.

050
원판 MMPI의 타당도 척도가 아닌 것은?

① L척도
② F척도
③ K척도
④ S척도

해설
MMPI의 타당도 척도는 L, F, K 3개이다. S척도(과장된 자기제시척도)는 MMPI-2에서 추가된 타당도 척도이다. S척도는 비임상 집단에서의 방어적 태도 탐지(인사선발, 보호감찰 평가, 양육권 평가)하는 척도로 자신을 정직하고 책임감 있고 도덕적 결함과 심리적 문제가 없다고 표현하는 사람의 경우 이 점수가 높아진다.

051
Rorschach 검사에서 지각된 스트레스와 관련된 구조변인이 아닌 것은?

① M
② FM
③ C'
④ Y

해설
- **FM** : 동물운동반응, 동물의 신체적 활동을 포함하고 있는 반응. 수검자가 지각한 운동은 그 동물이 속한 종에서 나타나는 운동과 일치해야 한다.
- **C'** : 순수 무채색 반응, 전적으로 반점의 회색, 검정색 또는 흰색에 근거한 반응과 이들이 분명히 색채로 사용되었을 경우, 형태는 포함하지 않아야 함.
- **Y** : 순수음영 반응 등은 무의식을 노출하거나 스트레스를 보여주는 반응이다. 완전히 형태가 없는 반점의 음영에만 근거하고 재질이나 차원에 관한 것을 하나도 포함시키지 않은 반응이다.
- **M** : 인간운동반응, 인간의 신체적 활동, 동물 또는 가공적 인물이 인간이 하는 것과 같은 활동을 포함하고 있는 반응이다.

이중 FM, C', Y 반응은 무의식을 노출하거나 스트레스를 보여주는 반응이다.
M반응은 사고능력과 관련되어 있으며, 가장 많이 나오는 반응이다.

052

지능에 대한 설명으로 옳지 않은 것은?

① 비네(A. Binet)는 정신연령(Mental Age)이라는 용어를 사용하였다.
② 지능이란 인지적, 지적 기능의 특성을 나타내는 불변개념이다.
③ 새로운 환경 및 다양한 상황을 다루는 적응과 순응에 관한 능력이다.
④ 결정화된 지능은 문화적, 교육적 경험에 따라 영향을 받는다.

해설
지능이란 지적 및 인지적 특성을 나타내는 개념이며, 지각추론지수는 선천적인 능력이나 언어이해지수는 문화적 경험, 학습 등에 의해 후천적으로 변화될 수 있다. 불변하는 것이 아니라, 경험과 학습을 통해 변화될 수 있다.

053

집중력과 정신적 추적능력(mental tracking)을 측정하는 데 사용되는 신경심리검사는?

① Bender-Gestalt Test
② Rey Complex Figure Test
③ Trail Making Test
④ Wisconsin Card Sorting Test

해설
주의집중력을 평가하는 검사는 선로잇기검사, 숫자 외우기, 순서화, Stroop 검사 등이 있다.
선로잇기검사는 A형과 B형으로 구분할 수 있는데 A유형의 경우, 불규칙적으로 배열된 숫자들을 순서대로 선을 그어 연결시키는 것으로 주의지속능력과 정신운동속도가 요구되는 검사이다. B유형의 경우는 숫자와 문자를 번갈아가며 순서대로 연결시켜야 하므로 주의전환과 집중력, 기억력, 숫자와 문자에 대한 즉시 재인 등이 요구된다. A, B 유형 모두에 요구되는 기능은 기억력이고, 주의력보다는 집중력과 주의전환 기능으로 보아야 한다.

054

Sacks의 문장완성검사(SSCT)에서 4가지 영역에 속하지 않는 것은?

① 가족 영역   ② 대인관계 영역
③ 자기개념 영역   ④ 성취욕구 영역

해설
Sacks의 문장완성검사는 4가지 영역, 즉 가족, 대인관계, 자기개념, 성 등에서 투사적 모습을 추론해 낼 수 있는 검사로, 성취욕구는 추론되지 않는다.

055

정신지체가 의심되는 6세 6개월 된 아동의 지능검사로 가장 적합한 것은?

① H-T-P   ② BGT-2
③ K-WAIS-Ⅳ   ④ K-WIPPSI

해설
K-WIPPSI는 웩슬러 유아용 지능검사로 3~7.5세의 유아를 대상으로 실시한다.

056

검사-재검사 신뢰도에 관한 설명으로 옳지 않은 것은?

① 검사 사이의 시간 간격이 너무 길면 측정 대상의 속성이나 특성이 변할 가능성이 있다.
② 반응민감성에 의해 검사를 치르는 경험이 개인의 진점수를 변화시킬 가능성이 있다.
③ 감각식별검사나 운동검사에 권장되는 방법이다.
④ 검사 사이의 간격이 짧으면 이월효과가 작아진다.

해설
검사 간격이 짧아지면 기억 효과가 커서 이월효과는 커지는 것은 검사-재검사 신뢰도 측정의 단점이다. 검사-재검사 신뢰도는 같은 심리검사를 두 번 시행했을 때 점수들간의 상관으로 계산한다.

057
다음 MMPI 검사의 사례를 모두 포함하는 코드 유형은?

- 에너지가 부족하고 냉담하며 우울하고 불안하며, 위장장애를 호소하는 남자이다.
- 이 남자는 삶에 참여하거나 흥미를 보이지 않고 일을 시작하는 것을 힘들어한다.
- 미성숙한 모습을 보이며 의존적일 때가 많다.

① 2-3/3-2 ② 3-4/4-3
③ 2-7/7-2 ④ 1-8/8-1

해설
2-3/3-2
우울, 긴장, 허약함, 자기 회의, 차올랐으나 억눌린 감정을 지님. 불행을 견디고 매사에 비효율적(활동 수준 낮고 사회적 접촉 최소, 성적 불감증이나 억제, 무능력 등)이다.

058
연령이 69세인 노인환자의 신경심리학적 평가에 적합하지 않은 검사는?

① SNSB ② K-VMI-6
③ Rorschach 검사 ④ K-WAIS-Ⅳ

해설
로샤는 투사검사로 신경심리학적 평가로는 적절하지 않다.
SNSB는 치매검사, K-VMI-6은 시각-운동통합발달 검사로 시지각 통합능력검사로 우반구 손상을 확인할 수 있다. K-WAIS-Ⅳ는 일반심리검사지만 대부분의 소검사가 신경심리검사로 활용가능하고 대상 연령이 16~69세까지이다.

059
심리검사 점수의 해석과 사용에서 임상심리사가 유의해야 할 점이 아닌 것은?

① 검사는 개인의 일정 시점에서 무엇을 할 수 있는지를 밝혀내도록 고안된 것이다.
② 검사 점수를 해석할 때는 그 사람의 배경이나 수행동기 등을 배제해야 한다.
③ 문화적 박탈 효과에 둔감한 검사는 문화적 불이익의 효과를 은폐시킬 수 있다.
④ IQ점수를 범주화하여 해석하는 것은 오류 가능성이 있다.

해설
심리검사를 해석할 때는 내담자의 환경이나 수행 동기 등을 심리면담자료와 함께 심리검사의 수치를 통합해서 해석해야 한다.

060
기억검사로 분류되지 않는 것은?

① K-BNT
② Rey-Kim Test
③ Rey Complex Test
④ WMS

해설
K-BNT는 보스턴 이름대기 검사로 언어능력을 측정하기 위한 검사이며, 나머지 검사는 기억력을 측정할 수 있다.

제4과목 임상심리학

061
자신의 초기 경험이 타인에 대한 확장된 인식과 관계를 맺는다는 가정을 강조하는 치료적 접근은?

① 대상관계이론　② 자기심리학
③ 심리사회적 발달이　④ 인본주의

해설
대상관계이론은 초기 아동기에 성격구조가 발달하는 과정을 중시한다. 오이디푸스 콤플렉스가 나타나는 남근기 이전의 어린 유아가 어머니와의 관계에서 겪게 되는 내면적 경험과 갈등에 초점을 두고 있다. 이러한 어린 시절의 갈등경험은 자기표상과 대상표상의 형성에 영향을 줄 뿐만 아니라 성인기의 대인관계에 강력한 영향을 미친다고 주장한다.

062
임상심리사의 역할 중 교육에 관한 설명으로 옳은 것을 모두 고른 것은?

ㄱ. 심리학자가 아동들이 부모의 이혼에 대처하도록 도와주는 방법에 관한 강의를 해주는 것은 비학구적인 장면에서의 교육에 해당한다.
ㄴ. 의과대학과 병원에서의 교육은 비학구적인 장면에서의 교육에 포함된다.
ㄷ. 임상심리학자들은 심리학과뿐만 아니라 경영학, 법학, 의학과에서도 강의한다.
ㄹ. 의료적, 정신과적 문제를 대처하도록 환자를 가르치는 것도 임상적 교육에 포함된다.

① ㄱ, ㄴ, ㄷ　② ㄱ, ㄴ, ㄹ
③ ㄱ, ㄷ, ㄹ　④ ㄴ, ㄷ, ㄹ

해설
병원에서 일하는 임상심리사도 심리학 관련 교과목들을 대학이나 대학원에서 가르치기도 한다. 강의실에서 하는 교육도 있고, 수퍼비전 식으로 일대일로 이루어지기도 한다. 간호사, 사회사업가, 작업치료사 등과 같은 다른 정신건강인력들에게 강의를 하기도 한다. 경찰, 보호관찰관, 목사, 자원봉사자 등에게 다양한 주제로 워크숍을 진행하기도 한다. 교육은 의과대학의 교육을 포함하여 어떤 장면의 교육도 모두 포함된다고 볼 수 있다.

063
다음 (　)에 알맞은 것은?

Seligman의 학습된 무기력과 관련하여 사람들이 부정적 사건들을 (　), (　), (　)으로 볼 때 우울하게 되는 경향이 있다고 예언한다.

① 내부적, 안정적, 일반적
② 내부적, 불안정적, 특수적
③ 외부적, 안정적, 일반적
④ 외부적, 불안정적, 특수적

해설
우울한 사람들은 내부적, 전반적, 안정적, 일반적 귀인을 하는 경향이 있다.

064
수업시간에 가만히 자리에 앉아 있지 못하고 돌아다니며, 급우들의 물건을 함부로 만져 왕따를 당하고 있는 초등학교 3학년 10세 지적장애 남아의 문제행동을 도울 수 있는 가장 권장되는 행동치료법은?

① 노출치료　② 체계적 둔감화
③ 유관성 관리　④ 혐오치료

> **해설**
> 유관성은 서로 관계없는 자극과 반응을 학습을 통해 관계있는 것으로 만들어주는 것이다. 예를 들면, 학생이 교사가 원하는 바람직한 행동을 하면 학생이 원하는 보상을 하겠다는 협상을 하는 것을 말한다.

> **해설**
> 벡(Beck)은 우울한 사람들은 자신, 주변 환경, 미래에 대해서 부정적인 도식을 지니고 있다는 것을 발견하였으며, 이를 인지삼제(cognitive triad)라고 하였다.

065
현재 임상장면에서 많이 사용되는 심리평가 도구들 중 가장 먼저 개발된 검사는?

① 다면적 인성검사
② Strong 직업흥미검사
③ Rorschach 검사
④ 주제통각검사

> **해설**
> ③ Rorschach 검사는 1921년 개발
> ① 다면적 인성검사(MMPI) 원판은 1943년 개발
> ② Strong 직업흥미검사는 1927년 개발
> ④ 주제통각검사(TAT)는 1935년 개발

066
다음은 무엇에 관한 설명인가?

> Beck이 우울증 환자에 대한 관찰을 기반하여 사용한 용어로, 자신을 무가치하고 사랑받지 못할 사람으로 간주하고, 자신이 경험하는 세계가 가혹하고 도저히 대처할 수 없는 곳이라고 자각하며, 자신의 미래는 암담하고 통제할 수 없으며 계속 실패할 것이라고 예상하는 것

① 부정적 사고(Negative Thought)
② 인지적 삼제(Cognitive Triad)
③ 비합리적 신념(Irrational Belief)
④ 인지오류(Cognitive Error)

067
프로그램의 주요 초점은 사회 복귀이며, 직업능력 증진부터 내담자의 자기개념 증진에 걸쳐 있는 것은?

① 일차 예방
② 이차 예방
③ 삼차 예방
④ 보편적 예방

> **해설**
> 1차 예방 : 질병 자체가 발생하지 않도록, 즉 사회 전체적으로 봤을 때 질병의 발병률이 감소하도록 하는 예방의 종류이다.
> 2차 예방 : 2차 예방은 질환이 이미 발생한 개인에게서 질환이 더욱 진행하기 전 조기에 발견하여 치료를 하는 예방법이다.
> 3차 예방 : 질병이나 장애가 이미 발생한 환자에게서 재활을 통해서 환자의 사회적 역할을 복구시켜주거나 혹은 발전시켜 주는 것을 의미한다.
> (예) 재활치료

068
통제된 관찰에 관한 설명으로 적합하지 않은 것은?

① 스트레스 면접은 통제된 관찰의 한 유형이다.
② 자기-탐지 기법은 통제된 관찰의 한 유형이다.
③ 역할시연은 가장 일반적으로 사용되는 통제된 관찰 유형이다.
④ 모의실험 방식에서 관심행동이 나타나도록 하는 유형이다.

해설

통제된 관찰은 유사관찰법 또는 실험적 관찰이라고도 불리며, 관찰의 효율성을 높이기 위해 제한이 가해진 체계적인 환경에서 관찰하는 방법이다. 즉 관찰자에 의해 미리 계획되고 조성된 상황의 전후 관계에 따라 특정한 환경 및 행동 조건에서 내담자의 행동을 부각시키기 위한 방법이다. 예를 들면, 임상심리 클리닉에 설치된 일방거울을 통해 내담자와 관련된 인물의 대화나 상호작용을 관찰하는 방법, 역할놀이 상황, 놀이실 관찰, 인위적으로 만들어진 술좌석에서 음주행동 관찰 및 평가 등이 해당된다. 모의실험, 스트레스면접, 역할시연 등이 해당한다.
② 자기-탐지기법은 자기관찰법에 해당한다.

070

치료 매뉴얼을 바탕으로 하며 내담자의 특성이 명확하게 기술된 대상에게 경험적으로 타당화된 치료를 실시할 때 증거가 잘 확립된 치료에 대한 기준에 해당하지 않는 것은?

① 서로 다른 연구자들이 시행한 두 개 이상의 집단설계 연구로서 위약 혹은 다른 치료에 비해 우수한 효능을 보이는 경우
② 두 개 이상의 연구가 대기자들과 비교해 더 우수한 효능을 보이는 경우
③ 많은 일련의 단일사례 설계연구로서 엄정한 실험설계 및 다른 치료와 비교하여 우수한 효능을 보이는 경우
④ 서로 다른 연구자들이 시행한 두 개 이상의 집단설계 연구로서 이미 적절한 통계적 검증력(집단당 30명 이상)을 가진 치료와 동등한 효능을 보이는 경우

해설

두 개 이상의 연구가 대기자들과 비교해 더 우수한 효능을 보이는 경우라 할지라도 명확한 기준이 없기 때문에 증거기반 치료의 기준이라고 볼 수 없다.

069

주의력 결핍 과잉행동장애(ADHD)는 뇌와 행동과의 관계에서 볼 때 어떤 부위의 결함을 시사하는가?

① 전두엽의 손상
② 측두엽의 손상
③ 변연계의 손상
④ 해마의 손상

해설

전두엽 집행 기능 : 실행기능, 목표지향적으로 자신의 행동을 조절·통제·관리해가는 능력. 전두엽 기능
실행기능 평가 검사 : 웩슬러 지능검사의 공통성문제, 언어 유창성 검사, 선로 잇기 검사, 스트룹 검사, 레이 복합 도형 검사, 위스콘신 카드 분류검사

071

행동관찰에 대한 설명으로 틀린 것은?

① 면접을 통해서 얻어진 정보에 비해서 의도적 또는 비의도적으로 왜곡될 가능성이 더 적다.
② 연구자 스스로 관심을 가지고 있는 문제를 볼 수 있는 기회를 제공해준다.
③ 표적행동을 분명하게 정의하기 위하여 조작적 정의를 개발하는 것이 필요하다.
④ 외현적 - 운동 행동뿐만 아니라 인지와 정서적 상태에 대한 정보를 풍부하게 얻을 수 있다.

> **해설**
> 행동관찰은 자연관찰법, 통제된 관찰법, 자기관찰법이 있다. 이런 행동관찰을 통한 행동평가의 목적은 구체적인 문제행동, 문제행동을 유지시키는 상황 요인, 그 행동 뒤에 수반되는 결과가 무엇인지를 분명하게 파악하는 것이며, 인지와 정서에 대한 풍부한 정보를 얻기 위함은 아니다.

072
초기 접수면접에 관한 설명과 가장 거리가 먼 것은?

① 환자가 미래의 문제들을 잘 다룰 수 있는지에 초점을 맞춰야 한다.
② 내원 사유를 정확히 파악해야 한다.
③ 기관의 서비스가 환자의 필요와 기대에 부응하는지 판단해야 한다.
④ 치료에 대해 가질 수 있는 비현실적 기대를 줄여 줄 수 있어야 한다.

> **해설**
> ①은 심리상담의 종결 시 해야 할 일에 해당한다.
> **초기 접수면접 확인 사항**
> – 기본 인적 사항
> – 호소문제
> – 내담자가 보는 문제의 심각성과 긴급성
> – 호소문제와 관련된 발달력
> – 현재 및 최근의 사고, 정서, 행동
> – 정서상태평가
> – 사회적·심리적 자원
> – 대인관계 특성
> – 외모 및 행동
> – 이전 상담 및 치료경험
> – 상담동기
> – 심각도/긴급도 평정 및 면접자 소견
> – 상담자 배정에 필요한 정보

073
골수 이식을 받아야 하는 아동에게 불안과 고통에 대처하도록 돕기 위하여 교육용 비디오를 보게 하는 치료법은?

① 유관관리 기법
② 역조건형성
③ 행동시연을 통한 노출
④ 모델링

> **해설**
> **관찰학습(모델링)의 기본 전제**
> 사람들은 남들의 행동과 그 결과를 관찰함으로써 학습할 수 있다.
> 학습은 외적 행동의 변화 없이도 일어난다.
> 직접강화보다 대리강화가 더 중요한 역할을 한다.
> 보상에 대한 기대, 의식, 모델에의 주의 등 인지과정이 학습에 중요한 역할을 한다.

074
다음은 무엇에 관한 설명인가?

> 정신이상 항변을 한 피고인이 유죄로 판결되면 치료를 위해 정신과 시설로 보내진다. 최종적으로 정상상태로 판정되면 남은 형기를 채우기 외해 교도소로 보낸다.

① M'Naghten 원칙　② GBMI 평결
③ Durham 기준　　④ ALI 기준

> **해설**
> GMBI 평결 : 정신질환 항변의 불신에 대응하여 정신질환을 인정한 유죄를 새로운 평결로서 도입하였다.

075

아동기에 기원을 둔 무의식적인 심리적 갈등에서 이상행동이 비롯된다고 가정한 조망은?

① 행동적 조망
② 인지적 조망
③ 대인관계적 조망
④ 정신역동적 조망

> **해설**
> 정신역동적 조망은 어린 시절의 경험을 중요시하며, 특히 부모와의 상호작용 경험이 성격형성의 기초를 이룬다고 본다. 성인의 행동은 어린시절의 경험을 통해 형성된 무의식적 성격구조가 발현된 것으로 이해된다.

076

임상적 면접에서 사용되는 바람직한 의사소통 기술에 해당되는 것은?

① 면접자 자신의 사적인 이야기를 꺼내는 데 주저하지 않는다.
② 침묵이 길어지지 않게 하기 위해 면접자는 즉각 개입할 준비를 한다.
③ 환자가 의도한대로 단어들을 이해하기 위해 노력한다.
④ 내담자의 감정보다는 얻고자 하는 정보에 주목한다.

> **해설**
> ① 면접자의 자기노출은 필요한 경우 상담의 효과를 저해하지 않는 선에서 해야 한다.
> ② 면접자는 침묵이 있을 경우 창조적 침묵인지 상담자에 대한 불만으로 인한 침묵인지 파악한 후 대처해야 한다.
> ④ 임상 장면에서 정보와 함께 내담자의 감정, 현재 처한 상황이나 맥락도 주의를 기울인다.

077

임상심리학자의 법적, 윤리적 책임에 관한 설명으로 틀린 것은?

① 임상심리학자의 직업수행에는 공적인 책임이 따른다.
② 어떠한 경우에도 내담자의 비밀은 보장해야 한다.
③ 내담자 사생활의 부당한 침해를 방지하기 위해 노력해야 한다.
④ 내담자, 피감독자, 학생, 연구 참여자들을 성적으로 악용해서는 안 된다.

> **해설**
> 자해, 자살 및 타해 및 타살계획, 사회의 안전, 전염병, 아동의 인권, 판사의 명령 등의 사유는 내담자에 대한 비밀보장의 예외가 된다.

078

Rorschach 검사에서 반응위치를 부호화할 때 단독으로 기록할 수 없는 것은?

① S
② D
③ Dd
④ W

> **해설**
> S는 공백 반응(Space Response)으로 카드의 흰 공백 부분을 사용하였을 때 채점하는 반응영역으로, 단독으로 기호화되지 않으며, WS, DS Dds로 기호화된다.

079

Rorschach 검사의 모든 반응이 왜곡된 형태를 근거로 한 반응이고, MMPI에서 8번 척도가 65T 정도로 상승되어 있는 내담자에 대한 설명으로 가장 적합한 것은?

① 우울한 기분, 무기력한 증상이 주요 문제일 가능성이 있다.
② 주의집중과 판단력이 저하되어 있을 가능성이 있다.
③ 합리화나 주지화를 통해 성공적인 방어기제를 작동시킬 가능성이 있다.
④ 회피성 성격장애의 특징을 보일 가능성이 있다.

> **해설**
> 8번 척도의 단독상승 시 해석 : 사고장애, 주의집중의 어려움, 사회적으로 위축, 고립되어 지내는 분열형 성격의 생활방식, 망상, 환각 등의 명백한 정신증 증상, 사회적 소외, 냉담하거나 무관심한 정서적 특성을 보인다.

080

기억력 손상을 측정하는 검사가 아닌 것은?

① Wechsler Memory Scale
② Benton Visual Retention Test
③ Rey Complex Figure Test
④ Wisconcin Card Sorting Test

> **해설**
> ④ Wisconcin Card Sorting Test : 실행기능 평가
> ① Wechsler Memory Scales : 웩슬러 기억검사로 기억기능평가
> ② Benton Visual Retention Test : 시지각과 시각기억력 손상 평가
> ③ Rey Complex Figure Test : 기억력평가, 지각 및 구성기능평가

제 5 과목 심리상담

081

벌을 통한 행동수정 시 유의해야 할 사항이 아닌 것은?

① 벌을 받을 행동을 구체적으로 세분화하고 설명한다.
② 벌을 받을 상황을 가능한 한 없애도록 노력한다.
③ 벌은 그 강도를 점차로 높여가야 한다.
④ 벌을 받을 행동이 일어난 직후에 즉각적으로 벌을 준다.

> **해설**
> 행동수정에서 처벌 시 유의사항
> 효과적 처벌의 사용방법은 반응이 출현할 때마다, 반응과 처벌 간 짧은 지연간격, 처음부터 아주 강한 강도를 주고 강도를 점차 높이지 않는 방식으로, 그리고 처벌은 확실한 규칙에 근거하고, 처벌행동과 함께 바람직한 대안적 행동이 있을 때, 처벌과 강화는 상호의존적이어야 한다.

082

청소년의 권리 및 책임, 청소년육성정책에 관한 기본적인 사항을 규정한 청소년기본법의 제정 시기는?

① 1960년대　② 1970년대
③ 1980년대　④ 1990년대

> **해설**
> 청소년기본법
> 이 법은 청소년의 권리 및 책임과 가정·사회·국가·지방자치단체의 청소년에 대한 책임을 정하고 청소년정책에 관한 기본적인 사항을 규정함을 목적으로 1991년 12월 31일 제정, 1993년 1월 1일부터 시행되고 있다.

083
약물에 관한 설명으로 옳은 것을 모두 고른 것은?

> ㄱ. 약물 오용 : 의도적으로 약물을 다른 목적으로 사용하는 것이다.
> ㄴ. 약물 의존 : 약물이 없이는 지낼 수 없어 계속 약물을 찾는 상태를 말한다.
> ㄷ. 약물 남용 : 약물을 적절한 용도로 사용하지 못하고 잘못 사용하는 것이다.
> ㄹ. 약물 중독 : 약물로 인해 신체건강에 여러 부작용을 나타내는 상태를 말한다.

① ㄱ, ㄴ
② ㄴ, ㄹ
③ ㄷ, ㄹ
④ ㄱ, ㄹ

해설

약물 오용 : 의학적 목적으로 사용하는 약물을 의사 처방에 따르지 않고 약물을 사용하는 것이다.

약물 의존 : 약물에 대한 신체적, 정신적 의존상태를 나타내는 용어이다.

약물 남용 : 특정 물질을 규칙적으로 그리고 과다하게 사용함으로써 개인의 건강이 손상되고, 대인관계가 위협을 받으며, 그 과정에서 사회 자체가 마비되는 상태로 간주된다.

약물 중독 : 아편이나 신경안정제 또는 알콜과 같은 약물에 대한 신체적인 반응을 지칭한다. 약물 중독은 세가지 차원을 갖는데 그것은 내성, 금단증상 및 습관화이다.

084
집단상담에서 상대방의 행동이 나에게 어떤 반응을 일으키는가에 대하여 상대방에게 직접 이야기해주는 개입방법은?

① 자기투입과 참여
② 새로운 행동의 실험
③ 피드백 주고받기
④ 행동의 모범을 보이기

해설

집단상담의 가장 큰 장점 중 하나는 구성원들이 관찰한 것에 대한 자신의 반응을 서로 알려 줄 수 있다는 점이다. 피드백의 목적은 한 사람이 다른 사람에게 어떻게 보이는지 현실적으로 평가하도록 하는 것이다.

085
청소년비행 중 우발적이고 기회적이어서 일단 발생하면 반복되고 습관화되어 다른 비행행동과 복합되어 나타날 수 있는 것은?

① 약물 사용
② 인터넷중독
③ 폭력
④ 도벽

해설

- 병적 도벽은 DSM-5의 파괴적, 충동조절 및 품행장애의 하위범주의 하나이다. 병적도벽은 보통 청소년기에 시작되고, 보통 계획하지 않고 체포 위험에 대해서도 충분히 고려되지 않는다.
- **병적 도벽 진단기준**
  - 개인적인 용도로 쓸모가 없거나 금전적으로 가치가 없는 물건을 훔치려는 충동을 저지하는 데 반복적으로 실패한다.
  - 훔치지 직전에 고조되는 긴장감이 나타난다.
  - 훔쳤을 때의 기쁨, 만족감 또는 안도감이 있다.
  - 훔치는 행위가 분노나 복수를 표현하거나 망상이나 환각에 대한 반응으로 하는 것이 아니다.
- 병적 도벽은 충동 구매뿐 아니라 우울 및 양극성 장애, 불안장애, 섭식장애(특히 신경성 폭식증), 성격장애, 물질사용장애(특히 알코올사용장애), 그리고 다른 파괴적, 충동조절 및 품행장애와 관련될 수 있다.

086
진로상담에서 "하고 싶은 일이 너무 많아요."라고 호소하는 내담자에게 가장 먼저 개입해야하는 방법은?

① 자기 이해
② 직업정보 탐색
③ 진학정보 탐색
④ 진로 의사결정

해설
- 진로상담
  진로상담은 내담자가 스스로 계획을 세워 자신의 진로를 결정하고 이끌어 나갈 수 있는 의사결정 능력을 길러 주는 것이어야 한다. 특히 진로선택과 결정에 있어서 의사결정의 결과보다 의사결정 과정에 초점을 두고 의사결정 기술을 증진시키도록 조력하는 것이다.
- 진로상담의 목표
  자신에 대한 이해 향상, 직업 세계에 대한 지식의 향상, 진로 탐색, 합리적 의사결정능력 함양, 일에 대한 올바른 가치관 형성
- 하고 싶은 일이 너무 많으므로 진로탐색검사 등 심리검사를 통하여 자기이해가 선행되어야 한다.

087
교류분석상담에서 성격이나 일련의 교류들을 자아상태 모델의 관점에서 분석하는 것은?

① 구조분석
② 기능분석
③ 게임분석
④ 각본분석

해설
교류분석상담에서 구조분석은 3가지 자아상태(부모자아, 성인자아, 아이자아)를 토대로 개인의 성격을 분석하는 것이다.

088
미국심리학회(APA)와 미국상담학회(ACA)에서 제시한 전문적 심리상담자의 기본적인 도덕 원칙에 해당하지 않는 것은?

① 자율성(Autonomy)
② 명확성(Clarity)
③ 성실성(Fidelity)
④ 덕행(Beneficence)

해설
심리상담자의 기본적인 도덕원칙(윤리 원칙)은 자율성, 선행, 무해성, 공정성, 충실성이며, 명확성은 포함되어 있지 않다.

089
정신분석적 상담에서 내적 위험으로부터 아이를 보호하고 안정시켜주는 어머니의 역할을 모델로 한 분석기법은?

① 버텨주기(Holding)
② 역전이(Cocunter Transference)
③ 현실검증(Reality Testing)
④ 해석(Interpretation)

해설
버텨주기(holding)
내담자가 지금 체험하고 있거나 혹은 뭔가 막연하게 느끼기는 하지만 감히 직면할 수 없는, 끝없이 깊고 깊은 불안과 두려움을 분석가가 잘 알고 있다는 것을 분석과정 안에서 적절한 순간에 적합한 방법으로 전해주면서, 내담자에게 큰 힘으로 의지가 되어주고 따뜻한 배려로 마음을 녹여주는 것을 의미한다 (Winnicott, 1963).

090

다음 설명에 해당하는 상담기법은?

> 내담자가 반복적으로 드러내는 자기 파멸적인 행동의 동기를 확인하고 그것을 제시해서 감춰진 동기를 외면하지 못하고 자각하게 함으로써 부적응적인 행동을 멈추도록 한다.

① 즉시성
② 단추 누르기
③ 수프에 침 뱉기
④ 악동 피하기

해설

③ **수프에 침 뱉기**: 내담자가 반복적으로 나타내는 자기파멸적인 행동의 동기를 확인하고 그것을 매력적이지 못한 것으로 만듦으로써 내담자가 상상한 이익을 제거하는 것이다.
① **즉시성**: 내담자로 하여금 현재 이 순간에 무엇이 일어나고 있는지를 자각하도록 하는 기법이다.
② **단추 누르기**: 내담자에게 자신이 감정을 통제할 수 있음을 인식하도록 하는 기법이다.
④ **악동 피하기**: 사람들이 흔히 빠지는 함정과 난처한 상황을 피하도록 돕는 기법이다.

091

트라우마 체계 치료(TST)의 원리에 대한 설명으로 옳지 않은 것은?

① 무너진 체계를 조정하고 복원하기
② 현실에 맞추기
③ 최대한의 자원으로 작업하기
④ 강점으로 시작하기

해설

최대한의 자원이 아니라 최소한의 자원으로 작업하기가 적절하다.

트라우마 체계치료의 10가지 원리
1. 무너진 체계를 조정하고 복원하기
2. 먼저 안전을 확보하기
3. 사실에 근거하여 명확하고 초점화된 계획을 만들기
4. 당신이 '준비'되지 않았을 때 '시작'하지 않기
5. 최소한의 자원으로 작업하기
6. 책임, 특히 당사자의 책임을 주장하기
7. 현실에 맞추기
8. 당신 자신과 팀을 돌보기
9. 강점으로 시작하기
10. 더 좋은 체계를 만들어 남겨 두기

092

성문제 상담에서 상담자가 지켜야 할 일반적 지침으로 옳지 않은 것은?

① 상담자는 성에 대한 자신의 태도를 자각하고 있어야 한다.
② 내담자가 성에 대한 올바른 지식을 가지고 있음을 전제로 상담을 시작한다.
③ 상담 중 내담자와 성에 관하여 개방적인 의사소통을 한다.
④ 자신의 한계를 넘어서는 문제는 다른 전문가에게 의뢰한다.

해설

내담자에게 올바른 성지식이 있음을 전제하고 상담을 하지는 않는다.

093

로저스(Rogers)가 제안한 '충분히 기능하는 사람'의 특성과 가장 거리가 먼 것은?

① 창조적이다.
② 제약없이 자유롭다.
③ 자신의 유기체를 신뢰한다.
④ 현재보다는 미래에 투자할 줄 안다.

> **해설**
>
> 충분히 기능하는 사람이란 개인의 모든 경험이 무조건적으로 긍정적인 존중을 받게 되며, 자신의 경험을 충분히 수용하여 자기구조로 통합시킬 뿐만 아니라 내면적 자원을 발휘하는 충분히 발휘하게 된다.
> 충분히 기능하는 사람은 경험에 대한 개방성, 자신에 대한 신뢰, 자신의 매 순간의 삶에 대한 충실성, 창조성, 자율성을 지닌다.

094

다음 내용에 해당하는 상담의 기본원리는?

> - 상담은 내담자를 중심으로 진행해야 한다.
> - 내담자의 자조의 욕구와 권리를 존중해야 한다.
> - 상담자는 먼저 자기의 감정이나 태도를 이해할 수 있어야 한다.
> - 상담자의 반응은 상담실에서 이루어져야 한다.
> - 내담자에 대한 과잉동일시를 피해야 한다.

① 개별화의 원리
② 무비판적인 태도의 원리
③ 자기결정의 원리
④ 수용의 원리

> **해설**
>
> ④ **수용의 원리** : 가치 있는 개인으로 인정받고 싶은 욕구를 말한다. 내담자의 장점과 단점 등 있는 그대로 수용해야 한다.
> ① **개별화의 원리** : 개인으로서 처우 받고 싶은 욕구를 말한다. 따라서 개인차에 따른 상담방법을 적용해야 한다.
> ② **무비판적인 태도의 원리** : 상담자가 비판적 태도를 삼가고 가치중립적이어야 한다는 것이다.
> ③ **자기결정의 원리** : 자신이 선택과 결정을 내리고 싶은 욕구를 말한다.

095

약물남용 청소년의 진단 및 평가에 있어서 상담자가 유의해야 할 사항으로 옳지 않은 것은?

① 청소년이 약물을 사용한 경험이 있다는 것만으로 약물 남용자로 낙인찍지 않도록 한다.
② 청소년 약물 남용과 관련해서 임상적으로 이중진단의 가능성이 높은 심리적 장애는 우울증, 품행장애, 주의력 결핍 과잉행동장애, 자살 등이 있다.
③ 청소년 약물 남용자들은 약물사용 동기나 형태, 신체적 결과 등에서 성인과 다른 양상을 보이므로 DSM-Ⅳ와 같은 성인 위주 진단체계의 적용에 한계가 있다.
④ 가족문제나 학교 부적응 등의 관련 요인들의 영향으로 인한 일차적인 약물 남용의 문제를 보이는 경우, 상담의 목표도 이에 따라야 한다.

> **해설**
>
> 약물남용 청소년에게 접근하려면 우선 주의를 기울여야 할 중요한 점은 약물남용이 일차적인가 아니면 이차적인가 하는 것이다. 일차적 약물남용이란 약물의 사용이 관련요인들의 영향을 받지 않고 먼저 일어난 경우이다. 이차적 약물남용이란 관련요인들의 영향으로 인해 약물을 사용하게 되는 경우를 말한다. 청소년들은 경우는 호기심, 시간때우기, 친구와 어울리기, 괴로움 잊기 등과 같은 사회, 심리적 기능을 갖고 있어 이차적 약물남용에 해당한다. 그렇지만 일차적 약물남용의 문제를 보이는 경우는 약물 남용의 문제를 다루는 것으로 목표를 정해야 한다.

096

REBT 상담에 대한 설명으로 옳지 않은 것은?

① 내담자의 비합리적 신념을 발견하고 규명한다.
② 내담자의 무의식을 의식화하고 자아를 강화시킨다.
③ 주요한 상담기술로 인지적 재구성, 스트레스 면역 등이 있다.
④ 합리적 행동 반응을 개발, 촉진하기 위한 행동연습을 실시한다.

해설
정신분석상담의 목표는 내담자의 무의식을 의식화하고 자아의 기능을 견고하게 하는 것이다.

097

게슈탈트 치료의 접촉경계 장애에 관한 설명으로 옳은 것을 모두 고른 것은?

ㄱ. 내사 : 개체가 환경의 요구를 무비판적으로 받아들이는 것
ㄴ. 투사 : 자신의 생각이나 욕구, 감정을 타인의 것으로 지각하는 것
ㄷ. 융합 : 밀접한 관계에 있는 두 사람이 서로의 독자성을 무시하고 동일한 가치와 태도를 지니는 것처럼 여기는 것
ㄹ. 편향 : 다른 사람에게 하고 싶은 행동을 자기 자신에게 하는 것

① ㄱ, ㄴ
② ㄱ, ㄴ, ㄷ
③ ㄴ, ㄷ, ㄹ
④ ㄱ, ㄴ, ㄷ, ㄹ

해설
다른 사람에게 하고 싶은 행동을 자기 자신에게 하는 것은 편향이 아니고 반전에 해당한다.
편향은 개인이 환경과의 접촉으로 인해 감당하기 힘든 심리적 결과가 초래될 것이라고 예상할 때 이러한 경험에 압도당하지 않기 위해서 환경과의 접촉을 피해버리거나 자신의 감각을 둔화시킴으로써 환경과의 접촉을 약화시키는 것을 말한다.
접촉경계의 장애는 내사, 투사, 융합, 반전, 자의식, 편향이 있다.

098

가족상담의 기본적인 원리와 가장 거리가 먼 것은?

① 가족체제의 문제성을 이해하도록 한다.
② 자녀행동과 부모관계를 파악한다.
③ 감정노출보다는 생산적 이해에 초점을 둔다.
④ 현재보다 과거 상황에 초점을 둔다.

해설
가족은 환경변화에 적응하고 상황개선의 욕구와 능력을 가진 변화의 주체이다.
가족발달단계에서 과제달성 여부가 가족문제와 연관되어 있음을 이해한다.
가족원 각자의 개성과 욕구, 가치관, 문제해결능력이 다르므로 차이와 인격을 존중한다.
가족이나 개인 문제는 대부분 가족체계와 맞물려 있으므로 가족맥락, 체계로 이해한다.
가족 내 상호작용을 개선하고 외부환경이 조정되면, 가족문제와 기능이 회복될 수 있다.
모델에 따라 상담목표에 차이가 있지만 가족의 구체적 행동변화와 기능향상에 초점이 있다.

099

상담 종결에 관한 설명으로 옳지 않은 것은?

① 상담목표가 달성되지 않아도 상담을 종결할 수 있다.
② 상담의 진행결과가 성공적이었거나 실패했을 때에 이루어진다.
③ 조기종결 시 상담자는 조기종결에 따른 내담자의 감정을 다뤄야 한다.
④ 조기종결 시 상담자가 내담자에게 조기종결에 따른 솔직한 감정을 표현하는 것은 도움이 되지 않는다.

> **해설**
> 상담의 종결은 상담목표를 달성한 성공적인 종결도 있지만, 상담목표의 달성 이전에 외부적 원인으로 조기종결하는 경우도 있다. 이러한 경우 상담자는 함께 조기 종결에 따른 감정들을 다루어야 한다.

100

와이너(Weiner)의 비행분류에 관한 설명으로 옳지 않은 것은?

① 비행자의 심리적인 특징에 따라 사회적 비행과 심리적 비행을 구분한다.
② 심리적 비행에는 성격적 비행, 신경증적 비행, 정신병적(기질적) 비행이 있다.
③ 신경증적 비행은 행위자가 타인의 주목을 끌 수 있는 방식으로 비행을 저지르는 경우가 많다.
④ 소속된 비행하위집단 내에서 통용되는 삶의 방식들은 자존감과 소속감을 가져다주므로 장기적으로 적응적이라고 할 수 있다.

> **해설**
> Weiner(1982)는 비행을 심리적 특성에 따라 사회적 비행, 성격적 비행, 신경증적 비행, 정신병적 혹은 기질적 비행으로 분류하였다.
> 비행집단에서의 삶의 방식들은 일시적인 자존감과 소속감을 가져다 준다 할지라도 장기적으로 더욱 비행에 빠지게 할 수 있으므로 적응적이지 못하다.

2020년 제1·2회 임상심리사 2급 필기 채점표

구분	제1과목	제2과목	제3과목	제4과목	제5과목	전과목 평균
점수						

2020년 제1·2회 임상심리사 2급 필기 정답

001	002	003	004	005	006	007	008	009	010	011	012	013	014	015	016	017	018	019	020
④	①	③	①	②	①	③	④	④	④	④	②	④	②	①	②	②	①	①	④
021	022	023	024	025	026	027	028	029	030	031	032	033	034	035	036	037	038	039	040
①	④	④	①	③	①	①	②	③	④	②	②	④	②	④	②	①	①	①	③
041	042	043	044	045	046	047	048	049	050	051	052	053	054	055	056	057	058	059	060
①	③	②	②	①	④	③	①	③	④	①	②	③	④	④	④	①	③	②	①
061	062	063	064	065	066	067	068	069	070	071	072	073	074	075	076	077	078	079	080
①	③	①	③	②	④	②	①	②	④	①	④	②	④	②	③	②	①	②	④
081	082	083	084	085	086	087	088	089	090	091	092	093	094	095	096	097	098	099	100
③	④	②	③	④	①	①	②	①	③	②	④	④	④	②	②	②	④	④	④

2020년 제3회 임상심리사 2급 필기 기출문제

2020년 08월 22일 시행

제1과목 심리학 개론

001
새로운 자극이 원래 CS와 유사할수록, 조건 반응을 촉발할 가능성이 크다는 학습의 원리는?
① 일반화   ② 변별
③ 획득   ④ 소거

해설
자극 일반화 : 어떤 자극이 일단 조건자극으로서 형성되고 나면 이 자극과 유사한 다른 자극들도 무조건자극과 짝지어진 적이 전혀 없는 자극들에 대해서까지 조건반응이 확장되는 현상을 말한다.

002
전망이론(prospect theory)에 관한 설명으로 옳은 것은?
① 범주의 모든 구성원이 공유하고 있지는 않지만 범주 구성원을 특징짓는 속성이 있다.
② 사람들은 잠재적인 손실을 평가할 때 위험을 감수하는 선택을 하고, 잠재적인 이익을 평가할 때는 위험을 피하는 선택을 한다.
③ 우리는 새로운 사례와 범주의 다른 사례에 대한 기억을 비교함으로써 범주 판단을 한다.
④ 우리는 어떤 것이 일어날 가능성이 얼마인지를 결정하고, 그 결과의 가치를 판단한 후, 이 둘을 곱하여 결정을 내린다.

해설
전망이론은 심리학에서 발전하여 사회과학에 도입된 정치심리학적인 접근 방식이다. 인간의 선택행위를 손실과 이익을 중심으로 설명하는 합리적 선택이론과는 달리 전망이론은 실험을 통해 밝혀진 실제 인간의 선택행위에 초점을 맞춘 경험적 이론이다.

003
쏜다이크(Thorndike)가 제시한 효과의 법칙(law of effect)과 관련이 없는 것은?
① 고전적 조건 형성
② 도구적 조건 형성
③ 시행착오 학습
④ 문제상자(puzzle box)

해설
쏜다이크(Thorndike)의 도구적 조건형성
행동과 결과 사이의 관련성을 학습하는 것으로 시행착오학습과 효과의 법칙과 관련된다.
시행착오학습 : 수많은 시행착오(trial and error)를 거듭하면서 학습이 된다.
효과의 법칙 : 보상은 자극과 반응의 결합을 강화시킨다.
파블로프의 고전적 조건 형성은 무조건자극과 조건자극의 연합을 통해 학습이 일어나는 과정이다.

004
고전적 조건형성에 대한 설명으로 옳지 않은 것은?

① 조건자극과 무조건 자극이 빈번하게 짝지어지면 조건형성이 더 잘 일어난다.
② 무조건 자극이 조건자극에 선행하는 경우에 조건형성이 더 잘 일어난다.
③ 조건형성이 소거된 후 일정시간이 지난 후 조건자극이 주어지면 여전히 조건 반응이 발생하기도 한다.
④ 학습과정에서 제시되지 않았던 자극이라도 조건자극과 유사하면 조건반응을 유발시킬 수 있다.

해설
고전적 조건형성에서는 시간이 중요하다. 조건자극과 무조건자극은 유기체가 그것들이 서로 관련되어 있다는 것을 지각할 수 있을만큼 시간적으로 충분히 가까이 제시되어야 한다. 조건 자극이 무조건자극에 선행하는 경우에 조건형성이 더 잘 일어난다.
③은 자발적 회복, ④는 일반화

005
"통계적으로 유의미하다"라는 말의 뜻을 나타내는 것은?

① 실험 결과가 우연이 아닌 실험 처치에 의해서 나왔다.
② 실험 결과를 통계적 방법을 통해 분석할 수 있다.
③ 실험 결과가 통계적 분석 방법을 써서 나온 것이다.
④ 실험 결과가 통계적 혹은 확률적 현상이다.

해설
표본의 관찰된 특성이 우연에 의해 발생한 것이 아니라 전집의 실재 특성이라고 과학자들이 말할 수 있는 통계적 확률에 도달했을 때, 통계적으로 유의미하다고 말한다.

006
다음 사항을 나타내는 발견법(heuristic)은?

> 사람들은 한 상황의 확률을 그 상황에 들어 있는 사건들 사이에 존재하는 관련성의 강도에 근거하여 추정한다.

① 대표성 발견법　　② 인과성 발견법
③ 확률 추정의 발견법　④ 가용성 발견법

해설
인과성 발견법은 상황 속에서 사건들 사이에 존재하는 관련성의 강도에 근거해 확률을 추정하는 것이다.

007
심리학의 연구방법 중 인간의 성행동을 연구한 킨제이(Kinsey)와 그의 동료들이 남성의 성행동과 여성의 성행동을 연구하기 위해 주로 사용한 것은?

① 실험　　　　② 검사
③ 설문조사　　④ 관찰

해설
킨제이는 인간의 성생활에 대한 연구자료가 부족하다는 것을 알고, 처음에는 미 전역 교도소에 복역중인 사람들 중에서 18,000여명을 인터뷰해서, 그 자료들을 가지고 1948년에 '인간 남성의 성적 행위'를 출판했고 1953년에는 '인간 여성의 성적 행위'를 출판했다. 다만 교도소에 복역중인 사람들은 첫 조사에서의 이야기이고, 그 뒤로 10만명 가량 대다수가 일반인들로 구성된 모집단에서 조사를 하여 지속적으로 개정된 보고서를 내었다.

008
다음 중 '고통스러운 상황을 추상적이고 지적인 용어로 대처함으로써 그 상황으로부터 멀어지려고 하는 것'과 관련된 방어기제는?

① 합리화　　② 주지화
③ 반동형성　④ 투사

> **해설**
> 주지화는 감정이나 충동을 직접 경험하는 대신 그것을 지적으로 분석하여 위협적인 감정을 피하는 방법으로 사고를 통해 정서를 통제하는 형태이다(예 죽음을 심하게 두려워하는 사람이, 생과 사는 하나이다 라는 식으로 사고하는 것

009
마음에 용납할 수 없는 충동들에 의해 야기되는 불안을 감소시키기 위해 사용하는 방법은?

① 흥분성 조건형성
② 자기규제
③ 방어기제
④ 억제성 조건형성

> **해설**
> 자아는 환경의 요구와 더불어 원초아와 초자아를 중재하는 성격의 중심구조로서 이들을 잘 조절해야 하는 부담을 지닌다. 자아의 기능이 약해지거나 다른 세력의 힘이 강해지면, 자아는 불안을 느끼게된다. 자아는 불안을 감소시키기 위해 방어기제를 사용한다.

010
현상학적 성격이론에 관한 설명으로 옳지 않은 것은?

① 사건 자체가 아니라 그 사건에 대한 개인의 주관적 경험이 행동을 결정한다.
② 세계관에 대한 개인의 행동을 예측하고 이해하기 위해서는 개인의 지각을 이해해야 한다.
③ 어린 시절의 동기를 분석하기보다는 앞으로 무엇이 발생할 것인가에 초점을 둔다.
④ 선택의 자유를 강조하는 인본주의적 입장과 자기실현을 강조하는 자기이론적 입장을 포함 한다.

> **해설**
> 로저스가 체계화한 현상학적 성격이론(인간 중심 이론)은 인간은 성취를 추구하는 존재이며 환경에 굴복하지 않고 환경을 통제하고 조정할 수 있는 적극적인 힘을 가진 존재로 본다. 현재 개인이 경험하고 느끼고 행동하는 것이 중요하며, 개인의 진정한 모습을 이해하는 것도 이를 통해 가능하다고 설명한다. 개개인은 동일한 세계를 각자 다르게 경험(현상학적 장)하기 때문에 개인의 주관적인 경험이 행동을 결정하게 된다. 따라서 개인의 행동을 예측하고 이해하기 위해서는 개인의 지각체계를 이해해야 한다. (객관적 X, 어린 시절 X)

011
척도와 그 예가 올바르게 짝지어진 것은?

① 명명척도 : 운동선수 등번호
② 서열척도 : 온도계로 측정한 온도
③ 등간척도 : 성적에서의 학급석차
④ 비율척도 : 지능검사로 측정한 지능지수

> **해설**
> **명명척도(명목척도)** : 대상을 특성에 따라 범주로 분류하여 기호를 부여한 것으로 운동선수의 등번호, 성별(여자 0, 남자 1)과 같은 것이다.
>
> **서열척도** : 순위, 순서척도라고도 하며 측정값의 크고 작음, 많고 적음에서만 의미를 갖는 척도이다. 따라서 원칙적으로 가산하거나 감산할 수 없다. 성적에 의한 학급석차와 같은 것이다.
>
> **등간척도** : 간격척도, 동간척도라고도 한다. 동일한 측정 단위 간격마다 동일한 차이를 부여하는 척도이다. 등간척도에서는 차이 유무만 판단할 수 있기에 곱하기 나누기는 적용되지 않는다.
>
> **비율척도** : 명목, 서열, 등간의 모든 성질을 가지고 있으며 절대영점을 가지고 있는 척도이다. 의미 있는 '0'의 값을 갖기 때문에 모든 산술적인 연산이 가능한 척도이며 몸무게, 키, 거리 등을 측정하는 척도이다.

012

생후 22주 된 아동들은 사물이나 대상이 눈 앞에 보이지 않더라도 계속 존재한다는 것을 안다. 이를 나타내는 것은?

① 대상영속성　② 지각적 항상성
③ 보존　　　　④ 정향반사

해설

피아제의 인지발달에서 감각운동기(0~2세)에는 감각적 반사운동을 하며 주위에 대해 강한 호기심을 보이고 대상영속성을 이해하게 된다. 대상영속성은 물체가 물리적으로 보이지 않아도 마음속으로 물체의 이미지를 떠올릴 수 있는 능력이다.

013

기억유형 중 정서적으로 충만한 중요한 사건을 학습하였던 상황에 대한 명료하면서도 비교적 영속적인 것은?

① 암묵기억　② 섬광기억
③ 구성기억　④ 외현기억

해설

섬광기억은 아주 놀랍거나 예상하지 못한 일이 벌어졌을 때 사건에 관련된 상세한 사항, 이야기를 들려준 사람, 그 당시의 상황, 느꼈던 감정 등에 대해서 매우 자세하고 선명하게 기억하고, 이것이 비교적 오랜 기간 동안 지속되는 것을 의미한다. 1977년 미국의 심리학자 로저 브라운(Roger Brown)과 제임스 컬릭(James Kulik)이 기억에 관한 연구에서 1963년의 케네디 암살사건 당시 현장에 있었던 사람들이 해당 사건에 관한 내용을 뚜렷한 장면으로 기억하는 것을 관찰하였다. 그리고 기억이 섬광처럼 떠오르거나 섬광처럼 주변에 있는 것들을 비춘다는 의미에서 섬광기억이라는 용어를 만들었다.

014

인지부조화 이론의 예로 옳지 않은 것은?

① 지루한 일을 하고 1,000원 받은 사람이 20,000원 받은 사람에 비해 그 일이 재미있다고 생각한다.
② 열렬히 사랑했으나 애인과 헤어진 남자가 떠나간 애인이 못생기고 성격도 나쁘다고 생각한다.
③ 빵을 10개나 먹은 사람이 빵을 다 먹고 난 후, 자신이 배가 고팠음을 인식한다.
④ 반미적인 태도를 지닌 사람이 친미적인 발언을 한 후 친미적 태도로 변화되었다.

해설

인지부조화 이론은 사람들이 기존의 태도에 반대되는 행동을 취하는 경우에, 이 행동을 상황 탓으로 돌릴 수 없게 된다면 부조화라는 불편감을 경험하며, 이에서 벗어나고자 태도를 행동에 맞추어 변화시킨다는 것이다.

015

표본조사에 대한 설명으로 옳지 않은 것은?

① 연구자가 모집단의 모든 성원을 조사할 수 없을 때 표본을 추출한다.
② 모집단의 특성을 일반화하기 위해서는 표본은 모집단의 부분집합이어야 한다.
③ 표본의 특성을 모집단에 일반화하기 위해서 무선표집을 사용한다.
④ 표본추출에서 표본의 크기가 작을수록 표집오차도 줄어든다.

해설

표본조사는 모집단의 모든 구성원을 조사할 수 없을 때 표본을 표집하여 사용한다. 표본이 모집단을 잘 대표하지 못하는 경우 표집오차가 증가한다. 표본의 크기가 클수록 표집오차는 낮아지지만 정비례하는 것은 아니다.

016

강화에 관한 설명으로 옳지 않은 것은?

① 계속적 강화보다는 부분 강화가 소거를 더욱 지연시킨다.
② 고정비율 계획보다는 변화비율 계획이 소거를 더욱 지연시킨다.
③ 강화가 지연됨에 따라 그 효과가 감소한다.
④ 어떤 행동에 대해 돈을 주거나 칭찬을 해주는 것은 일차 강화물이다.

해설

강화물은 일차 강화물(primary reinforcer)과 이차 강화물(secondary reinforcer)로 구분된다. 일차 강화물은 자연적 혹은 선천적 강화자극으로 유기체의 생물학적 요구를 만족시키는 자극이고 이차 강화물은 돈, 칭찬, 미소, 관심과 같은 자극이다.

017

Piaget의 인지발달 단계 중 보존개념이 획득되는 시기는?

① 감각운동기   ② 전조작기
③ 구체적 조작기 ④ 형식적 조작기

해설

피아제의 인지발달은 감각운동기(sensorimotor stage), 전조작기(preoperational stage), 구체적 조작기(concrete operations stage), 형식적 조작기(formal operations stage) 4단계로 구분된다.

1. 감각운동기(0~2세)
   감각적 반사운동을 하며 주위에 대해 강한 호기심을 보인다. 숨겨진 대상을 찾고 보이지 않는 위치 이동을 이해할 수 있는 대상영속성의 개념을 이해하게 된다.

2. 전조작기(2~7세)
   상징을 사용하고 사물의 크기·모양·색 등과 같은 지각적 특성에 의존하는 직관적 사고를 보이며 자기중심적 태도를 보인다.

3. 구체적 조작기(7~11세)
   사물 간의 관계를 관찰하고 사물들을 순서화하는 능력이 생기며 자아 중심적 사고에서 벗어나 자신의 관점과 상대방의 관점을 이해하기 시작한다. 형태가 변해도 양과 부피에 대한 보존 개념(conservation)과 대상의 가역성에 대해 이해하게 된다.

4. 형식적 조작기(11세 이후)
   논리적인 추론을 하고 자유·정의·사랑과 같은 추상적인 원리와 이상들을 이해할 수 있게 되는 시기이다.

018

자극추구 성향에 관한 설명으로 옳은 것은?

① Eysenck는 자극추구 성향에 관한 척도를 제작했다.
② 자극추구 성향이 높을수록 노아에피네프린(NE)이라는 신경전달물질을 통제하는 체계에서의 흥분수준이 낮다는 주장이 있다.
③ 성격특성이 일부 신체적으로 유전된다는 주장을 반박하는 근거로 제시된다.
④ 내향성과 외향성을 구분하는 생리적 기준으로 사용된다.

해설

자극추구 성향척도를 제작한 사람은 주커만이다. 자극추구 성향이 높을수록 노아에피네프린(NE)를 통제하는 체계에서 낮은 흥분 수준을 나타낸다.

019

방어기제 중 성적인 충동이나 공격성을 사회적으로 용인된 바람직한 방향으로 변화시켜 표현하는 것은?

① 합리화   ② 주지화
③ 승화   ④ 전위

해설

승화
성적이거나 공격적인 욕구를 사회적으로 수용할 수 있는 건설적인 행동으로 변환하는 것을 뜻한다. 예를 들어, 성적인 욕구를 아름다운 그림으로 표현하거나 공격적인 욕구를 스포츠 활동으로 표현하는 경우가 승화에 속한다.

020
단기기억의 기억용량을 나타내는 것은?

① 3±2개 ② 5±2개
③ 7±2개 ④ 9±2개

해설
단기 기억에서 한 번에 처리할 수 있는 정보 처리의 용량은 정보의 형태와 관계없이 약 5개에서 9개 정도이다. 이를 Miller는 신비의 숫자 7±2라고 부른다.

제 2 과목 이상심리학

021
전환장애의 특징을 모두 고른 것은?

ㄱ. 신경학적 근원이 없는 신경학적 증상을 경험한다.
ㄴ. 의식적으로 증상을 원하거나 의도적으로 증상을 만들어내지 않는다.
ㄷ. 대부분 순수한 의학적 질환의 증상과 유사하지 않다.

① ㄱ, ㄴ ② ㄱ, ㄷ
③ ㄴ, ㄷ ④ ㄱ, ㄴ, ㄷ

해설

전환장애 진단기준
하나 또는 그 이상의 수의적 운동이나 감각 기능의 증상이 있다.
임상 소견이 증상과 인정된 신경학적 혹은 의학적 상태의 불일치에 대한 증거를 제공한다.
증상이 결함이 다른 의학적 장애 또는 정신질환으로 더 잘 설명되지 않는다.
증상이나 결함이 사회적, 직업적, 또는 다른 중요한 기능 영역에서 임상적으로 현저한 고통이나 손상을 초래하거나, 의학적 평가를 필요로 한다.

* 전환장애는 무의식적인 부인이나 억압이란 방어기제의 결과로 발현된다.

022
다음 중 DSM-5의 주요우울장애(major depressive disorder) 진단기준에 해당하지 않는 것은?

① 증상이 사회적, 직업적 또는 다른 중요한 기능 영역에서 정상적으로 현저한 고통이나 손상을 초래한다.
② 삽화가 물질의 생리적 효과나 다른 의학적 상태로 인한 것이 아니다.
③ 주요우울삽화가 조현정동장애, 조현병 등 기타 정신병적 장애로 더 잘 설명되지 않는다.
④ 조증 삽화 혹은 경조증 삽화가 존재한 적이 있다.

해설
주요우울장애는 조증삽화 혹은 경조증삽화와 관련이 없으며, 조증삽화 혹은 경조증삽화는 양극성장애와 관련이 있다.

023
심리적 갈등이나 스트레스로 인해 갑작스런 시력상실이나 마비와 같은 감각 이상 또는 운동증상을 나타내는 질환은?

① 공황장애 ② 전환장애
③ 신체증상장애 ④ 질병불안장애

> **해설**
> - 전환장애의 4가지 유형
>   - 운동기능의 이상
>   - 감각기능의 이상
>   - 경련 또는 발작
>   - 복합적 증상(운동, 감각, 경련 또는 발작이 모두 나타나는 경우)

024

다음 증상사례의 정신장애 진단으로 옳은 것은?

> 대구 지하철 참사현장에서 생명의 위협을 경험한 이후 재경험증상, 회피 및 감정 마비증상, 과도한 각성상태를 1개월 이상 보이고 있는 30대 후반의 여성

① 제2형 양극성장애
② 외상 후 스트레스 장애
③ 조현양상장애
④ 해리성 정체성 장애

> **해설**
> 생명을 위협을 느낄 정도의 스트레스 사건이후 1개월 이후 불안증상이 지속되면 외상후 스트레스 장애(PTSDS)로 진단된다.

025

행동주의적 견해에 따르면 강박행동은 어떤 원리에 의해 유지되는가?

① 고전적 조건형성   ② 부적 강화
③ 소거   ④ 모델링

> **해설**
> 침투적 사고를 통해 자동적 사고 유발 및 인지적 왜곡에 의해 불안이 발생하면 이를 감소시키기 위한 강박행동이 나타난다. 따라서 강박행동을 함으로써 불안이 사라지게 되므로 강박행동이 증가하는 것을 부적 강화라고 한다.

026

다음 중 경계성 성격장애의 임상적 특징이 아닌 것은?

① 반복적인 자살행동과 만성적인 공허감
② 자신의 중요성에 대한 과장된 지각과 특권의식 요구
③ 일시적이고 스트레스와 연관된 피해적 사고 혹은 심한 해리 증상
④ 실제 혹은 상상 속에서 버림받지 않기 위해 미친 듯이 노력함

> **해설**
> 자신의 중요성에 대한 과장된 지각과 특권의식 요구는 자기애성 성격장애의 진단기준에 해당한다.

027

자폐스펙트럼 장애에 관한 설명으로 옳은 것은?

① 남성보다 여성에서 4~5배 더 많이 발병한다.
② 유병률은 인구 천 명당 2~5명으로 보고되고 있다.
③ 사회적 상호작용을 위해 여러 가지 비언어적 행동을 사용한다.
④ 언어기술과 전반적 지적 수준이 예후와 가장 밀접한 관계가 있다.

> **해설**
> 지적장애나 언어손상 여부가 가장 예후와 관련이 있다.
>
> 자폐 스펙트럼 장애는 여성에 비해 남성에서 4배 이상 자주 나타난다.
> 유병률은 인구의 1% 정도 된다.
> 사회적 상호작용을 위한 비언어적 의사소통 행동의 결함을 보인다.

028

다음에 해당하는 장애는?

- 적어도 1개월 동안 비영양성・비음식물질을 먹는다.
- 먹는 행동이 사회적 관습 혹은 문화적 지지를 받지 못한다.
- 비영양성・비음식물질을 먹는 것이 발달 수준에 비추어 볼 때 부적절하다.

① 되새김장애
② 이식증
③ 회피적/제한적 음식섭취장애
④ 달리 명시된 급식 또는 섭식장애

해설

이식증
영양분 없는 물질이나 먹지 못하는 것을 적어도 1개월 이상 지속적으로 먹는다. 이식증은 정신지체를 동반하는 경우가 많다.

029

항정신병 약물 부작용으로서 나타나는 혀, 얼굴, 입, 턱의 불수의적 움직임 증상은?

① 무동증(akinesia)
② 만발성 운동장애(tardive dyskinesia)
③ 추체외로 증상(extrapyramidal symptoms)
④ 구역질(nausea)

해설

만발성 운동장애 : 불수의적, 상동증적, 율동적 운동으로서, 일반적으로 얼굴, 아래턱, 혀 및 사지에 주로 나타난다.
무동증 : 신체 움직임의 감소로 습관적인 움직임(예 팔을 흔듦)이 제한되거나 없어지는 것으로 추체외로 증상에서 나타난다.
추체외로 증상 : 모든 항정신약물은 추체외로 증후군을 일으키며, 근긴장곤란증, 정좌불능증 및 파킨슨 증후군으로 나타난다.

030

기분장애의 '카테콜라민(catecholamine)가설'에 관한 설명으로 옳은 것은?

① 조증 : 도파민의 부족
② 조증 : 세로토닌의 증가
③ 우울증 : 노르에피네프린의 부족
④ 우울증 : 생물학적 및 환경적 원인의 상호작용

해설

카테콜라민 가설
카테콜라민이 결핍되면 우울증이 생기고, 반대로 카테콜라민이 과다하면 조증이 생긴다는 것이다. 특히 카테콜라민중에서 에피네프린이나 도파민보다는 노르에피네프린이 우울증에 중요한 역할을 하는 것으로 알려져 있다.

031

일반적 성격장애의 DSM-5의 진단기준에 해당하지 않는 것은?

① 지속적인 유형이 물질(남용약물 등)의 생리적 효과나 다른 의학적 상태로 인한 것이다.
② 지속적인 유형이 다른 정신질환의 현상이나 결과로 더 잘 설명되지 않는다.
③ 지속적인 유형이 개인의 사회상황의 전 범위에서 경직되어 있고 전반적으로 나타난다.
④ 유형은 안정적이고 오랜 기간 동안 있어 왔으며 최소한 청년기 혹은 성인기 초기부터 시작된다.

해설

성격장애는 물질이나 의학적 상태와 관련이 없다. 성격장애는 어린 시절부터 점진적으로 형성되며, 이런 성격특성이 굳어지게 되는 보통 18세 이후 성인기에 진단된다.

032

55세의 A씨는 알코올 중독으로 입원한 후 이틀째에 혼돈, 망상, 환각, 진전, 초조, 불면, 발한 등의 증상을 보였다. A씨의 현 증상은?

① 알코올로 인한 금단 증상이다.
② 알코올로 인한 중독 증상이다.
③ 알코올을 까맣게 잊어버리는(black out) 증상이다.
④ 알코올로 인한 치매 증상이다.

> **해설**
> 알코올 금단 증상
> 자율신경계 항진, 손 떨림, 불면, 오심 또는 구토, 일시적인 시각·촉각·청각 환각이나 착각, 정신운동 초조, 불안, 대발작 등이다.

033

다음에 해당하는 장애는?

- 경험하는 성별과 자신의 성별 간 심각한 불일치
- 자신의 성적 특성을 제거하고자 하는 강한 욕구
- 다른 성별 구성원이 되고자 하는 강한 욕구

① 성도착증 ② 동성애
③ 성기능부전 ④ 성별불쾌감

> **해설**
> 성별불쾌감 장애
> 자신의 원래 성별과 경험하는 성별의 현저한 불일치, 이성이 되고 싶은 갈망, 이성 놀이 친구에 대한 강한 선호, 자신의 해부학적 성별에 대한 강한 혐오 등을 지닌다.

034

이상심리학의 발전에 기여한 중요한 사건들을 연대순으로 바르게 나열한 것은?

ㄱ. Beck의 인지치료
ㄴ. Freud의 꿈의 해석 발간
ㄷ. 정신장애 진단분류체계인 DSM-I 발표
ㄹ. Rorschach 검사 개발
ㅁ. 집단 지능검사인 army 알파 개발

① ㄱ → ㄴ → ㄷ → ㄹ → ㅁ
② ㄴ → ㅁ → ㄹ → ㄷ → ㄱ
③ ㄴ → ㄹ → ㅁ → ㄱ → ㄷ
④ ㄴ → ㅁ → ㄹ → ㄱ → ㄷ

> **해설**
> Freud의 꿈의 해석 발간(1900년)
> 집단 지능검사인 army 알파 개발(1914년)
> Rorschach 검사 개발(1921년)
> 정신장애 진단분류체계인 DSM-I 발표(1952년)
> Beck의 인지치료(1960년대)

035

DSM-5의 성기능부전에 해당하지 않는 것은?

① 조루증 ② 성정체감 장애
③ 남성 성욕감퇴장애 ④ 발기장애

> **해설**
> 성기능부전의 하위유형
> 사정지연, 발기장애, 여성극치감장애, 여성 성적관심/흥분장애, 성기-골반통증/삽입장애, 남성성욕감퇴장애, 조기사정, 물질/약물치료로 유발된 성기능부전

036

조현병의 유전적 요인에 관한 설명으로 옳지 않은 것은?

① 친족의 근접성과 동시발병률은 관련이 없다.
② 여러 유전자 결함의 조합으로 나타나는 장애이다.

③ 일란성 쌍생아보다 이란성 쌍생아 동시발병률이 더 낮다.
④ 생물학적 가족이 입양 가족에 비해 동시발병률이 더 높다.

해설
조현병의 위험성 결정에는 유전적 요소가 강하게 작용한다.

037
치매의 진단에 필요한 증상과 가장 거리가 먼 것은?

① 기억장해
② 함구증
③ 실어증
④ 실행증

해설
선택적 함구증은 불안장애의 하위유형이다.
치매(신경인지장애)의 주요증상 : 기억장해, 실어증, 실인증, 실행기능장애

038
알코올사용장애에 관한 설명으로 옳지 않은 것은?

① 금단, 내성, 그리고 갈망감이 포함된 행동과 신체 증상들의 집합체로 정의된다.
② 알코올 중독의 첫 삽화는 10대 중반에 일어나기 쉽다.
③ 유병률은 인종 간 차이가 없다.
④ 성인 남자가 성인 여자보다 유병률이 높다.

해설
알코올사용장애는 인종간 차이가 크다.
미국 인구의 12개월 유병률은 인종/민족에 따라 저하게 다양하다.

039
불안과 관련된 장애에 관한 설명으로 옳지 않은 것은?

① 공황장애는 광장공포증을 동반하기도 한다.
② 특정공포증 환자는 자신의 공포 반응이 비합리적임을 알고 있다.
③ 사회공포증은 주로 성인기에 발생한다.
④ 외상후 스트레스 장애는 외상과 관련된 자극에 대한 회피가 특징이다.

해설
미국에서 사회불안장애의 발병 연령 중앙값는 13세로, 75%의 환자가 8세에서 15세 사이에 발생한다.

040
지적장애의 심각도 수준에 관한 설명으로 옳은 것은?

① 중등도 : 성인기에도 학업기술은 초등학생 수준에 머무르며 일상생활에 도움이 필요하다.
② 고도 : 학령전기 아동에서는 개념적 영역은 정상발달과 뚜렷한 차이를 보이지 않을 수 있다.
③ 최고도 : 개념적 기술을 제한적으로 습득할 수 있다.
④ 경도 : 운동 및 감각의 손상으로 사물의 기능적 사용이 어려울 수 있다.

해설
고도 : 개념적 기술을 제한적으로 습득할 수 있다. 수, 양, 시간, 금전에 대한 개념 이해가 거의 없다.
최고도 : 개념적 기술은 주로 상징적 과정보다는 물리적 세계와 연관이 있다.
경도 : 학령 전기 아동에서는 개념적 영역이 차이가 뚜렷하지 않을 수 있다.

제 3 과목 심리검사

041
K-WAIS-IV의 언어이해 소검사에 해당하지 않는 것은?

① 어휘 ② 이해
③ 기본지식 ④ 순서화

해설
순서화는 작업기억지표(WMI)에서 주의력이나 집중력, 청각적 단기기억 능력을 측정하는 지표이다.

042
심리검사자가 지켜야 할 윤리적 의무와 가장 거리가 먼 것은?

① 심리검사 결과 해석 시 수검자의 연령과 교육수준에 맞게 설명해야 한다.
② 컴퓨터로 실시하는 심리검사는 특정한 교육과 자격이 없어도 된다.
③ 심리검사 결과가 수검자의 삶에 영향을 줄 수 있음을 인식해야 한다.
④ 검사규준 및 검사도구와 관련된 최근 동향과 연구방향을 민감하게 파악해야 한다.

해설
심리검사자는 지필검사나 컴퓨터로 실시하는 심리검사도 특정한 교육과 자격을 갖추어야 한다(예 온라인용 MMPI검사).

043
뇌손상에 수반된 기억장애에 대한 설명으로 옳지 않은 것은?

① 대부분의 경우에 정신성 운동속도의 손상이 수반된다.
② 장기기억보다 최근 기억이 더 손상된다.
③ 일차기억은 비교적 잘 유지된다.
④ 진행성 장애의 초기징후로 나타나기도 한다.

해설
정신운동속도의 손상은 뇌손상과 무관하다.

044
발달검사를 사용할 때 고려해야 할 사항으로 가장 거리가 먼 것은?

① 대상자의 연령에 적합한 검사를 선정해야 한다.
② 경험적으로 타당한 측정도구를 사용해야 한다.
③ 규준에 의한 발달적 비교가 가능해야 한다.
④ 기능적 분석을 중심으로 평가해야 한다.

해설
발달검사는 질적분석적인 측면이 강하므로 기능적 분석보다는 경험적, 임상적 분석, 규준에 의한 발달적 비교 등이 중요하다.

045
Wechsler검사에서 시각-공간적 기능손상이 있는 뇌손상 환자에게 특히 어려운 과제는?

① 산수 ② 빠진 곳 찾기
③ 차례 맞추기 ④ 토막 짜기

해설
토막짜기가 측정하는 것은 시지각 능력, 시각적 조직화 및 시공간 구성능력, 전체를 부분적인 요소로 분석하여 재통합하는 능력, 시각-운동-공간 협응 및 지각적 처리 속도, 지속적인 주의집중력, 동시적, 전체적 처리, 비언어적 개념 형성 능력, 피드백을 통한 교정능력 등을 요한다.

046

심리검사에서 원점수에 대한 설명으로 틀린 것은?

① 원점수 그 자체로는 객관적인 정보를 주지 못한다.
② 원점수는 기준점이 없기 때문에 특정 점수의 의미를 파악하기 어렵다.
③ 원점수는 척도의 종류로 볼 때 등간척도에 불과할 뿐 사실상 서열척도가 아니다.
④ 원점수는 서로 다른 검사의 결과를 동등하게 비교할 수 없다.

해설
원점수는 서열만 알 수 있는 서열척도이다.
서열척도는 서열, 순위가 있는 척도로 수량화할 수 있는 자료이며 숫자는 서열을 나타내지만 어느 정도 크고 작다는 표현할 수 없다.
예 달리기 순위(1등, 2등, 3등), 학년(1학년, 2학년), 만족도(낮음 0, 보통 1, 높음 2)

047

표준화 검사에 대한 설명으로 옳은 것은?

① 표준화 검사는 검사의 제반 과정에서 검사자의 주관적인 의도나 해석이 개입될 수 있도록 한다.
② 절차의 표준화는 환경적 조건에 대한 엄격한 지침을 제공함으로써 시간 및 공간의 변화에 따라 검사 실시 절차가 달라지는 것을 의미한다.
③ 실시 및 채점의 표준화를 위해서는 그에 관한 절차를 명시해야 한다.
④ 표준화된 여러 검사에서 원점수의 의미는 서로 동등하다.

해설
① 표준화 검사는 검사의 제반 과정에서 검사자의 주관적인 의도나 해석이 개입되지 않도록 표준화하는 것이다.
② 절차의 표준화는 환경적 조건에 대한 엄격한 지침을 제공함으로써 시간 및 공간의 변화에 따라 검사 실시 절차가 동일한 것을 말한다.
④ 표준화된 여러 검사에서 원점수의 의미는 다르기 때문에 이를 T점수를 통해 확인하는 것이다.

048

노년기 인지발달의 특징에 관한 설명으로 옳지 않은 것은?

① 일화기억보다 의미기억이 더 많이 쇠퇴한다.
② 노년기 인지기능의 저하는 처리속도의 감소와 관련이 있다.
③ 연령에 따른 지능의 변화 양상은 지능의 하위 능력에 따라 다르다.
④ 노인들은 인지기능의 쇠퇴에 직면하여 목표범위를 좁혀나가는 등의 최적화 책략을 사용한다.

해설
노년기가 되면 의미기억은 잘 유지되는 반면, 일화기억이 쇠퇴한다.
의미기억 : 언제 어디서 학습했는지가 이후 인출하는 데 관련 없음
일화 기억 : 정보를 획득한 시간적 공간적 정보가 인출에 관련 있음

049

Rorschach 검사에 대한 설명으로 옳지 않은 것은?

① 좌우 대칭의 잉크 반점이 나타난 10장의 카드로 구성되어 있다.
② 모호한 자극 특성을 이용한 투사법검사이다.
③ 자유로운 연상과 반응을 위해 임의의 순서로 카드를 제시하는 것이 좋다.
④ 반응 시 카드를 회전해서 보아도 무방하다.

> **해설**
> Rorschach 검사는 지각 및 투사, 무의식 등 지각 및 성격을 파악하기 위한 검사이다. 검사 문서는 10장의 카드를 순서대로 제시해서 실시한다.
> 먼저 무엇이냐고 물어보고, 그 이후 그 반응에 대해 어느 부분에서 어떻게 해서 그렇게 보았는지를 물어보는 방법으로 실시된다.

050

신경심리평가의 용도로 사용되지 않는 검사는?

① 스트룹(Stroop) 검사
② 레이 도형 (Rey-Complex Figure) 검사
③ 밀론 다축 임상(Millon Clinical Multiaxial Inventory)검사
④ 위스콘신 카드분류(Wisconsin Card Sorting) 검사

> **해설**
> 밀론 다축 임상성격검사(MCMI) : 밀론의 성격이론에 근거하여 수십년의 연구결과를 토대로 개발된 검사이다. 임상적 문제의 기저에 있는 성격과 성격의 문제(장애)를 진단하고, 광범위한 기능을 평가하기 위해 개발되었다. 임상 및 상담 장면, 의료장면 뿐만 아니라 법정 장면에 이르기까지 다양한 장면에서 다음과 같은 측면에서 많은 도움이 되고 있다.
> • 전반적인 임상적 문제를 심도있게 확인
> • 치료적 의사결정에 도움
> • DSM-5와 ICD-10의 진단분류체계에 근거하여 장애를 평가

051

MMPI-2의 타당도 척도에 관한 설명으로 틀린 것은?

① ? 척도는 응답하지 않은 문항들이나 '예', '아니오' 둘 다에 응답한 문항들의 합계로 채점된다.
② L 척도는 자신을 사회적으로 바람직하며 좋은 사람처럼 보이게끔 하려는 태도를 가려내기 위한 척도이다.
③ F 척도는 점수가 높을수록 평범 반응경향을 말해준다.
④ K 척도는 L 척도에 의해 포착하기 어려운 은밀한 방어적 태도를 측정하는 문항들로 구성되어 있다.

> **해설**
> F 척도는 비전형 점수로 점수가 높을수록 비전형적이며 평균적인 사람들의 반응에서 이탈된다는 것을 의미한다. MMPI-2 평균 50 표준편차 10

052

편차지능지수에 관한 설명으로 옳은 것은?

① 정규분포 가정이 적용되지 않는다.
② 한 개인의 점수는 같은 연령 범주 내에서 비교된다.
③ 비네-시몽(Binet-Simon) 검사에서 사용한 지수이다.
④ 비율지능지수에 비해 중년 집단에의 적용에는 한계가 있다.

해설

편차 지능지수 (deviation IQ scores)는 웩슬러(Wechsler)가 고안한 방법으로, IQ와 마찬가지로 편차 지능지수는 표준화를 포함한다.

사람의 편차 지능지수를 계산하기 위해, 웩슬러는 사람의 원점수를 사람의 나이 집단에 대한 원점수의 표준화 정상 분포와 비교했다.

그는 원점수가 평균으로부터의 표준 편차 단위에 관한 평균 원점수와 얼마나 멀리 떨어져있는지를 계산했다.

그 편차점수가 IQ 형태와 동등하도록 하기 위해서 웩슬러는 평균을 100으로 설정하고, 표준편차를 15로 설정했다.
그 후 사람의 편차 지능지수를 100±로 정의했다. 예를 들어, 만약 어떤 사람이 그 사람의 나이 집단에 대해 평균 이상에서 1표준편차라면, 그 사람의 편차 지능지수는 100 + (15 X 1)로, 115가 된다.

053

MMPI-2의 임상척도에 대한 설명으로 옳은 것은?

① 각 임상척도는 그에 상응하는 DSM 진단명이 부여되어 있으며 해당 진단명에 준해 엄격하게 해석해야 한다.
② MMPI-2의 임상척도는 타당도 척도와는 달리 수검태도에 따른 반응왜곡의 영향을 받지 않는다.
③ 임상척도 중 5번 척도는 그에 상응하는 정신병리적 진단이 존재하지 않는다.
④ 임상척도 중에서는 약물처방 유무를 직접적으로 알려주는 지표를 먼저 검토해야 한다.

해설

MMPI 5번 척도(Mf)는 임상 척도 중에서 성격척도로 분류되며 진단과는 관련이 없다.

054

MMPI-2와 Rorschach 검사에서 정신병리의 심각성과 지각적 왜곡의 문제를 탐색할 수 있는 척도와 지표로 옳은 것은?

① F척도, X-%
② Sc척도, EB
③ Pa척도, a:p
④ K척도, Afr

해설

F척도는 비전형 척도로 일반인이 하는 응답 방식에서 일탈된 경향성을 평가한다.
X-%는 지각의 왜곡을 의미하며, X+%가 유의하게 낮고 이와 더불어 X-%가 높다면 피검자의 지각왜곡이 심각하다는 것을 의미한다. X-%가 20%를 넘는다면 심각한 지각 손상일 수 있다.

055

MMPI-2에서 T-점수의 평균과 표준편차는?

① 평균: 100, 표준편차: 15
② 평균: 50, 표준편차: 15
③ 평균: 100, 표준편차: 10
④ 평균: 50, 표준편차: 10

해설

MMPI-2는 평균이 50점, 표준편차가 10이다. T점수 65점 이상이면 통계적으로 유의한 것으로 본다.

056

다음에서 설명하는 타당도는?

주어진 준거에 비추어 검사의 타당도를 확인하기 위한 것으로 미래 예측과 관련된다. 예를 들어 수능시험이 얼마나 대학에서의 학업능력을 잘 예측하는지를 확인하기 위하여 학점과 관련성을 측정하는 것이다.

① 변별타당도
② 예언타당도
③ 동시타당도
④ 수렴타당도

해설

예언타당도 : 검사 점수가 미래의 어떤 행동(직업의 성공, 학업 성적)을 얼마나 잘 예측하는지를 나타내는 타당도이다.

057

K-WAIS-IV에서 일반능력지수(GAI)와 개념적으로 관련이 있는 지수는?

① 언어이해지수와 지각추론지수
② 언어이해지수와 작업기억지수
③ 작업기억지수와 처리속도지수
④ 지각추론지수와 처리속도지수

해설

일반능력지수(GAI)는 언어이해지수(VCI)와 지각추리지표(PRI)에 추론된 지수이다.
- **언어이해지수 핵심소검사** : 공통성, 어휘, 이해
- **지각추론지수 핵심소검사** : 토막짜기, 행렬추론, 퍼즐

059

한 아동이 웩슬러 아동용 지능검사에서 언어이해지수(VCI) 125, 지각추론지수(PRI) 89, 전체검사 지능지수(FSIQ) 115를 얻었다. 이 결과에 대한 해석적인 가설이 될 수 있는 것은?

① 매우 우수한 공간지각능력
② 열악한 초기 환경
③ 학습부진
④ 우울증상

해설

언어성 지능이 동작성 지능보다 36점 이상 차이나는 것은 심각한 우울증을 의미하는 것으로 해석될 수 있다.

웩슬러 지능검사에서 언어성 지능이 동작성 지능보다 높은 경우의 해석
수검자가 고학력인 경우, 언어적 자극을 처리하는 뇌의 좌반구가 발달된 경우, 시·공간적 자극을 처리하는 뇌의 우반구가 손상된 경우, 우울증, 신경학적 장애, 강박장애 등을 가진 경우

058

신경심리평가를 사용하는 목적으로 옳지 않은 것은?

① 뇌손상 여부의 판단
② 치료과정에서 병의 진행과정과 호전 여부의 평가
③ MRI 등으로 판단하기 어려운 미세한 기능장애의 평가
④ 과거의 억압된 감정을 치료하는데 주 목적이 있다.

해설

과거의 억압된 감정을 치료하는데 주 목적이 있는 심리치료는 정신분석이나 최면이다.

060

지능이론가와 모형이 잘못 짝지어진 것은?

① 스피어만(Spearman) - 2요인 모형
② 써스톤(Thurstone) - 다요인/기본정신능력 모형
③ 가드너(Gardner) - 다중지능 모형
④ 버트(Burt) - 결정성 및 유동성 지능 모형

해설

결정성 및 유동성 지능 모형은 Cattell이 이론화한 개념으로 유동성지능은 유전적, 선천적으로 주어지는 능력으로서 경험이나 학습의 영향을 거의 받지 않으며, 결정성 지능은 환경이나 경험, 문화적 영향에 의해 발달되는 지능으로서, 유동성 지능을 토대로 후천적인 발달이 이루어진다.

제4과목 임상심리학

061
주로 흡연, 음주문제, 과식 등의 문제를 해결하기 위해 사용되며, 부적응적이고 지나친 탐닉이나 선호를 제거하는데 사용되는 행동치료 방법은?

① 부적 강화 ② 혐오치료
③ 토큰경제 ④ 조형

해설
혐오치료는 제거하려는 문제행동과 불쾌경험을 짝짓는 방법으로 매우 효과적인 행동변화 기법이다. 범죄, 흡연, 음주문제, 과식 등 중독적 문제를 해결하기 위해 사용되기도 한다.

062
지역사회 심리학에서 강조하는 사항과 가장 거리가 먼 것은?

① 지역사회 조직과의 관계 개발을 강조한다.
② 준전문가의 역할과 자조활동을 강조한다.
③ 전통적인 입원치료에 대한 지역사회의 대안을 강조한다.
④ 유지되는 능력보다는 결손된 능력을 강조한다.

해설
결손된 능력을 강조하는 것은 전통심리학의 입장이며, 지역사회 심리학은 내담자의 강점, 장점 등 유지되는 능력을 강조한다.
지역사회 심리학
사람과 환경 간의 적합성에 주의를 기울이면서 정신건강 문제의 발생 및 완화에 있어서 환경적 힘의 역할에 주목
삶의 문제 원인을 생물학적, 심리적 원인에서 찾기보다는 사회적, 지역적 선행사건에서 찾으려고 함
지역사회 중심의 공공 정신보건체계를 강조하며, 정신질환자 또는 정신장애인을 기존의 병원이나 수용소가 아닌 가족, 학교, 직장, 광범위한 장소 등 지역사회 내의 다양한 사회구조로 흡수를 중시함

063
다음 중 가장 최근에 있었던 사건은?

① Boulder 모형 제안
② Wechsler-Bellevue 지능 척도 출판
③ George Engel 생물심리사회 모델 제안
④ Rogers 내담자중심치료 출판

해설
① Boulder 모형 제안 : 1949년
② Wechsler-Bellevue 지능 척도 출판 : 1939년
③ George Engel 생물심리사회 모델 제안 : 1977년
④ Rogers 내담자중심치료 출판 : 1951년 출판

064
기말고사에서 전 과목 100점을 받은 경희에게 선생님은 최우수상을 주고 친구들 앞에서 칭찬도 해주었다. 선생님이 경희에게 사용한 학습 원리는?

① 조건화 ② 내적 동기화
③ 성취 ④ 모델링

해설
조건화는 특정 반응이나 행동의 발생 빈도를 증가시키기 위해 강화물을 사용하는 것이다. 경희에게 칭찬과 최우수상이라는 강화물이 주어졌으므로 경희가 이후 더욱 열심히 공부해서 우수한 점수를 받을 가능성이 증가했다.

065
심리치료에서 치료자가 역전이를 다루는 방식으로 가장 바람직한 것은?

① 치료자는 내담자에 대해 부정적인 감정을 느끼지 않도록 노력해야 한다.
② 내담자에게 좋은 치료자라는 말을 듣고 싶은 것은 당연한 욕구라고 여긴다.
③ 내담자에게 느끼는 역전이 감정은 내담자의 전이와 함께 연결지어 분석한다.
④ 치료자가 경험하는 역전이를 정확하게 인식해야 하지만 이를 치료에 활용하는 것을 삼간다.

해설
상담자가 내담자에게 전이현상을 나타낼 때, 이를 역전이라고 한다. 역전이는 내담자의 반응을 왜곡하여 받아들이게 하기 때문에 최소화되어야 한다. 현대 정신분석에서는 역전이의 제거가 불가능하다는 점과 더불어 치료자와 내담자 두 사람의 상호전이를 이해하는 것이 중요하다는 점에서 역전이를 치료적으로 활용하다는 움직임이 나타나고 있다.

066
한국심리학회 윤리규정에 관한 설명으로 틀린 것은?

① 심리학자는 성실성과 인내심을 가지고 함께 일하는 다른 분야의 종사자와 협조적으로 업무를 수행한다.
② 심리학자는 내담자의 개인정보를 어떠한 경우에도 노출하면 안된다.
③ 심리학자는 성적 괴롭힘을 하지 않는다.
④ 심리학자는 개인과 사회의 발전을 위해 노력하여야 한다.

해설
자해, 자살 및 타해 및 타살계획, 사회의 안전, 전염병, 아동의 인권, 판사의 명령 등의 사유는 내담자에 대한 비밀보장의 예외가 된다.

067
사회기술 훈련 프로그램의 구성 요소와 가장 거리가 먼 것은?

① 문제해결 기술   ② 증상관리 기술
③ 의사소통 기술   ④ 자기주장 훈련

해설
환자의 역기능적인 대인관계나, 특정한 사회기술상의 결함을 알아내고 이러한 결함을 보충하기 위해 사용되는 고도로 구조화된 교육절차이다(예 지시, 비디오를 통한 역할 모방, 따라하기, 연습하기, 역할연기, 언어적인 피드백, 집단구성원간의 강화, 숙제 등).

068
전통적인 정신역동적 심리평가와 비교했을 때 행동평가의 특징으로 옳은 것은?

① 행동이 시간이나 장소에 관계없이 일관될 것으로 예상한다.
② 개인 간을 비교하며 보편적 법칙을 더 강조한다.
③ 행동을 징후라고 해석하기보다는 표본으로 간주한다.
④ 성격 특성의 병인론을 기술하는데 초점을 둔다.

해설
행동주의적 입장의 행동평가에서는 성격을 구체적인 상황에서 나타나는 행동의 용어로 설명하는 바, 행동주의자들은 공격성에 관심을 두는 것이 아니라 공격적인 행동에 관심을 두게 된다. 정신역동적 심리평가에는 행동을 징후로 보는 반면, 행동평가에서는 전체적 행동을 반영하는 표본으로 간주한다.

069

다음 중 뇌반구의 기능에 관한 설명으로 적합하지 않은 것은?

① 좌반구는 세상의 좌측을 보고, 우반구는 우측을 본다.
② 좌측 대뇌피질의 전두엽 가운데 운동피질 영역의 손상은 언어문제 혹은 실어증을 일으킨다.
③ 대부분의 언어 장애는 좌반구와 관련이 있다.
④ 좌반구는 말, 읽기, 쓰기 및 산수를 통제한다.

해설
뇌기능의 편중화 이론에서는 뇌기능의 국지화와 각 반구가 주로 처리하는 능력은 좌우뇌에 있어서 비대칭적이다(예 좌반구-언어이해, 숫자, 자세유지, 손과 팔의 운동통제, 우반구-시공간적 지각, 정서이해)

④ 상담자는 내담자를 향해 무조건적 긍정적 존중을 실천하고 있다.
⑤ 상담자는 내담자의 내적 참조체제를 경험하며 공감적으로 이해하고 있다.
⑥ 내담자는 상담자가 자신에 대해 긍정적 존중을 하고 상담자가 이해한다는 것을 지각한다.

070

치료동맹에 관한 설명 중 내담자 중심 치료의 입장을 가장 잘 반영하고 있는 것은?

① 내담자와 치료자의 관계가 치료적 변화를 발생시킬 수 있는 필요충분조건이다.
② 치료동맹을 형성하는데 있어서 치료자 보다는 내담자의 자발성을 강조하는 것이 중요하다.
③ 치료관계보다 치료기법을 적절하게 사용하는 것이 치료효과를 높이는데 더 중요하다.
④ 치료동맹은 내담자의 적절한 행동에 대한 수반적 강화를 제공하기 때문에 치료효과에 긍정적이다.

해설
내담자 중심 치료에서의 치료동맹
① 두 사람이 접촉 중이어야 한다.
② 내담자는 불일치하고, 상처 입기 쉽고, 또는 불안한 상태에 있다.
③ 상담자는 일치(진정성) 상태이다.

071

우울증에 관한 Beck의 인지치료에서 강조하는 내용과 가장 거리가 먼 것은?

① 내담자의 비활동성과 자신의 우울한 감정에 초점을 두는 경향을 막기 위해 활동 계획표를 만든다.
② 환자에게 부정적 결과에 대한 비난을 자신 아닌 적절한 다른 곳으로 돌리게 가르친다.
③ 내담자의 미해결된 억압된 기억을 자각하고 의식함으로써 지금-여기에서 해결하도록 조력한다.
④ 내담자가 해결 불가능한 일로 간주하고 자신을 비난하는 대신 문제에 대한 대안책을 찾도록 돕는다.

해설
내담자의 미해결된 억압된 기억을 자각하고 의식함으로써 지금-여기에서 해결하도록 돕는 것은 게슈탈트 치료이다.

072

뇌의 편측화 효과를 측정할 수 있는 대표적 방법은?

① 미로검사
② 이원청취기법
③ Wechsler 기억검사
④ 성격검사

> **해설**
> 이원청취기법은 청각체계에서의 뇌의 편측성 효과를 탐색하는 절차이다.
> 이 실험 장치에서 피검자는 헤드폰을 쓰고 각 귀로 동시에 서로 다른 메시지를 제시받는다. 각 귀로 경쟁하는 메시지를 제시하여 비대칭성을 시험하는 방법을 '이원청취'(dichotic listening) 라고 부른다.

073

신경인지장애가 의심되는 경우 주로 사용하는 구조화된 면접법은?

① SADS(Schedule of Affective Disorders and Schizophrenia)
② 개인력 청취
③ SIRS(Structured Interview of Reported Symptoms)
④ 정신상태평가

> **해설**
> **정신상태평가(Mental State Evaluation)**
> 반구화된 면담기법으로 정신상태검사는 일반적 외모와 면담행동, 면담태도, 정신운동기능, 정서적 반응, 언어와 사고, 감각과 지각, 기억 등을 파악한다.
> 정신병적 이상이나 뇌기능 손상이 의심될 때도 사용된다.

074

현실치료에 관한 설명으로 가장 적합한 것은?

① 내담자가 더 현실적이고 실현 가능한 인생철학을 습득함으로써 정서적 혼란과 자기패배적 행동을 최소화하는 것을 강조한다.
② 내담자의 좌절된 욕구를 알고 사람들과의 관계에서 새로운 선택을 함으로써 보다 성공적인 관계를 얻고 유지할 수 있음을 강조한다.
③ 현대의 소외, 고립, 무의미 등 생활의 딜레마 해결에 제한된 인식을 벗어나 자유와 책임 능력의 인식을 강조한다.
④ 가족 내 서열에 대한 해석은 어른이 되어 세상과 작용하는 방식에 큰 영향이 있음을 강조한다.

> **해설**
> **현실치료의 인간관** : 인간의 모든 행동은 기본적 욕구인 생존, 사랑, 권력, 자유, 재미를 충족시키기 위해서 선택한 것이다. 인간은 기본적 욕구를 충족시킬 수 있는 좋은 세계를 획득하기 위해서 전체행동을 선택하는 통제시스템일 것이 선택이론의 골자이다.

075

Cormier와 Cormier가 제시한 적극적 경청 기술과 그 내용에 해당하지 않는 것은?

① 해석 : 당신이 그 사람과의 관계에서 재미없다고 말할 때 성적 관계에서 재미없다는 말씀으로 들립니다.
② 요약 : 이제까지의 말씀은 당신이 결혼하기에 적당한 사람인지 불확실해서 걱정하신다는 것이지요.
③ 반영 : 당신은 그 사람과의 관계에서 지루함을 느끼고 있군요.
④ 부연 : 그래서 당신은 자신의 문제 때문에 결혼이 당신에게 맞는지 확신하지 못하는군요.

> **해설**
> Cormier와 Cormier가 제시한 적극적 경청기술에는 해석기법이 포함되어 있지 않다.

076
인간의 정신병리가 경험회피와 인지적 융합으로 인한 심리적 경직성 때문이라고 주장하며 창조적 절망감, 맥락으로서의 자기 등의 치료 요소를 강조하는 가장 대표적인 치료법은?

① 수용전념치료(ACT)
② 변증법적 행동치료(DBT)
③ 합리적 정서행동치료(REBT)
④ 마음챙김에 근거한 인지치료(MBCT)

> **해설**
> 수용전념치료(ACT) : 인간의 언어 사용이 심리적 괴로움의 핵심이라는 전제에서 시작한다. 이 접근법은 관계구성이론(relational frame theory, RFT)으로 불리는 인간 언어와 인지에 대한 기초 학습 이론으로 설명할 수 있다. 인간에게는 다른 동물과 달리 자극 사이에 임의로 확립된 관계에 반응하거나 행동할 수 있는 추가적인 능력이 있다. 달리 말해 인간은 직접 경험하지 않은 사건에 대해서도 미리 다룰 수 있는 관계 구성(relational frame) 능력을 학습할 수 있다.

077
최근 컴퓨터는 임상실무에서의 치료효과 평가에 점차 그 사용이 확대되고 있다. 전산화된 심리평가에 관한 설명으로 옳은 것은?

① 컴퓨터 기반 검사는 시행 시간을 절약해 주지만 검사자 편파가능성이 높아진다.
② 컴퓨터 기반 보고서는 임상가를 대체하는 임상적 판단을 제공할 수 있다.
③ 컴퓨터 기반 검사를 사용하면 임상가가 유능하지 못한 영역에서도 임상적 판단을 제공할 수 있다.
④ 컴퓨터 평가 기반 해석의 경우 짧거나 중간 정도의 분량을 지닌 진술이 긴 분량의 진술에 비해 일반적으로 타당한 경우가 더 많다.

> **해설**
> 컴퓨터 기반 검사는 시행시간의 절약, 검사자간 편파 가능성 감소의 장점이 있다. 다만 임상적 판단은 한계가 있기에 임상가를 대체하기 어렵다. 컴퓨터 기반 검사는 평균 이상의 임상적 제시가 가능하지만 임상적 판단을 내리는 데는 한계가 있다.

078
다음 중 대뇌 기능의 편재화를 평가하는데 사용하는 검사가 아닌 것은?

① 손잡이(handedness) 검사
② 주의력 검사
③ 발잡이(footedness) 검사
④ 눈의 편향성 검사

> **해설**
> 주의력 검사는 전두엽(혹은 전전두엽)의 기능과 관련이 있다.

079
심리평가에서 임상적 예측을 시행할 때 자료 통계적 접근법이 더욱 권장되는 경우는?

① 매우 드물게 발생하며, 비정상적인 사건으로서 지극히 개인적인 일을 예측하고 판단 내려야 하는 경우
② 다수의 이질적인 표본들을 대상으로 한 경우로 한 개인의 특성에 대한 관심은 적은 경우
③ 적절한 검사가 없는 영역이나 사건에 대한 정보가 필요한 경우
④ 예측하지 못한 상황변수가 발생하여 공식이 유용하지 않게 되는 경우

> **해설**
> 통계적 접근법은 드물게 발생하거나 사전 정보가 없는 경우, 변수가 발생한 경우에는 사용하기 어렵다.

080
다음 ( )에 알맞은 방어기제는?

> • 중현이는 선생님께 꾸중을 들어 기분이 매우 좋지 않았다. 집으로 돌아온 중현이에게 동생이 밥을 먹을 것인지 묻자, "네가 상관할 거 없잖아!"라고 소리를 질렀다.
>
> • 중현이가 사용하고 있는 방어기제는 ( )이다.

① 행동화 ② 투사
③ 전위 ④ 퇴행

해설

전위(displacemnet 전치)
원래의 무의식적 대상에게 주었던 감정을, 그 감정을 주어도 덜 위험한 대상에게로 옮기는 과정(예 남편을 두려워하는 아내가 남편을 닮은 아들을 혼내고 때리는 심리)

제 5 과목 심리상담

081
다음에서 설명하는 것은?

> 로저스(Rogers)가 제시한 바람직한 심리상담자의 태도 중 상담자가 내담자의 경험 또는 내담자의 사적인 세계를 민감하게 그리고 정확하게 이해하려는 노력

① 공감적 이해 ② 진실성
③ 긍정적 존중 ④ 예민한 관찰력

해설

로저스가 강조한 상담자의 세가지 태도

1. **진실성**
   상담자가 내담자와의 관계에서 감지되는 바를 왜곡하거나 부정하지 않고 있는 그대로 경험하는 것. 상담자가 내담자를 대할 때 가식이나, 왜곡, 겉치레가 없는 것. 상담자가 내담자를 진실하고 솔직하게 대하는 태도를 일관되게 유지하게 되면 내담자도 그것을 거울삼아 자신의 경험에 대해 진솔하게 접촉해 나갈 수 있게 됨

2. **공감적 이해**
   내담자의 내면에서 진행되는 심층적인 경험내용을 상담자가 정확히 이해하고 의사소통하는 것. 상담자가 직접 경험하지 않고도 다른 사람의 감정을 거의 같은 내용과 수준으로 이해하는 것. 상담자는 내담자가 아니기에 내담자의 감정, 신념 등을 아는 것만으로는 충분치 않으며 내담자에게 공감한 것을 전달하는 것이 중요함

3. **무조건적 긍정적 존중**
   상담자가 내담자를 그 어떠한 가치기준도 적용하지 않은 채 있는 그대로 수용하고 존중해주는 것. 나는 '당신이 ~할 때만 괜찮은 사람으로 인정하겠다'가 아니라 '나는 당신의 모습을 있는 그대로 존중하겠다' 는 태도

082

특정한 직업분야에서 훈련이나 직무를 성공적으로 수행할 가능성을 예측하는 데 가장 적합한 검사는?

① 직업적성검사
② 직업흥미검사
③ 직업성숙도검사
④ 직업가치관검사

해설

직업적성검사: 적성이란 특정 영역(학업, 업무 등)에서 능력을 발휘하는 잠재적인 가능성을 의미하며, 직업적성검사는 직업과 관련된 다양한 능력을 진단하는 검사이다.

직업흥미검사: 흥미란 어떤 종류의 활동에 대해서 개인이 가지고 있는 쾌, 불쾌, 수락, 거부의 경향성을 말하며 특히 직업흥미는 직업의 선택, 직업의 지속, 직업세계의 만족감, 직업에서의 성공 등과 밀접한 관련이 있다.

진로성숙도검사: 초6~고3을 대상으로 진로계획태도와 진로계획능력을 측정하기위한 검사이다.

직업가치관검사: 직업가치란 직업생활을 통하여 충족하고자 하는 욕구 또는 상대적으로 중요시하는 것을 의미한다. 이 검사는 직업과 관련된 다양한 욕구 및 가치들에 대해 상대적으로 무엇을 얼마나 더 중요하게 여기는가를 살펴보고, 그 가치가 충족될 가능성이 높은 직업을 탐색할 수 있도록 도움을 주는 검사이다.

083

AA(익명의 알코올중독자모임)에서 고수하고 있는 12단계와 12전통에 해당하지 않는 것은?

① 외부의 문제에 대해서는 어떠한 의견도 제시하지 않는다.
② 항상 비직업적이어야 하지만, 서비스센터에는 전임 직원을 둘 수 있다.
③ 홍보 원칙은 적극적인 선전보다 AA 본래의 매력에 기초를 둠에 따라 대중매체에 개인의 이름이 밝혀져서는 안 된다.
④ 외부의 기부금은 개인의 이익이 아닌 AA 전체의 이익을 위해서만 쓰여야 한다.

해설

A. A. 12전통

1. 우리의 공동 복리가 무엇보다 우선되어야 한다. 개인의 회복은 A.A.의 공동 유대에 달려 있다.

2. 우리의 그룹 목적을 위한 궁극적인 권위는 하나이다. - 이는 우리 그룹의 양심 안에 당신 자신을 드러내 주시는 사랑 많으신 신(神)이시다. - 우리의 지도자는 신뢰받는 봉사자일 뿐이지 다스리는 사람들은 아니다.

3. 술을 끊겠다는 열망이 A.A.의 멤버가 되기 위한 유일한 조건이다

4. 각 그룹은 다른 그룹이나 A.A. 전체에 영향을 끼치는 문제를 제외하고는 반드시 자율적이어야 한다.

5. 각 그룹의 유일한 근본 목적은 아직도 고통받고 있는 알코올중독자들에게 메시지를 전하는 것이다.

6. A.A. 그룹은 관계 기관이나 외부의 기업에 보증을 서거나 융자를 해주거나 A.A.의 이름을 빌려 주는 일 등을 일체 하지 말아야 한다. 돈이나 재산, 명성의 문제는 우리를 근본목적에서 벗어나게 할 우려가 있기 때문이다.

7. 모든 A.A. 그룹은 외부의 기부금을 사절하며, 전적으로 자립해 나가야 한다.

8. A.A.는 항상 비직업적이어야 한다. 그러나 서비스센터에는 전임 직원을 둘 수 있다.

9. A.A.는 결코 조직화되어서는 안 된다. 그러나 봉사부나 위원회를 만들 수는 있으며, 그들은 봉사 대상자들에 대한 직접적인 책임을 갖게 된다.

10. A.A.는 외부의 문제에 대해서는 어떤 의견도 가지지 않는다. 그러므로 A.A.의 이름이 공론에 거론되어서는 안 된다.

11. A.A.의 홍보 원칙은 적극적인 선전보다 A.A.의 본래 매력에 기초를 둔다. 따라서 대중 매체에서 익명을 지켜야 한다.

12. 익명은 우리의 모든 전통의 영적 기본이며, 이는 각 개인보다 항상 A.A.의 원칙을 앞세워야 한다는 것을 일깨워 주기 위해서이다.

084

테일러(Taylor)가 제시한 학습부진아에 관한 특성으로 옳지 않은 것은?

① 학업에 대한 막연한 불안감을 가지고 있다.
② 자기비판적이고 부적절감을 가져 자존감이 낮다.
③ 목표설정이 비현실적이고 계속적인 실패를 보인다.
④ 주의가 산만하고 학업지향적이다.

해설
학습부진은 내재적 또는 환경적 요인으로 인해 학습 성취 수준이 현저히 떨어지거나 잠재적인 지적 능력에도 불구하고 기대되는 수준에 미치지 못하는 상태를 말한다.
Taylor의 학습부진아에 관한 특성: 학업불안이 있고, 자존감면에서 자기비판적·부적절감을 지니며, 성인과의 관계는 추종, 회피, 맹목적 반항, 부모에 대한 적대감, 방어적으로 행동한다. 활동패턴은 사회지향적이며, 목표설정면에서 목표에 대해 비현실적이고 계속적으로 실패한다.

085

알코올 중독을 치료하기 위해 음주 시 구토를 유발하는 약물을 사용하는 것과 같은 조건형성 기법은?

① 소거
② 홍수법
③ 혐오치료
④ 충격치료

해설
혐오치료는 제거하려는 문제행동과 불쾌경험을 짝짓는 방법으로 매우 효과적인 행동변화 기법이다.

086

아들러(Adler)의 상담이론에서 사용하는 기법이 아닌 것은?

① 격려하기
② 전이의 해석
③ 내담자의 수프에 침 뱉기
④ 마치 ~인 것처럼 행동하기

해설
전이의 해석은 프로이트의 정신분석이론에서 주요하게 다룬다.
아들러의 상담이론에서는 생활양식 분석, 격려, 마치 ~인 것처럼 행동하기, 수렁 피하기, 자신을 포착하기, 단추 누르기, 스프에 침 뱉기, 즉시성, 직면과제 부여기법 등이 있다.

087

벡(Beck)의 인지치료에서 인지도식에 관한 설명으로 옳지 않은 것은?

① 인지도식이란 나와 세상을 이해하는 틀이다.
② 사람마다 인지도식이 다르기 때문에 같은 사건을 다르게 해석한다.
③ 역기능적 인지도식은 추상적 사고가 가능한 청소년기부터 형성된다.
④ 역기능적 신념이 역기능적 자동적 사고를 유발하여 부적응행동을 초래한다.

해설
역기능적 인지 도식은 어린 시절의 경험에 의해 형성된다. Beck에 따르면, 우울한 사람들은 생활사건의 의미를 부정적으로 해석하게 하는 역기능적 인지도식을 지니고 있다.

088

다음에서 설명하는 상담기술은?

> 내담자의 감정에 대한 명확한 이해를 포함하여 내담자의 진술을 반복하거나 재표현하기도 한다.

① 재진술
② 감정반영
③ 해석
④ 통찰

해설

반영(reflection) : 내담자의 말과 행동에서 표현된 기본적인 감정, 생각, 및 태도를 상담자가 다른 참신한 말로 부언해주는 것. 감정의 반영, 행동 및 태도의 반영

089

스트레스나 스트레스 대처에 관한 설명으로 옳은 것은?

① 스트레스의 원천으로는 좌절, 압력, 갈등, 변화 등이 있다.
② 스트레스에 대한 생리적 반응으로 부교감신경계가 활성화된다.
③ 스트레스 대처방안에는 문제중심형과 인간중심형 대처방법이 있다.
④ 스트레스에 대한 생리적 반응은 경고, 탈진, 저항 단계 순으로 진행된다.

해설

스트레스 유발요인은 일상의 골칫거리, 압력 및 갈등, 좌절, 심리적 탈진, 대인관계 폭력 등이다. 스트레스에 대한 생리적 반응으로 뇌하수체로 하여금 부신피질자극 호르몬 분비하도록 명령하며, 자율신경계의 교감신경을 활성화된다.
스트레스에 대한 대처는 투쟁 혹은 도피 반응인 생리적 각성 반응을 유발한다. 스트레스에 대한 생리적 반응은 경고, 저항, 탈진단계로 진행된다.

090

자살을 하거나 시도하는 학생들에게 공통적으로 나타나는 성격특성과 가장 거리가 먼 것은?

① 부정적 자아개념
② 부족한 의사소통 기술
③ 과도한 신중성
④ 부적절한 대처 기술

해설

청소년의 자살 원인은 자아존중감의 결여, 스트레스, 우울증, 가정환경, 학교환경, 지역사회와 관련되며, 특징으로는 충동성, 도움을 청하거나 심적 고통을 호소하는 극단적 표현, 자살에 대한 환상, 또래의 영향 등이 있다.

091

상담에서 내담자의 권리에 관한 설명으로 옳지 않은 것은?

① 상담자의 자격과 훈련에 대한 정보를 제공받을 수 있다.
② 내담자가 자신과 타인에게 해를 미칠 경우에도 비밀을 보장받을 수 있다.
③ 상담자를 선택할 수 있는 권리와 상담을 거부할 수 있는 권리에 대한 정보를 제공받을 수 있다.
④ 법적으로 정보공개가 요구되는 경우는 비밀보장의 한계를 가질 수 있다.

해설

자해, 자살 및 타해 및 타살계획, 사회의 안전, 전염병, 아동의 인권, 판사의 명령 등의 사유는 내담자에 대한 비밀보장의 예외가 된다.

092

변태성욕장애 중 여성의 속옷 또는 손수건 등을 수집하고, 이를 사용하여 성적 만족을 느끼는 것은?

① 노출장애
② 물품음란장애
③ 관음장애
④ 소아성애장애

> **해설**
> 변태성욕장애는 성행위 대상이나 성행위 방식에서 비정상성을 나타내는 장애이다.
> 물품음란장애는 물건에 대해서 성적 흥분을 느끼며 집착하는 경우를 말한다. 발병은 보통 청소년기에 시작되며 일단 발병되면 만성적 결과를 나타낸다.

4. 종종 도박에 집착함(예 과거의 도박 경험을 되새기고, 다음 도박의 승산을 예견해 보거나 계획하고, 도박으로 돈을 벌 수 있는 방법을 생각)
5. 괴로움(예 무기력감, 죄책감, 불안감, 우울감)을 느낄 때 도박함

093

도박중독에 관한 설명으로 옳지 않은 것은?

① 원하는 흥분을 얻기 위해 액수를 낮추면서 도박을 한다.
② 정상적인 사회생활에는 큰 지장이 없다.
③ 도박을 중단하면 금단증상이 나타나며, 심하면 자살을 초래한다.
④ 도시보다 시골지역에 많으며, 평생 유병률은 5% 정도로 보고되고 있다.

> **해설**
> 병적 도박자들은 도박을 중단하면 안절부절못하고 우울해지거나 과민하고 집중력이 저하되는 금단증상을 보인다. 도박장애로 치료받는 사람들의 반 이상이 자살사고를 가지며, 약 17%는 자살 시도를 한다.
>
> **도박장애 진단기준**
> 지속적이고 반복적인 문제적 도박 행동이 임상적으로 현저한 손상이나 고통을 일으키고 지난 12개월 동안 다음의 항목 중 4개 또는 그 이상이 나타나야 한다.
> 1. 원하는 흥분을 얻기 위해 액수를 늘리면서 도박하려는 욕구
> 2. 도박을 줄이거나 중지시키려고 시도할 때 안절부절못하거나 과민해짐
> 3. 도박을 조절하거나 줄이거나 중지시키려는 노력이 반복적으로 실패함

094

정신분석적 접근에서 과거가 현재의 정신적 활동에 지배적이고 영속적인 영향을 미친다는 기본개념은?

① 결정론(determinism)
② 역동성(dynamics)
③ 지형학적 모델(topography)
④ 발생적 원리(genetic)

> **해설**
> 정신분석적 성격 이론은 결정론, 역동성, 지형학적 모델, 발생적 원리라는 기본 개념이 있다.
> 발생적 원리는 인생 후기의 갈등, 성격 특성, 신경증적 증상 및 심리적 구조의 기원이 아동기의 중요한 사건과 소망 그리고 그것들이 만들어낸 환상에 있음을 추적해 내는 것이다.
> **결정론** : 마음 속의 사건들이 무작위적이 아니며 우발적, 우연적, 무관한 것이 아니며, 과거 5~6세까지의 어린 시절의 경험이 현재의 정신적 작용에 영향을 준다는 것이다.
> **역동성** : 인간은 본능인 리비도적 및 공격적 충동들의 상호작용에 의해 현실을 고려하며 역동적으로 행동한다는 것이다.
> **지형학적 모델** : 인간의 자각 수준을 의식, 전의식, 무의식으로 구분하며 성격구조는 본능적 자아, 현실적 자아, 도덕적 자아로 세분화한다.

095
상담기법 중 상담 초기단계에서 더 많이 사용하는 것은?

① 직면　　② 자기개방
③ 개방형 질문　　④ 심층적 질문

해설
상담초기에는 관심기울이기, 경청, 공감, 수용적 존중과 개방형 질문 등을 주로 사용함으로써 내담자와의 라포 형성, 정보의 탐색 및 이해가 주로 이루어진다.

096
상담관계 형성에서 상담자가 갖추어야 할 자세로 적합하지 않은 것은?

① 내담자와 시선 맞추기
② 최소반응을 적절히 사용하기
③ 내담자의 주호소 문제를 인내를 갖고 지켜보기
④ 내담자의 감정을 반영하기

해설
상담관계, 즉 라포를 형성하는 초기 단계에서, 적절하게 시선을 맞추고, 고개를 끄덕이거나 "음, 그렇군요."등의 최소반응을 사용하며, 감정을 반영해주려고 해야 한다.
상담의 중기에서는 저항이 출현할 수 있으므로 내담자의 주호소 문제를 인내심을 갖고 지켜보며 저항을 극복하려는 방법을 가지고 있어야 한다.

097
상담 및 심리치료의 발달사에 관한 설명으로 옳지 않은 것은?

① 글래서(Glasser)는 1960년대에 현실치료를 제시하였다.
② 가족치료 및 체계치료는 1970년대부터 본격적으로 등장하였다.
③ 메이(May)와 프랭클(Frankl) 영향으로 게슈탈트 상담이 발전하였다.
④ 위트머(Witmer)는 임상심리학이라는 용어를 최초로 사용했으며, 치료적 목적을 위해 심리학의 지식과 방법을 활용하였다.

해설
롤로 메이와 빅터 프랭클은 실존주의 심리치료를 지향하며, 게슈탈트 상담은 프리츠 펄스가 창안하였다.

098
실존적 심리치료에서 가정하는 인간의 4가지 실존적 조건에 해당하지 않는 것은?

① 무의미　　② 무한적 존재
③ 고독과 소외　　④ 자유와 책임

해설
실존적 심리치료에서 가정하는 인간의 4가지 실존적 조건은 죽음, 자유, 고독과 소외, 무의미이다. 무한적 존재가 아니라 유한적 존재이다.

099

사회학적 관점에서 청소년 비행의 원인을 설명하기에 적합하지 않은 이론은?

① 아노미 이론
② 사회통제 이론
③ 하위문화 이론
④ 사회배제 이론

해설

사회학적 관점에서 청소년 비행의 원인
아노미이론, 사회통제이론, 하위문화이론, 차별접촉이론이 있다.
- **아노미 이론** : 사회 내 결속력이 약해지고 규범이나 규칙이 제대로 준수되지 않았을 때 혼란이 발생하며 심지어 사회해체까지 야기될 수 있다고 봄.
- **사회통제 이론** : 관습을 지키면 사회에 결속되고 유대를 갖게 된다는 신념의 부재로 사회 규점을 어겨 일어남.
- **하위문화 이론** : 노동자계급 아이들이 상류계급 문화를 접하며 적응상 문제에 봉착하고, 그들만의 집단문화를 형성하여, 자신들의 자존심을 공동으로 방어하는 수단으로 비행을 일으킴
- **차별접촉 이론** : 비행친구들끼리 차별적 집단을 형성하고, 영향을 받는 것

100

집단상담의 발달단계 특징을 순서대로 나열한 것은?

ㄱ. 구성원들에게 왜 이 집단에 들어오게 되었는지를 분명히 이해시키고, 서로 친숙해지도록 도와준다.
ㄴ. 상담자와 집단원들은 집단과정에서 배운 것을 미래의 생활에서 어떻게 적용할 것인가를 생각한다.
ㄷ. 집단원들이 자기의 문제를 집단에서 논의하여 바람직한 행동 변화를 모색한다.
ㄹ. 집단과정 동안에 일어나는 저항, 방어 등을 자각하고 정리하도록 도와준다.

① ㄱ → ㄴ → ㄷ → ㄹ
② ㄱ → ㄹ → ㄴ → ㄷ
③ ㄱ → ㄹ → ㄷ → ㄴ
④ ㄷ → ㄴ → ㄱ → ㄹ

해설

ㄱ. 초기단계, ㄹ. 과도기단계, ㄷ. 생산성단계, ㄴ. 종결단계
집단상담은 초기단계, 과도기단계, 생산성단계, 종결단계로 이루어진다.

2020년 제3회 임상심리사 2급 필기 채점표

구분	제1과목	제2과목	제3과목	제4과목	제5과목	전과목 평균
점수						

2020년 제3회 임상심리사 2급 필기 정답

001	002	003	004	005	006	007	008	009	010	011	012	013	014	015	016	017	018	019	020
①	②	①	②	①	②	③	②	③	③	①	①	②	③	④	④	③	②	③	③
021	022	023	024	025	026	027	028	029	030	031	032	033	034	035	036	037	038	039	040
①	④	②	②	④	②	②	③	①	①	④	②	③	①	②	①	②	③	③	①
041	042	043	044	045	046	047	048	049	050	051	052	053	054	055	056	057	058	059	060
④	②	①	④	④	③	③	①	③	②	②	③	①	④	②	①	④	④	④	④
061	062	063	064	065	066	067	068	069	070	071	072	073	074	075	076	077	078	079	080
②	④	③	①	③	②	③	①	①	③	②	④	②	①	①	④	②	④	④	④
081	082	083	084	085	086	087	088	089	090	091	092	093	094	095	096	097	098	099	100
①	①	④	④	④	②	①	②	②	②	③	②	③	④	③	③	③	③	④	③

임상심리사 2급 필기

2019년 임상심리사 2급 기출문제

2019년 제1회 기출문제
2019. 03. 03. 시행

2019년 제3회 기출문제
2019. 08. 04. 시행

2019년 제1회 임상심리사 2급 필기 기출문제

2019년 03월 03일 시행

제1과목 심리학 개론

001
망각에 대한 설명으로 틀린 것은?

① 망각은 단기기억과 장기기억에서 모두 일어날 수 있다.
② 시간이 경과함에 따라 이전의 정보를 더 많이 잃어버리는 현상을 쇠퇴라고 한다.
③ 망각은 적절한 인출 단서가 없거나 유사한 기억 내용이 간섭을 해서 나타날 수 있다.
④ 장기기억에서 망각이 일어나는 주요 이유는 대치와 쇠퇴 현상 때문이다.

해설

장기기억에서 망각이 일어나는 주요 이유는 쇠퇴(소멸)와 간섭 때문이다.
망각은 단기 기억과 장기 기억 모두에서 나타나는 현상이다. 망각은 정보의 부호화(encoding), 저장(storage), 인출(retrieval) 단계에서의 문제와 정보 간의 간섭에 기인한 인출 단서의 부족과 기억 내용의 간섭에 의해 발생한다.
쇠퇴이론(소멸이론) : 사용하지 않은 기억이 시간의 경과에 따라 흐릿해지다가 결국 더 많은 정보를 잃어버리기 때문에 망각이 발생한다고 설명한다.
간섭이론 : 입력된 다른 정보 속성의 유사성에 따라 간섭이 일어나 망각이 발생한다고 설명한다.

002
Fastinger와 Carlsmith(1959)의 연구에 의하면 피험자들이 적은 돈, 혹은 많은 돈을 받고 어떤 지루한 일을 재미있다고 다른 사람에게 말하였을 때, 후에 그 일에 대한 태도의 결과로 옳은 것은?

① 적은 돈을 받은 사람은 실제로 그 일이 재미있다고 생각한다.
② 많은 돈을 받은 사람은 실제로 그 일이 재미있다고 생각한다.
③ 적은 돈을 받은 사람이나 많은 돈을 받은 사람 모두 실제로 그 일이 재미있다고 생각한다.
④ 적은 돈을 받은 사람이나 많은 돈을 받은 사람 모두 그 일이 지루하다고 생각한다.

해설

인지부조화 이론은 사람들이 기존의 태도에 반대되는 행동을 취하는 경우에, 이 행동을 상황 탓으로 돌릴 수 없게 된다면, 부조화라는 불편감을 경험하며, 이에서 벗어나고자 태도를 행동에 맞추어 변화시키는 가능성을 제시한다. 이 이론은 인지요소 간의 균형, 정서-인지의 균형 등에도 적용될 수 있지만 행동-태도의 균형을 이해하는 데 주로 적용된다.

003
성격이론에 대한 설명으로 틀린 것은?

① 유형론이 비연속적 범주에 의해서 성격특징들을 기술하는데 비해 특성론은 연속적인 속성으로 성격특징들을 파악하고 기술한다.
② Adler이론에서는 열등감, 보상, 우월성 추구가 핵심적 개념이다.
③ 행동주의적 성격이론에 따르면 성격은 개인이 타고났거나 상당히 지속적인 속성이며 학습에 의해 형성된 것이다.
④ Rogers가 묘사한 "완전히 기능하는 인간"은 경험에 대한 개방, 자신에 대한 신뢰, 내적 평가, 성장의지를 가진 사람이다.

해설
행동주의에서 유기체는 환경 자극에 대해 수동적으로 반응하는 존재이다. 행동주의는 성격에 대한 유전-환경의 논쟁에서 환경을 가장 강조하는 관점이고, 자극과 반응에 의해 행동이 결정되기 때문에 정신분석과 함께 결정론적 관점으로 분류된다.

004
표집방법 중 확률표집방법에 해당하지 않는 것은?

① 단순 무선표집(simpling random sampling)
② 체계적 표집(systematic sampling)
③ 군집 표집(cluster sampling)
④ 대리적 표집(incidental sampling)

해설
표본에서 얻은 정보를 일반화하기 위해서는 표본은 모집단의 부분집합으로 대표성을 갖추어야 한다. 확률 표집방법은 단순무선 표집, 체계적 표집, 층화표집, 군집표집이 있다.
비확률 표집방법은 대리적 표집(우연적 표집, 편의 표집), 목적 표집(유의 표집, 의도적 표집), 할당표집이 있다.

005
Freud에 따르면 거세불안을 극복하는 과정에서 형성되는 성격의 요소는?

① 원초아
② 자아
③ 초자아
④ 무의식

해설
어머니의 애정을 독점하려는 남자 아동은 거세불안을 경험하고, 아버지에 대해서 경쟁심, 적대감, 두려움, 존경심, 애정 등의 복잡한 감정을 경험하게 되는데, 이를 오이디푸스 콤플렉스라고 한다. 이 오이디푸스 콤플렉스의 원만한 해결은 건강한 성정체감의 형성, 초자아와 자아의 발달, 삼각관계의 수용과 더불어 건강한 이성관계를 맺을 수 있는 능력의 발달이라는 긍정적인 결과를 낳게 된다.

006
처벌의 효과적인 사용방법에 대한 설명으로 틀린 것은?

① 처벌은 반응 이후 시간을 두고 주는 것이 효과적이다.
② 반응이 나올 때마다 매번 처벌을 주는 것이 효과적이다.
③ 처음부터 아주 강한 강도의 처벌을 주는 것이 효과적이다.
④ 처벌행동에 대해 대안적 행동이 있을 때 효과적이다.

해설
처벌의 효과를 높이려면, 반응 즉시 적용하는 것이 효과적이며 일관성 있게 적용되어야 한다. 단, 처벌은 일시적인 행동의 억제를 주기에 바람직한 대안적 행동을 제시하는 것이 필요하며, 처벌과 강화의 규칙을 정하는 데 있어 상호 의논하여 동의를 얻는 것이 중요하다.

007
Rogers의 성격이론에서 심리적 적응에 가장 중요한 역할을 한다고 가정하는 것은?

① 자아강도(ego strength)
② 자기(self)
③ 자아이상(ego ideal)
④ 인식(awareness)

해설

자기(자기개념)는 로져스의 성격이론에서 가장 중요한 구성개념이다. 어린 유아는 자신의 내부에서 지각되는 자기개념과 외부의 타인에 대한 경험을 구별하기 시작하면서 자기 존재에 대한 인식이 발달한다. 자기개념은 개인이 자신에 대하여 지니고 있는 지속적인 체계적 인식을 말한다. 아동은 부모의 기대와 가치를 내면화하여 자기개념을 형성한다.

009
특정 검사에 대한 반복노출로 인해 발생하는 연습효과를 줄이기 위해 이 검사와 비슷한 것을 재는 다른 검사를 이용하여 측정하는 검사의 신뢰도는?

① 반분신뢰도　② 동형검사 신뢰도
③ 검사-재검사 신뢰도　④ 채점자간 신뢰도

해설

신뢰도의 의미 : 검사 점수의 일관성, 반복적인 측정에서 동일한 점수를 얻는 정도
동형검사 신뢰도 : 검사의 두 가지 유사한 형태를 개발하여 시행한 후 두 검사 점수들간의 상관으로 계산하는 신뢰도를 말한다.

008
성격심리학의 주요한 모델인 성격 5요인에 대한 설명으로 옳은 것은?

① 5요인에 대한 개인차에서 유전적 요인은 찾아볼 수 없다.
② 성실성 점수가 높은 사람의 경우 행동을 계획하고 통제하는 것을 돕는 전두엽의 면적이 더 큰 경향이 있다.
③ 뇌의 연결성은 5요인의 특질에 영향을 미치지 않는다.
④ 정서적 불안정성인 신경증은 일생동안 계속해서 증가하고 성실성, 우호성, 개방성과 외향성은 감소한다.

해설

아이젱크와 카텔은 성격의 기본 구조는 5개의 상위 요인으로 통합된다는 5요인 모형(five-factor model) 혹은 빅 파이브(big 5) 모형으로 제기된다.
성격 5요인(big 5)
1. 성실성　2. 호감성(친화성)　3. 외향성
4. 불안정성(신경성)　5. 개방성

010
다음 설명이 나타내는 것은?

> 우리는 교통사고(혹은 교통위반범칙금)를 예방하기 위하여 빨강 신호등에서 정지하는 것을 학습한다.

① 행동조성　② 회피학습
③ 도피학습　④ 유관성 학습

해설

혐오 자극을 감소시키거나 제거하는 반응을 획득하는 것. 도피 학습을 연구하는 심리학자들은 주로 중앙에 문이 있어 드나들 수 있는 셔틀 상자를 이용한다. 이 상자는 밑바닥에 있는 격자에 전기 충격을 주면 중앙에 있는 문이 열리도록 되어 있다. 전기 충격을 가하면 쥐는 열린 문을 통해 반대편으로 이동하여 전기 충격을 피할 수 있다. 잠시 후 다시 그 칸에 전기 충격을 가하면 다시 다른 칸으로 이동함으로써 전기 충격을 피할 수 있다. 이러한 도피반응은 혐오 자극의 철회라는 부적 강화를 통해 획득된다.

011
다음 실험에서 살펴보고자 한 것은?

> 할로윈데이 밤에 아이들이 찾아와 '사탕과자 안주면 장난칠 거예요'라고 외치는 경우, 한 사람이 한 개씩만 가져가라고 한 다음 사탕과자가 든 바구니를 놓아둔 채 문 안으로 사라진다. 일부 아이들에게는 이름을 물어 확인하였고, 나머지 일부 아이들은 익명성을 유지하도록 하였다.

① 몰개성화 ② 복종
③ 집단사고 ④ 사회촉진

해설

몰개성화
Le Bon의 분석을 바탕으로 제시된 몰개성화 이론은 무리 속에 끼어 있거나, 익명적인 상황에서는 개인적 책임의식이 희박해지고 자신에 대한 통제감이 약해지며, 규범 질서에 따르는 행동 통제력이 약화되어 탈규범적인 행위가 나타나기 쉽다고 제시한다.

012
다음 ( )에 알맞은 것은?

> Freud의 주장에 따르면, 신경증적 불안은 ( )에서 온다.

① 환경에 있는 실재적 위험
② 환경내의 어느 일부를 과장해서 해석함
③ 원초아의 충동과 자아의 억제 사이의 무의식적 갈등
④ 그 사회의 기준에 맞추어 생활하지 못함

해설

신경증적 불안 : 원초아의 충동과 자아의 억제 사이의 무의식적 갈등으로 생긴다.

013
너무 더우면 땀을 흘리고, 너무 추우면 몸을 떠는 것과 같이 항상성(homeostasis)을 유지하는 것과 관련이 있는 뇌의 부위는?

① 소뇌 ② 시상하부
③ 뇌하수체 ④ 변연계

해설

시상하부는 체온, 수분균형, 대사조절에 작용하는 자율신경계 중추로써, 신체의 생리작용과 행동을 조절하고 균형을 유지하도록 한다.
내장활동과 몸기능을 조절하는 주된 조절중추로 자율신경을 조절하고, 뇌하수체 및 체온 조절의 중요한 역할을 한다.

014
다음이 설명하는 개념은?

> 학교에서 강의를 듣는 학생이 강의를 받던 곳에서 시험을 치르면 강의를 받지 않은 다른 곳에서 시험을 보는 것보다 시험결과가 좋아질 수가 있다.

① 처리수준모형
② 부호화특정원리
③ 재인기억
④ 우연학습

해설

부호화 특정 원리(encoding specificity principle)
정보를 부호화할 때의 맥락과 인출할 때의 맥락이 일치할 경우 회상이 증진된다는 것을 의미한다.
예 학교에서 강의를 듣는 학생이 강의를 받던 곳에서 시험을 치르면 강의를 받지 않은 다른 곳에서 시험을 보는 것보다 시험결과가 좋아질 수가 있다는 것이다.

015

Piaget의 인지발달단계 중 대상영속성(object permanence)의 발달이 최초로 이루어지는 단계는?

① 감각운동기　　② 전조작기
③ 구체적 조작기　④ 형식적 조작기

해설

피아제의 인지발달에서 감각운동기(0~2세)에는 감각적 반사운동을 하며 주위에 대해 강한 호기심을 보이고 대상영속성을 이해하게 된다. 대상영속성은 물체가 물리적으로 보이지 않아도 마음속으로 물체의 이미지를 떠올릴 수 있는 능력이다.

016

강화계획에 관한 설명으로 틀린 것은?

① 고정비율 계획에서는 매 n번의 반응마다 강화인이 주어진다.
② 변동비율 계획에서는 평균적으로 n번의 반응마다 강화인이 주어진다.
③ 고정간격 계획에서는 정해진 시간이 지난 후의 첫 번째 반응에 강화인이 주어지고, 강화인이 주어진 시점에서 다시 일정한 시간이 지난 후의 첫 번째 반응에 강화인이 주어진다.
④ 변동비율과 변동간격 계획에서는 강화를 받은 후 일시적으로 반응이 중단되는 특성이 있다.

해설

고정비율 강화계획에서는 강화 후 반응의 일시중단이 나타나는 특성이 있지만 반응이 다시 시작되면 지속성과 일관성을 가지고 유지되는 경향이 있다. (예 쿠폰 모으기)

고정간격 강화계획에서는 강화 후 반응의 중단이 비교적 긴 편이지만, 강화 직전에 반응률이 증가되기도 한다.(예 기말고사).

017

마리화나가 기억에 미치는 영향을 알아보기 위한 연구에서 선행조건인 마리화나의 양은 어떤 변수에 해당하는가?

① 독립변수　　② 종속변수
③ 가외변수　　④ 외생변수

해설

독립 변수(independent variable) : 연구자에 의해 조작되는 변수(예 기온에 따른 학습 능률 실험에서 독립변수는 기온/마리화나가 기억에 미치는 영향에서 마리화나 양이 독립변수)
종속 변수(dependent variable) : 연구자의 조작에 의한 실험 참가자의 반응.

018

상관계수에 관한 설명으로 옳은 것은?

① 두 변수간의 연합정도보다는 변별정도를 나타낸다.
② 상관계수의 범위는 0에서 +1까지이다.
③ 두 변수 사이의 관계의 강도는 상관계수(γ)의 절대치에 의해 규정된다.
④ 한 변수가 다른 변수에 영향을 미치는 인과관계를 추론할 수 있다.

해설

상관계수는 산포도(scatterplot)의 모양에서 대략적인 추정이 가능하다. 상관계수는 양(+)의 값을 가질 때 정적 상관, (−)값을 가질 때 부적 상관이라고 하며, r=+1이면 그래프는 수직으로 완전한 정적 상관, r=−1이면 완전한 부적 상관을 의미한다. r=0은 대상 간 관련성이 없음을 의미한다.

019
의미 있는 "0"의 값을 갖는 측정의 수준은?

① 명목측정 ② 비율측정
③ 등간측정 ④ 서열측정

해설

비율측정 : 명목, 서열, 등간의 모든 성질을 가지고 있으며 절대영점을 가지고 있는 척도이다. 의미 있는 '0'의 값을 갖기 때문에 모든 산술적인 연산이 가능한 척도이며 몸무게, 키, 거리 등을 측정하는 척도이다.
명목측정 : 대상을 특성에 따라 범주로 분류하여 기호를 부여한 것으로 운동선수의 등번호, 성별(여자 0, 남자 1)과 같은 것이다.
등간측정 : 간격척도, 동간척도라고도 한다. 동일한 측정 단위 간격마다 동일한 차이를 부여하는 척도이다. 등간척도에서는 차이 유무만 판단할 수 있기에 곱하기 나누기는 적용되지 않는다.
서열측정 : 순위, 순서척도라고도 하며 측정값의 크고 작음, 많고 적음에서만 의미를 갖는 척도이다. 따라서 원칙적으로 가산하거나 감산할 수 없다. 성적에 의한 학급석차와 같은 것이다.

020
내분비체계에서 개인의 기분, 에너지 수준 및 스트레스를 해결하는 능력에서 중요한 역할을 하는 것은?

① 시상하부 ② 뇌하수체
③ 송과선   ④ 부신

해설

부신은 우리 몸에서 필요한 호르몬을 생성하는 역할을 한다. 부신의 속질에서는 에피네프린, 노에피네프린과 같은 카테콜아민 호르몬을 분비하여 긴급한 상황에 대처할 수 있게 하며, 부신의 겉질에서는 코르티솔, 알도스테론, 안드로겐 등의 호르몬을 분비하여 우리 몸의 대사와 항상성을 유지하는데 도움을 준다.

제 2 과목 이상심리학

021
DSM-5에서 다음에 해당하는 지적장애(Intellectual Disability) 수준은?

> 개념적 영역에서, 학령기 아동과 성인에서는 학업 기술을 배우는데 어려움이 있으며, 연령에 적합한 기능을 하기 위해서는 하나 이상의 영역에서 도움이 필요하다. **사회적 영역에서,** 또래에 비해 사회적 상호작용이 미숙하고, 사회적 위험에 대해 제한적인 이해를 한다. **실행적 영역에서,** 성인기에는 개념적 기술이 강조되지 않는 일자리에 종종 취업하기도 한다. 지적 장애의 가장 많은 비율이 여기에 해당한다.

① 경도(Mild)   ② 중등도(Moderate)
③ 고도(Severe) ④ 최고도(Profound)

해설

경도 지적장애 : IQ 50~55에서 70 미만으로 지적장애의 약 85%가 해당된다. 대략 초등학교 6학년 정도의 지적 수준을 지닌다. 단순반복적인 작업과 독립적인 생활이 가능하지만 대부분 타인의 도움과 지도가 필요하다.

022
친밀한 관계에서의 문제, 인지 및 지각의 왜곡, 행동의 괴이성 등을 주요특징으로 보이는 성격장애는?

① 조현성 성격장애 ② 조현형 성격장애
③ 편집성 성격장애 ④ 회피성 성격장애

해설

조현형 성격장애(Schizotypal Personality Disorder)
사회적으로 고립되어 있으며 기이한 생각이나 행동을 함. 대인관계에 대한 불안감, 경미한 사고장애, 다소 기괴한 언행을 보임.

023

공황을 경험하거나 옴짝달싹 못하게 되었을 때, 도망가기 어렵거나 도움이 가능 하지 않은 공공장소나 상황에 있는 것을 두려워하는 불안장애는?

① 왜소공포증 ② 사회공포증
③ 광장공포증 ④ 폐쇄공포증

> **해설**
> 광장공포증 : 공황발작이나 그와 유사한 증상이 나타났을 때, 도움을 받을 수 없는 장소에 가는 것에 대한 불안이 심해서 그런 장소에 가는 것을 피함. 흔히 공황발작과 함께 경험됨.
> 하위유형 : 광장공포증을 수반하는 공황장애, 광장공포증을 수반하지 않는 공황장애

024

의사소통장애(communication disorder)에 속하지 않는 것은?

① 언어장애(language disorder)
② 말소리장애(speech sound disorder)
③ 아동기 발병 유창성장애(childhood-onset fluency disorder)
④ 탈억제성 사회적 유대감 장애(disinhibited social engagement disorder)

> **해설**
> 탈억제성 사회적 유대감 장애는 외상 및 스트레스 관련 장애의 하위범주이다.

025

공황장애에 대한 설명과 가장 거리가 먼 것은?

① 일부 신체감각에 대한 재앙적 사고는 공황장애에서 나타나는 대표적인 인지적 왜곡이다.
② 항우울제보다는 항불안제가 공황장애 환자들의 치료에 우선적으로 쓰인다.
③ 전체 인구의 1/4 이상은 살면서 특정 시점에 한두 번의 공황발작을 경험하는 것으로 알려져 있다.
④ 반복적이고 예기치 못한 공황발작이 특징적이다.

> **해설**
> 공황장애의 치료에는 세로토닌 재흡수 억제제, 삼환식 항우울제(고전적 항우울제), 벤조디아제핀계 약물이 주로 쓰인다.

026

Young에 의해 개발된 것으로, 전통적인 인지치료를 통해 긍정적인 치료효과를 보지 못했던 만성적인 성격문제를 지닌 환자와 내담자를 위한 치료법은?

① 심리도식 치료(schema therapy)
② 변증법적 행동치료(dialectical behavior therapy)
③ 마음챙김에 기초한 인지치료(mindfulness-based cognitive therapy)
④ 통찰 중심치료(insight focused therapy)

> **해설**
> 심리도식 치료(schema therapy)
> Jeffrey Young이 개발한 심리도식치료(Schema Therapy)는 성격장애나 만성적인 문제를 지닌 내담자를 치료하기 위해서 인지행동치료, 정신분석치료, 애착이론, 게슈탈트치료, 구성주의 치료 등을 이론적으로 통합한 치료법이다.

027
다음 사례와 같은 성격장애는?

> 자신이 관심의 중심에 있기를 바라고, 감정이 빠르게 변하고 피상적이며, 지나치게 인상에 근거한 언어 표현을 보이고, 피암시성이 높은 특성을 보인다.

① 편집성 성격장애
② 연극성 성격장애
③ 자기애성 성격장애
④ 강박성 성격장애

해설
연극성 성격장애(Histrionic personality disorder)
타인의 애정과 관심을 끌기 위한 지나친 노력과 과도한 감정표현을 보이며, 정서적으로 불안정하다.

028
뇌에서 발견되는 베타 아밀로이드라는 단백질의 존재와 가장 관련이 있는 장애는?

① 파킨슨병
② 조현병
③ 알츠하이머병
④ 주요우울장애

해설
알츠하이머병(Alzheimer's disease)
베타 아밀로이드와 타우 단백질의 독성 응집체가 뇌에 축적되어가며 신경염증과 신경세포 사멸을 동반한다. 만성적인 퇴행성 뇌질환으로 점진적으로 뇌 부위가 손상되어가며 기억과 인지기능의 감퇴를 불러온다.

029
다음에서 설명하고 있는 조현병 유발요인에 해당하는 것은?

> 부모의 상반된 의사전달, 감정과 내용이 불일치하는 의사소통방식 등이 조현병 의 원인이 될 수 있다.

① 조현병을 유발하기 쉬운 어머니의 양육태도 (schizophrenogenic mother)
② 이중구속이론(double-bind theory)
③ 표현된 정서(expressed emotion)
④ 분열적 부부관계(marital schism)

해설
이중구속이론(double-bind theory)
부모의 상반된 의사전달이란 부모 가운데 한 사람이 동일한 사안에 대해서 서로 시기에 상반된 의사를 전달하거나 동일한 사안에 대해 부모가 서로 상반된 지시나 설명을 하는 경우를 말한다.

030
Beck의 우울 이론 중 부정적 사고의 세 가지 형태에 해당하지 않는 것은?

① 과거에 대한 부정적 사고
② 자신에 대한 부정적 사고
③ 미래에 대한 부정적 사고
④ 주변환경(경험)에 대한 부정적 사고

해설
벡(Beck)은 우울한 사람들은 자신, 주변 환경, 미래에 대해서 부정적인 도식을 지니고 있다는 것을 발견하였으며, 이를 인지삼제(cognitive triad)라고 하였다.

031
공포증의 형성 및 유지에 대한 2요인 이론은 어떤 요인들이 결합된 이론인가?

① 학습 요인과 정신분석 요인
② 학습 요인과 인지 요인
③ 회피 조건형성과 준비성 요인
④ 고전적 조건형성과 조작적 조건형성

> **해설**
> Mowrer는 2요인 이론(two-factor theory)에서 공포증이 형성되는 과정에는 고전적 조건형성의 학습원리가 관여하는 반면, 일단 형성된 공포증은 조작적 조건형성의 원리에 의해서 유지되고 강화된다고 하였다.

032
알콜 중독과 비타민 B(티아민) 결핍이 결합되어 만성 알콜 중독자에게 발생하는 장애로, 최근 및 과거 기억을 상실하고 새로운 정보를 학습하지 못하는 인지손상과 관련이 있는 것은?

① 뇌전증
② 혈관성 신경인지장애
③ 헌팅턴병
④ 코르사코프 증후군

> **해설**
> 코르사코프 증후군은 장기간에 걸친 음주에 의해 단기기억의 장애가 오는 것이 특징이다. 주된 증상은 건망증, 기억력장애, 작화증 등이 특징이며, 해마의 손상이 원인이다.

033
정신분석학적 관점에서 볼 때 해리장애를 야기하는 주된 방어기제는?

① 억압   ② 반동형성
③ 치환   ④ 주지화

> **해설**
> 정신분석에서는 해리현상을 불안을 일으키는 심리적 내용을 능동적으로 방어하고 억제함으로써 이러한 심리적 내용이 의식되지 못하게 할 뿐 아니라 행동에 영향을 주지 못하게 한다고 본다.

034
조현병의 진단기준에 해당하는 증상이 아닌 것은?

① 망상   ② 환각
③ 고양된 기분   ④ 와해된 언어

> **해설**
> 고양된 기분은 양극성 장애와 관련된다.

035
주의력결핍 및 과잉행동 장애(ADHD)의 치료에 사용되는 약물은?

① Ritalin   ② Thorazine
③ Insulin   ④ Methadone

> **해설**
> ADHD치료에 사용되는 가장 일반적인 의약품은 Ritalin 같은 중추신경자극제(메칠페니데이트)인데, 중추신경제를 흥분시키는 이러한 약품들이 대부분의 사람들에게는 흥분제로 작용하지만, 역설적으로 ADHD증상에서는 평온함과 집중력을 높여주고, 과잉행동의 완화 효과를 가져온다.

036

특정공포증의 하위유형 중 공포상황에서 초반에 짧게 심박수와 혈압이 증가된 후 갑자기 심박수와 혈압의 저하가 뒤따르고 그 결과 실신하거나 실신할 것 같은 반응을 경험하는 것은?

① 동물형
② 상황형
③ 자연환경형
④ 혈액-주사-손상형

해설

특정공포증(specific phobia)은 특정한 대상이나 상황에 대한 비합리적인 두려움과 회피행동을 지속적으로 나타내는 경우이다.
특정공포증의 하위 유형은 동물형, 상황형, 자연환경형, 혈액 주사 손상형으로 나뉜다.
- **동물형** : 개, 고양이 등 동물에 대한 트라우마를 갖는 것
- **상황형** : 높은 장소, 폐쇄된 장소 등 특정 상황에 놓일 때 공포를 느끼는 것
- **자연환경형** : 천둥이나 번개 같은 피하기 어려운 자연환경에 대해 공포를 느끼는 것
- **혈액 주사 손상형** : 피나 상처 등 신체 손상 부위 또는 시체와 같은 대상에 공포를 느끼는 것

037

기분관련장애와 관련된 유전가능성에 대한 설명으로 옳은 것은?

① 유전가능성은 양극성 장애보다 단극성 장애에서 더 높다.
② 유전가능성은 단극성 장애보다 양극성 장애에서 더 높다.
③ 유전가능성은 단극성 장애와 양극성 장애에서 유사하다.
④ 단극성 장애와 양극성 장애는 유전가능성과 관련이 없다.

해설

양극성 장애의 유전적 소인이 단극성 장애보다 현저하다.

038

외상후 스트레스 장애의 주된 증상과 가장 거리가 먼 것은?

① 침습증상
② 지속적인 회피
③ 과도한 수면
④ 인지와 감정의 부정적 변화

해설

외상후 스트레스 장애(PTSD)는 생명의 위협을 느낄 정도의 충격적인 외상을 경험한 후, 재경험, 회피반응, 과잉각성 반응, 인지의 부정적 변화를 1개월 이상 겪을 때 진단된다.

039

DSM-5에서 주요우울장애의 주 증상에 포함되지 않는 것은?

① 정신운동성 초조나 지체
② 불면이나 과다수면
③ 죽음에 대한 반복적인 생각
④ 주기적인 활력의 증가와 감소

해설

주요우울장애 환자의 특징
거의 매일 하루 대부분을 우울한 기분의 지속이 있다 (주관적 보고 혹은 객관적 관찰).
거의 매일 하루 대부분을 활동에서 흥미나 즐거움이 뚜렷하게 저하된다.
의미 있는 체중의 증가나 체중의 감소가 있다.
거의 매일 불면이나 과다수면이 있다.
거의 매일 정신운동 초조나 지체가 객관적으로 관찰할 수 있다.
거의 매일 무기력 또는 부적절한 죄책감을 느낌
거의 매일 피로나 활력의 상실이 있다.
반복적인 죽음에 대한 생각, 반복적인 자살사고 또는 자살 시도

040
DSM-5에서 성별 불쾌감에 대한 설명으로 틀린 것은?

① 성인의 경우 반대 성을 지닌 사람으로 행동하며 사회에서 그렇게 받아들여지기를 강렬하게 소망한다.
② 태어나면서 정해진 출생 성별과 경험하고 표현하는 성별 사이에 뚜렷한 불일치를 보인다.
③ 아동에서부터 성인에 이르기까지 다양한 연령대에서 나타날 수 있다.
④ 동성애자들이 주로 보이는 장애이다.

해설
성별 불쾌감장애 : 자신의 원래 성별과 경험하는 성별의 현저한 불일치, 이성이 되고 싶은 갈망, 이성 놀이 친구에 대한 강한 선호, 자신의 해부학적 성별에 대한 강한 혐오 등을 지닌다.

제 3 과목 심리검사

041
지능의 개념에 관한 연구자와 주장의 연결이 틀린 것은?

① Wechsler-지능은 성격과 분리될 수 없다.
② Horn-지능은 독립적인 7개 요인으로 이루어져 있다.
③ Cattell-지능은 유동적 지능과 결정화된 지능으로 구분할 수 있다.
④ Sperman-지적 능력에는 g요인과 s요인이 존재한다.

해설
Horn은 지능의 구성요소로 Cattell이 구분한 유동성 지능과 결정화된 지능에 더하여 기억과 속도를 추가하여 4가지 요인으로 구분하였다(유.결.기.속).

042
MMPI-2의 형태분석에서 T점수가 65점 이상으로 상승된 임상척도들을 묶어서 해석하는 것은?

① 코드유형(code type)
② 결정문항(critical items)
③ 내용척도(content scales)
④ 보완척도(supplementary scales)

해설
임상장면에서는 T점수 65점 이상으로 단독상승하는 경우보다 2개 혹은 3개 이상이 동반상승하는 경우가 많다. 이런 동반상승을 고려한 해석을 코드유형(code type) 해석이라고 한다.

043
정신연령(mental age)개념상 실제 연령이 10세인 아동이 IQ검사에서 평균적으로 12세 아동들이 획득할 수 있는 점수를 보였다. 이 아동의 IQ점수는 어느 정도라고 할 수 있는가?

① 84
② 100
③ 120
④ 140

해설
Stern이 이론화한 비율 지능지수(Ratio Intelligence Quotient)=정신연령/실제연령×100
(예) 12/10×100=120

044
MMPI의 2개척도 상승 형태분석 결과이다. 어느 척도 상승에 해당하는 것인가?

> 이 프로파일은 반사회적 인격장애 특징을 나타낸다. 즉, 사회적 규범과 가치관, 제도에 대해 무관심하거나 무시함, 반사회적 행위로 인해 권위적인 인물과 자주 마찰을 빚는다. 이들의 성격 특징은 충동적이고 무책임하며 타인과 관계에서 신뢰를 얻기 어렵다.

① 1-2 ② 2-1
③ 3-5 ④ 4-9

해설
4-9/9-4 : 반사회적인 유형인 사람이 에너지가 넘치므로 결과적으로 사고를 치게 된다(사고치네).

045
Rorschach 검사의 각 카드별 평범반응이 잘못 짝지어진 것은?

① 카드 1-가면
② 카드 4-거인
③ 카드 5-나비
④ 카드 6-동물의 가죽

해설
로샤카드의 1번카드는 주로 박쥐나 나비라는 반응을 많이 한다.

046
초등학교 아동에게 사용하기 적합하지 않은 검사는?

① SAT ② KPRC
③ CBCL ④ K-Vineland-2

해설
SAT : 노인을 위한 주제통각검사임. KPRC(한국판 아동인성평정척도), CBCL(아동·청소년행동평가척도), K-Vineland-2(한국판 바인랜드 적응행동척도 2판)

047
MMPI-2가 대표적인 자기보고식 심리검사로 사용되는 이유가 아닌 것은?

① 객관적으로 표준화된 규준을 갖추고 있다.
② 많은 연구결과가 축적되어 있다.
③ 코드 유형 등을 사용해 체계적으로 사용할 수 있다.
④ MMPI척도가 DSM체계와 일치하여 장애진단이 용이하다.

해설
MMPI-2는 1943년도 미네소타 의과대학병원의 정신과 환자에게 붙였던 진단명을 그대로 쓰고 있는 척도가 다수 있다. 따라서 DSM진단체계와 일치한다고 볼 수 없다.

048
Rorschach 구조변인 중 형태질에 대한 채점이 아닌 것은?

① v ② -
③ o ④ u

해설
+(superior-overlaborated, 우수-정교한), o(ordinary, 보통의), u(unusual, 드문), -(minis, 왜곡된)
피검자의 반응이 잉크반점의 특징과 얼마나 부합하는가를 측정함. 결과적으로 현실검증력이나 지각적 왜곡을 판단함. - 반응이 많을수록 현실에서 벗어나므로 심각한 정신병리 가능성이 있음.

049

뇌손상 환자의 병전 지능 수준을 추정하기 위한 자료와 가장 거리가 먼 것은?

① 교육수준, 연령과 같은 인구학적 자료
② 이전의 작업기능 수준 및 학업 성취도
③ 이전의 암기력 수준, 혹은 웩슬러 지능검사에서 기억능력을 평가하는 소검사 점수
④ 웩슬러 지능검사에서 상황적 요인에 의해 잘 변화하지 않는 소검사 점수

> **해설**
> 병전지능(premorbid IQ) : 병들기전, 뇌손상이전, 정신병이전의 지능지수임. 웩슬러 지능검사에서는 상식, 어휘, 토막짜기의 환산점수의 평균으로 병전수준을 측정함(상.어.토)

050

신경심리 평가시 고려해야 할 사항과 가장 거리가 먼 것은?

① 손상후 경과시간
② 성별
③ 교육수준
④ 연령

> **해설**
> 신경심리평가시 고려해야 할 사항 : 연령, 손상후 경과시간, 병전 지능, 교육수준, 손잡이(우세손), 신체질환

051

심리평가를 시행할 때 고려할 사항과 가장 거리가 먼 것은?

① 성격이 복잡한 구조로 이루어져 있음을 고려한다.
② 각각의 심리검사는 성격의 상이한 수준을 측정할 수 있음을 고려한다.
③ 측정의 방법과 관련된 요인이 그 결과에 영향을 미칠 수 있음을 고려한다.
④ 심리적 구성개념과 대응되는 구체적인 행동 모두를 관찰한 이후에야 결론에 이를 수 있음을 고려한다.

> **해설**
> 심리적 구성개념은 심리학자들이 정의한 개념이므로 구성개념과 대응되는 구체적인 행동 모두를 관찰할 수 없다.

052

일반적으로 지능검사는 같은 연령 범주 규준 집단의 원 점수를 평균 100, 표준편차 15인 표준점수로 바꾸어서 규준을 작성한다. IQ 85와 115 사이에는 전체 규준 집단의 사람들 중 약 몇 %가 포함된다고 가정할 수 있는가?

① 16%   ② 34%
③ 68%   ④ 96%

> **해설**
> IQ는 정규분포라는 가정 하에 연령 규준 별로 평균 100, 표준편차 15인 표준점수에 의해 IQ 계산.

053

선로 잇기 검사(Trail Making Test)는 대표적으로 어떤 기능 또는 능력을 측정하기 위해 고안된 검사인가?

① 주의력   ② 기억력
③ 언어능력   ④ 시공간 처리능력

> **해설**
> 선로잇기검사(Trail Making Test)는 일련의 숫자를 빠르게 연결하거나 숫자와 문자를 번갈아가며 순서대로 연결하는 과제임.

054
주의력결핍과잉행동장애(ADHD)로 진단된 아동의 경우 Wechsler 지능검사상 수행이 저하되기 쉬운 소검사는?

① 공통성
② 숫자
③ 토막짜기
④ 어휘

> **해설**
> 한국판 아동용지능검사(K-WISC-4)의 4가지 조합지수는 언어이해지수, 지각추론지수, 작업기억지수, 처리속도지수이며 이 중 주의집중력과 연관된 지수는 작업기억지수와 처리속도지수임. 작업기억지수에는 숫자, 순차연결검사가 포함, 처리속도지수에는 기호쓰기, 동형찾기가 포함됨

055
다음에 설명에 해당하는 타당도는?

> 타당화하려는 검사와 외적 준거 간에는 상관이 높아야 하고, 어떤 검사를 실시하여 얻은 점수로부터 수검자의 다른 행동을 예측할 수 있어야 한다.

① 준거관련 타당도
② 내용관련 타당도
③ 구인 타당도
④ 수렴 및 변별 타당도

> **해설**
> **준거관련 타당도** : 검사 점수들이 주어진 검사 외의 준거를 예언해주는 바는 어느 정도인가.
> **내용 타당도** : 검사 문항들의 내용이 측정하고자 하는 영역의 내용에 관한 적절한 표본들인가.
> **구인 타당도** : 검사가 측정하려고 하는 심리적 구성 개념을 얼마나 정확 하게 측정해주는가.
> **수렴 타당도** : 검사 상의 점수들이 그 검사에서 측정되고 있는 것과 이론적으로 관련되는 구성 개념들을 재는 다른 측정도구들과 경험적으로 상관이 있다고 발견되는 정도
> **변별 타당도** : 검사 점수와 이론적으로 관련이 없는 구성개념을 재는 측정도구의 점수와 상관이 없다고 발견되는 정도

056
MMPI에서 6번과 8번 척도가 함께 상승했을 때의 가능한 해석이 아닌 것은?

① 편집증적 경향과 사고장애가 주된 임상 특징이다.
② 주요 방어기제는 투사, 외향화, 왜곡, 현실부정이다.
③ 대인관계 특징은 친밀한 관계 형성의 어려움, 불신감, 적대감이다.
④ 남들로부터 관심과 애정을 끌고 동정을 받으려는 강한 욕구를 지니고 있다.

> **해설**
> DSM-5 B군 히스테리성 성격장애를 설명하고 있다.
> **DSM-5 성격장애**
> A군 : 편집성 성격장애, 분열성(조현성) 성격장애, 분열형(조현형) 성격장애(편 분(조) 분(조))
> B군 : 반사회성 성격장애, 연극성 성격장애, 경계성 성격장애, 자기애성 성격장애(반 반 연 경 자)
> C군 : 회피성 성격장애, 의존성 성격장애, 강박성 성격장애(회.의.강)

057

Wechsler 지능검사를 실시할 때 주의할 점과 가장 거리가 먼 것은?

① 가급적 표준화된 과정과 동일한 방식대로 실시되어야 한다.
② 검사의 이론적 배경, 적용한계, 채점방식 등에 관해 충분한 이해가 선행되어야 한다.
③ 검사도구는 그 검사를 실시하기 전까지 피검자의 눈에 띄지 않는 곳에 두어야 한다.
④ 지적인 요인을 평가하는 검사이므로 다른 어떤 검사보다 피검자와의 라포 형성은 최소화되어야 한다.

> **해설**
> 심리상담을 포함하여 모든 심리검사는 검사 시행전 라포형성이 중요함. 지능검사도 예외가 아님. 라포형성이 되어야 피검자에게 최선을 반응을 이끌어낼 수 있음.

058

MMPI-2에서 문항의 내용과 무관하게 응답하는 경향을 측정하는 척도는?

① F
② F(p)
③ FBS
④ TRIN

> **해설**
> TRIN(True Response Insistency)은 문항내용과 무관하게 모두 '그렇다', 모두 '아니다'식의 고정반응/편향반응을 탐지하는 척도임.

059

심리검사 사용 윤리와 가장 거리가 먼 것은?

① 자격을 갖춘 사람만이 심리검사를 사용해야 한다.
② 자격을 갖춘 사람만이 심리검사를 구매할 수 있다.
③ 쉽게 이해할 수 있고 검사 목적에 맞는 용어로 검사 결과를 제시하는 것이 좋다.
④ 검사 결과는 어떠한 경우라도 사생활 보장과 비밀유지를 위해 수검자 본인에게만 전달되어야 한다.

> **해설**
> 검사결과도 심리상담 내용과 마찬가지로 비밀보장이 되어야 하지만 예외가 있을 수 있다(아동심리평가, 법적 정신감정 평가 등).

060

주의력 손상을 측정하기 위한 검사가 아닌 것은?

① Category Test
② Digit-Span Test
③ Letter-Cancellation Test
④ Visual Search and Attention Test

> **해설**
> 주의력검사는 신경심리검사의 일종임. Letter-Cancellation Test, Digit Cancellation Test, Stroop Color Word Test, Symbol Digit Modalities Test, Trail Making Test, Tower of London, Wisconsin Card Sorting Test, 지능검사의 숫자외우기, 산수문제, ADS 등 Category Test는 실행기능을 측정함.

제 4 과목 임상심리학

061
심리평가 도구 중 최초 개발된 이후에 검사의 재료가 변경된 적이 없는 것은?

① Wechsler 지능검사
② MMPI 다면적 인성검사
③ Bender-Gestalt 검사
④ Rorschach 검사

해설
로샤검사는 1921년 스위스 정신과 의사인 Herman Rorschachm에 의해 개발된 투사적 성격검사이며, 현재까지 가장 널리 사용되는 대표적인 투사적 검사이며, 검사도구는 그대로이다. 나머지 검사는 개정판이 발행되었다.

062
심리치료에 관한 연구결과로 옳은 것은?

① 모든 문제들은 똑같이 치료가 어렵다.
② 치료자의 연령과 치료성과의 관련성은 없다.
③ 사회경제적 지위는 좋은 치료효과를 예언한다.
④ 치료자의 치료경험과 치료성과 간의 관계는 일관적이다.

해설
치료자의 연령과 치료성과는 관련이 없다는 게 현재까지의 연구의 결과이다.

063
치료효과에 긍정적인 영향을 미치는 유능한 치료자의 특성과 가장 거리가 먼 것은?

① 의사소통 능력
② 이론적 모델
③ 치료적 관계 형성 능력
④ 자기관찰과 관리기술

해설
치료자가 자신의 치료법에 대해 확신과 식견을 가지고 제시하는 한편, 내담자가 이를 의미있게 받아들이기만 한다면, 설명, 해석, 이론적 근거의 내용이 무엇인가 하는 것은 더 이상 중요한 문제가 아니다. 즉, 모든 종류의 치료에 공통적으로 중요한 것은 내담자가 그와 같은 설명, 해석 등을 받아들이는지 여부이다.

064
Rogers의 인간중심 이론에서 치료자가 지녀야 할 주요 특성으로 틀린 것은?

① 합리성
② 진실성
③ 정확한 공감
④ 무조건적인 존중

해설
로저스가 강조한 상담자의 세가지 태도
진실성
상담자가 내담자와의 관계에서 감지되는 바를 왜곡하거나 부정하지 않고 있는 그대로 경험하는 것. 상담자가 내담자를 대할 때 가식이나, 왜곡, 겉치레가 없는 것. 상담자가 내담자를 진실하고 솔직하게 대하는 태도를 일관되게 유지하게 되면 내담자도 그것을 거울삼아 자신의 경험에 대해 진솔하게 접촉해 나갈 수 있게 됨

공감적 이해
내담자의 내면에서 진행되는 심층적인 경험내용을 상담자가 정확히 이해하고 의사소통하는 것. 상담자가 직접 경험하지 않고도 다른 사람의 감정을 거의 같은 내용과 수준으로 이해하는 것. 상담자는 내담자가 아니기에 내담자의 감정, 신념 등을 아는 것만으로는 충분치 않으며 내담자에게 공감한 것을 전달하는 것이 중요함.

무조건적 긍정적 존중
상담자가 내담자를 그 어떠한 가치기준도 적용하지 않은 채 있는 그대로 수용하고 존중해주는 것. 나는 '당신이 ~할 때만 괜찮은 사람으로 인정하겠다'가 아니라 '나는 당신의 모습을 있는 그대로 존중하겠다'는 태도

066
다음과 같은 상황에서 임상심리사에게 가장 필요한 것은?

> 개인적인 문제와 관련하여 공격적이거나 적대적인 내담자와의 관계에서 자주 갈등을 일으키며 이 때문에 심리적 고통이 심하고 업무수행이 곤란한 상황이다.

① 임상실습훈련에 참여
② 지도감독에 참여
③ 소양교육에 참여
④ 개인심리치료에 참여

해설
임상심리사의 윤리 중에 '유능성'이라는 것이 있다. 임상심리사 개인적인 심리적 문제를 가지고 있는 경우에는 유능한 서비스를 할 수 없으므로 먼저 개인 심리치료에 참여하는 것이 바람직하다.

065
내담자의 경험에 초점을 두고 심리치료적 상호작용에서 감정이입, 따뜻함, 무조건적인 긍정적 존중을 강조한 접근은?

① 정신분석적 접근
② 행동주의 접근
③ 생물학적 접근
④ 인본주의 접근

해설
인본주의 접근의 기본 가정 : 주관적 경험론에 근거하여, 인간에게 있어서 객관적 현실세계란 존재하지 않으며 주관적 현실세계만 존재한다고 본다.
인간은 자신의 사적 경험체계 또는 내적 준거체계와 일치하는 방향으로 객관적 현실을 재구성하여, 이 주관적 현실을 근거로 행동한다.
인간행동의 이해를 위해서는 개인의 내적 준거체계를 정확히 이해해야 하며 인간행동의 기본동기에 대해서는 인간은 내적 긴장이 증가하더라도 자기실현을 위하여 그 고통을 감내하고 행동한다고 가정한다.

067
심리평가의 해석 과정에 대한 설명으로 틀린 것은?

① T 점수의 평균은 50점, 표준편차는 10점이 된다.
② 개인내간 차이는 각 하위척도 점수를 표준점수로 환산하여 오차를 없앤 뒤 절대값을 산출한다.
③ 외적 준거로 채택한 검사에서 받을 수 있는 점수를 좀 더 정확하게 추정하려면 회귀방정식을 이용해야 한다.
④ 심리검사의 점수는 절대성이 있는 것이 아니고 상대적으로 비교한 측정치로 상대성을 포함한다.

> **해설**
> 개인내간 차이 : 개인간의 차이를 밝힐 때 측정의 표준오차를 사용하는 것과 마찬가지로 개인내적 차이를 알아보는 가장 정확한 방법은 차이의 표준오차를 사용하여 어떤 사람의 두 하위척도 점수 간의 차이를 통계적으로 해석한다.

068
다음 중 접수면접에서 반드시 확인되어야 할 사항과 가장 거리가 먼 것은?

① 인적사항
② 주 호소문제
③ 내원하게 된 직접적 계기
④ 문제의 원인으로 추정되는 어린 시절의 경험

> **해설**
> 접수면접 확인 사항
> 기본 인적 사항
> 호소문제
> 내담자가 보는 문제의 심각성과 긴급성
> 호소문제와 관련된 발달력
> 현재 및 최근의 사고, 정서, 행동
> 정서상태평가
> 사회적·심리적 자원
> 대인관계 특성
> 외모 및 행동
> 이전 상담 및 치료경험
> 상담동기
> 심각도/긴급도 평정 및 면접자 소견
> 상담자 배정에 필요한 정보

069
다음과 관련된 치료적 접근은?

> 치료과정에서 내담자의 열등감 극복을 주요 과제로 상정하며, 보상을 향한 추구 행동으로서의 생활방식을 변화시키는데 주목한다.

① Erikson의 심리사회적 발달이론
② Freud의 정신분석학
③ Adler의 개인심리학
④ 대상관계이론

> **해설**
> 아들러의 개인심리학의 주요개념은 열등감 극복과 우월감 추구, 생활양식, 사회적 관심, 출생순서와 가족구조, 성격유형론이다.

070
최초의 심리진료소를 설립함으로써 임상심리학의 초기발전에 직접적으로 중요한 공헌을 한 인물은?

① Kant   ② Witmer
③ Mowrer   ④ Miller

> **해설**
> 1896년 펜실베니아 대학교에 최초로 심리클리닉을 설립한 사람은 위트머(Witmer)이다. 또한 위트머는 '임상심리학'이라는 용어를 1907년 심리진료소의 기관지에서 처음으로 사용하였다.

071
다음은 자문의 모델 중 무엇에 관한 설명인가?

> - 자문가와 자문요청자간에 보다 분명한 역할이 있다.
> - 자문가는 학습이론이 어떻게 개인, 집단 및 조직의 문제에 실질적으로 적용될 수 있는지를 가르치고 보여주는 인정된 전문가이다.
> - 문제해결에 대한 지식에 있어 자문가와 자문요청자 간에 불균형이 있다.

① 정신건강 모델   ② 행동주의 모델
③ 조직 모델   ④ 과정 모델

해설
① 정신건강 모델 : 행동주의 모델과 달리 피자문가에게 문제해결능력이 있다고 가정하는 수평적 모델이다. 자문가는 조언과 지시를 제공하여 촉진자로서의 역할을 수행한다.
③ 조직 모델 : 조직 인간관계 모델과 조직사고 모델이 있다. 조직 인간관계 모델은 조직 내의 조직구성원의 상호작용에 관심을 가진다. 조직사고 모델은 조직인간관계 모델의 변형된 형태로서, 조직내 의사소통 및 의사결정, 목표설정 및 역할규정, 조직 내 갈등에 관심을 기울인다.
④ 과정 모델 : 자문가와 피자문가의 협동을 강조하며, 피자문가로 하여금 조직의 생산성 및 조직 내 정서적 분위기에 영향을 미치는 대인관계 상호작용에 대한 이해도를 높인다.

072
방어기제에 대한 개념과 설명이 바르게 짝지어진 것은?

① 투사(projection) : 주어진 상황에서 결과에 대해 어쩔 수 없었다고 생각하며 행동한다.
② 대치(displacement) : 추동대상을 위협적이지 않거나 이용 가능한 대상으로 바꾼다.
③ 반동형성(reaction formation) : 이전의 만족방식이나 이전 단계의 만족대상으로 후퇴한다.
④ 퇴행(regression) : 무의식적 추동과는 정반대로 표현한다.

해설
투사(Projection)
자신이 무의식에 품고 있는 공격적 계획과 충동을 남의 것이라고 떠넘겨 버리는 정신기제이다. 가장 미숙하고 병적인 방어기제로, 망상이나 환각을 일으키는 정신기제이다(예 자신이 말 많은데 말 많은 사람을 싫어하는 심리).
반동형성(reaction Formation)
겉으로 나타나는 태도나 언행이 마음 속의 욕구와 반대인 경우이다. 무의식의 밑바닥에 흐르는 생각·소원·충동이 너무나 부도덕하고 받아들이기 두려운 것일 때, 정반대의 것을 선택함으로써 현실적으로 떠오르는 것을 막는 과정이다(예 계부·계모가 전 배우자의 자식을 자신의 자식보다 더 잘해주는 심리).
퇴행(regression)
심한 좌절을 당했을 때 현재보다 더 유치한 과거 수준으로 후퇴하는 것(예 대소변을 잘 가리던 네 살짜리 아이가 동생이 태어나자 오줌을 싸게 되는 경우)

073
직접행동관찰에 관한 설명으로 가장 적합한 것은?

① 평정하고자 하는 속성을 명확하게 정의해야 한다.
② 후광효과의 영향은 고려되지 않는다.
③ 내현적이거나 추론된 성격 측면을 평가하는데 적합하다.
④ 각각의 항목에 대해 극단적인 점수에 평정하는 경향이 있다.

해설
직접행동관찰
행동주의적 입장의 행동평가에서는 성격을 구체적인 상황에서 나타나는 행동의 용어로 설명하는 바, 행동주의자들은 공격성에 관심을 두는 것이 아니라 공격적인 행동에 관심을 두게 된다.

074

정상적 지능의 성인이 나머지 가족원을 살해한 사건에서 법정 임상심리학자가 가장 우선적으로 고려해야 할 사항은?

① 가족의 재산정도
② 피해자와 가해자의 평소 친분관계
③ 목격자 증언의 신빙성
④ 범행 당시 가해자의 정신상태

해설

법정 심리학은 광의 개념의 법 심리학에 포함되는 분야로 생각될 수 있지만 법 심리학과 동일한 내용을 다룬다. 그러나 법정 심리학은 법정과 직접적으로 관련 있는 심리학의 분야로 한정해 생각할 수도 있다. 대부분은 피고인에 대한 형사책임 판단, 형사와 민사에서의 특정 행위에 대한 능력 평가, 재범 위험성 평가처럼 재판과 관련된 임상적인 평가가 필요한 부분이 중심이 된다.
따라서 보기 중에서는 범행 당시 가해자의 정신상태를 우선하는 것이 재판과 관련된 임상적 평가 행동이라고 볼 수 있다.

075

다음 사례에서 사용한 치료적 접근은?

> 불안을 갖고 있는 내담자를 치료하는 과정에서 체계적 둔감법을 사용하였고, 공황을 느끼고 있는 내담자에게 참여 모델링 기법을 사용했다.

① 행동적 접근　　② 정신분석적 접근
③ 실존주의적 접근　　④ 현상학적 접근

해설

행동적 접근의 대표적인 치료방법으로는 체계적 둔감법, 참여 모델링 기법, 노출법, 홍수법, 조형법 등이 있다. 불안을 갖고 있는 내담자를 치료하는 과정에서 체계적 둔감법을 사용하고, 공황을 느끼는 내담자에게 참여 모델링 기법을 사용한 치료적 접근은 행동적 접근에 해당된다.

076

상담자가 자신의 내담자와 치료를 진행하는 기간에 내담자 가족에게 식사초대를 받아 식사를 했다면 어떤 윤리원칙을 위반할 가능성이 높은가?

① 유능성
② 이중관계
③ 전문적 책임
④ 타인의 존엄성에 대한 존중

해설

상담자는 내담자와의 상담 관계에 영향을 줄 수 있는 다중관계를 피해야 한다. 다중관계란 상담자와 내담자의 관계인 동시에 상담자가 내담자의 친·인척, 친구, 직장상사 등의 관계인 경우를 말하는데 이러한 다중관계가 상담의 효과에 영향을 줄 수 있다고 판단되면 다른 상담전문가에게 의뢰하여야 한다. 또한, 특별한 경우를 제외하고 상담 회기 내에 내담자와 성적 관계 등 사적 관계를 갖지 않아야 한다. 더불어 내담자와 상담료 이외의 어떠한 경제적 대가를 받아서도 안 된다.

077
심리평가를 시행하는 동안 임상심리사가 취해야 할 태도와 가장 거리가 먼 것은?

① 행동관찰에서는 비일상적 행동이나 그 환자만의 특징적인 행동을 주로 기술한다.
② 관찰된 행동을 기술할 때 구체적인 용어로 설명하는 것이 바람직하다.
③ 평가상황에서의 일상적인 행동을 평가보고서에 기록하는 것이 좋다.
④ 심리검사 결과뿐만 아니라 외모나 면접자에 대한 태도, 의사소통방식 등도 기록 하는 것이 좋다.

해설
평가 상황에서는 내담자의 말과 표현, 신체 동작, 면담 태도, 용모 및 외모, 정서적 반응, 이해력, 의사소통능력 위주의 비일상적 행동이나 특징을 기록하며 일상적인 행동까지 기록할 필요는 없다.

078
임상적 평가의 목적과 가장 거리가 먼 것은?

① 치료의 효과에 대한 예측(예후)
② 미래 수행에 대한 예측
③ 위험성 예측
④ 심리 본질의 발견

해설
임상적 평가의 목적은 이해, 선발, 분류, 진단, 평가, 검증이며, 심리의 본질을 발견하는 것과는 관련이 없다.

079
아동의 바람직하지 않은 행동을 감소시키기 위해 사용할 수 있는 적합한 기법은?

① 행동연쇄(Chaining)
② 토큰경제(Token economy)
③ 과잉교정(Overcorrection)
④ 주장훈련(Assertive training)

해설
과잉교정(overcorrection)
아동의 잘못된 행동이 심한 경우 대인행동도 없고, 효과적인 강화인도 없을때 유용한 기법이다(예 사물이나 또래에게 공격적인 행동을 하는 경우 상황을 재구성하여 사과하도록 하는 것).

080
행동평가에 관한 설명으로 틀린 것은?

① 목표행동을 정확히 기술한다.
② 행동의 선행조건과 결과를 확인한다.
③ 법칙정립적(nomothetic) 접근에 기초한다.
④ 특정상황에 대한 개인의 행동에 초점을 맞춘다.

해설
행동평가는 문제 행동과 그것을 유지하는 조건을 확인하기, 적절한 처치를 선별하기, 처치효과를 평가하기이며, 행동의 원인을 상황적 변인이나 상황과 개인의 상호작용에서 찾는다. 측정 대상은 구체적 행동을 직접적으로 측정한다.

제5과목 심리상담

081
진로지도 및 진로상담의 일반적인 목표와 가장 거리가 먼 것은?

① 내담자 자신에 관한 보다 정확한 이해를 높인다.
② 합리적인 의사결정능력을 높인다.
③ 일과 직업에 대한 올바른 가치관을 형성하는데 도움을 준다.
④ 이미 선택한 진로에 대해 후회하지 않도록 유도한다.

해설

진로상담
내담자가 스스로 계획을 세워 자신의 진로를 결정하고 이끌어 나갈 수 있는 의사결정 능력을 길러 주는 것이어야 한다. 특히 진로선택과 결정에 있어서 의사결정의 결과보다 의사결정 과정에 초점을 두고 의사결정 기술을 증진시키도록 조력하는 것이다.

진로상담의 목표
자신에 대한 이해 향상, 직업 세계에 대한 지식의 향상, 진로 탐색, 합리적 의사결정능력 함양, 일에 대한 올바른 가치관 형성

082
사회 공포증 치료에서 지금까지 피해왔던 상황을 더 이상 회피하지 않고 직면하게 하는 행동수정 기법은?

① 노출훈련
② 역할연기
③ 자동적 사고의 인지재구성 훈련
④ 역기능적 신념에 대한 인지재구성 훈련

해설
행동치료에 있어서 노출법은 매우 중요한 치료기법 중 하나다. 노출법은 내담자가 두려워하는 자극이나 상황에 반복적으로 노출시켜 직면하게 함으로써 그러한 자극상황에 대한 불안을 감소시키는 방법이다. 반복적은 노출은 자극에 대한 불안을 감소시키는 둔감화 현상을 유발한다. 노출법에는 실제상황 노출법, 상상적 노출법, 점진적 노출법, 급진적 노출법이 있다.

083
주요 상담이론과 대표적 학자들이 바르게 짝지어지지 않은 것은?

① 정신역동이론 - Freud, Jung, Kemberg
② 인본(실존)주의이론 - Rogers, Frankl, Yalom
③ 행동주의 이론 - Watson, Skinner, Wolpe
④ 인지치료이론 - Ellis, Beck, Perls

해설
프리츠 펄스(Fritz Perls)는 게슈탈트 심리학, 실존철학, 현상학, 사이코드라마, 연극기법 등을 통합하여 게슈탈트 심리치료를 창안하였다.
아론 벡(Aaron Beck), 알버트 엘리스(Albert Ellis)는 인지치료이론의 대표적인 학자이다.

084
성폭력에 관한 설명으로 옳은 것은?

① 성폭력은 성적 자기결정권의 침해이다.
② 끝까지 저항하면 강간은 불가능하다.
③ 성폭력의 피해자는 여성뿐이다.
④ 강간은 낯선 사람에 의해서만 발생한다.

해설
성폭력은 성적 자기결정권의 침해이다. 언제, 어디서, 누가 나의 몸을 만질 것인가, 언제, 어디서, 누구와 성적인 행위를 할 것인가를 결정할 권리는 나에게 있다. 이것이 '성적 자기결정권'이다. 상대방에 대한 미안함이나 배려보다는 '나의 느낌'을 기준으로 결정해야 한다.

085
상담의 일반적인 윤리적 원칙에 해당하지 않는 것은?

① 자율성(autonomy)
② 무해성(nonmaleficence)
③ 선행(beneficience)
④ 상호성(mutuality)

> **해설**
> 상담의 일반적인 윤리적 원칙
> • **자율성** : 타인의 권리를 해치지 않는 한 내담자가 자신의 행동을 선택할 권리가 있다.
> • **선행** : 내담자와 타인을 위해 선한 일을 하는 것이다.
> • **무해성** : 내담자에게 해를 끼치는 행동을 하지 않는 것이다.
> • **공정성** : 모든 내담자는 평등하며, 성별과 인종, 지위와 관계없이 공정하게 대우받아야 한다.
> • **충실성** : 상담자는 내담자에게 믿음과 신뢰를 주며 상담 관계에 충실해야 한다.

086
문화적으로 다양한 집단이 참여하는 집단상담에서의 기본 전제로 적합하지 않은 것은?

① 상담자보다 내담자에 대해서만 기본가정(문화, 인종, 성별 등)을 고려해야 한다.
② 모든 인간의 만남은 그 자체가 다문화적이다.
③ 사람들의 문화적 배경을 고려해야 한다.
④ 지도자는 다문화적 관점을 갖고 있어야 한다.

> **해설**
> 다문화 집단상담
> 우리사회와 다른 타문화적 배경을 가진 다문화구성원(외국인근로자, 결혼이민자, 북한이탈주민)이 증가하면서, 이들의 정신건강과 상담분야에 대한 욕구가 증가하고 있다. 다문화 집단상담에서는 기본가정 고려시 상담자와 내담자를 모두 고려해야 한다.

087
Satir의 의사소통 모형에서 스트레스를 다룰 때 자신의 스트레스를 무시하고 다른 사람에게 힘을 넘겨주며 모두에게 동의하는 말을 하는 의사소통 유형은?

① 초이성형
② 일치형
③ 산만형
④ 회유형

> **해설**
> Satir의 의사소통 5가지 유형
> • **회유형** : 상대방을 위해서만 모든 것을 맞추려 한다. 다른 사람의 의견에 지나치게 동조하고 비굴한 자세를 보인다.
> • **비난형** : 상대방을 무시하고 자신의 의견이 최선이며 상대가 받아들이지 않으면 화를 낸다.
> • **초이성형** : 감정표현을 억제하고 매우 냉정한 태도를 취한다. 자신과 타인을 무시하고 상황과 원칙만 강조한다.
> • **산만형** : 다른 사람의 말과 행동을 고려하지 않는다. 대화의 초점없이 부적절하게 반응한다.
> • **일치형** : 자신이 중심이 되어 타인과 관계를 맺는다. 자신, 타인, 상황을 신뢰하고 존중한다.

088
다음 대화에서 상담자의 반응은?

> 내담자 : (흐느끼며) 네, 의지할 사람이 아무도 없어요….
> 상담자 : (부드러운 목소리로) 외롭군요….

① 해석
② 재진술
③ 요약
④ 반영

> **해설**
> **반영(reflection)** : 내담자의 말과 행동에서 표현된 기본적인 감정, 생각, 및 태도를 상담자가 다른 참신한 말로 부언해주는 것. 감정의 반영, 행동 및 태도의 반영.

089
병적 도박에 관한 설명으로 틀린 것은?

① 대개 돈의 액수가 커질수록 더 흥분감을 느끼며, 흥분감을 느끼기 위해 액수를 더 늘린다.
② 도박행동을 그만두거나 줄이려고 시도할 때 안절부절 못하거나 신경이 과민해진다.
③ 병적 도박은 DSM-5에서 반사회성 성격장애로 분류된다.
④ 병적 도박은 전형적으로 남자는 초기 청소년기에, 여자는 인생의 후기에 시작되는 경우가 많다.

해설
병적 도박은 도박장애라는 명칭으로 DSM-5에서 비물질관련장애로 분류되었다.

090
다음에 해당하는 인지적 왜곡은?

> 길을 가다가 어떤 모르는 사람들이 웃고 있다면, 자신과 그 사람들은 아무런 관련이 없음에도 불구하고, 그 사람들이 자신을 욕하면서 비웃고 있다고 생각하는 것.

① 극대화
② 예언자의 오류
③ 개인화
④ 이분법적 사고

해설
개인화(personalization)
관련지을만한 근거가 없을 때조차 외적 사상들과 자기 자신을 관련짓는 경향이다. 일종의 망상과 비슷하다. 예를 들어, 길을 가다가 어떤 모르는 사람들이 웃고 있다면 자신과 그 사람들은 아무런 관련이 없음에도 불구하고, 그 사람들이 자신을 욕하면서 비웃고 있다고 생각하는 것이다. 개인화를 관계사고라고도 하며 이런 관계사고가 심해지면 관계망상이 될 수 있다.

091
청소년 상담시 대인관계 문제해결을 위한 상담전략에 관한 설명으로 틀린 것은?

① 정서적 개입 : 문제의 신체적 요소에 초점을 맞춘 신체 인식활동도 포함한다.
② 인지적 개입 : 내담자가 자신이 처한 상황이나 사건, 사람, 감정 등에 대해 지금과 다르게 생각하도록 돕는다.
③ 행동적 개입 : 내담자에게 비생산적인 현재 행동을 통제 하거나 제거하게 함으로써 새로운 행동이나 기술을 개발하도록 돕는다.
④ 상호작용적 개입 : 습관, 일상생활 방식이나 다른 사람과의 상호작용 패턴을 수정하도록 한다.

해설
청소년의 대인관계 문제해결을 위한 상담전략 방법은 정서적, 인지적, 행동적, 상호작용적 개입이 있다.
상호작용적 개입 : 다른 사람과의 상호작용 패턴을 수정하도록 한다. 이 개입에서 습관, 일상생활 방식은 수정하도록 개입하지 않는다.

092
개인의 일상적 경험구조, 특히 소속된 분야에서 특별하다고 간주되던 사람들의 일상적 경험구조를 상세하게 연구하고자 하는 목적에서 생겨난 심리상담의 핵심적인 전제조건에 해당하는 것은?

① 매순간 새로운 자아가 출현하고 새로운 경험을 할 때마다 우리는 새로운 위치에 있게 된다.
② 어린 시절의 창조적 적응은 습관적으로 알아차림을 방해한다.
③ 내담자로 하여금 문제를 해결하는 것뿐만 아니라 그 문제를 유지시키는 보다 근본적인 기술을 변화시키도록 돕는 것이 중요하다.
④ 개인은 마음, 몸, 영혼으로 이루어진 체계이며, 삶과 마음은 체계적 과정이다.

> **해설**
>
> NLP(Nuero Linguistic Programming, 신경언어프로그래밍)의 전제조건
> 전제조건이란 그것이 반드시 진리이기 때문이 아니라 다만 전제조건의 내용에 근거하여 실천/행동할 때 바람직한 성과를 얻을 수 있기에 사실인 것처럼 생각하고 받아들일 수 있는 명제를 말한다.
>
> '정신과 육체는 하나의 체계이다'라는 전제조건의 의미 정신과 육체는 상호작용을 하며 서로 영향을 미친다. 다른 하나에 영향을 주지 않고 어느 하나를 변화시킨다는 것은 불가능하다.
> 1. 지도는 영토가 아니다.
> 2. 인간의 행동은 목적지향적이다.
> 3. 모든 행동은 긍정적 의도에서 나온다.
> 4. 무의식은 선의적이다.
> 5. 이해하기를 원한다면 실행하라.
> 6. 선택할 수 있다는 것은 그렇지 못한 것보다 바람직하다.
> 7. 사람들은 그 당시에 할 수 있는 최선의 선택을 한다.
> 8. 실패란 없다. 다만 피드백이 있을 뿐이다.
> 9. 사람들은 완벽하게 일한다.
> 10. 의사소통에서 전달하고자 하는 의미는 곧 우리가 상대방으로부터 얻는 반응으로 결정된다.
> 11. 타인의 세계관을 존중하라.
> 12. 우리는 감각을 통해 모든 정보를 처리한다.
> 13. 정신과 육체는 하나의 체계이다.

093

상담초기에 상담관계 형성에 필요한 기법과 가장 거리가 먼 것은?

① 경청하기
② 상담에 대한 동기부여하기
③ 핵심 문제 해석하기
④ 무조건적인 긍정적 존중하기

> **해설**
>
> 라포 형성을 위한 기법이 아닌 것을 고르면 된다. 해석하기는 상담 중기부터 주로 적용하는 상담기법이다.

094

Adler 개인심리학의 기본 가정에 해당하지 않는 것은?

① 개인은 무의식과 의식, 감정과 사고, 행동이 각각 분리되어 있는 것으로 본다.
② 인간은 미래 목표를 향해 나아가는 창조적인 존재라고 본다.
③ 현실에 대한 주관적 인식을 강조하며 현상학적 접근을 취한다.
④ 인간은 기본적으로 공동체 의식, 즉 사회적 관심을 지닌 존재라고 본다.

> **해설**
>
> 아들러(Adler)는 인간은 통합적으로 움직이는 존재이며, 신체, 지각, 사고, 감정을 포함하는 성격전체를 통합적으로 이해하여야 한다고 주장했다.

095

중독에 대한 동기강화상담의 기본 기법 4가지(OARS)에 포함되지 않는 것은?

① 인정   ② 공감
③ 반영   ④ 요약

> **해설**
>
> 동기강화상담의 기본기술(OARS) : 개방형질문하기(Opening question), 인정하기(Affirming), 반영하기(Reflection), 요약하기(Summarinzing)

096

직업발달을 직업 자아정체감을 형성해 나가는 계속적 과정으로 보는 이론은?

① Ginzberg의 발달이론
② Super의 발달이론
③ Tiedeman과 O'Hara의 발달이론
④ Tuckman의 발달이론

> **해설**
> **타이드만(Tideman)과 오하라(O'Hara)의 발달이론**
> 타이드먼과 오하라는 직업발달의 단계를 몇 개로 구분하고 각 단계의 특징을 기술하였다. 그들은 직업발달의 단계는 연령과 관계없이 문제의 성질에 의해 좌우되며 일생 동안 여러 번 반복될 수 있다고 주장했다. 의사결정 과정을 통해서 직업의식이 어떻게 발달해 가는가를 설명했다.

097
면접기법에 대한 설명으로 틀린 것은?

① 구체적인 내용의 해석은 상담관계가 형성되는 중반까지는 보류하는 것이 일반적이다.
② 감정의 명료화에서 내담자가 원래 제시한 것보다 더 많은 의미를 추가하여 반응하는 것은 삼갈 필요가 있다.
③ 내담자의 성격을 파악하지 못했거나 해석의 실증적 근거가 없을 때는 해석을 하지 말아야 한다.
④ 상담자의 반영, 명료화, 직면, 해석은 별개가 아니라 반응 내용의 정도와 깊이에 차이가 있을 뿐이다.

> **해설**
> **명료화(clarification)** : 내담자의 말 속에 내포되어 있는 뜻을 내담자에게 요약하고 명확하게 말해주는 것. 내담자가 말하는 의미가 모호할 때, 분명하게 말해 달라고 요청하는 것도 포함됨.
> 감정의 명료화는 현재 감정의 깊이있는 이해와 애매하고 함축적인 의미 내용을 인식하는데 도움이 된다.

098
Lazarus의 중다양식 상담에 관한 설명으로 틀린 것은?

① 성격의 일곱가지 양식은 행동, 감정, 감각, 심상, 인지, 대인관계, 약물/생물학 등이다.
② 사람은 개인이 타인들과의 긍정적이거나 부정적인 상호작용의 결과들을 관찰함으로써 무엇을 할 것인지를 배운다고 본다.
③ 사람들은 고통, 좌절, 스트레스를 비롯하여 감각자극이나 내적 자극에 대한 반응을 나타내는 식별역이 유사하다.
④ 행동주의 학습이론과 사회학습이론, 인지주의의 영향을 많이 받았으며, 그 외 다른 치료기법들도 절충적으로 사용한다.

> **해설**
> **Lazarus의 중다양식치료**
> 라자루스(Arnold Lazarus)가 개발한 중다양식치료(multimodal therapy)의 핵심개념은 BASIC-ID다. 이는 개인이 가진 일곱 가지 특성(행동, 감정, 감각, 심상, 인지, 대인관계, 생물학적 행동)을 말한다.
>
> ① 이 치료법의 기본전제는 내담자들은 보통 여러 가지 특수한 문제들로 고통을 받고 있으므로 그 문제들을 다룰 때에도 여러 가지 특수한 치료법들을 동원해야 한다는 것이다.
> ② 상담자의 역할은 내담자의 특수한 문제들을 평가하여 그것에 적절한 치료기법들을 적용하는 것이다.
>
> 중다양식적 평가는 개인의 BASIC-ID에 해당하는 각 영역을 조사한다. 상담자는 BASIC-ID의 초과와 결핍을 그린 도표를 작성한 후, 상담과정을 통해서 내담자의 문제를 교정한다.
> ① Behavior, 행동 : 얼마나 활동적인가, 얼마나 행동적인가?
> ② Affect, 감정 : 얼마나 정서적인가? 사물들을 얼마나 깊이 느끼는가?
> ③ Sensation, 감각 : 얼마나 감각으로부터 나오는 쾌와 고통에 초점을 맞추는가?
> ④ Imagery, 심상 : 생생한 상상을 하는가? 환상을 하고 백일몽을 꾸는가?
> ⑤ Cognition, 인지 : 어느 정도의 '사색가'인가?
> ⑥ Interpersonal relationship, 대인관계 : 얼마나 사교적인가?
> ⑦ Drugs/biology, 약물/생물학 : 건강한가? 몸과 신체를 돌보는가?

099

3단계 상담모델(탐색단계, 통찰단계, 실행단계)에서 탐색단계의 특징에 해당하는 것은?

① 내담자가 그들의 감정을 표현하고 복잡한 문제를 통한 그들의 생각을 표현하는 기회를 제공한다.
② 내담자들이 새로운 밝은 면을 볼 수 있도록 돕는다.
③ 내담자에게 어떤 사건을 만드는데 원형을 제공하고 그들이 더 좋은 선택을 할 수 있도록 돕는다.
④ 내담자가 왜 그들이 행동하고, 생각하고, 느끼는가에 관하여 이해할 수 있게 해준다.

> **해설**
> 3단계 상담모델은 이 모델은 내담자중심, 정신분석, 인지행동이론에 영향을 받았다.
> **(1) 탐색 단계의 과제**
> 내담자와 의사소통이 원활하도록 하고 치료관계를 발전시킨다.
> 내담자가 자신의 이야기를 하도록 용기를 북돋아 준다.
> 내담자가 자신의 사고와 감정을 탐색할 수 있도록 격려한다.
> 내담자로 하여금 감정의 각성을 촉진하도록 돕는다
> 내담자의 관점에서 내담자를 이해하도록 노력한다.
>
> **(2) 통찰 단계의 과제**
> 내담자가 자신의 행동, 인지, 감정에 내재한 규칙을 자각하도록 돕는다(행동, 인지, 감정에 내재한 패턴을 인식하도록 돕는다).
>
> **(3) 실행 단계의 과제**
> 내담자가 새로운 가능한 행동을 탐색할 수 있도록 용기를 준다.
> 내담자에게 필요한 기술을 가르친다.
> 변화를 시도하는 내담자를 돕기 위해 전략을 만든다.
> 시도된 변화에 관한 피드백을 제공한다.
> 변화를 측정하고 행동계획을 수정하도록 내담자를 돕는다.
> 변화에 관한 감정의 과정을 이해하도록 돕는다.

100

청소년을 대상으로 한 자살 위험 평가에 대한 설명으로 틀린 것은?

① 개별적으로 임상 면담을 실시한다.
② 자살 준비에 대한 구체적인 질문은 자살가능성을 높일 수 있으므로 피한다.
③ 자살의도를 유보하고 있는 기간이라면 청소년의 강점과 자원을 탐색한다.
④ 자살에 대해 생각할 수 있으나 행동으로 실천하지 않겠다는 구체적인 약속을 한다.

> **해설**
> 상담자는 자살위험평가를 위한 질문을 할 때, 모호하거나 우회적인 질문보다는 구체적인 질문과정을 통해 그 위험수준을 명확하게 평가하는 것이 바람직하다.

2019년 제1회 임상심리사 2급 필기 채점표

구분	제1과목	제2과목	제3과목	제4과목	제5과목	전과목 평균
점수						

2019년 제1회 임상심리사 2급 필기 정답

001	002	003	004	005	006	007	008	009	010	011	012	013	014	015	016	017	018	019	020
④	①	③	④	③	①	②	②	②	③	①	③	②	②	①	④	①	③	②	④
021	022	023	024	025	026	027	028	029	030	031	032	033	034	035	036	037	038	039	040
①	②	③	④	②	①	②	②	①	④	④	①	③	①	④	②	③	④	④	④
041	042	043	044	045	046	047	048	049	050	051	052	053	054	055	056	057	058	059	060
②	①	③	②	①	①	④	①	③	②	④	②	③	①	①	④	④	④	②	①
061	062	063	064	065	066	067	068	069	070	071	072	073	074	075	076	077	078	079	080
④	②	②	①	④	④	②	④	②	②	②	②	①	④	①	③	④	④	③	③
081	082	083	084	085	086	087	088	089	090	091	092	093	094	095	096	097	098	099	100
④	①	④	①	④	①	④	④	④	④	④	③	①	②	③	②	③	①	②

2019년

2019년 제3회 임상심리사 2급 필기 기출문제

2019년 08월 04일 시행

제1과목 심리학 개론

001
다음은 무엇에 관한 설명인가?

> 물속에서 기억한 내용을 물속에서 회상시킨 경우가 물 밖에서 회상시킨 경우에 비해서 회상이 잘된다.

① 인출단서효과 ② 맥락효과
③ 기분효과   ④ 도식효과

해설
맥락 효과(context effect)는 인지심리학의 한 영역으로서 처음 주어진 정보나 조건과 같은 환경 요인이 이후의 정보를 해석하는데 영향을 미치는 현상을 의미한다. 예 물속에서 기억한 내용을 물속에서 회상시킨 경우가 물 밖에서 회상시킨 경우에 비해서 회상이 잘된다.

002
호감에 영향을 미치는 요인과 가장 거리가 먼 것은?

① 물리적 근접성 ② 유사성
③ 상보성   ④ 내향성

해설
호감에 영향을 미치는 요인으로는 외모, 성격, 유사성, 친숙성, 근접성 등이 있다.

003
뉴런이 휴식기에 있을 때의 상태로 옳은 것은?

① 칼륨 이온이 뉴런 밖으로 나간다.
② 나트륨 이온이 뉴런 안으로 밀려온다.
③ 뉴런이 발화한다.
④ 뉴런 내부는 외부와 비교하여 음성(−)을 띠고 있다.

해설
외부의 교란이 없을 때에는 막이 전기적 분극화를 유지한다. 구체적으로 말하면, 즉, 두 지점 사이의 전하 차이를 유지한다. 구체적으로 말하면, 세포막 안이 바깥에 비하여 약간 음전위를 띤다. 휴지중인 뉴런에서의 이러한 전압의 차이를 안정전위라 한다.

004
Freud의 발달이론에서 오이디푸스 갈등을 경험하는 시기는?

① 구강기 ② 항문기
③ 남근기 ④ 잠복기

해설
남근기(phallic stage, 3~6세) : 성기 주변에 만족감을 느끼는 시기로 이성 부모에 대한 성적 애착을 느끼게 되고 이것은 동성 부모에 대한 경쟁의식으로 남아에게는 오이디푸스 콤플렉스(oedipus complex), 여아에게는 엘렉트라 콤플렉스(electra complex)로 나타난다. 이러한 콤플렉스는 동성 부모를 동일시함으로써 해소된다.

005

Ainsworth의 낯선 상황 실험에서 낯선 장소에서 어머니가 사라졌을 때 걱정하는 모습을 약간 보이다가 어머니가 돌아왔을 때 어머니를 피하는 아이의 애착 유형은?

① 안정 애착
② 불안정 혼란 애착
③ 불안정 회피 애착
④ 불안정 양가 애착

해설

1~2세 된 영아가 엄마나 다른 양육자와 형성한 애착의 질을 측정하기 위해 가장 널리 사용되는 기법은 Mary Ainworth의 낯선 상황(strange situation) 절차이다.
안정애착과 불안정애착으로 나눈다.
불안정애착은 회피애착, 저항애착, 혼란된 예착, 통제행동으로 나눌 수 있다.

안정애착 : 양육자가 있는 가운데 환경을 자유롭게 탐색하고, 분리로 인해 불안해지거나 또는 불안해지지 않을 수 있으며 양육자가 없으면 탐색을 덜할 것이다.
불안정 회피애착 : 분리와 유기에 대해서 거의 고통을 보이지 않고 양육자와 재결합시 양육자를 피한다.
불안정 혼란애착 : 비일관적이거나 이상한 방식으로 행동한다. 그들은 명한 표정을 하거나 목적 없이 주변을 돌아다니며, 양육자가 함께 있는 상황에서 두려워하거나 양가적인 것으로 보인다.
불안정 저항애착 : 회피애착 영아와 반대로, 저항애착을 갖는 영아들은 양육자에 몰입되어 있다. 그들은 분리, 재결합에 대해 극도로 흥분하며 가까이 있는 것에 대해 저항하거나 혹은 화가 나서 양육자를 밀친 후에 안아달라고 요구하는 양가유형을 보인다. 양육자에 대한 몰입은 탐색을 크게 제한한다.
불안정 통제행동 : 아동이 어른 기능을 하는 역할의 전도다. 이러한 전도는 부정적으로는 으스대기와 오만한 지시로 나타날 수 있고 또는 긍정적으로는 양육자의 안녕에 대한 지나친 걱정으로 나타날 수 있다.

006

Freud의 세 가지 성격 구성요소 중 현실 원리를 따르는 것은?

① 원초아(id)
② 자아(ego)
③ 초자아(superego)
④ 원초아(id)와 자아(ego)

해설

자아(ego) : 현실원리를 따름. 의식적이고 합리적인 성격요소. 본능을 만족시킬 현실적인 수단을 찾는 것
초자아(superego) : 자아이상과 양심으로 구성 · 도덕적 가치와 부모들의 기존을 내면화함으로 생김. 자아가 원초아의 바람직하지 않은 충동에 대해 사회적으로 수용할 수 있는 배출구를 찾을 것을 강력히 요구
원초아(id) : 쾌락원리를 따름. 출생시에 나타나는 것, 타고난 생물학적 본능을 충족시키는 것, 즉각적으로 본능을 충족시키려고 시도

007

혼자 있을 때 보다 옆에 누가 있을 때 과제의 수행이 더 우수한 것을 일컫는 현상은?

① 몰개성화
② 군중 행동
③ 사회적 촉진
④ 동조 행동

해설

사회적 촉진(Social Facilitation)은 타인의 존재가 일종의 자극제로 작용함으로써 수행이 향상되는 것이다.(예 자전거 경주에서 함께 달릴 때 더 빠르다는 것을 발견, 개미들은 다른 개미들이 있을 때 더 굴을 많이 파고, 닭들은 더 먹음)

008

잔인한 아버지가 자식을 무자비하게 때리면서 매질이 자식을 위한 것으로 확신하고 있다고 하는 것처럼, 자기 자신의 감정이나 행위를 보다 허용 가능한 것으로 해석하는 방어기제는?

① 투사
② 반동형성
③ 동일시
④ 합리화

해설

합리화(rationalization)
인식하지 못한 동기에서 나온 행동에 대하여 그럴듯하게 이치에 닿는 이유를 내세우는 방어기제로, 그 행동 속에 숨어 있는 실제 원인은 용납할 수 없는 내용이므로 인식하지 못하고, 가장 도덕적이고 합리적인 설명을 하는 것(예 이솝우화의 여우와 신포도)

009

놀이방에서 몇 명의 아동에게 몇 가지 인형을 주어 노는 방법의 변화를 1주일에 1시간씩 관찰하는 연구방법은?

① 실험법
② 자연 관찰법
③ 실험 관찰법
④ 설문조사법

해설

실험 연구에서는 다른 조건들을 일정하게 고정시켜 통제하고 알아보고자 하는 변인을 실험자의 의도대로 조작하거나 변화시킴으로써 다른 변인이 어떤 영향을 받는지 조사한다. 이때 실험자에 의해 조작되고 변화되는 변수가 독립 변수이고, 그로 인해 변화할 것이라 예상되는 변수를 종속 변수라고 한다.

010

연결망을 통해 원하는 만큼 많은 수의 표본을 추출하는 방법은?

① 눈덩이 표집(snowball sampling)
② 유의 표집(purposive sampling)
③ 임의 표집(convenient sampling)
④ 할당 표집(quota sampling)

해설

처음에는 소규모의 응답자 집단으로 시작하여 다음에는 이 응답자들을 통해 비슷한 속성을 가진 다른 사람들을 소개하도록 하고, 이들을 대상으로 조사하는 표집방법이다.

011

아동으로 하여금 매일 아침 자신의 침대를 정리하도록 하는데 효과가 있는 것을 모두 고른 것은?

> 처벌, 긍정적 강화, 부정적 강화, 모방

① 처벌
② 처벌, 긍정적 강화
③ 처벌, 긍정적 강화, 부정적 강화
④ 처벌, 긍정적 강화, 부정적 강화, 모방

해설

처벌
처벌은 행동의 결과에 의해 특정 행동의 감소를 의미한다. 행동에 뒤따라 자극이 제시되거나 그 자극의 강도가 증가하는 형태의 정적 처벌(positive punishment)과 행동 뒤에 특정 자극이 제거되거나 자극의 강도가 약해지는 형태의 부적 처벌(negative punishment)로 구분된다.

강화
긍정적 강화(positive reinforcement)는 특성 행동의 출현 가능성을 높이는 형태로 이때 제시되는 자극이 사탕, 관심, 칭찬과 같은 보상을 의미하는 정적 강화물이다.
부정적 강화(Negative reinforcement)는 행동의 빈도를 높이기 위해 행동에 따른 부정적인 결과를 감소시키거나 제거하는 것으로 이때 제거되거나 감소하는 자극이 일반적으로 유기체에게 혐오 자극인 부적 강화물이다

모방
관찰자가 보고 있는 동안에 모델이 아무런 보상이나 처벌을 받지 않더라도 관찰자가 그 모델의 행동을 모방하는 경우를 의미한다.

012
Maslow의 5단계 욕구 중 "금강산도 식후경"이라는 속담의 의미와 일치하는 욕구 는?

① 생리적 욕구　　② 안전의 욕구
③ 자기실현의 욕구　④ 소속 및 애정의 욕구

> **해설**
>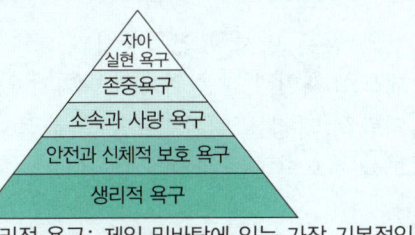
> 매슬로우의 욕구위계(hierarchy of needs)
> 생리적 욕구: 제일 밑바탕에 있는 가장 기본적인 욕구(배고픔, 갈증, 수면 욕구 등)

013
무작위적 반응 중에서 긍정적 결과가 뒤따르는 반응들을 통해서 행동이 증가하는 학습법칙은?

① 시행착오 법칙　　② 효과의 법칙
③ 연습의 법칙　　　④ 연합의 법칙

> **해설**
> 손다이크는 동물이 문제 상자에서 빠져나오는 시간이 점차 감소하는 것을 시행착오 학습으로 칭하고 행동의 결과에 따라 행동의 반복 여부가 결정된다는 효과의 법칙(law of effect)을 제안했다.

014
두 변인 간의 높은 정적 상관을 보이는 산포도의 형태는?

① 좌상단에서 우하단으로 가면서 흩어진 정도가 매우 큰 산포도
② 좌상단에서 우하단으로 가면서 흩어진 정도가 매우 작은 산포도
③ 좌하단에서 우상단으로 가면서 흩어진 정도가 매우 큰 산포도
④ 좌하단에서 우상단으로 가면서 흩어진 정도가 매우 작은 산포도

> **해설**
> 두 변인간 정적인 상관이 높을수록 상관계수 r은 +1에 가까워지고 흩어진 정도가 촘촘해진다.

015
통계적 검증력이 증가하는 경우는?

① 표본의 크기가 작은 경우
② 각 전집 표준편차의 크기가 다른 경우
③ 양방검증 대신 일방검증을 채택한 경우
④ 제2종 오류인 β를 늘리는 경우

> **해설**
> **통계적 검증력(statistical power)** : 귀무가설이 거짓인데도 이를 채택하는 오류를 범하지 않을 확률을 의미한다. 대립가설의 실제 평균이 일방검증의 기각역과 동일한 방향이라면 양방검증의 경우보다 검증력이 증가한다.

016
강화계획 중 소거에 대한 저항이 가장 큰 것은?

① 고정간격 강화계획　② 변동간격 강화계획
③ 고정비율 강화계획　④ 변동비율 강화계획

> **해설**
> **변동비율 강화계획** : 강화가 발생한 후 다음 강화가 발생하기까지 정해진 일정한 수만큼이 아니라 예기치 않게 변하는 것을 말한다. 그러나 무작위로 무조건적으로 강화를 발생시키는 것이 아니라 평균값을 유지하며 발생시키게 된다. 잭팟을 한번 터트린 이후에는 그 쾌감을 잊지 못해서 계속해서 매달리게 되는 것도 변화비율에 의해 강화된 것이다.(예 잭팟, 도박, 경마, 복권)

017
방어기제와 그 예가 틀리게 짝지어진 것은?

① 대치 – 방문을 세게 쾅 닫으며 화를 내게 만든 사람이 아닌 다른 사람에게 소리 지르는 경우
② 합리화 – 자기 자신이 부정직하다고 생각하기 때문에 다른 사람도 역시 부정직하다고 판단하는 경우
③ 동일시 – 괴롭힘을 당한 아이가 다른 아이들을 괴롭히는 사람이 되는 경우
④ 승화 – 분노를 축구나 럭비 또는 신체 접촉이 이루어지는 스포츠를 함으로써 해소하는 경우

해설
합리화(rationalization)
인식하지 못한 동기에서 나온 행동을 그럴듯하게 이치에 닿는 이유를 내세우는 방어기제로, 그 행동 속에 숨어 있는 실제 원인은 용납할 수 없는 내용이므로 인식하지 못하고, 가장 도덕적이고 합리적인 설명을 하는 것(예 이솝우화의 여우와 신포도)

018
걸맞추기(matching) 현상과 관련된 매력의 결정요인은?

① 근접성　　② 친숙성
③ 유사성　　④ 상보성

해설
사람들은 태도와 가치관이 유사한 사람들을 더 좋아한다. 인종, 종교, 문화, 정치, 사회 계층, 교육 수준, 연령이 유사한 사람들을 그렇지 않은 사람보다 더 좋아한다. 이런 유사성 원리가 데이트나 결혼에서 나타나는 현상을 '걸맞추기 원리'라고 한다.

019
기억 정보의 인출에 대한 설명으로 옳은 것은?

① 인출 시의 맥락과 부호화 시의 맥락이 유사할 때 인출 가능성이 클 것이라는 주장을 부호화 명세성(특수성) 원리라고 한다.
② 설단현상은 특정 정보가 저장되어 있지 않다는 증거로 볼 수 있다.
③ 회상과 같은 명시적 인출방법과 대조되는 방법으로 재인과 같은 암묵적 방법이 있다.
④ 기억탐색 과정은 일반적으로 외부적 자극 정보를 부호화하는 과정을 말한다.

해설
부호화명세성 원리(encoding specificity principle)
정보를 부호화할 때의 맥락과 인출할 때의 맥락이 일치할 경우 회상이 증진된다는 것을 의미한다.
예 학교에서 강의를 듣는 학생이 강의를 받은 곳에서 시험을 치르면 강의를 받지 않은 다른 곳에서 시험을 보는 것보다 시험결과가 좋아질 수가 있다는 것이다.

020
특질을 기본적인 특질과 부수적인 특질로 구분하는 경우, 기본적인 특질에 해당하지 않는 것은?

① Allport의 중심 성향　② Eysenck의 외향성
③ Cattell의 원천 특질　④ Allport의 2차적 성향

해설
올포트(Gordon Allport)는 특질을 개인에게 여러 가지 다른 자극이나 상황에 대해 유사한 방식으로 반응하도록 조작하는 실체로 보고 개인의 사고, 정서 및 행동을 결정하는데 중요한 역할을 한다고 주장한다. 그는 행동 상에 미치는 정도에 따라 기본 특질, 중심 특질, 이차적 특질로 구분한다. 기본 특질은 개인에게 매우 지배적이며 거의 모든 생활에 영향을 미치는 특질을 말하며, 중심 특질은 개인의 행동을 나타내는 5~10가지 정도의 두드러진 특질을 말한다. 이차적 특질은 개인에게 가장 영향을 적게 주는 특질들이다.

제2과목 이상심리학

021
알츠하이머병으로 인한 신경인지장애에 관한 설명으로 틀린 것은?

① 여성호르몬 estrogen과 상관이 있다.
② Apo-E 유전자 형태와 관련이 있다.
③ 허혈성 혈관 문제 혹은 뇌경색과 관련이 있다.
④ 노인성 반점(senile plaques)과 신경섬유다발(neurofibrillary tangle)과 관련이 있다.

해설
알츠하이머병으로 인한 신경인지장애와 혈관성질환으로 인한 신경인지장애의 구분이 진단기준상 중요하며 허혈성 혈관 문제 혹은 뇌경색은 혈관성 신경인지장애와 관련이 있다.

022
알코올 금단에 대한 설명으로 틀린 것은?

① 과도하게 장기적으로 사용하다가 중단(혹은 감량) 후에 나타난다.
② 수시간에서 수일 이내에 진전, 오심 및 구토 등이 나타난다.
③ 알코올 금단을 경험하는 대부분의 사람들은 진전섬망을 경험한다.
④ 알코올이나 벤조디아제핀을 투여하면 금단 증상이 경감된다.

해설
알코올의 금단 증상은 주로 환촉이나 환청, 왜소환각이다. 대부분의 사람들이 진전섬망을 경험하는 것은 아니며, 금단증상을 경험하는 사람들 중 5% 정도가 경험하며, 가장 심각한 증상이다.
진전섬망 : 알코올 정신병의 한 형태로, 머리, 손, 몸 등이 불규칙하게 떨리고, 강한 흥분을 수반한 섬망이 특징인 급성 전신 장애이다.

023
이상행동의 설명모형 중 통합적 입장에 해당하는 것은?

① 대상관계이론
② 사회적 학습이론
③ 소인-스트레스 모델
④ 세로토닌-도파민 가설

해설
소인-스트레스 이론(=취약성-스트레스이론)은 환경으로부터 주어지는 심리사회적 스트레스와 그에 대응하는 개인의 특성을 고려해야 한다는 입장이다. 취약성은 특정 장애에 걸리기 쉬운 개인적 특성을 말하며, 심리사회적 스트레스는 심리적 부담을 야기하는 외부사건을 의미한다.

024
다음 ( )에 알맞은 증상은?

DSM-5 주요 우울 삽화의 진단에는 9가지 증상 중 5개 혹은 그 이상의 증상이 속 2주 동안 지속되며, 증상이 사회적, 직업적, 또는 기타 중요 기능 영역에서 임상적으로 현저한 고통이나 손상을 초래한다. 여기서 말하는 9가지 증상 가운데 적어도 하나는 ( ) 이거나 ( ) 이다.

① 우울기분 - 무가치감
② 불면 - 무가치감
③ 우울기분 - 흥미나 즐거움의 상실
④ 불면 - 사고력이나 집중력의 감소

해설
주요 우울 삽화의 주요증상 중 우울한 기분이나 흥미 또는 즐거움의 상실은 반드시 하나 이상 포함되어야 한다.

025
DSM-5 사회공포증 진단 기준으로 틀린 것은?

① 사회적 상황에서 수치스럽거나 당혹스런 방식으로 행동할까봐 두려워한다.
② 공포가 너무 지나치거나 비합리적임을 인식하지 못한다.
③ 공포, 불안, 회피는 전형적으로 6개월 이상 지속되어야 한다.
④ 공포가 대중 앞에서 말하거나 수행하는 것에 국한될 때 수행형 단독으로 명시한다.

해설
사회공포증을 가진 사람의 공포는 자아 이질적인 것이며 이런 증상으로 인해 힘들어하며 개선을 원한다. 즉 비합리적이라는 것을 인지한다.

026
이상심리학의 역사에 대한 설명으로 옳은 것은?

① Hippocrates는 정신병자에게 인도주의적 대우를 해 주어야 한다고 주장한 최초의 사람이다.
② Kraepelin은 치료와 입원이 필요한 정신장애에 대한 분류 체계를 제시하였다.
③ 1939년에는 최초의 집단용 지능 검사인 Wechsler 검사가 제작되었다.
④ 1948년 세계 보건 기구는 정신장애 분류 체계인 DSM-I을 발표하였다.

해설
① 정신병자에게 인도주의적 대우를 해주어야 한다고 주장한 최초의 사람은 피넬이다.
③ 최초의 집단용 지능검사인 군 알파검사는 1945년 제작되었다.
④ 세계보건기구(WHO)에서는 기존의 국제사인분류를 수정하여 1949년에 ICD-6, 1952년에 미국정신의학회(APA)에서는 1952년 DSM-1을 발표하였다.

027
70세가 넘은 할아버지가 기억력 저하를 호소한다. 가장 가능성이 적은 문제는?

① 뇌경색　　② 알츠하이머 병
③ 주요우울장애　　④ 정신병질

해설
정신병질(psychopathy : 싸이코패스)은 반사회적 성격장애와 유사한 개념으로 70세가 넘은 기억장애를 호소하는 노인의 증상과는 거리가 멀다.

028
도박장애는 DSM-5의 어느 진단 범주에 속하는가?

① 성격장애
② 파괴적, 충동조절 및 품행 장애
③ 물질관련 및 중독 장애
④ 적응장애

해설
도박장애는 도박장애질-관련 및 중독장애의 하위분류인 비물질-관련 장애이다.

029
타인에 대한 강한 불신과 의심을 가지고 적대적인 태도를 나타내어 사회적 부적응을 나타내는 성격특성을 지닌 것은?

① 편집성 성격장애
② 조현성 성격장애
③ 반사회성 성격 장애
④ 연극성 성격장애

> **해설**
> **편집성 성격장애**
> DSM-5의 A군 성격범주에 해당되며, 불신과 의심이 핵심 개념으로, 타인의 의도를 적대적으로 해석하며, 사소한 말 속에서도 자신을 위협하거나 비하하는 의도가 있는지 파악한다.

030
다음 중 정신장애에 대한 사회문화적 치료와 가장 거리가 먼 것은?

① 커플치료 ② 집단치료
③ 가족치료 ④ 게슈탈트치료

> **해설**
> **심리치료의 사회문화적 모델**: 개인이 속한 사회, 문화의 규범, 기대, 환경 등이 미치는 영향의 관점을 통해 이상행동을 가장 잘 이해할 수 있다고 가정한다. 게슈탈트 치료는 내담자의 지각, 알아차림에 초점을 두는 치료기법이다.

031
주의력결핍 과잉행동 장애(ADHD)에 대한 설명으로 가장 적절하지 않은 것은?

① 유전성이 높다.
② 학령전기에는 과잉 행동이, 초등학생 시기에는 부주의 증상이 더욱 두드러진다.
③ 페닐알라닌 수산화 효소 부족으로 인해 발생한다.
④ 몇 가지의 부주의 또는 과잉 행동-충동성 증상은 12세 이전에 나타나야 한다.

> **해설**
> ADHD가 아니라 페닐케톤뇨증이 생기는 원인에 대한 설명이다.

032
강간, 폭행, 교통사고, 자연재해, 가족이나 친구의 죽음 등 충격적 사건에 뒤따라 침습 중상, 지속적 회피, 인지와 감정의 부정적 변화, 각성과 반응성의 뚜렷한 변화 등이 나타나는 심리적 장애는?

① 주요 우울증   ② 공황장애
③ 외상후 스트레스 장애 ④ 강박장애

> **해설**
> 외상후 스트레스 장애(PTSD)는 생명의 위협을 느낄 정도의 충격적인 외상을 경험한 후, 재경험, 회피반응, 과잉각성 반응, 인지의 부정적 변화를 1개월 이상 겪을 때 진단된다.

033
경계성 성격장애의 치료에 대한 설명으로 틀린 것은?

① 대상관계적 이론가들은 초기에 부모로부터 수용받지 못해 자존감 상실, 의존성 증가, 분리에 대한 대처 능력 부족 등이 나타난다고 보았다.
② 변증법적 행동치료에서는 내담자 중심치료의 공감이나 무조건적인 수용을 비판하고 지시적인 방법으로 경계성 성격장애를 가진 사람들의 행동을 수정하는 데 집중한다.
③ 정신역동적 치료자들은 경계성 성격장애를 가진 사람들이 아동기에 겪은 갈등을 치유하는 데 집중한다.
④ 인지치료에서는 경계성 성격장애를 가진 사람들의 인지적 오류를 수정하려고 한다.

> **해설**
> **변증법적행동치료(Dialectocal Behavior Therapy: DBT)**
> 리네한(Linehan)이 경계성성격장애 환자들을 위해 1993년에 개발한 치료방법이다. DBT는 잘못된 타협 형성으로 인한 긴장감을 잘 다루고 균형을 찾을 수 있게 도와주는 인지행동치료접근의 일종이라고 볼 수 있다.

034
조현병의 증상 중 의지결여, 정서의 메마름, 언어빈곤, 사회적 회피 등은 다음 중 무엇에 해당하는가?

① 양성 증상 ② 음성 증상
③ 혼란 증상 ④ 만성 증상

해설
조현병의 음성 증상 : 정상적, 적응적 기능의 결여를 나타내며, 정서적 둔마, 무논리증 또는 무언어증, 무욕증 등이 해당된다.

035
우울증의 원인론에 관한 설명으로 틀린 것은?

① 생리학적으로 세로토닌 수준이 높아지면 우울증에 걸리게 된다고 설명하고 있다.
② Freud의 정신분석 이론에서 상징적 상실 또는 상상의 상실로 설명하고 있다.
③ Beck의 인지이론에서 인지적 왜곡으로 우울증을 설명하고 있다.
④ 자신의 삶을 통제할 수 없다는 느낌과 개인의 수동적 태도가 학습되어 무기력감을 가지게 된 결과가 우울증을 유발한다는 주장이 있다.

해설
세로토닌 상승이 아니라 저하가 우울증의 원인이다.

036
신경발달장애에 해당하지 않는 것은?

① 발달성 협응장애
② 탈억제성 사회적 유대감 장애
③ 상동증적 운동장애
④ 투렛장애

해설
신경발달장애는 중추신경계나 뇌의 발달지연, 뇌손상과 관련된 정신장애다.
신경발달장애의 하위범주는 지적장애, 의사소통장애, 특정학습장애, 자폐스펙트럼장애, 주의력결핍과잉행동장애, 운동장애(상동증적 운동장애, 틱장애), 기타 신경발달장애가 있다.
탈억제성 사회적 유대감 장애는 외상 및 스트레스 사건 관련 장애의 하위 범주에 해당되는 내용이다.

037
급식 및 섭식장애에서 부적절한 보상행동에 포함되는 것은?

① 폭식 ② 과식
③ 되새김 ④ 하제 사용

해설
폭식행동을 하고 나면 체중증가에 대한 두려움으로 인해 심한 자책을 하게 되며 과도한 운동, 구토, 하제(이뇨제, 설사제, 관장약) 등을 사용하여 체중감소를 위한 부적절한 보상행동을 한다.

038
조현병의 좋은 예후 요인을 모두 고른 것은?

ㄱ. 높은 병전 기능
ㄴ. 양성 증상이 두드러짐
ㄷ. 나이가 들어서 발병
ㄹ. 높은 지능

① ㄱ, ㄴ ② ㄱ, ㄷ, ㄹ
③ ㄴ, ㄷ, ㄹ ④ ㄱ, ㄴ, ㄷ, ㄹ

해설
조현병의 좋은 예후요인으로는 병전기능(직업, 대인관계 등), 양성증상, 청년기 이후 나이들어서 발병, 지적 수준 등으로 모두 해당된다.

039
성별 불쾌감에 대한 설명으로 틀린 것은?

① 자신의 1차 및 2차 성징을 제거하고자 하는 강한 갈망이 있다.
② 반대 성이 되고 싶은 강한 갈망이 있다.
③ 반대 성의 전형적인 느낌과 반응을 가지고 있다는 강한 확신이 있다.
④ 강력한 성적 흥분을 느끼기 위해 반대 성의 옷을 입는다.

해설
④는 의상전환장애의 설명이다. 의상전환장애는 성도착장애의 하위범주로, 이성의 옷을 입음으로써 성적 흥분을 하는 경우를 말한다. 의상전환행동은 남성 복장에 여성 의복의 한 종류를 착용하는 것부터 전체적으로 여장을 하고 화장을 하는 경우까지 다양하다. 성불편증으로 인해 여성의 옷을 입는 경우는 의상전환장애로 진단되지 않는다.

040
다음에 제시된 장애유형 중 같은 유형으로 모두 묶은 것은?

ㄱ. 신체증상 장애
ㄴ. 질병불안 장애
ㄷ. 전환 장애
ㄹ. 공황 장애

① ㄱ, ㄴ
② ㄴ, ㄷ, ㄹ
③ ㄱ, ㄴ, ㄷ
④ ㄱ, ㄴ, ㄷ, ㄹ

해설
ㄱ~ㄷ은 모두 신체 증상 관련 장애로 신체증상장애, 질병불안장애, 전환장애, 허위성장애, 정신생리장애가 있다.
ㄹ : 불안장애의 하위범주이다.

제3과목 심리검사

041
스탠포드-비네 지능검사에 대한 설명으로 틀린 것은?

① IQ는 대부분의 점수가 100 근처에 모인다.
② 언어성 검사와 동작성 검사 두 부분으로 나누어져 있다.
③ 언어 추리, 추상적/시각적 추리, 양 추리, 단기기억 영역을 포함한다.
④ IQ 분포는 종 모양의 정상분포 곡선을 그린다.

해설
언어성 검사와 동작성 검사 두 부분으로 나누어진 검사는 웩슬러 지능검사이다.

042
MMPI-2에서 내용척도 CYN의 설명과 가장 거리가 먼 것은?

① 근거 없는 염세적 신념을 보인다.
② 자신의 위선, 속임수를 정당화한다.
③ 어려움에 쉽게 포기하거나 타인에게 복종한다.
④ 쉽게 비난받는다고 여기며 타인을 경계한다.

해설
냉소적 태도(Cynicism; CYN)는 MMPI-2의 내용척도 중의 하나이다. 높은 점수의 경우, 사람을 정글로 보며, 사람들 모두 이기적이고 비도덕적이라고 합리화하여 자신의 위선, 속임수 등을 정당화한다.
CYN 1(염세적 신념) : 사람들이 기만적이고, 이기적이며, 동정심이 없고, 믿을 수 없다는 관점을 반영한다.
CYN 2(대인적 의심) : 냉소적, 적대적, 착취적인 행동의 표적이 되어 다른 사람을 의심하고 경계할 때 느끼는 주제를 반영한다. 예로, 쉽게 비난받는다고 여기고 타인을 의심하고 경계한다. CYN 1에 비해 더 불쾌감을 느낀다.

043

뇌손상의 영향에 관한 설명으로 가장 적합한 것은?

① 뇌손상 이후 일반적인 지적 능력을 유지하지 못하여 원래의 지적 능력 수준이 떨어진다.
② 의사소통장애가 있는 모든 뇌손상환자들이 실어증을 수반한다.
③ 뇌손상이 있는 환자는 복잡한 자극보다는 단순한 자극에 더 시지각장애를 보인다.
④ 뇌손상이 있는 환자는 대부분 일차 기억보다 최신 기억을 더 상세하게 기억한다.

해설
뇌손상이 있는 경우, 지능 및 인지기능이 저하되나, 모든 뇌손상이 실어증을 유발하는 것은 아니다. 뇌손상 환자들은 복잡한 자극에 보다 많은 어려움을 보이는 경향이 있으며, 대부분 최신 기억보다 일차 기억을 더 상세하게 기억한다.

044

다음 K-WAIS 검사 결과가 나타내는 정신장애로 가장 적합한 것은?

- 토막짜기, 바꿔쓰기, 차례맞추기, 모양맞추기(점수 낮음)
- 숫자외우기 소검사에서 바로 따라 외우기와 거꾸로 따라 외우기(점수 간에 큰 차이를 보임)
- 공통성 문제 점수 낮음 : 개념적 사고의 손상
- 어휘, 상식, 이해 소검사의 점수는 비교적 유지되어 있음

① 강박장애
② 기질적 뇌손상
③ 불안장애
④ 반사회성 성격장애

해설
기질적 뇌손상이 있는 경우, 동작성 지능 관련 소검사가 언어성 지능 관련 소검사보다 더 저하된다. 정신적 조작의 어려움으로 바로 따라 외우기보다 거꾸로 따라 외우기의 수행에 저조하며, 추론의 어려움으로 인해 심사숙고하지 못해 공통성 문제의 저조한 수행을 보인다.

045

표준화된 검사가 다른 검사에 비하여 객관적인 해석을 가능하게 해 주는 이유로 가장 적합한 것은?

① 타당도가 높기 때문이다.
② 규준이 마련되어 있기 때문이다.
③ 신뢰도가 높기 때문이다.
④ 실시가 용이하기 때문이다.

해설
표준화된 검사는 객관성이 확보되는데, 수검자의 연령에 따른 평균값과 비교할 수 있는 규준이 있기 때문이다.

046

Rorschach 검사의 질문단계에서 검사자의 질문 또는 반응으로 가장 적절하지 않은 것은?

① "말씀하신 것은 주로 형태인가요?", "색깔인가요?"
② "당신이 어디를 그렇게 보았는지를 잘 모르겠네요."
③ "그냥 그렇게 보인다고 하셨는데 어떤 것을 말씀하시는 것인지 조금 더 구체적으로 설명해 주세요."
④ "그것처럼 보이게 만든 것은 무엇인가요?"

해설
로샤검사의 질문단계에서 질문은 '어느 부분에서(반응영역), 어떻게 해서(결정인), 그렇게 보게 되었는지(반응내용), 나도 당신이 본 것처럼 볼 수 있도록 설명해주십시오.'이다. ①번처럼 형태인지 색깔인지 유도하는 질문은 바람직하지 않다.

047

MMPI-2에서 4-6 코드의 대표적인 특성으로 옳은 것은?

① 기묘한 성적 강박관념과 반응을 가질 수 있다.
② 외향적이고 수다스러우며 사교적이면서도 긴장하고 안절부절못한다.
③ 연극적이고 증상과 관련된 수단을 통해 사람을 통제한다.
④ 자신의 잘못에 대해 타인을 비난하기 때문에 이에 대한 자신의 통찰이 약하다.

해설

4-6 상승척도
만성적으로 적대적으로 분노하는 경향
투사와 행동화 방어기제
행동 통제의 어려움
자기애적, 의존적, 타인의 관심과 공감을 요구하면서도 자기중심적으로 행동, 책임이나 요구에는 분개한다.

048

조직에서 직원을 선발할 때 적성검사를 사용하는 경우, 적성검사의 준거관련 타당도는 어떻게 구하는 것이 가장 바람직한가?

① 적성검사의 요인을 분석한다.
② 적성검사와 다른 선발용 검사와의 상관을 구한다.
③ 적성검사의 내용을 전문가들이 판단하도록 한다.
④ 적성검사와 직원이 입사 후 이들의 직무수행점수와의 상관을 구한다.

해설

어떤 심리검사가 예측하고자 하는 준거와 관련성 있는지 정도는 직업상담과 산업현장에서 매우 중요하다. 예언타당도와 동시타당도가 있다.

049

MMPI-2에서 임상척도의 중요성을 평가할 때 고려할 사항과 가장 거리가 먼 것은?

① 전체프로파일 해석에서 타당도척도보다 임상척도를 먼저 해석해야 한다.
② 정신병리에 대해 임상척도와 소척도를 함께 살펴봐야 한다.
③ 정신병리를 측정하는 내용 척도 및 내용 소척도와도 비교해야 한다.
④ 연령이나 성별과 같은 인구통계학적 변인들과 임상척도들 사이의 관계를 고려해야 한다.

해설

전체 프로파일 해석에서 임상척도보다 타당도척도를 먼저 해석해서 피검자의 검사태도를 반영하여 해석해야 한다.

050

실행적 기능(executive function)을 담당하는 뇌 부위가 손상된 환자에 대한 평가결과와 가장 거리가 먼 것은?

① BGT에서 도형의 배치 순서를 평가하는 항목의 점수가 유의하게 낮다.
② Trail Making Test에서 반응시간이 평균보다 2표준편차 이상 높았다.
③ Stroop test의 간섭시행 단계에서 특히 점수가 낮았다.
④ 웩슬러 지능검사에서 상식 소검사의 점수가 유의하게 낮았다.

해설

실행기능의 의미 : 목표지향적으로 자신의 행동을 조절, 통제, 관리해가는 능력. 전두엽 기능
실행기능 평가 검사 : 웩슬러 지능검사의 공통성문제, 언어 유창성 검사, 선로 잇기 검사, 스트룹 검사, 레이 복합 도형 검사, 위스콘신 카드 분류검사

051
WAIS-IV의 연속적인 수준 해석 절차의 2단계는?

① 소검사 반응내용 분석
② 전체척도 IQ해석
③ 소검사 변산성 해석
④ 지수점수 및 CHC 군집 해석

> **해설**
> WAIS-4의 해석단계
> 1단계 : 전체 IQ와 GAI에 근거한 전반적
> 2단계 : 지능수준의 분류 및 해석
> 3단계 : 합산점수와 요인구조분석 및 해석
> 4단계 : 소검사 간 분산분석 및 해석
> 5단계 : 과정점수를 포함한 질적 분석 및 해석 소검사 내 분산분석 및 해석

052
신경인지장애가 의심되는 노인 환자를 대상으로 실시하기에 적합하지 않은 검사는?

① NEO-PI-R   ② MMSE
③ COWA Test   ④ CERAD

> **해설**
> 신경인지장애는 치매를 말한다. 치매가 의심되는 노인을 위한 신경인지검사는 MMSE, CERAD, SNSB등이 있다.
> NEO-PI-R은 Big 5이론을 응용한 성격검사로, 개방성, 외향성, 성실성, 우호성, 신경증적 특징을 평가하는 성격검사이다.

053
아동용 시지각-운동통합의 발달검사로, 24개의 기하학적 형태의 도형으로 이루어진 지필검사는?

① VMI   ② BGT
③ CPT   ④ CBCL

> **해설**
> 시각-운동 통합발달검사(Developmnet Test of Visual-Motor Integration ; VMI)
> 3~18세 아동 및 청소년을 대상으로 시지각 및 운동 협응을 평가하기 위한 발달검사
> 수직선, 수평선, 삼각형, 정방형 등 24개 기하하적 형태의 도형을 구성, 연령기준과 함께 모사의 성공 또는 실패 여부에 따라 모사된 도형에 대한 채점이 이루어짐, 언어가 아닌 도형으로 과제가 제시되므로 아동에게 보다 익숙하며, 청각장애나 언어장애가 있는 아동도 적용가능하다.

054
지능이론에 대한 설명으로 옳은 것은?

① Thurstone은 지능이 g요인과 s요인으로 구분하여 지능의 개념을 가정하였다.
② Cattell은 지능을 선천적이며 개인의 경험과 무관한 결정성 지능과, 후천적이며 학습된 지식과 관련된 유동성 지능으로 구분하였다.
③ Gardner는 다중지능을 기술하여 언어적, 음악적, 공간적 등 여러 가지 지능이 있다고 하였다.
④ Spearman은 지능을 7개의 요인으로 구성되어 있다고 보는 다요인설을 주장하고, 이를 인간의 기본정신능력이라고 하였다.

> **해설**
> ③ 가드너의 다중지능 이론에 대한 설명이다.
> ① 서스톤 → 다요인설(7PMA)
> ② 카텔과 혼 → 유동성지능과 결정지능의 위계적 요인설
> ④ 스피어만 → 2요인설

055

노인을 대상으로 HTP 검사를 실시하는 방법으로 옳은 것은?

① 노인의 보호자가 옆에서 지켜보면서 격려하도록 한다.
② HTP 실시할 때 각 대상은 별도의 용지를 사용하여 실시한다.
③ 그림을 그린 다음에는 수정하지 못하게 한다.
④ 그림이 완성된 후 보호자에게 사후 질문을 하는 것이 일반적이다.

해설
HTP를 실시할 때, 집, 나무, 사람 검사를 각각의 용지에 실시해야 하므로 4장 이상의 용지가 필요하다. 한 장에 모두 그리거나 뒷면에 그리도록 지시하지 않는다.

056

발달검사의 특징에 관한 설명으로 옳은 것은?

① 아동을 직접 검사하지 않고 보호자의 보고에 의존하는 발달검사 도구도 있다.
② 발달검사의 목적은 유아의 지적능력 파악이 주목적 이다.
③ 영유아 기준 발달상 미숙한 단계이므로 다양한 영역을 측정하기 어렵다.
④ 발달검사는 주로 언어이해 및 표현능력으로 구성되어 있다.

해설
아동의 경우 한국아동인성평정척도나 한국아동행동평정척도처럼 부모, 보호자, 및 후견인의 보고로만 이루어진 검사가 있다.

057

MMPI의 타당도 척도 중 평가하는 내용이 나머지와 다른 하나는?

① F ② K
③ L ④ S

해설
①은 비전형성을 측정하고, ②, ③, ④는 방어성을 측정하며 비전형성과 방어성은 반대의 의미이다.

058

Guilford의 지능구조(Structure of Intellect, SOI) 3요소가 아닌 것은?

① 조작(operations) ② 내용(contents)
③ 과정(processes) ④ 결과물(products)

해설
길포드(Gulliford)이론의 지능구조
내용(사고의 대상) : 시각, 청각, 상징, 의미
행동 조작(사고의 과정) : 평가, 수렴적 조작, 확산적 조작, 기억파지, 기억저장
인지 결과(사고의 결과) : 단위, 분류, 관계, 체계, 전환, 함축

059

MMPI-2에서 타당성을 고려할 때 '?'지표에 대한 설명으로 틀린 것은?

① 각 척도별 '?' 반응의 비율을 확인해 보는 것은 유용할 수 있다.
② '?' 반응이 300번 이내의 문항에서만 발견되었다면 L, F, K 척도는 표준적인 해석이 가능하다.
③ '?' 반응이 3개 미만인 경우에도 해당 문항에 대한 재반응을 요청하는 등의 사전 검토 작업이 필요하다.
④ '?' 반응은 수검자가 질문에 대해 답변을 하지 않을 경우뿐만 아니라 '그렇다'와 '아니다'에 모두 응답했을 경우에도 해당된다.

> **해설**
> **? 척도(무응답척도)**
> 응답하지 않은 문항이나 '예', '아니오' 모두에 응답한 문항들의 총합이다.
> 보통 30개 이상일 경우 무효로 간주되나 예외가 있으며, 100개 이상인 경우 무효로 재실시해야 한다.

060
K-WISC-IV를 통해 일반능력을 알아볼 수 있는 소검사끼리 바르게 묶은 것은?

① 공통그림찾기, 단어추리, 순차연결
② 상식, 숫자, 동형찾기
③ 공통성, 토막짜기, 이해
④ 행렬추리, 기호쓰기, 어휘

> **해설**
> **일반능력지표(GAI)** : 언어이해지표+지각추리지표
> **언어이해지표** : 이해, 어휘, 공통성(단어추리, 상식)
> **지각추리지표** : 토막짜기, 행렬추리, 공통그림찾기 (빠진곳찾기)

제 4 과목 임상심리학

061
건강심리학 분야의 초점 영역과 가장 거리가 먼 것은?

① 고혈압　　② 과민성 대장증후군
③ 결핵　　　④ 통증

> **해설**
> 건강심리학이란 건강의 증진과 유지, 질병의 예방과 치료, 건강 및 질병과 관련된 기능장애에 대한 병인학적이고 진단적 요인들의 규명, 건강 진료체계와 건강정책의 분석을 통한 개선 등을 위하여 과학적으로 공헌을 하는 심리학의 전문분야이다. 건강심리학은 스트레스 및 대처, 통증 관리, 심혈관질환 및 암을 포함한 만성질환의 행동적 요인, 흡연, 음주, 식습관, 운동 등과 관련된 분야를 다룬다.

062
아동을 상담할 때 일반적으로 고려해야 할 사항과 가장 거리가 먼 것은?

① 아동에게 치료 중 일어난 일은 성인의 경우와 마찬가지로 부모 등에게는 반드시 비밀로 유지되어야만 한다.
② 아동은 놀이를 통해 자신의 생각과 감정을 표현하기 때문에 놀이의 기능을 중요하게 다루어야 한다.
③ 아동은 발달과정에 있기 때문에 생활조건을 변화시키는데 있어 거의 무력하다.
④ 아동은 부모에게 의존적 상태에 있기 때문에 상담자는 가족의 역동을 이해하고 변화시키는 것이 바람직하다.

> **해설**
> 자해, 자살 및 타해 및 타살계획, 사회의 안전, 전염병, 아동의 인권, 판사의 명령 등의 사유는 내담자에 대한 비밀보장의 예외가 된다. 또한 아동이나 청소년 상담의 경우 보호자에게 비밀보장의 예외사유이다.

063
지역사회 심리학에서 지향하는 바가 아닌 것은?

① 자원 봉사자 등 비전문 인력의 활용
② 정신 장애의 예방
③ 정신 장애인의 사회 복귀
④ 정신병원시설의 확장

> **해설**
> **지역사회 심리학**
> 사람과 환경 간의 적합성에 주의를 기울이면서 정신건강 문제의 발생 및 완화에 있어서 환경적 힘의 역할에 주목
> 삶의 문제 원인을 생물학적, 심리적 원인에서 찾기보다는 사회적, 지역적 선행사건에서 찾으려고 함
> 지역사회 중심의 공공 정신보건체계를 강조하며, 정신질환자 또는 정신장애인을 기존의 병원이나 수용소가 아닌 가족, 학교, 직장, 광범위한 장소 등 지역사회 내의 다양한 사회구조로 흡수를 중시함

064

심리치료 장면에서 치료자의 3가지 기본 특성 혹은 태도가 강조된다. 이는 인간 중심 심리치료의 기본적 치료 기제로도 알려져 있는데, 이러한 치료자의 기본 특성에 해당되지 않는 것은?

① 무조건적인 존중
② 정확한 공감
③ 적극적 경청
④ 진솔성

해설

- **진실성(genuineness)**
  상담자가 내담자와의 관계에서 감지되는 바를 왜곡하거나 부정하지 않고 있는 그대로 경험하는 것. 상담자가 내담자를 대할 때 가식이나, 왜곡, 겉치레가 없는 것. 상담자가 내담자를 진실하고 솔직하게 대하는 태도를 일관되게 유지하게 되면 내담자도 그것을 거울삼아 자신의 경험에 대해 진솔하게 접촉해 나갈 수 있게 됨.

- **공감적 이해(empathy)**
  내담자의 내면에서 진행되는 심층적인 경험내용을 상담자가 정확히 이해하고 의사소통하는 것. 상담자가 직접 경험하지 않고도 다른 사람의 감정을 거의 같은 내용과 수준으로 이해하는 것. 상담자는 내담자가 아니기에 내담자의 감정, 신념 등을 아는 것만으로는 충분치 않으며 내담자에게 공감한 것을 전달하는 것이 중요함.

- **무조건적 긍정적 존중(unconditional positive regard)**
  상담자가 내담자를 그 어떠한 가치 기준도 적용하지 않은 채 있는 그대로 수용하고 존중해주는 것. 나는 '당신이 ~할 때만 괜찮은 사람으로 인정하겠다'가 아니라 '나는 당신의 모습을 있는 그대로 존중하겠다.'라는 태도.

065

임상심리학자의 윤리에 관한 일반원칙 중 다음에 해당하는 것은?

> 모든 사람은 심리서비스를 이용하고 이익을 얻을 권리가 있다. 심리학자는 자신이 가진 편견과 능력의 한계를 인지하고 있어야 한다.

① 공정성
② 유능성
③ 성실성
④ 권리와 존엄성의 존중

해설

키치너의 상담의 일반적인 윤리적 원칙
① 자율성
  타인의 권리를 해치지 않는 한 내담자가 자신의 행동을 선택할 권리가 있다.
② 선행
  내담자와 타인을 위해 선한 일을 하는 것이다.
③ 무해성
  내담자에게 해를 끼치는 행동을 하지 않는 것이다.
④ 공정성
  모든 내담자는 평등하며, 성별과 인종, 지위와 관계없이 공정하게 대우받아야 한다.
⑤ 충실성
  상담자는 내담자에게 믿음과 신뢰를 주며 상담 관계에 충실해야 한다.

066

Dougherty가 정의한 임상심리학자들의 6가지 공통적인 자문 역할에 해당하지 않는 것은?

① 협력자
② 진상 조사자
③ 옹호자
④ 조직 관리자

> **해설**
> Dougherty가 정의한 임상심리학자들의 6가지 공통적인 자문역할
> 전문가/자문가
> 수련가/교육자 자문가
> 옹호자 자문가
> 협력자 자문가
> 진상조사자 자문가
> 과정-전문가 자문가

067
심리치료기법에서 해석에 관한 설명으로 적절하지 못한 것은?

① 핵심적인 주제가 더 잘 드러나도록 사용한다.
② 저항에 대한 해석보다는 무의식적 갈등에 대한 해석을 우선시한다.
③ 내담자가 상담자의 해석을 받아들일 수 있는 것부터 해석한다.
④ 내담자의 생각 중 명확하지 않은 부분에 대해 상담자가 추리하여 설명해준다.

> **해설**
> 정신분석적 상담기법 중 상담진행을 방해하고 현재 상태를 유지하려는 의식적, 무의시적 생각, 태도, 감정, 행동이다. 즉 저항은 무의식적으로도 발생하기도 하므로 저항과 무의식적 갈등의 우선순위를 정하는 것은 바람직하지 않다.

068
정신건강의학과 병동에 입원한 환자들 중 단체생활의 규칙을 잘 지키지 않는 환자들의 행동문제들을 개선하는데 가장 효과적인 치료적 접근은?

① 자기주장훈련(self-assertiveness training)
② 체계적 둔감법(systematic desensitization)
③ 유관성 관리(contingency management)
④ 내재적 예민화(covert sensitization)

> **해설**
> 유관성은 서로 관계없는 자극과 반응을 학습을 통해 관계있는 것으로 만들어주는 것이다. 예를 들면, 학생이 교사가 원하는 바람직한 행동을 하면 학생이 원하는 보상을 하겠다는 협상을 하는 것을 말한다.

069
1950년대 이후 정신역동적 접근에 대한 대안적 접근들이 임상심리학에 많은 영향을 주었다. 이와 가장 관련이 적은 것은?

① 형태주의적 접근
② 행동주의적 접근
③ 가족체계적 접근
④ 생물심리사회적 접근

> **해설**
> 게슈탈트 치료는 Perls가 1940년대에 실존철학에 입각해서 고전적 정신분석의 경직성에 대한 반작용으로 시작되었다.

070
자해 행동을 보이는 아동에 대한 심리평가로 가장 적합한 것은?

① 부모면접
② 자기보고형 성격검사
③ 투사법 검사
④ 행동평가

> **해설**
> 행동평가는 문제 행동과 그것을 유지하는 조건을 확인하기, 적절한 처치를 선별하기, 처치효과를 평가하기이며, 행동의 원인을 상황적 변인, 또는 상황과 개인이 상호작용에서 찾는다. 측정 대상은 구체적 행동을 직접적으로 측정한다.

071
다음 중 혐오치료를 적용하기에 가장 적합한 장애는?

① 광장공포증　② 소아기호증
③ 우울증　　　④ 공황장애

해설
혐오치료는 제거하려는 문제행동과 불쾌경험을 짝짓는 방법으로 매우 효과적인 행동변화 기법이다.

072
다음에 제시된 방어기제 중 Vaillant의 성숙한 방어에 해당하지 않는 것은?

① 승화　　　② 유머
③ 이타주의　④ 합리화

해설
조지 어만 베일런트(George Eman Vaillant)의 분류에 따르면, 방어들은 그들 정신의 발달 수준을 드러낸다. 베일런트는 방어기제 들을 4단계의 병적, 미성숙, 신경증적 그리고 성숙한 방어들로 분류한다.
1단계 - 병적 방어 : 망상적 투사, 부정, 왜곡, 분열 여 외부적 경험들을 왜곡한다. 그러나 아동들에게서나 꿈속에서 발견되기도 한다.
2단계 - 미성숙한 방어 : 행동화, 수동공격적 행동, 신체화(Somatization), 투사, 공상
3단계 - 신경증적 방어 : 치환, 해리, 주지화, 반동형성, 억압, 취소, 정동의 고립(Isolation), 합리화, 후퇴, 취소(undoing), 철수
4단계 - 성숙한 방어 : 이타주의, 기대, 유머, 승화, 생각 억제(Tought Supression)

073
다음은 어떤 치료에 대한 설명인가?

　경계성 성격장애와 감정조절의 어려움과 충동성이 문제가 되는 상태를 치료하기 위해 상대적으로 최근에 개발된 인지행동치료이다. 주로 자살 행동을 보이는 여자 환자들과의 임상 경험을 바탕으로 개발되었다.

① ACT(Acceptance and Commitment Therapy)
② DBT(Dialectical Behavior Therapy)
③ MBSR(Mindfulness Based Stress Reduction)
④ EMDR(Eye Movement Desensitization and Reprocessing)

해설
DBT(Dialectical Behavior Therapy) : 변증법적 행동치료

074
원판 MMPI에 관한 설명으로 가장 거리가 먼 것은?

① T점수로 변환하여 모든 척도 점수의 분포가 동일한 정규 분포가 되도록 했다.
② 적어도 중학생 이상의 독해능력 혹은 IQ 80 이상 등의 조건에서 실시한다.
③ 불가피한 경우가 아니면 맹목 해석(blind interpretation)을 하지 말아야 한다.
④ 개별 척도의 의미뿐만 아니라 척도의 연관성을 함께 고려해야 한다.

해설
원판 MMPI는 경험적 문항선정방식을 채택하였는데, 즉 임상집단과 규준집단의 반응을 비교하여 변별력 있는 문항들을 선별하여 척도를 구성하였다.

075
투사검사의 일반적인 특성이 아닌 것은?

① 환자의 성격구조가 드러나며 욕구, 소망, 또는 갈등을 표출시킨다.
② 자극재료의 모호성이 풍부하다.
③ 반응범위가 거의 무한하게 허용된다.
④ 환자의 욕구나 근심이 드러나도록 구조화하여 질문한다.

> **해설**
> 투사검사는 비구조화검사이며, 환자의 욕구나 근심이 무의식 중에 표출된다.

076
DSM-5에 관한 설명으로 옳은 것은?

① DSM-IV에 있던 GAF 점수 사용을 중단하였다.
② DSM-IV에 있던 다축진단체계를 유지한다.
③ 모든 진단은 정신병리의 차원모형에 근거하고 있다.
④ DSM-IV에 있던 모든 진단이 유지되었다.

> **해설**
> DSM-5의 일반적 개정 사항
> 개정판 숫자의 변경
> 다축체계의 폐지
> 차원적 평가의 도입

077
일반적으로 의미적 인출(semantic retrieval) 및 일화적 부호화(episodic encoding)를 담당하는 곳은?

① 브로카의 영역
② 우전전두 피질 영역
③ 베르니케 영역
④ 좌전전두 피질 영역

> **해설**
> 기억과 관련된 좌반구 전두엽의 역할
> 의미적 반응 산출
> 작업기억에 의미 정보 유지
> 과정과 적절한 정보를 선택
> 정보의 조직화

078
다음은 어떤 조건형성에 해당하는가?

> 연구자가 종소리를 들려주고 10초 후 피실험자에게 전기 자극을 주었다고 가정해 보자. 몇 번의 시행 이후 다음 종소리에 피실험자는 긴장하기 시작했다.

① 지연 조건형성
② 흔적 조건형성
③ 동시 조건형성
④ 후향 조건형성

> **해설**
> **흔적 조건형성(Trace Conditioning)** : 조건자극은 무조건 자극이 주어지기 전에 철회
> **지연 조건형성(Delayed Conditioning)** : 조건자극은 무조건 자극에 약간 앞서 주어지며 동시에 철회
> **동시 조건형성(Stimulus Conditioning)** : 조건자극과 무조건 자극이 정확히 동시에 주어지면 동시에 철회
> **후향 조건형성** : 무조건 자극이 조건 자극보다 먼저 제시되는 것

079

행동평가 방법 중 참여관찰법에 비교할 때 비참여 관찰법의 특성과 가장 거리가 먼 것은?

① 내담자의 외현적 행동을 기록하는데 유리하다.
② 관찰자 훈련에 많은 시간과 비용이 소요된다.
③ 관찰자가 다른 활동 때문에 관찰에 지장을 받아 기록에 오류를 범할 가능성이 높다.
④ 행동에 관한 정밀한 측정이 요구되고, 연구자가 충분한 인적 자원을 갖고 있는 경우 유용하다.

해설
비참여관찰은 관찰자가 관찰 대상 집단의 구성원으로서 역할을 수행하지 않은 채 제삼자의 입장에서 관찰하는 방법이다. 관찰 활동에 특별한 제약이 없고 관찰의 객관성을 확보할 수 있으나, 자연스럽고 심도 있는 관찰을 수행하기 어려운 문제가 있다.

080

평가자간 신뢰도를 알아보기 위한 지표로 사용되지 않는 것은?

① Pearson'r
② 계층 간 상관계수
③ Kappa 계수
④ Cronbach's alpha

해설
Cronbach's alpha계수
내적 일관성에 의한 신뢰도를 평가하는데 많이 이용된다.

제 5 과목 심리상담

081

청소년 상담에서 특히 고려해야 할 요인과 가장 거리가 먼 것은?

① 일반적인 청소년의 발달과정에 대한 규준적 정보
② 한 개인의 발달단계와 과업수행 정도
③ 내담자 개인의 영역별 발달수준
④ 내담자의 이전 상담경력과 관련된 사항

해설
청소년 상담에서는 청소년의 특성을 먼저 이해하는 것이 중요하다. 청소년의 연령에 해당하는 발달 단계와 영역별 발달 수준, 과업 수행의 정도 등을 파악하기 위해 일반적인 발달 규준에 대한 이해를 특히 고려해야 한다.

082

AA(Alcoholic Anonymous)에서 이루어지는 활동의 대표적인 특징은?

① 알코올 중독 치료 후에 사교적인 음주를 허용한다.
② 술이나 중독물의 부작용을 생생하게 상상하고 논의한다.
③ 알코올 중독을 병으로 인정하고 단주를 목표로 한다.
④ 술과 함께 심한 부작용을 일으키는 혐오적 약물치료를 한다.

해설
A.A.는 멤버들의 공동 문제를 해결하고 다른 사람들이 알코올중독으로부터 회복되도록 그들을 돕기 위해 서로 간의 경험과 힘과 희망을 함께 나누는 남녀들의 공동체이다.
술을 끊겠다는 열망이 A.A.의 멤버가 되기 위한 유일한 조건이다.

083
사이버상담에 대한 설명으로 틀린 것은?

① 사이버상담은 전화상담처럼 자살을 비롯한 위기 상담이라는 뚜렷한 목적을 갖고 시작되었다.
② 사이버상담자들의 전문성과 윤리성 등을 통제하고 관리하는 체제가 필요하다.
③ 사이버상담의 전문화를 위해 기존 면대면 상담과는 다른 새로운 상담기법을 개발하고 실험을 통해 효과를 검증할 필요가 있다.
④ 사이버상담은 기존의 면대면상담과 전화상담에 참여하지 않았던 새로운 내담자군의 출현을 가져왔다.

> **해설**
> 사이버상담은 진로상담에 대해 일방향으로 정보를 주는 것에 출발했으며, 자살상담과 같은 위기상담을 목적으로 출발하지 않았다. 사이버상담의 특징은 단회성, 신속성, 익명성, 자발성, 시·공간의 초월성, 경제성, 자기성찰의 기회제공 등이다.

084
학습문제 상담의 시간관리전략에서 강조하는 것은?

① 기억하고자 하는 의도를 갖도록 노력한다.
② 학습의 목표를 중요도와 긴급도에 따라 구체적으로 수립한다.
③ 시험이 끝난 후 오답을 점검한다.
④ 처음부터 장시간 공부하기보다는 조금씩 자주 하면서 체계적으로 학습한다.

> **해설**
> 효과적인 학습을 위해서는 효과적인 시간관리가 필수이다.
> 시간관리는 학습동기, 성격, 가족의 생활습관 등과 밀접한 관련이 있다. 시간관리는 학습의 목표와 관련하여 중요하고 긴급한 것을 우선순위로 해서 설정하는 것이 필요하다.

085
상담의 초기단계에서 다루어야 할 내용과 가장 거리가 먼 것은?

① 도움을 청하는 직접적인 이유의 확인
② 과정적 목표의 설정과 달성
③ 상담 진행방식의 합의
④ 촉진적 상담관계의 형성

> **해설**
> 상담의 초기단계에서는 상담접수, 상담관계 형성, 상담의 구조화, 사례개념화, 목표설정 및 전략수립 등이 이루어진다.

086
Rogers의 인간중심 상담에 대한 설명으로 틀린 것은?

① 내담자는 불일치 상태에 있고 상처받기 쉬우며 초조하다.
② 상담자는 내담자와의 관계에서 일치성을 보이며 통합적이다.
③ 상담자는 내담자의 내적 참조 틀을 바탕으로 한 공감적 이해를 경험하고 내담자에게 자신의 경험을 전달하려고 시도한다.
④ 내담자는 의사소통의 과정에서 상담자의 선택적인 긍정적 존중 및 공감적 이해를 지각하고 경험한다.

> **해설**
> 내담자는 의사소통의 과정에서 상담자의 무조건적인 긍정적 존중 및 공감적 이해를 지각하고 경험한다.
> **인간중심 상담의 성격의 긍정적 변화를 위한 상담자의 필요충분조건**
> ① 두 사람이 접촉 중이어야 한다.
> ② 내담자는 불일치하고, 상처 입기 쉽고, 또는 불안한 상태에 있다.
> ③ 상담자는 일치(진정성) 상태이다.
> ④ 상담자는 내담자를 향해 무조건적 긍정적 존중을 실천하고 있다.
> ⑤ 상담자는 내담자의 내적 참조체제를 경험하며 공감적으로 이해하고 있다.
> ⑥ 내담자는 상담자가 자신에 대해 긍정적 존중을 하고 상담자가 이해한다는 것을 지각한다.

088

다음 사례에서 사용된 상담기법은?

> 상담자가 금연을 하고자 하는 철수 씨에게 금연을 시도하기 전 얼마의 기간 동안 흡연량을 대폭 줄여 하루에 특정한 시간에 특정한 장소에서만 흡연하도록 권하였다.

① 조건자극 줄이기(narrowing)
② 행동 감소법(action-reducing)
③ 연결 끊기(link-cutting)
④ 중독 둔감법(de-sensing)

> **해설**
> 조건자극 줄이기는 금연행동 치료와 관련하여 흡연을 정해진 시간과 장소에서만 하도록 하여 점차 그 행동의 빈도를 줄여나가는 행동치료기법이다.

087

상담자가 내담자를 직면시키기에 바람직한 시기가 아닌 것은?

① 문제가 드러날 때 즉각적으로 내담자의 잘못을 직면시켜서 뉘우치게 한다.
② 내담자와 적당한 신뢰관계가 형성되었을 때 시도한다.
③ 내담자의 말과 행동의 불일치가 보일 때 시도한다.
④ 부정적인 자아상을 가진 내담자가 처음 긍정적인 진술을 할 때 시도한다.

> **해설**
> 직면은 도전이라고 하며, 내담자의 방어기제, 불일치, 비합리적 신념을 지적하는 것이다.
> 직면을 사용할 때는 직면의 목적과 의미를 이해해야 하며, 공감과 지지의 분위기 속에서 이루어져야 하며, 초기 단계에서 직면을 사용하는 것은 바람직하지 않다. 충분한 관계형성이 되었을 때 직면을 사용하며, 구체적인 방법으로 접근해야 하고, 치료적 징후가 보이고, 정서적으로 직면을 받아들일 수 있는 상태에서 직면의 과정을 시작해야 한다.

089

Adler 상담이론의 주요 개념이 아닌 것은?

① 우월성 추구 ② 자기 초월
③ 생활양식 ④ 사회적 관심

> **해설**
> 아들러(Adler)의 상담이론에서 주요개념은 가상적인 최종목표, 열등감 극복과 우월감 추구, 생활양식, 사회적 관심, 출생순서와 가족구조, 성격 유형론이며, 자기초월은 해당되지 않는다.

090

상담에서 나타날 수 있는 윤리적 갈등의 해결단계를 바르게 나열한 것은?

> ㄱ. 관련 윤리강령, 법, 규정 등을 살펴본다.
> ㄴ. 한 사람 이상의 전문가에게 자문을 구한다.
> ㄷ. 상황에서 문제점이나 딜레마를 확인한다.
> ㄹ. 다양한 결정의 결과를 열거해보고 결정한다.

① ㄱ → ㄷ → ㄴ → ㄹ
② ㄴ → ㄷ → ㄱ → ㄹ
③ ㄷ → ㄱ → ㄴ → ㄹ
④ ㄷ → ㄱ → ㄹ → ㄴ

> **해설**
> 상담장면에서 나타날 수 있는 윤리적 갈등의 해결단계
> 1단계 : 현 상황에서의 문제점이나 딜레마를 확인
> 2단계 : 잠재적 쟁점들을 확인
> 3단계 : 문제의 일반적 지침에 관한 윤리강령이나 법, 규정 등을 살피기
> 4단계 : 문제에 대한 다양한 관점들을 얻기 위해 한 곳 이상의 기관에 자문을 구함
> 5단계 : 있을 수 있는 다양한 행동의 진로들에 대한 영감 구하기
> 6단계 : 다양한 결정의 결과들을 열거해보고, 내담자를 위한 각각의 행동 진로의 연관성을 반영
> 7단계 : 최고의 행동방침이 무엇인지 결정

091

집단상담의 후기 단계에서 주어지는 피드백에 대한 설명으로 틀린 것은?

① 구성원들에게 친밀감, 독립적인 평가를 제공할 수 있다.
② 긍정적인 피드백은 적절한 행동을 강화할 수 있다.
③ 지도자는 효과적인 피드백 모델이 될 수 있다.
④ 교정적인 피드백이 긍정적인 피드백보다 중요하다.

> **해설**
> 긍정적인 피드백에 초점을 맞추는 것이 도움이 된다. 집단에 적극적으로 참여하는 구성원에 대해서는 지도자나 다른 동료들이 충분히 인정해 주고 지지해 주어야 한다.
> 집단상담의 가장 큰 장점의 하나는 구성원들이 관찰한 것에 대한 자신의 반응을 서로 알려 줄 수 있다는 점이다.

092

성피해자에 대한 심리치료 과정 중 초기 단계에서 상담자가 유의해야 할 사항과 가장 거리가 먼 것은?

① 치료의 관계형성을 위해 수치스럽고 창피한 감정이 정상적인 감정임을 공감한다.
② 피해상황에 대한 진술은 상담자 주도로 이루어져야 한다.
③ 성피해 사실에 대한 내담자의 부정을 허락한다.
④ 내담자에게 치료자에 대한 감정을 묻고 치료자를 선택할 수 있도록 해 준다.

> **해설**
> 상담자는 내담자에게 상담내용의 주도권을 줌으로써, 내담자에게 현재 상황에서 표현할 수 있는 내용에 대해서만 이야기할 수 있도록 배려해야 한다.

093

진로상담의 목표와 가장 거리가 먼 것은?

① 내담자가 이미 결정한 직업적인 선택과 계획을 확인하도록 돕는다.
② 내담자 자신의 직업적 목표를 명확하게 해 준다.
③ 내담자로 하여금 자아와 직업세계에 대한 구체적인 이해와 새로운 사실을 발견하도록 한다.
④ 직업선택과 직업생활에서 순응적인 태도를 함양하도록 돕는다.

> **해설**
> 진로상담의 목표 중의 하나는 내담자에게 직업선택 및 직업생활에서의 능동적인 태도를 함양하도록 돕는 과정이다.

> **해설**
> 상담목표는 내담자의 가치관에 맞아야 하며 내담자와 상담자가 함께 정해야 한다.
> **상담 목표설정 원리**
> 성과가 있어야 한다.
> 명백하고 구체적이어야 한다.
> 측정할 수 있어야 한다.
> 현실적이어야 한다.
> 타당해야 한다.
> 내담자의 가치와 일관되어야 한다.
> 목표는 합리적인 시간 내에 성취되어야 한다.

094
다음 설명에 해당하는 Golan의 위기단계는?

- 위기에 대해서 인지하고 위기와 관련된 감정을 표현한다.
- 변화를 수용하고 새로운 대처능력을 개발한다.
- 위기상황을 성공적으로 극복함으로써 자기효능감이 증진될 수 있다.

① 취약상태 ② 촉진적요인
③ 위기상태 ④ 재통합

> **해설**
> 골란(Golan)이 말한 위기단계에서 재통합단계는 긴장과 불안이 점차 가라앉고 개인의 기능이 다소 재구성되는 단계이다.

096
게슈탈트 상담에 대한 설명으로 틀린 것은?

① 보조자아(auxiliary ego) 활용은 집단 상담에 많이 사용하는 기법으로 한 구성원의 문제를 집중적으로 다룬다.
② 알아차림(awareness)과 접촉(contact)을 방해하는 한 요인인 융합(confluence)은 자신과 타인의 경계가 불분명한 지점에서 타인의 의견에 동의하는 것이다.
③ Zinker는 알아차림-접촉 주기를 배경, 감각, 알아차림, 에너지/흥분, 행동, 접촉 등 여섯 단계로 설명한다.
④ 알아차림은 개체가 자신의 유기체적 욕구나 감정을 지각한 다음 게슈탈트를 형성하여 명료한 전경으로 떠올리는 것을 말한다.

> **해설**
> 보조자아는 사이코드라마에서 활용하는 기법이다. 보조자는 주인공이나 연출자와는 달리 집단 내에서 활동하며, 보통 주인공의 삶에서 의미있는 외부 존재의 역할을 재연한다. 생존해 있는 존재, 죽은 존재, 현실적인 존재, 상상속의 존재일 수도 있다. 또한 무생물, 애완동물, 대상 등 주인공과 연관된 존재를 연기한다.

095
다음 중 상담의 바람직한 목표설정 방향과 가장 거리가 먼 것은?

① 목표는 구체적이어야 한다.
② 목표는 실현가능해야 한다.
③ 목표는 상담자의 의도에 맞추어야 한다.
④ 목표는 내담자가 원하고 바라는 것이어야 한다.

097
다음에 제시된 집단상담 경험에 해당하는 치료적 요인은?

> 지난 집단상담 과정에서 집단지도자가 나의 반응에 민감성을 보여 주지 않은 것에 대해 불만을 가지고 있었다. 이번 회기에는 지도자에게 나의 마음을 표현함으로써 마음이 편해졌다.

① 자기이해 ② 대리학습
③ 정화 ④ 대인간 행동학습

해설
정화 : 집단상담에서 중요한 요소로, 정서의 개방적 표현을 의미한다.

098
처벌을 사용할 때 고려해야 할 사항이 아닌 것은?

① 강도 ② 융통성
③ 일관성 ④ 즉시성

해설
행동수정에서 처벌 시 유의사항
효과적 처벌의 사용방법은 반응이 출현할 때마다, 반응과 처벌 간 짧은 지연간격, 처음부터 아주 강한 강도를 주고 강도를 점차 높이지 않는 방식으로, 그리고 처벌은 확실한 규칙에 근거하고, 처벌행동과 함께 바람직한 대안적 행동이 있을 때, 처벌과 강화는 상호의존적이어야 한다.

099
기본적 오류에 대한 옳은 설명을 모두 고른 것은?

ㄱ. 과잉일반화 : "나는 절대로 옳지 않은 것을 할 수 없어."
ㄴ. 안전에 대한 그릇된 확신 : "잘못하면 끝이 날 거야."
ㄷ. 삶의 요구에 대한 잘못된 지각 : "나는 쉴 수가 없어."
ㄹ. 그릇된 가치 : "이용당하기 전에 다른 사람을 이용하라."

① ㄱ, ㄴ ② ㄴ, ㄷ
③ ㄴ, ㄷ, ㄹ ④ ㄱ, ㄴ, ㄷ, ㄹ

해설
Mosak의 5가지 기본적 오류
• 과잉일반화 – 세상에 공정함이란 없다.
• 불가능한 목표 – 사랑받으려면 모든 사람을 기쁘게 해야 한다.
• 삶에 대한 오지각 – 나의 생활은 너무 힘들다.
• 자신의 가치 부정 – 나는 근본적으로 멍청하다.
• 잘못된 가치 – 누가 상처를 받든지 말든지 개의치 말고 일등이 되라.

100
단기상담에 적합한 내담자의 특성으로 옳은 것은?

① 반사회적 성격장애가 있다.
② 구체적이거나 발달과정상의 문제가 있다.
③ 지지적인 대화상대자가 전혀 없다.
④ 만성적이고 복합적인 문제가 있다.

해설
단기상담에 적합한 내담자
① 호소하는 문제가 발달상의 과제와 연관된다.
② 일반적으로 정신병, 중독, 성격 문제보다는 불안이나 우울 등의 문제에 적합하다.
③ 내담자 주위에 정서적 지지를 제공해줄 사람이 있다.

2019년 제3회 임상심리사 2급 필기 채점표

구분	제1과목	제2과목	제3과목	제4과목	제5과목	전과목 평균
점수						

2019년 제3회 임상심리사 2급 필기 정답

001	002	003	004	005	006	007	008	009	010	011	012	013	014	015	016	017	018	019	020
②	④	④	③	③	②	③	④	③	①	④	①	②	④	③	④	②	③	①	④
021	022	023	024	025	026	027	028	029	030	031	032	033	034	035	036	037	038	039	040
③	③	③	②	②	②	④	③	①	④	③	②	②	①	④	②	②	①	②	②
041	042	043	044	045	046	047	048	049	050	051	052	053	054	055	056	057	058	059	060
②	③	①	②	②	①	④	④	①	②	①	①	③	②	①	①	①	③	②	③
061	062	063	064	065	066	067	068	069	070	071	072	073	074	075	076	077	078	079	080
③	①	④	③	①	④	②	③	①	④	②	④	②	①	④	①	④	②	③	④
081	082	083	084	085	086	087	088	089	090	091	092	093	094	095	096	097	098	099	100
④	③	①	②	④	③	①	①	②	③	④	②	④	④	③	①	③	②	④	②

임상심리사 2급 필기

2018년 임상심리사 2급 기출문제

2018년 제1회 기출문제
2018. 03. 04. 시행

2018년 제3회 기출문제
2018. 08. 19. 시행

2018년 제1회 임상심리사 2급 필기 기출문제
2018년 03월 04일 시행

제1과목 심리학 개론

001
심리측정에 관한 설명으로 옳은 것은?

① 일반적으로 검사도구가 측정하고자 목적한 바를 측정할 때 그 검사도구는 신뢰도가 있다고 한다.
② 내적 일관성 신뢰도는 검사를 1회 사용한 결과만을 가지고 신뢰도를 계산해야 할 때 사용될 수 있는 방식이다.
③ 검사-재검사 신뢰도는 서로 다른 집단의 사람들에게 검사를 반복적으로 사용했을 때 동일한 결과가 나오는 정도이다.
④ 내용타당도는 어떤 검사가 그 검사를 실시한 결과를 통해서 알고자 하는 준거변수와의 상관 정도를 말한다.

해설
② 내적 일관성 신뢰도는 검사를 구성하고 있는 문항간의 일관성을 측정하므로 검사도구가 얼마나 오차 없이 정확하게 측정하고자 하는 속성을 측정하였느냐 하는 문제이다.
① 신뢰도가 아니고 타당도에 관한 설명이다.
③ 검사-재검사 신뢰도는 한 개의 평가도구를 같은 피검자에게 두 번 실시하여 얻은 검사점수로 상관관계를 산출하는 방법이다.
④ 내용타당도는 검사문항들이 그 검사가 측정하고자 하는 영역을 얼마나 잘 측정하는지를 검토하는 타당도 측정법이다.

002
집단 전체의 의사결정이 개인적 의사결정의 평균보다 더 극단적으로 되는 현상은?

① 사회적 촉진
② 사회적 태만
③ 집단 극화
④ 집단 사고

해설
집단 극화 (Group polarization) : 개인보다는 집단이 더 위험한 의사결정을 한다는 것이다.

003
이성적이고 직접적인 방법으로 불안을 통제할 수 없을 때, 붕괴의 위기에 처한 자아를 보호하기 위해 무의식적으로 사용하는 사고 및 행동 수단은?

① 통제 위치
② 효능감
③ 사회적 강화
④ 방어기제

해설
자아는 환경의 요구와 더불어 원초아와 초자아를 중재하는 성격의 중심구조로서 이들을 잘 조절해야 하는 부담을 지닌다. 자아의 기능이 약해지거나 다른 세력의 힘이 강해지면, 자아는 불안을 느끼게 된다. 자아는 불안을 감소시키기 위해 방어기제를 사용한다.

004

학습에 대한 설명으로 틀린 것은?

① Tolman은 동물들도 다양한 단편적인 지식 또는 인지를 획득한다고 주장한다.
② 쥐가 부적 자극이 올 것이라는 신호를 알고서 미리 피하는 것을 도피학습이라고 한다.
③ 행동주의 심리학자들은 대부분 동물들의 학습에는 행동이라는 반응수행이 필수적이라고 주장한다.
④ 고전적 조건형성에서 학습되는 것은 조건자극(CS)과 무조건자극(UCS)의 연합이며, Pavlov는 시간적 근접성을 연합의 필요조건이라고 주장했다.

해설
쥐가 부적 자극이 올 것이라는 신호를 알고서 미리 피하는 것은 도피학습이 아니고 회피학습이다.

005

자신의 성공은 자기가 잘한 것 때문이라고 하고, 자신의 실패에 대해서는 자신의 책임을 모면하려고 하는 사람이 있다면, 이 사람이 보이는 성향은?

① 암묵적 자기중심주의(implicit egotism)
② 자기애(narcissism)
③ 자기봉사적 편향(self-serving bias)
④ 성명-글자 효과(name-letter effect)

해설
자기봉사적 편향(자기본위적 편향)
이는 자기가 한 일에 대하여 잘된 경우는 스스로의 책임을, 못된 경우에는 남이나 상황 탓으로 귀인하는 경향성을 말한다.

006

'역지사지'라는 말은 특정사건이나 현상을 타인의 입장에서 사고하는 것을 의미한다. 역지사지를 할 수 있는 능력을 Piaget의 인지발달 단계와 관련시켰을 때 가장 적합한 설명은?

① 역지사지 능력은 대상영속성 개념을 형성하는 단계가 되어야 가능하다.
② 수에 대한 보존개념을 획득하기 전 단계에서 역지사지 능력이 가능하게 된다.
③ 눈으로 보고 만질 수 있는 사물들 간의 관계와 규칙성을 이해하고 조작이 가능한 단계에서 역지사지 능력을 갖출 수 있다.
④ 역지사지 능력은 추상적인 연역적 사고능력이 가능한 단계에서만 갖출 수 있다.

해설
피아제의 인지발달단계 중에서 구체적 조작기(7세~11세)에는 자기중심적 사고에서 벗어나서 타인의 입장에서 사고하게 된다. 즉 역지사지가 가능하게 된다.
피아제의 인지발달단계
① 감각운동기(0~2세)에는 감각적 반사운동을 하며 주위에 대해 강한 호기심을 보인다. 숨겨진 대상을 찾고 보이지 않는 위치 이동을 이해할 수 있는 대상영속성의 개념을 이해하게 된다.
② 전조작기(2~7세)에는 상징을 사용하고 사물의 크기·모양·색 등과 같은 지각적 특성에 의존하는 직관적 사고를 보이며 자기중심적 태도를 보인다.
③ 구체적 조작기(7~11세)에는 사물 간의 관계를 관찰하고 사물들을 순서화하는 능력이 생기며 자아 중심적 사고에서 벗어나 자신의 관점과 상대방의 관점을 이해하기 시작한다. 보존 개념(conservation)과 대상의 가역성에 대해 이해하게 된다.
④ 형식적 조작기(11세 이후)는 논리적인 추론을 하고 자유·정의·사랑과 같은 추상적인 원리와 이상들을 이해할 수 있게 되는 시기이다.

007

'IB-MKB-SMB-C5.I-68.I-5' 배열을 외우기는 힘들지만, 이를 'IBM-KBS-MBC-5.16-8.15' 배열로 재구성하면 외우기가 쉬워진다. 이와 같이 정보를 재부호화하여 하나로 묶는 것은?

① 암송
② 부호화
③ 청킹(chunking)
④ 활동기억

해설

정보는 의미가 있는 가장 작은 단위인 청크(chunk)로 새롭게 만들면 정보 처리를 쉽게 할 수 있게 된다. 단기 기억에서 한 번에 처리할 수 있는 정보 처리의 용량은 정보의 형태와 관계없이 약 5개에서 9개 정도이다. 이를 Miller는 신비의 숫자 7±2라고 부른다.

청킹(chunking): tj-bsc-bsk-sb를 JTBC KBS SBS 배열로 재구성하여 기억하기 쉬운 정보로 재부호화하는 것.

008

과자의 양이 적다는 어린 꼬마에게 모양을 다르게 했더니 많다고 좋아한다. 이 아이의 논리적 사고를 Piaget 이론으로 본다면 무엇에 해당하는가?

① 자기중심성의 문제
② 대상영속성의 문제
③ 보존개념의 문제
④ 가설-연역적 추론의 문제

해설

보존개념이란 그들의 대상의 속성은 대상의 외양이 어떤 방식으로 변한다 해도 결코 변화하지 않는다는 것을 아는 것을 말한다.

009

비확률적 표집방법에 해당하지 않는 것은?

① 목적 표집
② 편의 표집
③ 할당 표집
④ 단순 표집

해설

* 확률표집
  단순표집
  체계적 표집방법
  유층표집
  다단계군집표집법

* 비확률적 표집
  편의(임의)표집
  목적표집
  할당표집

010

불안이 수행에 미치는 영향을 알아보는 실험에서 종속변인은?

① 피험자의 수행
② 불안의 원인
③ 불안의 수준
④ 피험자의 연령

해설

효과를 연구하기 위해 처치되는 특정변인은 독립변인, 독립변인의 처치에 영향을 받는 변인은 종속변인이라고 한다. 위 실험에서 독립변인은 불안의 수준, 종속변인은 피험자의 수행이다.

011

대뇌의 우반구가 손상되었을 때 주로 영향을 받게 될 능력은?

① 통장잔고 점검
② 말하기
③ 얼굴 인식
④ 논리적 문제해결

해설

얼굴인식은 우반구의 기능인 시공간적 지각과 관련된다.
뇌기능의 편중화이론에서는 뇌기능의 국지화와 각반구가 주로 처리하는 능력은 좌우뇌에 있어서 비대칭적이다(예 좌반구 - 언어이해, 숫자,자세유지, 숫차적인 손과 팔의 운동통제, 우반구-시공간적 지각, 정서이해)

012

주변에 교통사고를 당한 사람들이 많은 사람은 교통사고 발생률을 실제보다 높게 판단하는 것처럼 특정 사건을 지지하는 사례들이 기억에 저장되어 있는 정도에 따라 사건의 발생가능성을 판단하는 경향은?

① 초두 효과
② 점화 효과
③ 가용성 발견법
④ 대표성 발견법

> **해설**
>
> **가용성 발견법**(The availability heuristic)
> 어떤 범주의 빈도를 추정할 때 그 범주에 속한 예들이 얼마나 쉽게 떠오르는가에 의해 그 빈도를 추정하는 책략을 말한다.

013

Cattell의 성격이론에 관한 설명과 가장 거리가 먼 것은?

① 주로 요인분석을 사용하여 성격요인을 규명하였다.
② 지능을 성격의 한 요인인 능력특질로 보았다.
③ 개인의 특정 행동을 설명할 수 있느냐에 따라 특질을 표면특질과 근원특질로 구분하였다.
④ 성격특질이 서열적으로 조직화되어 있다고 보았다.

> **해설**
>
> 카텔은 특질을 근원 특질(source trait)과 표면 특질(surface trait)로 구분한다. 근원 특질은 하나의 독립적인 요인으로 작용하여 인간의 행동을 발생시키는 성격 요인으로 시간이나 상황에 따라 다르게 나타나지 않는 안정성과 일관성을 지니고 있다. 반면 표면 특질은 단일 요소로 구성된 것이 아니기 때문에 상황이나 시간에 따라 얼마든지 다르게 발현되어 나타날 수 있다. 성격특성이 서열적으로 조직화되었다고 가정한 것이 아니다.

014

커피숍이나 음식점에서 쿠폰에 도장을 찍어주고 일정 조건이 충족되면 보상하는 것은 조건형성의 어떤 강화계획과 관련 있는가?

① 고정간격 강화계획
② 고정비율 강화계획
③ 변동간격 강화계획
④ 변동비율 강화계획

> **해설**
>
> **조작적 조건형성의 강화 계획**
>
> - **고정비율 계획**(fixed ratio schedule; FR) : 정해진 일정한 비율의 행동 뒤에 강화를 주는 방식. 10번 이용하면 무료 1개, 5개 팔 때마다 보너스.
> - **고정간격 계획**(fixed interval schedule; FI) : 일정 시간 행동을 유지하면 강화. 월급 받는 회사원, 시간제 근로자.
> - **변동간격 계획**(variable interval schedule; VI) : 행동이 유지될 때 평균시간에 근거해 강화. 사냥꾼과 파파라치의 목표 달성을 위한 잠복은 변동간격 계획의 강화이다.
> - **변동비율 계획**(variable ratio schedule; VR) : 행동의 평균 비율에 근거한 복권, 게임, 도박과 같은 가변비율 강화. 평균적으로 n번의 반응마다 강화인이 주어져 몇 번째 반응에 강화되는지 알 수 없다. 높은 반응률로 지속적인 반응을 유도하여 소거에 대한 저항이 크다.

015

성격 특성들 간의 관련성에 관한 개인적 신념으로서 타인의 성격을 판단하는 틀로 이용하는 것은?

① 기본적 귀인오류(fundamental attribution error)
② 고정관념(stereotype)
③ 내현성격이론(implicit personality theory)
④ 자기봉사적 편향(self-serving bias)

> **해설**
> 내현성격이론 : 사람들은 남을 판단하는 경우에 여러 자료가 없어도 한두 가지 정보를 바탕으로 다양한 영역에서 상대에 대한 추측을 한다. 사회의 통념에다가 개개인들이 사회생활을 하면서 나름대로 터득한 이론을 토대로 하여 적용시키는 것을 것을 말한다(예 민간속설, 관상학, 독서 등을 통해서 믿게 된 믿음들).

016
Horney가 아동의 성격 중 부모에 대한 적개심을 억압하는 이유로 제시한 네 가지는?

① 사랑, 안전, 두려움, 무기력
② 두려움, 안전, 사랑, 죄의식
③ 무기력, 사랑, 죄의식, 회피
④ 사랑, 두려움, 죄의식, 무기력

> **해설**
> Horney는 아동기 때 발달되는 적개심의 억압이 성격발달에 지속적인 영향을 미친다고 본다. 아동기는 안전욕구에 의해 지배되며, 자녀의 안전을 해치는 부모의 행동은 아동의 적개심을 야기시키는데 이를 표현하지 못하게 억압한다. 그 이유는 사랑을 잃을까 봐, 부모가 두려워서, 부모에 대해 죄의식을 느끼며, 부모에 대한 무기력 때문이다.

017
종속변인에 나타난 변화가 독립변인의 영향 때문이라고 추론할 수 있는 정도를 의미하는 것은?

① 내적 신뢰도   ② 외적 신뢰도
③ 내적 타당도   ④ 외적 타당도

> **해설**
> 내적 타당도란 각 변수 사이의 인과관계를 추론하여 그것이 실험에 의한 진정한 변화에 의한 것인지를 판단하는 인과조건의 충족정도를 말한다.

018
A씨가 할머니 댁에 방문하였을 때, 음료수를 바닥에 엎질러서 할머니에게 혼났던 것을 기억하고 있다. 이러한 기억을 지칭하는 것은?

① 의미 기억   ② 암묵 기억
③ 절차 기억   ④ 일화 기억

> **해설**
> 일화 기억 : 정보를 획득한 시간적 공간적 정보가 인출에 영향을 준다. 개인의 일상적인 경험을 보유하는 자서전적 성격의 기억으로 특정시간이나 장소에 있었던 사상에 대한 정보, 즉 언제, 무엇을 보고, 듣고, 행동했는지에 대한 정보이다.

019
다음은 무엇에 관한 설명인가?

> 척도상의 대표적 수치를 의미하며 평균, 중앙치, 최빈치가 그 예이다.

① 빈도분포값   ② 추리통계값
③ 집중경향값   ④ 변산측정값

> **해설**
> 집중경향값(central tendency)은 전체 분포에 대한 점수를 대표로 인정하는 통계적 기준이다.

020
성격이란 삶과 죽음이 교차하는 현실 속에서 그 사람이 내리는 선택과 결정에 의해 좌우되는 것이라고 보는 관점은?

① 정신분석적 관점   ② 인본주의적 관점
③ 실존주의적 관점   ④ 현상학적 관점

> **해설**
> 실존주의에서는 인간이 세상 속에서 '자신의 정체감' 또는 '의미'를 창조하기 위해 끊임없이 선택을 해야 하며, 이러한 선택이 불안을 일으킨다고 주장한다.

제2과목 이상심리학

021
발달 정신병리에서 성별, 기질, 부모의 불화, 부모의 죽음이나 이별, 긍정적 학교 경험의 부족 등은 어떤 요인에 해당하는가?

① 보호 요인
② 통제 요인
③ 탄력성
④ 위험 요인

해설
위험요인 : 정신병리가 발생할 가능성을 증가시키는 어떤 조건이나 환경이다.
보호요인 : 건강한 발달을 촉진하거나 유지하는 요인을 말한다.
탄력성 : 높은 위험에 처해도 잘 적응하는 특징을 탄력성이라고 한다.

022
허위성 장애에 관한 설명으로 적절하지 않은 것은?

① 남성보다 여성에게 더 흔하다.
② 정확한 원인은 잘 알려져 있지 않다.
③ 외부적 보상이 없음에도 불구하고 증상을 허위로 만들어낸다.
④ 청소년기에 주로 발병된다.

해설
환자역할을 하기 위해 의도적으로 병을 만들어 내거나 위장한다. 꾀병과는 차이가 있는데 꾀병은 목적이 있는 반면, 허위성 장애는 아무런 현실적 이득이 없는데 단지 환자역할을 하려는 심리적 욕구에 기인한 것으로 병리적이다. 허위성장애는 대개 성인기 초기에 발병한다.

023
사고의 비약(flight of ideas) 증상에 관한 설명으로 옳은 것은?

① 조현병의 망상적 사고
② 우울증의 자살충동적 사고
③ 조증의 대화할 때 보이는 급격한 주제의 전환
④ 신경인지장애의 지리멸렬한 사고

해설
사고의 비약은 조증삽화의 주요증상으로 연상활동의 증가에 이해 빠르게 사고가 진행되는 것을 말하며, 과대망상과 연관되기도 한다.
조증삽화 : 비정상적으로 의기양양하고, 과도하게 고양된 기분이 일주일간 거의 매일 하루 대부분 지속되는 상태로 지나치게 과장된 자신감, 수면 욕구 감소, 평소보다 말이 많아지거나 말을 계속함, 사고 비약이 있거나 사고가 연이어 나타남, 지나친 주의산만 등의 증상을 보인다.

024
다음은 어떤 장애인가?

> A군은 두통과 복통을 많이 호소하여 어머니와 함께 최근 소아과 검진을 받았는데, 별 문제가 없다는 판정을 받았다. 그러나 A군은 아침에 어머니와 헤어져 학교에 가는 것을 매우 힘들어 하며, 신체적 문제를 핑계로 학교에서 자주 조퇴하였다.

① 선택적 함구증
② 반응성 애착장애
③ 분리불안 장애
④ 기분조절불능장애

해설
분리불안 장애는 불안장애의 하위범주로, 애착대상과 떨어지는 것에 과도한 불안을 느끼는 것이다. 애착대상과 분리될 수 있는 부상, 재난 혹은 사망과 같은 사건들(예 길을 잃음, 납치당함, 사고를 당함, 죽음)에 대해 지속적이고 과도하게 걱정한다. 주요 애착대상으로부터 분리되거나, 분리가 예상될 때 이상 신체증상(예 두통, 복통, 메스꺼움, 구토 등)을 호소한다.

025
인지치료 접근에서 사용하는 개입 방안이 아닌 것은?

① 협력적 경험주의
② 소크라테스식 대화법
③ ABC 사고기록지
④ 정서적 추론

> **해설**
> ①·②·③은 치료적 기법이고, ④ 정서적 추론은 인지적 왜곡이다. 정서적 추론은 자신의 정서적 경험이 마치 현실과 진실을 반영하는 것인 양 간주하여 이를 토대로 그 자신이나 세계 또는 미래에 대해 그릇되게 추리한다.

026
성격장애의 하위 범주 중 극적이고 변덕스러운 행동을 특징적으로 나타내는 장애군에 속하는 것은?

① 회피성 성격장애
② 강박성 성격장애
③ 의존성 성격장애
④ 경계성 성격장애

> **해설**
> • 경계성 인격장애 : 불안정한 대인관계, 극단적인 정서변화와 충동성을 나타내는 성격장애이다.
> • 의존성 성격장애 : 자신의 정신적 신체적인 욕구를 충족하기 위해 다른 사람에게 지나치게 의존하는 만성적인 상태
> • 회피성 성격장애 : 친밀한 대인관계를 원하면서도 상대에게 거부당하는 것이 두려워 사람들을 피하는 성격장애.
> • 강박성 성격장애 : 사소한 세부사항이나 규칙에 집착, 완벽주의, 지나치게 고지식하거나, 자신의 방식을 고수하는 등의 완고한 성격이 특징적인 인격장애

027
도박장애가 있는 사람들의 특징이 아닌 것은?

① 뇌 보상중추에서 도파민 활동성과 작용이 고조된다.
② 물질사용장애와는 다르게 금단증상과 내성이 없다.
③ 충동적이며 새로운 자극을 추구하는 특성을 가진다.
④ 스트레스를 받거나 괴로울 때 도박을 더 많이 한다.

> **해설**
> 도박장애는 비물질관련장애로 분류되며, 바라는 흥분을 얻기 위해 액수를 늘리면서 도박하려는 욕구를 채우려는 장애이다. (내성)도박을 조절하거나 줄이거나 중지시키려고 시도할 때 안절부절못하거나 과민(금단증상)이 진단기준에 포함된다.

028
DSM-5에서 해리성 정체성 장애의 진단적 특징이 아닌 것은?

① 자기감각과 행위 주체감의 갑작스러운 변화
② 반복적인 해리성 기억상실
③ 경험성 기억의 퇴보
④ 알코올 등의 직접적인 생리적 효과로 일어나는 경우도 포함

> **해설**
> **해리성 정체성 장애**
> 둘 또는 그 이상의 구분되는 성격상태를 특징적으로 나타내는 정체감의 분열로, 이러한 증상들은 물질의 생리적 효과에 기인한 것이 아니다.

029
공황장애에 관한 설명으로 적절한 것은?

① 공황발작은 공황장애의 고유한 증상이다.
② 여성보다 남성에게서 2~3배 더 많은 것으로 알려져 있다.
③ 청소년 후기와 30대 중반에서 가장 많이 발병한다.
④ 대개 나이가 들면서 자연스럽게 치유된다.

> **해설**
> 공황발작은 공황장애뿐 아니라 광장공포증에서도 나타날 수 있으며, 남성보다 여성에게서 2~3배 더 많은 것으로 알려져 있다. 대부분의 환자가 극적으로 증상이 호전되기도 한다. 청소년기 후기와 30대 중반에서 가장 많이 발병 한다. 공황장애는 약물치료와 인지행동치료로 효과를 볼 수 있다.

030
강박 및 관련장애에 관한 설명으로 옳은 것을 모두 고른 것은?

> ㄱ. 강박장애의 가장 흔한 주제는 더러움 또는 오염이다.
> ㄴ. 강박장애를 가진 사람들 중 일부는 강박사고만 또는 강박행동만 경험한다.
> ㄷ. 강박 관련 장애로 수집광, 신체이형장애, 피부뜯기 장애가 있다.

① ㄱ, ㄴ
② ㄱ, ㄷ
③ ㄴ, ㄷ
④ ㄱ, ㄴ, ㄷ

> **해설**
> ㄱ, ㄴ, ㄷ 모두 해당된다.
> 강박 및 관련장애의 주요범주는 강박장애, 신체변형장애, 저장장애, 피부벗기기장애, 발모증 등이 있다.

031
외상후 스트레스 장애의 대표적인 지역사회 개입접근인 심리경험 사후보고에 관한 설명으로 적절한 것은?

① EMDR보다 효과적이다.
② 특정 고위험군 환자들에게 효과적이다.
③ 청소년에게만 효과적이다.
④ 전문가에 의해 행해졌을 때만 효과적이라고 보고된다.

> **해설**
> 심리경험 사후보고는 외상후 스트레스 장애를 위한 치료기법 중의 하나로 재앙을 경험한 사람이 재앙과 관련된 후유증에서 벗어날 수 있게 하는 치유과정으로 정서적 지지, 위기 동안 경험한 이야기를 하는 기법이나 효과 유무는 아직 제한적이며, 특정 고위험군 환자들에게는 효과적인 것으로 알려져 있다.

032
성격장애에 관한 설명으로 옳지 않은 것은?

① 다른 정신장애와 동반되어 나타날 수 있다.
② 현실검증력의 장애가 있다.
③ 고정된 행동양식이 개인 생활과 사회생활 전반에 넓게 퍼져 있다.
④ 대개 청소년기나 성인기 초기에 나타난다.

> **해설**
> 성격장애는 현실의 검증력은 대개 유지한다. 현실검증력의 손상은 조현병, 망상장애 등 정신증에 나타난다.

033
DSM-5에 새로 생긴 장애는?

① 의사소통장애
② 아스퍼거 증후군
③ 아동기 발병 유창성장애
④ 사회적 의사소통장애

> **해설**
> **의사소통장애의 하위범주**
> 언어장애, 발화음 장애, 아동기 발생 유창성장애, 사회적 의사소통 장애가 있으며, 사회적 의사소통 장애는 DSM-5에 새롭게 추가되었다. 사회적의사소통 장애는 언어적, 비언어적 의사소통 사용기술의 사회적으로 실용적인 사용에 어려움을 겪는 장애이다. 사회적 상황을 회피하는 경향이 높고 ADHD, 행동문제, 특정언어장애가 수반되는 경우가 많이 나타난다. 유전, 생리학적 영향, 자폐스텍트럼, 의사소통장애, 특정언어장애가 있는 가족력에서 유병률이 높다.

034

지속성 우울장애(dysthymia)에 관한 설명으로 옳지 않은 것은?

① 청소년의 경우, 증상이 적어도 2년 동안 지속되어야 한다.
② 하루의 대부분 우울 기분이 있다.
③ 조증 삽화, 경조증 삽화가 없어야 한다.
④ 식욕 부진 또는 과식, 불면 또는 과다수면, 절망감, 자존감 저하 등 2개 이상의 증상을 보인다.

> **해설**
> 지속성 우울장애의 경우, 성인은 2년 이상 증상이 지속되어야 하고, 아동·청소년의 경우 1년 이상 지속되어야 한다.

035

성적 가학장애에 관한 설명으로 적절하지 않은 것은?

① 주로 성적 피학장애를 가진 상대에게 가학적 행동을 보인다.
② 대부분 시간이 지나도 행동의 심각도에는 큰 변화가 없다.
③ 대부분 초기 성인기에 나타난다.
④ 성가학적 행동의 패턴은 보통 장기적으로 나타난다.

> **해설**
> 성적 가학장애는 상대에게 굴욕을 가하거나 묶거나 고통을 줌으로써 성적 흥분을 느끼는 장애로, 일반적으로 시간이 지나면서 가학적 행동의 강도는 강해진다.

036

다음 중 증상이 나타나는 기간이 1개월 이상 6개월 이내인 경우 내리는 진단은?

① 망상장애
② 조현정동장애
③ 조현양상장애
④ 단기 정신병적 장애

> **해설**
> 조현양상장애는 조현병과 같은 임상적 증상을 나타내지만 정신분열증 진단조건인 6개월 이상을 만족시키지 않고 그 이하일 경우 진단된다. 증상이 6개월이 지나도 지속되면 조현병으로 진단된다.

037

신경성 폭식증에 관한 설명으로 옳지 않은 것은?

① 보상행동(purging)은 칼로리를 낮추는데 효과적이지 않다.
② 시간이 지남에 따라 폭식과 보상행동(purging)이 점점 증가한다.
③ 폭식은 시간과 장소, 타인의 유무와 관계없이 발생한다.
④ 청소년기나 성인 초기에 시작된다.

> **해설**
> 타인의 유무와 관계없이 발생하는 것이 아니고 대개 비밀리에 폭식을 하고 폭식삽화가 있은 후에 저칼로리의 음식을 먹거나 단식을 하는 행동으로 나타난다.

038

물질사용장애에 관한 설명이 아닌 것은?

① 내성이 나타난다.
② 금단증상이 나타난다.
③ 물질사용을 중단하거나 조절하려고 해도 뜻대로 되지 않는다.
④ 물질사용으로 인한 직업기능의 손상여부는 진단 시 고려하지 않는다.

해설
물질사용장애는 물질사용으로 인해 중요한 사회적, 직업적 또는 레크레이션 활동을 포기하거나 줄인다.

039

범불안장애에서 나타나는 불안의 특징은?

① 특정 대상에 대한 과도한 불안
② 발작경험에 대한 예기불안(anticipatory anxiety)
③ 불안의 대상이 분명하지 않은 부동불안 (free-floating anxiety)
④ 반복적으로 침투하는 특정 사건에 대한 염려

해설
특정대상에 대한 과도한 불안은 특정공포증, 발작경험에 대한 예기불안은 공황발작을 반복적으로 경험하는 공황장애, 반복적으로 침투하는 특정사건에 대한 염려는 강박장애와 관련된다. 부동불안은 범불안장애와 관련된다.

040

주요 신경인지장애와 경도 신경인지장애의 감별진단 기준으로 적절하지 않은 것은?

① 기억과 학습 감퇴 정도
② 성격의 변화 정도
③ 언어능력의 감퇴 정도
④ 독립적 생활의 장애 정도

해설
주요 신경인지장애와 경도 신경인지장애는 인지증상의 손상에 대한 경중이나 독립적인 생활 여부에 따라 분류되며 성격의 변화 정도와는 관련이 없다. 인지적 영역은 복합주의력, 학습 및 기억력, 언어능력, 지각-운동기능, 사회인지(이 일상활동의 독립적 능력을 방해하지 않는 경우)이다. 그로 인해 물건 값 지불하기, 투약 관리하기 등과 같은 복합적인 일상의 도구적 활동이 보존되지만, 더 많은 노력, 보상 전략 혹은 조정이 필요할 수 있다.

제 3 과목 심리검사

041

K-WAIS-IV에서 처리속도가 점수에 긴밀하게 영향을 주는 소검사는?

① 숫자
② 퍼즐
③ 지우기
④ 무게비교

해설
K-WAIS-IV 4가지 지표
① 언어이해지수
   핵심검사 : 공통성, 어휘, 상식
   보충소검사 : 이해문제
② 지각추론지수
   핵심소검사 : 토막짜기, 행렬추론, 퍼즐
   보충소검사 : 무게비교, 빠진곳 찾기
③ 작업기억지수
   핵심소검사 : 숫자외우기, 산수문제
   보충소검사 : 순서화
④ 처리속도지수
   핵심소검사 : 동형찾기, 기호쓰기
   보충소검사 : 지우기

042

심리평가를 위해 수행되는 면담에 관한 설명으로 옳은 것은?

① 면담은 구조화할 수 없다는 단점이 있다.
② 면담은 평가를 하기 위한 목적으로 하는 것이라 치료적인 효과는 없다.
③ 면담에서는 신뢰도와 타당도를 크게 고려하지 않아도 된다는 장점이 있다.
④ 면담자가 피면담자에 대한 전반적인 인상을 형성한 후 그것에 준해 다른 관련 특성을 추론하는 경향을 할로(halo)효과라고 한다.

해설

면담은 구조된 면담과 비구조된 면담이 있으며, 면담부터 치료의 시작이다. 또한 면담에서도 신뢰도와 타당도를 고려하는 것이 좋다. 구조화된 면담은 신뢰도는 높고 타당도는 낮은 반면, 비구조화된 면담은 타당도는 높고 신뢰도는 낮은 것이 일반적이다.
④ 할로 효과(Halo Effect) : 미국의 저명한 심리학자 에드워드 손다이크 Edward Lee Thrndike 가 1920년대에 처음 제기한 것으로 '후광 효과'라고도 불린다. 이는 다른 사람에 대한 인식과 판단이 일부분에서 출발해 커지면서 전체적인 인상을 만드는 것을 말한다. 할로 효과는 일부분으로 전체를 평가하는 인지적 오류로, 마치 달 주위의 빛의 고리처럼 주위로 가득 차고 퍼져 나가며, 이로 인해 다른 품질이나 특성을 덮어 버리는 것을 말한다.

043

MMPI-2 임상척도와 Kunce와 Anderson(1984)이 제안한 기본 차원 간의 연결이 옳지 않은 것은?

① 1번 척도 – 표현
② 4번 척도 – 주장성
③ 8번 척도 – 상상력
④ 9번 척도 – 열의

해설

1번 척도 – 신중성
2번 척도 – 평가
3번 척도 – 표현
4번 척도 – 주장성
5번 척도 – 역할 유연성
6번 척도 – 호기심
7번 척도 – 조직화
8번 척도 – 상상력
9번 척도 – 열의
0번 척도 – 자율성

044

대상 및 사건에 대한 학습을 의미하는 서술기억(declarative memory)의 하위 영역에 포함되는 것은?

① 절차기억(procedural memory)
② 암묵적 기억(implicit memory)
③ 일화기억(episodic memory)
④ 특정기억(particular memory)

해설

외현 기억(explicit memory)은 의식적으로 과거 경험을 인출할 때 발생하는 기억으로 그 기억에 대해 설명할 수 있기에 서술 기억이라고도 한다. 외현 기억은 회상과 재인의 정확도로 측정하며 의미 기억과 일화 기억으로 구분된다.

045

지적장애 진단을 위한 IQ 기준과 이 장애에 해당되는 사람의 비율은?

① IQ 60 미만, 전체인구의 약 3% 이하
② IQ 65 미만, 전체인구의 약 3% 이하
③ IQ 70 미만, 전체인구의 약 3% 이하
④ IQ 70 미만, 전체인구의 약 5% 이하

해설

지적장애는 표준화된 지능검사 IQ 70점 미만으로 69부터 지적장애인에 해당한다. 지적장애의 유병률은 일반인구의 약 3% 이하이다.

046

다음 MMPI-2 프로파일과 가장 관련이 있는 진단은?

```
L=56,     F=78,     K=38
1(Hs)=56  2(D)=58   3(Hy)=54
4(Pd)=53  5(Mf)=54  6(Pa)=76
7(Pt)=72  8(Sc)=73  9(Ma)=55  0(Si)=66
```

① 우울증
② 품행장애
③ 전환장애
④ 조현병

해설

6-8-7/8-6-7
이 프로파일은 심각한 정신병리를 암시하면 진단적으로는 조현병이 가장 흔하다. 피해망상, 과대망상, 환각이 나타나고, 감정적 둔화, 부적절한 정서를 보인다. 타인에 대한 의심이나 분노감이 많고 사회적 기능에 장애를 유발할 수 있다.

047

개인용 지능검사와 집단용 지능검사에 관한 설명으로 옳은 것은?

① 집단용 지능검사의 경우, 검사의 시행과 절차가 간편하기 때문에 검사자는 피검사자의 검사행동에 관한 자료수집이 용이하다.
② 개인용 지능검사나 집단용 지능검사에서 검사실시와 절차에 대한 검사자의 본질적인 역할은 동일하다.
③ 피검사자는 개인용 지능검사의 경우에는 사람에게 반응하지만, 집단용 지능검사의 경우에는 주어진 문항에 반응한다고 볼 수 있다.
④ 개인용 지능검사나 집단용 지능검사나 피검사자가 반응하는 데 요구되는 인지작용은 질적인 측면에서 차이가 없다.

해설

개인용 검사는 검사자가 한 명의 피검자에게 개별적으로 실시하는 지능검사이고(예 웩슬러지능검사), 집단용 지능검사는 여러 명을 대상으로 한꺼번에 실시하는 지능검사이다(예 학교실시 지능검사). 따라서 개인용 지능검사일 때는 검사자와 피검자의 라포형성이 중요하고, 집단용 지능검사는 라포형성보다는 검사자체 문항에 집중할 가능성이 있다.

구분	항목
개인용 지능검사	수검사 한 사람을 대상으로 검사를 실시하도록 되어 있는 검사를 말한다. 개인용 지능검사에서는 수검자의 행동을 빠짐없이 관찰할 수 있으므로 수검자의 심리상태나 결함 혹은 장점을 파악하는 데 도움이 된다. 상대적으로 높은 신뢰성과 타당도, 임상적인 유용성을 기대할 수 있다. 실시의 복잡성, 검사자를 위한 고도의 훈련과 기술의 요구, 오랜 검사시간 등의 단점이 있다.
집단용 지능검사	한 번에 여러 사람에게 동시에 실시할 수 있도록 구성되어 있는 검사를 말한다. 검사의 실시와 채점, 해석이 간편하며, 상대적으로 시간 및 비용을 절감할 수 있다. 선별검사로 사용하기에 적합하다. 검사장면에서 발생할 수 있는 여러 가지 오차 요인을 통제하기 곤란하므로 신뢰성이 떨어지며, 개인용 지능검사에 비해 임상적인 유용성이 낮다는 단점이 있다.

048

주제통각검사(Thematic Apperception Test : TAT)의 실시에 관한 설명으로 옳은 것은?

① 모든 수검자에게 24장의 카드를 실시한다.
② 카드를 보여주고, 각 그림을 보면서 될 수 있는 대로 연극적인 장면을 만들어 보라고 지시한다.
③ 수검자의 반응이 매우 피상적이고 기술적인 경우라도 검사자는 개입하지 않고 다음 반응으로 넘어간다.
④ 수검자가 "이 사람은 남자인가요? 여자인가요?"라고 묻는 경우, 검사 요강을 참고하여 성별을 알려준다.

해설
TAT는 30장의 흑백 그림카드와 한 장의 백지카드 등 총 31장으로 구성되어 있으며, 이 중 10장은 모든 피검자에게 실시하고, 나머지 카드들은 성별과 연령에 따라 각각 10장씩 실시하므로 한 사람에게 실시하는 카드는 20장이다.

049
신경심리검사에 관한 설명으로 옳지 않은 것은?

① 치료 효과의 평가에 사용할 수 있다.
② 우울장애와 치매상태를 감별해 줄 수 있다.
③ 가벼운 초기 뇌손상의 진단에는 효과적이지 못하다.
④ 신경심리검사의 해석에 성격검사 결과를 참조한다.

해설
신경심리검사는 초기치매나 두개골 골절이 없는 경우, 폐쇄두부손상 등 자기공명영상(MRI)나 양전자단층촬영(PET)으로 탐지하기 어려운 미세한 인지기능 저하를 탐지하는 데 유용하게 활용된다.

050
성격검사의 구성타당도를 평가하는 방법이 아닌 것은?

① 성격검사의 요인구조를 분석한다.
② 다른 유사한 성격을 측정하는 검사와의 상관을 구한다.
③ 관련 없는 성격을 측정하는 검사와의 상관을 구한다.
④ 전문가들로 하여금 검사 내용을 판단하게 한다.

해설
내용 타당도는 측정도구의 내용이 측정하고자 하는 구성개념을 얼마나 적절히 반영하고 있는가에 대한 것이다. 전문가들로 하여금 검사내용을 분석하고 판단하도록 하는 것을 말한다.

051
K-WAIS-IV 소검사 중 같은 유형의 소검사에 해당하지 않는 것은?

① 상식, 공통성
② 퍼즐, 무게비교
③ 지우기, 기호쓰기
④ 동형찾기, 무게비교

해설
- 지각추론지수 : 무게 비교, 빠진곳 찾기, 퍼즐
- 처리속도지수 : 동형찾기, 기호쓰기, 지우기
- 언어이해지수 : 공통성, 상식, 어휘
- 작업기억지수 : 산수, 숫자 외우기, 순서화

052
MMPI-2에서 F척도 상승이 기대되지 않는 경우는?

① 고의적으로 나쁘게 보이려는 태도로 응답했을 경우
② 자신의 약점을 고의적으로 숨기려는 강한 방어적 태도로 응답했을 경우
③ 대부분의 문항에 대해 '그렇다' 혹은 '아니다'의 한 방향으로만 응답했을 경우
④ 혼란, 망상적 사고 또는 다른 정신병적 과정을 겪고 있는 사람이 응답했을 경우

해설
방어적 태도로 검사에 임한 경우는 L척도와 K척도가 상승한다. L은 순진한 방어, K는 세련된 방어와 관련된다.

053
시공간 처리능력을 평가하기에 적합하지 않은 검사는?

① 토막짜기
② 벤더 도형 검사
③ 선로 잇기 검사
④ 레이 복합 도형 검사

> **해설**
> 선로 잇기 검사 : 주의집중력, 실행기능을 평가한다.

054
연령이 69세인 노인환자의 신경심리학적 평가에 적합하지 않은 검사는?

① SNSB
② K-VMI-6
③ Rorschach
④ K-WAIS-IV

> **해설**
> Rorschach검사는 대표적인 투사검사로 성격을 측정하는데 활용되며, 신경심리검사로 활용되지는 않는다.

055
K-WISC-IV에서 일련의 숫자와 글자를 읽어주고 숫자는 많아지는 순서로, 글자는 가나다 순서로 각각 말하게 하는 과제는?

① 숫자
② 선택
③ 행렬추리
④ 순차연결

> **해설**
> 순차연결(letter-number sequencing)은 순서화라고도 한다.
> 숫자와 요일을 지시에 따라 순서대로 암기하도록 하는 과제로 구성되며, 한 문항당 세 번의 시행이 포함된 10개의 문항으로 이루어져 있다.
> **측정능력** : 청각적 단기기억능력, 계열화기술, 주의집중력, 정신적 조작능력, 시공간적 형상화능력, 처리속도 등을 측정한다.

056
다음에서 설명하는 검사는?

> 유아 및 학령전 아동의 발달 과정을 체계적으로 측정하기 위한 최초의 검사로서, 표준 놀이기구와 자극 대상에 대한 유아의 반응을 직접 관찰하며, 의학적 평가나 신경학적 원인에 의한 이상을 평가하기 위해 사용된다.

① Gesell의 발달 검사
② Bayley의 영아발달 척도
③ 시지각 발달 검사
④ 사회성숙도 검사

> **해설**
> • **Bayley의 영아발달 척도**
> 베일리가 1969년 생후 2개월에서 30개월까지의 영유아를 대상으로 한 발달척도(BSID)를 고안한 이후, 1993년 개정판(BSID-II)을 통해 생후 1개월에서 42개월까지의 영유아를 대상으로 한 표준화가 이루어졌다.
> • **시지각 발달 검사**
> Frostig가 1966년 개발한 것으로 3~8세의 읽고 쓰기에 문제가 있는 아동의 시지각능력을 측정하여 시지각장애를 조기발견 하는 데 사용된다.
> • **사회성숙도 검사**
> 이 검사는 개인의 성장이나 변화를 측정하면서 정신지체 여부나 그 정도를 판별하는 데 이용될 수 있다.

057
신뢰도의 추정방법 중 반분신뢰도의 장점은?

① 검사의 문항수가 적어도 된다.
② 반분된 검사가 동형일 필요가 없다.
③ 단 1회의 시행으로 신뢰도를 구할 수 있다.
④ 속도검사의 신뢰도를 추정하는데 적합하다.

해설

반분신뢰도 : 한 개의 검사를 한 피험자 집단에게 실시하되 그것을 적절한 방법에 의해 두 부분으로 나누어 반분된 검사 점수들 간의 상관계수를 산출하여 둘 간의 유사성을 추정하는 신뢰도이다.
반분하는 방법으로는 기우 반분(홀수와 짝수 문항), 전후 반분(문항 특성에 따라 전후로 반분), 무작위로 분할하는 방법 등이 있다.
검사-재검사 신뢰도나 동형검사 신뢰도가 모두 동일한 검사를 두 번 실시해야 한다는 단점을 가지고 있는 반면에 반분 검사 신뢰도는 두 번 시행에 따른 기억이나 연습 효과를 줄일 수 있다는 장점이 있다.

058
신경심리평가 중 주의력 및 정신적 추적능력을 평가할 수 있는 검사가 아닌 것은?

① Wechsler 지능검사의 기호쓰기 소검사
② Wechsler 지능검사의 숫자 소검사
③ Trail Making Test
④ Wisconsin Card Sorting Test

해설

위스콘신 카드분류검사(Wisconsin Card Sorting Test, WCST) : 실행기능을 평가하는 대표적인 검사이다.
주의력 및 정신추 적검사의 종류 : 지능검사(숫자따라하기, 기호쓰기, 순서화), 선로 잇기검사, 지우기 검사, 스트룹 검사 등이 있다.

059
성취도검사의 일종인 기초학습기능검사가 평가하기 어려운 영역은?

① 독해력 ② 계산능력
③ 철자법 능력 ④ 공간추론 능력

해설

기초학습기능의 평가요소는 정보처리, 수, 언어이며 공간추론은 평가하지 않는다.

060
심리검사의 윤리적 문제에 대한 설명으로 옳지 않은 것은?

① 검사자들은 검사제작의 기술적 측면에만 관심을 가질 필요가 있다.
② 제대로 자격을 갖춘 검사자만이 검사를 사용해야 한다는 조건은 부당한 검사사용으로부터 피검자를 보호하기 위한 조치이다.
③ 검사자는 규준, 신뢰도, 타당도 등에 관한 기술적 가치를 평가할 수 있어야 한다.
④ 심리학자에게 면허와 자격에 관한 법을 시행하는 것은 직업적 윤리 기준을 세우기 위함이다.

해설

심리검사자는 윤리적으로 전문적, 도덕적, 윤리적, 사회적 측면을 모두 주의해야 한다.

제 4 과목 임상심리학

061
집단개업 활동을 할 때 임상심리전문가들이 가장 주의해야 할 사항은?

① 직업윤리 및 활동에 대해 개인적인 책임을 져야 한다.
② 직업적인 경쟁과 성격적인 충돌 가능성이 있다.
③ 개인의 독립적인 사무실의 확보 비용이 든다.
④ 개인적이고 직업적인 고립감을 경험한다.

해설

①, ③, ④는 개인이 개업했을 때 주의해야 할 점이고, ②는 집단개업시 주의해야 할 점이다.

062
두뇌기능의 국재화에 관한 설명으로 옳은 것은?

① 특정 인지능력은 국부적인 뇌 손상에 수반되는 한정된 범위의 인지적 결함으로부터 발생한다고 본다.
② Broca 영역은 좌반구 측두엽 손상으로 수용적 언어 결함과 관련된다.
③ Wernicke 영역은 좌반구 전두엽 손상으로 표현 언어 결함과 관련된다.
④ MRI 및 CT가 개발되었으나 기능 문제 확인에는 외과적 검사가 이용된다.

해설
- Broca 영역의 손상으로 인한 행동증후군을 브로카 실어증이라고 한다. 브로카 실어증의 핵심 증상은 말을 유창하게 하지 못하는데도 언어 이해와 발성 기제가 정상적인 것이며 표현언어의 문제를 지니고 있다.
- Werinicke 실어증 환자의 경우 말을 굉장히 많이 하지만, 말의 질이 심각하게 손상되어 있으며 수용 언어의 문제를 지니고 있다.
- MRI 및 CT 등을 포함한 뇌영상촬영법은 뇌 속의 이상을 볼 수 있게 해준다.

063
정신분석치료의 주요 개념 및 기법과 가장 거리가 먼 것은?

① 전이   ② 저항
③ 과제   ④ 훈습

해설
정신분석치료의 주요 상담 기법은 전이, 저항, 훈습, 해석, 자유연상, 꿈의 분석 등이 있다.
- **전이(transference)** : 과거에 중요한 사람에게 느낀 감정을 상담자에게 느끼는 것을 말한다.
- **저항(resistance)** : 내담자에게 위협이 되는 것을 의식적으로 떠오르지 않게 하려는 것이다.
- **훈습(working through)** : 현실 생활에 통찰을 실제로 적용하여 내담자에게 변화가 일어나는 것이다.
- **자유연상(free association)** : 자신의 마음 속에 떠오르는 것을 있는 그대로 말하는 것이다.
- **꿈의 분석(dream analysis)** : 잠을 잘 때 방어기제가 약화되어 억압된 욕망과 갈등이 의식 표면에 떠오르는 것을 이용한다.

과제는 인지행동치료에서 심리교육적 특징이 있으며, 과제도 치료의 일환으로 제시하고 있다.

064
근육 긴장을 이완시키고, 심장의 박동을 조정하고, 혈압을 통제하는 훈련을 받는 것은?

① 바이오 피드백
② 행동적인 대처방식
③ 문제 중심의 대처기술
④ 정서 중심의 대처기술

해설
바이오 피드백(bidfeedback) : 바이오 피드백은 정상적인 상태에서는 의식적으로 알 수 없거나 조절할 수 없는 자율신경계의 반응을 스스로 조절할 수 있게 하기 위하여 환자 스스로가 자신의 호흡수, 맥박수와 같은 생리적 정보를 눈으로 볼 수 있게 수치화하여 알려준다.

065
아동 또는 청소년의 폭력비행을 상담할 때 부모를 통한 개입법으로 가장 효과적인 것은?

① 자녀가 반사회적 행동을 하면 심하게 야단을 치게 한다.
② 사회에서 용인되는 행동을 보이면 일관되게 보상을 주도록 한다.
③ 가족모임을 열어서 훈계를 하도록 한다.
④ 폭력을 휘둘렀을 때마다 부모가 자녀를 매로 다스리게 한다.

해설
부정적 처벌(야단, 훈계, 체벌 등)은 일시적 정지효과는 있으나 교훈을 제공하기 어려우므로, 긍정적 행동에 대한 정적 강화(칭찬, 과자, 점수 등)를 일관되게 보상해 주는 것이 좋다.

066
합리적 정서치료에 대한 설명으로 틀린 것은?

① Aaron Beck이 개발했다.
② 환자가 사물에 대해 생각하는 방식을 바꿈으로써 행동 변화를 목적으로 한다.
③ 해석은 문제가 되는 감정적, 행동적 결과(C)를 결정하는 사건과 상황(A)에 대한 믿음(B)이다.
④ 이 치료의 기본목적은 사람들이 자신이 가진 비논리적 사고에 직면하게 만드는 것이다.

해설
Aaron Beck은 정신과의사로서 인지치료(=인지행동치료)를 개발했으며, 알버트 앨리스(Albert Ellis)는 합리적 정서치료를 개발했다.

067
현대 임상심리학 발전에 가장 큰 영향을 준 역사적 사건은?

① Binet의 지능검사 개발
② MMPI의 개발
③ 미국심리학회 설립
④ 제 1·2차 세계대전

해설
제1차 세계대전
Yerkes는 집단지능검사인 Army 알파와 Army 베타를 개발하였다(1917). Woodworth는 이상행동평가를 위해 정신신경증 척도를 개발하였다. 전쟁 당시의 심리검사의 수요확대로 임상심리학자의 활동이 증가하기 시작하였다.
제2차 세계 대전
군인들에 대한 집단 심리검사와 더불어 심리치료에 대한 요구가 급증하였고 이에 임상심리학자들의 역할이 점차 확장되었다.
제2차 세계대전을 기점으로 심리학이 응용분야로 발전하기 시작했으며 이를 반영하여 미국심리학회(APA)에서 임상심리학을 수용하였다. 제2차 세계대전 이후 임상심리학이 분명하게 정의되었고, 1949년 보울더 모델인 과학자-전문가 수련모델이 확립되었다.

068
Burish(1984)는 객관적 성격검사 제작에 관한 접근들을 규명하여 기술하였다. 다음 중 이 접근법에 해당하지 않는 것은?

① 외적 준거 접근　② 내적 구조 접근
③ 내적 내용 접근　④ 외적 차원 접근

해설
객관적 성격검사 제작에 관한 접근으로는 외적 준거 접근, 내적 구조 접근, 내적 내용접근이 있으며, 외적 차원 접근은 관련이 없다.

069
다음 중 비밀유지의 의무가 제외될 수 있는 경우에 해당하지 않는 것은?

① 자살 가능성이 있는 내담자
② 범죄를 저지를 가능성이 있는 내담자
③ 강도, 강간 등 범죄 피해자
④ 아동학대의 사례

해설
강간 등의 범죄 피해자의 경우, 비밀보장의 예외사항의 조건에 포함되지 않는다.
자해, 자살 및 타해 및 타살계획, 사회의 안전, 전염병, 아동의 인권, 판사의 명령 등의 사유는 내담자에 대한 비밀보장의 예외가 된다.

070
체중 조절을 위하여 식이요법을 시행하는 사람이 매일 식사의 시간, 종류, 양과 운동량을 구체적으로 기록하고 있다면 이는 어떤 행동관찰의 방법인가?

① 자기-감찰(self-monitoring)
② 통계적인 평가
③ 참여 관찰(participant observation)
④ 비참여 관찰(non-participant observation)

> **해설**
> 자기-감찰법(self-monitoring)
> 개인이 자신의 행동, 사고, 정서 등을 관찰하고 기록하는 것이다. 목표 행동의 빈도, 강도, 기간을 기록하고 선행 자극조건과 행동 뒤의 결과가 무엇인지를 기록하여, 문제 행동의 발생 과정과 변화를 인식하게 한다. 자기 관찰이 자신에 대한 기록과 관찰을 왜곡하게 되는 단점이 있기는 하지만, 경비가 저렴하고 자신의 행동에 대한 피드백으로 문제행동을 통제하는 장점을 갖는다.

071
심리사회적 또는 환경적 스트레스와 생물학적 또는 기타 취약성의 상호작용이 질병을 일으킨다는 조망은?

① 상호적 유전-환경 조망
② 병적 소질-스트레스 조망
③ 사회적 조망
④ 생물학적 조망

> **해설**
> 병적 소질-스트레스 조망(=취약성-스트레스이론)은 환경으로부터 주어지는 심리사회적 스트레스와 그에 대응하는 개인의 특성을 고려해야 한다는 입장이다. 이상행동은 유전적·생리적·심리적으로 특정 장애에 걸리기 쉬운 개인적 특성과 스트레스 경험이 상호작용함으로써 발생한다.

072
실존적 접근의 심리치료는?

① 인지치료
② 의미치료
③ 자기교습훈련
④ 합리적 정서행동치료

> **해설**
> 빅터 프랭클은 의미치료라는 실존주의적 상담접근을 발달시켰고, 의지의 자유, 의미에 대한 자유, 삶의 의미의 3가지 개념을 바탕으로 인간에 대한 이해를 조명하였다.

073
투쟁-도피(fight-flight) 반응과 가장 거리가 먼 것은?

① 호흡의 증가
② 땀 분비 감소
③ 소화기능 저하
④ 동공 팽창

> **해설**
> 투쟁-도피 반응은 인간이 스트레스에 직면했을 때 나타나는 반응이며, 호흡은 빨라지고 얕은 숨을 쉬게 된다. 심장 박동수가 증가하고, 근육이 긴장되고, 생리적으로 각성됨으로써, 땀 분비가 증가하고, 소화기능이 저하되며, 동공이 팽창될 수 있다.

074
'엄마'라는 언어가 어머니의 행동과 반복적으로 연합됨으로써 획득된다고 설명하는 이론은?

① 고전적 조건형성
② 조작적 조건형성
③ 관찰학습
④ 언어심리학적 이론

> **해설**
> 고전적 조건형성 : 특정반응을 이끌어내지 못하던 중성자극이 특정반응을 무조건적으로 이끌어내는 자극과 반복적으로 연합하여 특정반응을 이끌어내는 것을 학습하게 된다는 것이다.

075
Wolpe의 체계적 둔감법 절차의 설명과 가장 거리가 먼 것은?

① 공포증의 치료에 효과적인 것으로 밝혀졌다.
② 불안을 억제하기 위하여 이완 상태를 유도한다.
③ 이완을 위해서 자극에 대한 실제 노출을 상상노출보다 먼저 제시한다.
④ 불안을 가장 약하게 일으키는 상황부터 노출시킨다.

해설
체계적 둔감법
Wolpe에 의해 개발된 것으로 공포증과 같은 불안장애의 치료에 효과적이다.
체계적 둔감법은 심리적 불안과 신체적 이완은 병존할 수 없다는 것을 전제로 하는 상호억제의 원리를 이용하는 기법이다. 이것의 절차는 내담자가 눈을 감고 이완된 상태에서, 처음에는 불안이 없는 중립적인 장면을 상상하도록 한 후 불안위계표에 따라 가장 낮은 수준의 불안유발 장면으로부터 높은 수준의 불안유발 장면으로 점진적으로 진행한다.

076
조현병의 음성증상에 관한 설명으로 옳은 것을 모두 고른 것은?

ㄱ. 감퇴된 감정표현, 무의욕증 등이 해당된다.
ㄴ. 양성증상에 비해 약물치료 효과가 떨어진다.
ㄷ. 정상인은 경험하지 않는다.

① ㄱ, ㄴ   ② ㄱ, ㄷ
③ ㄴ, ㄷ   ④ ㄱ, ㄴ, ㄷ

해설
조현병 음성증상(negatvie symptom)
있어야 할 적응적 기능이 결여된 상태로, 정서적 둔마, 언어의 빈곤, 의욕의 저하가 나타난다. 외부사건과 무관하게 서서히 악화되며 뇌의 구조적 변화나 유전적 소인과 관련 있다.

077
다음 30대 여성의 다면적 인성검사 MMPI-2 결과에 대한 해석으로 적절한 것은?

Hs	D	Hy	Pd	Mf	Pa	Pt	Sc	Ma	Si
72	65	75	50	35	60	64	45	49	60

① 스트레스 상황에서 신체증상이 과도하고 회피적 대처를 할 소지가 크다.
② 망상, 환각 등의 정신증적 증상이 나타나기 쉽다.
③ 반사회적 행동을 보일 가능성이 크다.
④ 외향적이고 과도하게 에너지가 항진되어 있기 쉽다.

해설
척도 1(Hs)의 점수가 70 이상 높게 상승한 사람들은 자신의 신체적 증상에 과도하게 집착하여 다양한 신체증상을 호소한다. 또한 척도 3(Hy)이 높은 경우 주로 스트레스나 신체적 증상을 나타내어 책임을 회피하는 경향을 보인다. 척도 3이 척도 1보다 높을 경우 스트레스를 직면하여 신체적인 증상을 나타내는 경향이 더욱 현저해진다.
1-3/3-1 코드 유형
미성숙, 자기중심적, 히스테리적 성격
부정, 억압의 방어기제. 특히 2번이 10번 이상 낮을 때 전형적인 전환장애 프로파일이다.
1-3은 비관적 불평불만, 3-1은 세상과 자신에 대한 낙관적, 낙천적임
신체적 증상을 조종 또는 수동 공격적 방식으로 사용 주의와 애정 요구, 주의가 자신에게 집중되어 있다.

078
행동 평가와 전통적 심리평가 간의 차이점으로 틀린 것은?

① 행동 평가에서 성격의 구성 개념은 주로 특정한 행동 패턴을 요약하기 위해 사용된다.
② 행동 평가는 추론의 수준이 높다.
③ 전통적 심리평가는 예후를 알고, 예측하기 위한 것이다.
④ 전통적 심리평가는 개인 간이나 보편적 법칙을 강조한다.

해설
행동평가는 전통적 심리검사에 비해 추론수준이 낮다. 행동평가는 행동의 선행사건/상황과 그에 수반하는 결과에 초점을 맞춰 인간 행동 특성을 평가하는 심리 평가 기법 중 한 종류이다. 직접관찰과 실험을 통해 얻은 결과를 설명하고 추론하고 일반화하는 연구 방법인 가설-연역법을 통해 상황적·환경적 요인을 평가한다.

079
다음에 해당하는 장애 유형은?

> 원치 않은 성적인 생각, 난폭하거나 공격적인 충동, 도덕관념과 배치되는 비윤리적인 심상 등과 같은 불편한 생각이 자꾸 떠올라 무기력하고 괴로워하거나 마치 내면적 논쟁을 하듯이 대응한다.

① 공황장애　　② 강박장애
③ 성적불쾌감　④ 우울증

해설
강박장애
강박사고와 강박행동 중 둘 중 하나만 있어도 강박장애로 진단된다.
강박사고란 반복적으로 의식에 침투하는 고통스러운 생각, 충동 또는 심상을 의미하며, 강박행동이란 불안을 감소시키기 위해서 반복적으로 나타내는 행동이다.

080
임상심리학자의 고유한 역할과 가장 거리가 먼 것은?

① 사례관리　　② 심리평가
③ 심리치료　　④ 심리학적 자문

해설
임상심리학자의 고유한 역할을 심리평가, 심리치료, 심리상담, 정신사회재활, 심리교육, 자문, 행정, 연구이며, 사례관리는 고유한 역할에 해당되지 않는다.

제 5 과목 심리상담

081
위기상담과정에 사용되는 단계를 순서대로 바르게 나열한 것은?

> ㄱ. 위기와 개인적 자원의 평가
> ㄴ. 가능한 해결책을 모색하기
> ㄷ. 개입에 관한 결정
> ㄹ. 문제에 대한 분명한 정서적, 인지적 이해
> ㅁ. 개입의 평가에 관한 계획
> ㅂ. 개입의 실행에 관한 계획

① ㄱ → ㄴ → ㄹ → ㄷ → ㅁ → ㅂ
② ㄱ → ㄹ → ㄴ → ㄷ → ㅂ → ㅁ
③ ㄱ → ㄴ → ㄹ → ㄷ → ㅂ → ㅁ
④ ㄱ → ㄹ → ㄴ → ㄷ → ㅁ → ㅂ

해설
위기상담과정 단계
위기와 개인적 자원의 평가 → 문제에 대한 분명한 정서적, 인지적 이해 → 가능한 해결책을 모색하기 → 개입에 관한 결정 → 개입의 실행에 관한 계획 → 개입의 평가에 관한 계획

082

실존주의 상담 접근에서 제시한 인간의 기본 조건에 해당하지 않는 것은?

① 인간은 누구나 자기인식 능력을 가지고 있다.
② 자신의 정체감 확립과 타인과 의미 있는 관계를 수립한다.
③ 인간은 완성을 추구하는 경향이 있다.
④ 죽음이나 비존재에 대해 인식한다.

해설

①, ②, ④는 실존주의 상담 접근과 관계된 설명이고, ③은 게슈탈트 심리치료와 연관된 내용이다.
게슈탈트 심리치료(Gestalt therapy)는 독일의 정신과 의사인 프릿츠 퍼얼스(Fritz Perls)에 의해 창안된 심리치료 이론이다. 게슈탈트 심리치료에서는 내담자의 지각의 장(field)을 넓혀주고 이를 통해 현실에서의 경험에 대해 개방적이 되면 될수록 책임감 있는 선택과 행동이 가능하다고 보는 입장을 취하고 있다.

083

다음 중 게슈탈트 심리치료에서 강조하는 것이 아닌 것은?

① 지금-여기
② 내담자의 억압된 감정에 대한 해석
③ 미해결 과제 또는 회피
④ 환경과의 접촉

해설

내담자의 억압된 감정, 즉 무의식을 해석하는 것은 정신분석 심리치료와 관련 있다.
게슈탈트 심리치료는 인간을 현상학적이며 실존적 존재로 여겨 자신에게 가장 필요한 게슈탈트를 끊임없이 완성해가며 살아가는 유기체로 본다. 주요 개념은 접촉, 지금-여기, 자각과 책임, 미해결 과제와 회피, 신경증의 층, 접촉경계 장애 등이 있다.
게슈탈트는 구성, 형태, 전체 등을 의미하는 독일어로 사람이 정보를 인식할 때 형태나 관계로 지각하려는 경향을 의미한다.

084

합리적-정서적 치료 상담의 ABCDE 과정 중 D가 의미하는 것은?

① 논박   ② 결과
③ 왜곡된 신념   ④ 효과

해설

ABCDE 모형
A(Activating Event : 선행사건)
내담자의 감정을 동요시키거나 내담자의 행동에 영향을 미치는 사건을 의미한다.
B(Belief System : 비합리적 신념체계)
선행사건에 대한 내담자의 비합리적 신념체계와 사고체계를 의미한다.
C(Consequence : 결과)
선행사건을 경험한 후 자신의 비합리적 신념체계를 통해 그 사건을 해석함으로써 느끼게 되는 정서적, 행동적 결과를 말한다.
D(Disqute : 논박)
내담자가 가지고 있는 비합리적 신념이나 사고에 대해 그것이 사리에 부합하는 것인지 논리성, 현실성, 효율성에 비추어 반박하는 것으로서 내담자의 비합리적 신념체계를 수정하기 위한 것이다.
E(Effect : 효과)
논박으로 인해 나타나는 효과로서 내담자가 가진 비합리적인 신념을 철저하게 논박하여 합리적인 신념으로 대체한다.

085

알코올중독자 상담에 관한 설명으로 옳지 않은 것은?

① 가족을 포함하여 타인의 방해를 받지 않기 위하여 비밀리에 상담한다.
② 치료 초기 단계에서 술과 관련된 치료적 계약을 분명히 한다.
③ 문제 행동에 대한 행동치료를 병행할 수 있다.
④ 치료후기에는 재발가능성을 언급한다.

> **해설**
> 알코올중독을 비롯한 중독문제는 가족치료가 필수적으로 동반되어야 한다. 중독문제는 가족과의 공동의존의 문제가 있기 때문에 더욱 가족을 참여시키는 것이 중요하다.
> 공동의존이란 중독으로 인한 감정적 고통과 스트레스 등으로부터 가족 구성원들이 살아남기 위해 적응하는 행동을 말한다.
> 중독문제가 있는 사람과 오랜 시간 함께 생활하다 보면, 반복되는 문제 상황에 적응되어가는 공존 의존으로 발전될 수 있다. 즉, 자신의 수요와 필요는 소홀히 하면서 중독자의 문제에 지나치게 관심을 갖고, 감정적 갈등으로 약물 문제를 해결하지 못 하거나 올바른 판단을 못하게 된다. 또한 중독자에 대한 가족들의 분노와 불편한 감정을 스스로 해결하려 하거나 억압, 부정하는 형태로 나타난다.
> 따라서 중독된 환자뿐 아니라 오랜 기간 정신적, 육체적, 심리적으로 상처를 받은 가족들도 상담과 치료를 받고 함께 치유해 나가는 것이 중요하다.

087
가족진단 시 사용되는 질문지식 사정도구 중 응집력과 적응력의 두 차원을 주로 사용하는 모델은?

① 비버즈(beavers) 모델
② 써컴플렉스(circumplex) 모델
③ 맥매스터(mcmaster) 모델
④ 의사·소통(communication) 모델

> **해설**
> 써컴플렉스(circumplex) 모델
> 올슨(Olson) 등은 가족행동의 두 가지 응집력과 적응력이 근본적으로 중요하다는 사실을 밝혀 내고 가족진단에 이 두 차원을 사용하였다. 써컴플렉스 모델을 발표하여 가족응집성과 적응성 측정척도 질문지를 만들었다.

086
Krumboltz가 제시한 상담의 목표에 해당하지 않는 것은?

① 내담자가 요구하는 목표여야 한다.
② 상담자의 도움을 통해 내담자가 달성할 수 있는 목표여야 한다.
③ 내담자가 상담목표 성취의 정도를 평가할 수 있어야 한다.
④ 모든 내담자에게 동일하게 적용될 수 있는 목표여야 한다.

> **해설**
> Krumboltz가 제시한 심리상담의 목표
> 내담자가 요구하는 목표여야 하고, 내담자 수준에서 달성할 수 있는 목표여야 하고, 내담자도 스스로 상담목표의 성취를 정도를 평가할 수 있어야 한다. 이러한 이유로 인해 목표는 모든 내담자에게 동일하게 적용되지 않는 것이다.

088
Yalom이 제시한 상호역동적인 치료집단을 위해 적절한 구성원 수는?

① 4~5명   ② 7~8명
③ 10~11명   ④ 12~13명

> **해설**
> 얄롬(Yalom)이 제시한 적절한 집단구성원 수는 7~8명이다.

089
가출충동에 직면하고 있는 청소년을 상담할 때 상담자가 취해야 할 행동으로 옳은 것을 모두 고른 것은?

> ㄱ. 내담자의 가출 충동을 적극적으로 수용한다.
> ㄴ. 가출 동기와 목적 및 가출 가능성을 평가한다.
> ㄷ. 가출 후의 어려움과 관련된 정보를 제공한다.

① ㄱ, ㄴ
② ㄱ, ㄷ
③ ㄴ, ㄷ
④ ㄱ, ㄴ, ㄷ

해설
청소년기의 특성인 충동성(가출충동 포함)을 이해하고, 가출행동의 평가(동기, 목적, 가출가능성), 정보 제공 등을 제공하는 것 모두 해당된다.

090
최초로 심리학 지식을 상담이나 치료의 목적으로 활용하려고 심리클리닉을 펜실베니아 대학교에 처음 설립한 사람은?

① 위트머(Witmer)
② 볼프(Wolpe)
③ 스키너(Skinner)
④ 로저스(Rogers)

해설
위트머(Witmer)는 1896년에 펜실베니아 대학에 세계 최초의 심리진료소를 설립함으로써 임상심리학의 발전을 위한 기초를 마련하였다.

091
아이가 떼를 쓰고 나서 부모에게 혼나면 혼날수록, 그 아이는 떼를 점점 더 심하게 썼다. 이때 부모가 혼내는 것이 아이가 떼를 쓰는데 어떤 역할을 한 것인가?

① 정적강화
② 부적강화
③ 정적처벌
④ 부적처벌

해설
정적강화: 유쾌자극을 부여하여 바람직한 반응의 확률을 높인다.
부적 강화: 불쾌자극을 제거하여 바람직한 반응의 확률을 높인다.
정적 처벌: 불쾌자극을 부여하여 바람직하지 못한 반응의 확률을 감소시킨다.
부적 처벌: 유쾌자극을 제거하여 바람직하지 못한 반응의 확률을 감소시킨다.

092
공부를 하지 않는 문제행동을 가진 내담자의 학습태도를 바꾸기 위해 상담자가 시도하는 접근방법과 가장 거리가 먼 것은?

① 자각
② 대치
③ 모방
④ 변화를 위한 긍정적인 자극

해설
학습문제를 지닌 학생은 학습에 대한 패배적 악순환 구조를 지니고 있다. 이를 위해서는 먼저 패배적 악순환을 하고 있다는 문제를 자각하고, 효율적인 학습 습관으로 변화시켜야 하며, 잘한 행동에 대한 칭찬을 통해서 성공적인 선순환구조로 변화시켜야 한다.

093
약물중독의 진행 단계로 옳은 것은?

① 실험적 사용단계 → 사회적 사용단계 → 의존단계 → 남용단계
② 실험적 사용단계 → 사회적 사용단계 → 남용단계 → 의존단계
③ 사회적 사용단계 → 실험적 사용단계 → 남용단계 → 의존단계
④ 사회적 사용단계 → 실험적 사용단계 → 의존단계 → 남용단계

해설

세계보건기구(WHO)의 정의에 따르면 약물중독이란 한번 사용하기 시작하면 자꾸 사용하고 싶은 충동을 느끼고(의존성), 사용할 때마다 양을 늘리지 않으면 효과가 없으며(내성), 사용을 중지하면 온 몸에 견디기 힘든 이상을 일으키며(금단증상), 개인에게 한정되지 않고 사회에도 해를 끼치는 물질이다.
약물중독의 단계(Meisener, 1994)
실험적 사용단계 : 약물을 처음 접하고 배운다.
사회적 사용단계 : 가끔 필요할 때 약물을 찾는다.
남용단계 : 자주는 아니지만 정기적으로 약물을 사용하게 된다.
의존단계 : 한시라도 약물이 없으면 불안하다.

094
세 자아간의 갈등으로 인해 야기되는 불안 중 원초아와 초자아 간의 갈등에서 비롯된 불안은?

① 현실 불안　　② 신경증적 불안
③ 도덕적 불안　④ 무의식적 불안

해설

도덕적 불안
원초아와 초자아의 갈등에 의해 야기되는 불안으로서, 양심에 대한 두려움과 연관된다. 원초아의 충동을 외부로 표출하는 것이 도덕성에 위배될 수 있다는 인식하에 이를 외부로 표출하는 것에 거부감을 느끼며, 수치심과 죄책감을 느낀다.

095
Holland 이론에서 개인이 자신의 인성유형과 동일하거나 유사한 환경에서 생활하고 일한다는 개념은?

① 일관성　　② 정체성
③ 일치성　　④ 계측성

해설

Holland는 사람이나 문화를 현실형, 탐구형, 예술형, 사회형, 진취형, 관습형의 6가지 유형 또는 유형들의 조합으로 분류했다. Holland 직업성격 유형의 해석 차원으로는 5가지가 있다.
일관성 : 개인의 흥미 유형이 얼마나 서로 유사한가를 의미한다
차별성(변별성) : 개인의 흥미유형 혹은 작업환경은 특정 흥미유형 혹은 작업환경과 매우 유사한 반면, 다른 흥미유형 혹은 작업환경과 차별적이다.
정체성 : 성격적 측면의 정체성은 개인의 목표, 흥미, 재능에 대한 명확하고 견고한 청사진을 말하는 반면, 환경적 측면에서의 정체성은 조직의 투명성 및 안정성, 목표·일·보상의 통합을 의미한다.
일치성 : 개인의 흥미 유형과 개인이 몸담고 있거나 소속되고자 하는 환경의 유형이 서로 부합하는 정도를 말한다.
계측성 : 유형들 내, 유형들 간 관계는 육각형 모형으로 정리된다는 것이다.

096
상담 윤리 중 비해악성(nonmaleficence)과 가장 거리가 먼 것은?

① 상담자가 지나친 선도나 지도를 자제하는 것과 관련된다.
② 상담자의 전문 역량, 사전동의, 이중관계, 공개 발표와 관련된다.
③ 상담자가 의도하지 않게 내담자를 괴롭히는 것을 예방하기 위한 것이다.
④ 내담자가 상담자의 요구를 순순히 따르는 경우가 많아서 이로 인한 문제를 예방하기 위한 것이다.

> **해설**
> Kitchener의 윤리적 상담 5원칙
> **자율성 존중** : 내담자는 자신의 행동을 스스로 결정하고 처리할 수 있는 자율적인 존재이다.
> **무해성** : 상담자는 다른 사람에게 손해를 주거나 해를 입히거나 위험에 빠뜨리지 않아야 한다.
> **충실성** : 상담자는 내담자를 돕는 일에 열정을 가지고 충실하게 임해야 하며, 약속을 잘 지켜야 한다.
> **공정성** : 상담자는 인종, 성별, 종교 등의 이유로 내담자를 차별하지 않아야 한다.
> **선의** : 상담자는 다른 사람에게 선행을 베풀겠다는 의도를 가지고 행동해야 한다.

097
면접의 초기단계에서 주로 이루어져야 할 사항과 가장 거리가 먼 것은?

① 따뜻하고 온화한 분위기를 형성한다.
② 내담자의 강점과 단점을 상담에 활용한다.
③ 상담에 대한 구체적인 안내를 한다.
④ 낙관적인 태도를 갖는다.

> **해설**
> 면접의 초기 단계에서는 내담자의 문제의 탐색 및 이해, 라포형성, 상담에 대한 안내 및 구조화, 상담의 목표 설정이 이루어진다.

098
성 피해자 심리상담 초기단계의 유의사항으로 옳지 않은 것은?

① 치료관계 형성에 힘써야 한다.
② 상담자가 상담 내용의 주도권을 가져야 한다.
③ 성폭력 피해로 인한 합병증이 있는지 묻는다.
④ 성폭력 피해의 문제가 없다고 부정을 하면 일단 수용해준다.

> **해설**
> 성피해상담시 초기에는 피해 상황에 대한 자세한 정보를 조심스럽게 묻되, 내담자가 현재 상황에서 표현할 수 있는 것만 표현하도록 선택권을 준다. 피해자에게 상담 내용의 주도권을 주도록 한다.

099
게슈탈트 상담기법에 해당하지 않는 것은?

① 신체자각   ② 환경자각
③ 행동자각   ④ 언어자각

> **해설**
> 게슈탈트 상담기법 중 지금-여기의 체험에 초점 맞추기란 알아차림을 촉진하기 위해서 내담자로 하여금 과거나 미래가 아닌 현재, 즉 '지금-여기'에서 경험하는 것들에 초점을 맞추도록 격려한다. 이를 위해서 1) 욕구와 감정 알아차리기 2) 신체감각 알아차리기 3) 언어와 행위 알아차리기 4) 환경 알아차리기가 있다.

100
인간중심 상담기법에서 내담자의 심리적 부적응이 초래되는 원인으로 가정하는 것은?

① 무의식적 갈등
② 자각의 부재
③ 현실의 왜곡과 부정
④ 자기와 경험 간의 불일치

> **해설**
> **자기와 경험의 불일치**
> 개인이 자신이 유기체적 경험을 자기개념과 일치되는 것으로 받아들여 통합할 때, 건강한 심리적 적응이 이루어진다. 개인이 자신의 유기체적 경험을 무시하거나 왜곡하여 그러한 경험을 자기구조로 통합하지 못할 때, 심리적 부적응이 발생한다는 것이다.

2018년 제1회 임상심리사 2급 필기 채점표

구분	제1과목	제2과목	제3과목	제4과목	제5과목	전과목 평균
점수						

2018년 제1회 임상심리사 2급 필기 정답

001	002	003	004	005	006	007	008	009	010	011	012	013	014	015	016	017	018	019	020
②	③	④	②	③	③	③	③	④	①	③	③	④	②	③	④	③	④	③	③
021	022	023	024	025	026	027	028	029	030	031	032	033	034	035	036	037	038	039	040
④	④	③	③	④	④	④	③	④	②	②	④	①	②	③	③	③	③	③	②
041	042	043	044	045	046	047	048	049	050	051	052	053	054	055	056	057	058	059	060
③	④	①	③	③	④	③	③	④	④	③	②	③	③	④	①	③	④	④	①
061	062	063	064	065	066	067	068	069	070	071	072	073	074	075	076	077	078	079	080
②	①	③	①	②	①	④	④	③	①	③	②	②	①	③	①	①	②	②	①
081	082	083	084	085	086	087	088	089	090	091	092	093	094	095	096	097	098	099	100
②	③	②	①	①	④	②	②	①	③	③	②	③	③	①	②	②	②	③	④

2018년 제3회 임상심리사 2급 필기 기출문제
2018년 08월 19일 시행

제1과목 심리학 개론

001
처벌의 효과를 극대화하는 방안과 가장 거리가 먼 것은?

① 반응과 처벌 간의 지연간격이 짧아야 한다.
② 처벌과 강화는 상호의존적이어야 한다.
③ 처벌은 약한 강도에서 시작하여 그 행동이 반복될수록 점차적으로 강해져야 한다.
④ 처벌은 확실한 규칙에 근거해서 주어져야 한다.

해설
행동수정에서 처벌 시 유의사항
효과적 처벌의 사용방법은 반응이 출현할 때마다, 반응과 처벌 간 짧은 지연간격, 처음부터 아주 강한 강도를 주고 강도를 점차 높이지 않는 방식으로, 그리고 처벌은 확실한 규칙에 근거하고, 처벌행동과 함께 바람직한 대안적 행동이 있을 때, 처벌과 강화는 상호의존적이어야 한다.

002
성격5요인에서 특질요인과 해당 요인을 잘 나타내는 척도가 틀리게 짝지어진 것은?

① 개방성 : 인습적인-창의적인, 보수적인-자유로운
② 성실성 : 부주의한-조심스러운, 믿을 수 없는-믿을 만한
③ 외향성 : 위축된-사교적인, 무자비한-마음이 따뜻한
④ 신경증 : 안정된-불안정한, 강인한-상처를 잘 입는

해설
성격5요인 이론(Big 5)의 5가지 성격 특성은 개방성, 성실성, 외향성, 우호성, 신경증이다.
외향성 : 적은 말수, 냉정한, 조용한-사교적, 적극적, 활기찬, 말하기 좋아하는

003
변산성을 측정하는 기술치로 짝지어진 것은?

① 범위, 최빈치
② 범위, 표준편차
③ 표준편차, 평균
④ 중앙치, 편포도

해설
중심 경향치가 자료가 무엇을 중심으로 모여 있는가(혹은 흩어져 있는가)를 나타내는 것이라면, 변산성 측정치는 그 모여있는 정도(혹은 흩어져 있는 정도)를 의미하며 분산, 표준편차, 범위, 사분위간 범위로 측정한다.

004
타인의 행동에 대한 원인 귀인 시 외부적인 요인을 과소평가하고 내부적인 요인을 과대평가하는 것은?

① 공정한 세상 가설
② 자아고양 편파
③ 행위자-관찰자 편향
④ 기본적 귀인 오류

해설
기본적 귀인 오류
사회심리학에서 가장 중요한 현상들 중 하나로, 행동의 실제원인이 상황에 있는데도 불구하고 원인을 사람(사람의 소인)에게로 돌리는 오류를 말한다.

005

Erikson의 발달이론에 대한 설명으로 틀린 것은?

① 기질의 차이가 성격발달에 중요하다.
② 사회성 발달을 강조한다.
③ 전생애를 통해 발달한다.
④ 성격은 각 단계에서 경험하는 위기의 극복 양상에 따라 결정된다.

해설

Erikson은 Freud보다 성적 욕구를 적게 강조하고 문화적 영향을 더 많이 강조하였다.
Erikson은 아동들을 자신의 환경에 적응하려는 능동적이고 호기심 많은 탐험가임을 강조하였다. 생의 각 단계에서 사람들은 성공적으로 적응하고 발달의 정상패턴을 보여주기 위해서 사회적 현실을 극복해야 한다고 믿었다. 따라서, 자아는 원초아와 초자아의 서로 반대되는 요구를 단순히 중재하는 중재자 이상이다.

007

인지학습이론에 대한 설명으로 틀린 것은?

① 형태주의는 공간적인 관계보다는 시간변인에 주로 관심을 갖는다.
② Tolman은 강화가 무슨 행동을 하면 어떤 결과가 일어날 것이란 기대를 확인시켜 준다고 보았다.
③ 통찰은 해결 전에서 해결로 갑자기 일어나며 대개 '아하' 경험을 하게 된다.
④ 인지도는 학습에서 내적 표상이 중요함을 보여준다.

해설

1920년대 독일에서 창립된 형태주의 심리학(Gestalt psychology)에서는 지각에 있어 선천적 구조(생득)를 강조하였다.

006

Adler가 인간의 성격을 설명하면서 강조한 것이 아닌 것은?

① 열등감의 보상
② 우월성 추구
③ 힘에 대한 의지
④ 신경증 욕구

해설

신경증 욕구(Neurotic Needs)는 호나이(Horney)가 주장한 신경증적 성격이론의 주요개념이다.

008

기억 연구에서 집단이 회상한 수가 집단구성원 각각 회상한 수의 합보다 적은 것을 의미하는 것은?

① 책임감 분산
② 청크효과
③ 스트룹효과
④ 협력 억제

해설

협력 억제: 기억 연구에서 집단이 회상한 수가 집단구성원 각각이 회상한 수의 합보다 적은 것을 의미한다.

009
인간의 성격을 공통 특질과 개별 특질로 구분한 학자는?
① Allport   ② Cattell
③ Eysenck   ④ Adler

해설
올포트(G. Allport)
성격을 이해하기 위해 사람이 보여주는 규칙적인 성향을 알아야 하고, 그 규칙적인 성향이 특질이라고 하며, 공통특질과 개별특질로 구분하였다.

010
인지부조화 이론의 예로 적합하지 않은 것은?
① 지루한 일을 하고 천원 받은 사람이 만원 받은 사람보다 그 일이 더 재미있다고 생각한다.
② 열렬히 사랑한 애인과 헤어진 남자가 그 애인이 못생기고 성격도 나쁘다고 생각한다.
③ 어떤 사람이 맛이 없는 빵을 10개나 먹고 난 후 자신이 배가 고팠었다고 생각한다.
④ 문화에 대해 폐쇄적인 태도를 지닌 사람이 개방적인 발언을 한 후 개방적으로 변한다.

해설
인지부조화 이론은 사람들이 기존의 태도에 반대되는 행동을 취하는 경우에, 이 행동을 상황 탓으로 돌릴 수 없게 된다면 부조화라는 불편감을 경험하며, 이에서 벗어나고자 태도를 행동에 맞추어 변화시킨다는 것이다.

011
비율척도에 해당하는 것은?
① 성별   ② 길이
③ 온도   ④ 석차

해설
비율척도(ratio scale) : 절대영점을 가지고 있는 척도로, 모든 산술적인 연산이 가능하며, 몸무게, 키, 거리 등을 측정하는 척도이다.

012
단기기억의 특성이 아닌 것은?
① 정보의 용량이 매우 제한적이다.
② 작업기억(working memory)이라 불린다.
③ 현재 의식하고 있는 정보를 의미한다.
④ 거대한 도서관에 비유할 수 있다.

해설
단기 기억의 정보들을 반복적으로 학습하면 정보가 장기 기억으로 전달되는데 장기 기억은 거의 무한대의 용량으로 짧게는 몇 분, 길게는 수십 년 동안 지속된다.

013
고전적 조건형성이 효과적으로 학습되기 위한 조건은?
① 무조건자극과 조건자극이 시간적으로 근접해 있어야 한다.
② 고정비율강화계획을 통한 학습이 필요하다.
③ 혐오조건 형성을 통한 학습을 해야 가능하다.
④ 변동간격강화계획을 통해 학습을 해야 한다.

> **해설**
> 고전적 조건형성에서는 시간이 중요하다. 조건자극과 무조건자극은 유기체가 그것들이 서로 관련되어 있다는 것을 지각할 수 있을만큼 시간적으로 충분히 가까이 제시되어야 한다. 조건 자극이 무조건자극에 선행하는 경우에 조건형성이 더 잘 일어난다.

> **해설**
> 정준상관분석(canonical correlation analysis)은 2개 이상의 변수로 구성되어 있는 종속변수와 2개 이상으로 구성되어 있는 독립변수 간의 관계를 살펴보는 기법으로서 각 집단 내에 있는 변수들의 상관관계를 이용하여 변수들을 선형 결합한 식을 도출하고 이렇게 도출된 식을 이용하여 관련성을 분석하는 방법이다.

014
비행기 여행에 두려움을 가지고 있는 환자의 경우, 정신분석적 입장에서 볼 때 이 두려움의 주된 원인으로 가정할 수 있는 것은?

① 두려운 느낌을 갖게 만드는 무의식적 갈등의 전이
② 어린 시절 사랑하는 부모에게 닥친 비행기 사고의 경험
③ 비행기의 추락 등 비행기 관련 요소들의 통제 불가능성
④ 자율신경계 등 생리적 활동의 이상

> **해설**
> ① 정신분석에서 두려움 등 심리적 문제는 과거의 부정적인 기억이 무의식 속에 저장되어 있다가 발현된 것으로 본다.
> ②는 환자가 의식적으로 기억하고 있다는 점에서 무의식을 강조하는 정신분석적 입장과는 다르다고 볼 수 있다.

016
기억의 인출과정에 대한 설명으로 틀린 것은?

① 인출이 이후의 기억을 증가시킬 수 있다.
② 장기기억에서 한 항목을 인출한 것이 이후에 관련된 항목의 회상을 방해할 수 있다.
③ 인출행위가 경험에서 기억하는 것을 변화시킬 수 있다.
④ 기분과 내적상태는 인출단서가 될 수 없다.

> **해설**
> 인출단서 : 특정 기억을 탐색할 때 이용가능한 자극이다. 이러한 단서들은 퀴즈의 질문과 같이 외적으로 제공되거나, 내적으로 만들어질 수 있다. 인출단서는 점화(priming), 맥락효과(부호화 특수성원리), 정서(기분상태)와 관련 있다.

015
양적인 종속변인과 독립변인이 다수일 때 변인들 간의 상호관계를 살펴보기 위한 통계기법은?

① 정준상관분석(canonical correlation analysis)
② 중다판별분석(multiple discriminant analysis)
③ 중다변량분석(MANOVA)
④ 중다상관분석(multiple correlation analysis)

017
Piaget 이론에서 영아가 새로운 정보에 비추어 자신의 도식을 수정하는 과정은?

① 조절　　② 동화
③ 대상영속성　　④ 자아중심성

> **해설**
> 주위 환경과의 상호작용 및 경험으로부터의 학습을 통해 기존 도식에서 변화가 일어나는 것을 조절(accomodation)이라 한다.

018
시험 기간 중에 영화를 보러가는 학생이 "더 공부한다고 해서 나아지는 게 없어"라고 스스로에게 얘기한다면, 이때 사용하는 방어기제는 무엇인가?

① 부인
② 억압
③ 투사
④ 합리화

해설

합리화(rationalization)
인식하지 못한 동기에서 나온 행동을 그럴듯하게 이치에 닿는 이유를 내세우는 방어기제로, 그 행동 속에 숨어 있는 실제 원인은 용납할 수 없는 내용이므로 인식하지 못하고, 가장 도덕적이고 합리적인 설명을 하는 것(예 이솝우화의 여우와 신포도)

019
연구에서 독립변인 이외의 영향력 있는 변인으로 연구결과에 유의미한 영향을 미치는 것은?

① 관찰변인
② 무선변인
③ 요구특성변인
④ 가외변인

해설

가외변인(외생변인) : 독립변인이 아닌 변인이 종속변인에 영향을 미치는 가외변인의 효과를 혼입이라고 하는데, 이러한 효과는 실험연구, 관찰연구, 자연상황이나 실험 상황, 참여자 혹은 실험자 및 관찰자 등 다양한 변인에 의해 발생한다. 가외변인이 없을수록, 확실한 연구결과를 기대할 수 있다.

020
원점수 25(평균=20, 표준편차=4)를 Z 점수로 변환시킨 값은?

① +1.25
② -1.25
③ -5
④ +5

해설

Z=자신의 원점수-자신이 속한 집단의 원점수/원점수 표준편차
25-20/4, 5/4=1.25

제 2 과목 이상심리학

021
조현병 스펙트럼 및 기타 정신병적 장애에 속하는 장애를 모두 고른 것은?

ㄱ. 망상장애
ㄴ. 조현양상장애
ㄷ. 긴장증

① ㄱ, ㄴ
② ㄱ, ㄷ
③ ㄴ, ㄷ
④ ㄱ, ㄴ, ㄷ

해설

조현병 스펙트럼 및 기타 정신병적 장애의 하위범주
조현병, 조현정동장애, 조현양상장애, 망상장애, 긴장증, 단기 정신증적 장애, 조현형성격장애, 기타 정신병적 장애, 산후정신병, 물질/약물치료로 유발된 정신병적 장애, 다른 의학적 상태로 인한 정신병적 장애, 악화된 정신병 증후군, 달리 명시된 조현병 스펙트럼 및 기타 정신병적장애/명시되지 않은 조현병 스펙트럼 및 기타 정신병적 장애

022

DSM-5의 진단 분류에 따른 성격장애 중 기이하고 괴팍한 행동 특성과 가장 거리가 먼 것은?

① 편집성 성격장애
② 조현성 성격장애
③ 조현형 성격장애
④ 회피성 성격장애

해설
①, ②, ③은 A군 성격장애이고, ④는 C군 성격장애이다.

023

정신장애와 그에 관한 설명으로 옳지 않은 것은?

① 신경성 폭식증 - 체중 증가에 대한 두려움을 가짐
② ADHD - 치료에 주로 사용되는 약물은 중추신경 자극제임
③ 학습장애 - 지능수준에 관계없이 학업성적이 현저하게 떨어지는 경우를 말함
④ 뚜렛장애 - 여러 가지 운동 틱과 한 가지 또는 그 이상의 음성 틱이 일정 기간 동안 나타남

해설
학습장애는 정상적인 지능을 보이며, 듣기, 말하기, 쓰기, 읽기 및 산수 능력을 습득하거나 활용하는 데 한 분야 이상에서 어려움을 나타낸다(예 읽기·쓰기, 쓰기장애, 산술장애 등)

024

조현병의 원인에 대한 설명으로 옳지 않은 것은?

① 이중구속 이론 : 부모의 상반된 의사전달이 조현병 유발에 영향을 준다.
② 표현된 정서(expressed emotion) : 가족 간 긍정적인 감정을 과하게 표현한다.
③ 도파민 가설 : 뇌에서 도파민 수용기가 증가되어 있다.
④ 정신분석이론 : 조현병을 자아경계(ego boundary)의 붕괴에 기인한 것으로 본다.

해설
표현된 정서
조현병 환자의 가족들이 갈등과 간섭이 많고 부정적인 감정을 자주 표현하는 경향을 말한다.

025

치매에 대한 설명으로 옳지 않은 것은?

① 노인성 치매는 초발 연령 65세 이상에서 발생할 때를 일컫는 말이다.
② 사회적, 직업적 기능을 방해할 정도로 인지 기능이 점차 퇴화된다.
③ 우울장애를 배제하려면 치매 증상이 아침에 더욱 심하게 나타나야 한다.
④ 작화증(confabulation)은 대표적인 증상이다.

해설
치매와 우울장애의 감별진단
노인들이 보이는 지남력장애, 주의집중의 어려움, 기억상실 등의 인지적 증상이 치매에 의한 것인지 우울장애에 따른 것인지 판별하기는 어려움이 있다. 치매에도 우울증이 수반될 수 있다.

026
범불안장애의 DSM-5 진단기준에 해당하지 않는 것은?

① 걱정의 초점이 주로 과거 자신의 잘못에 맞추어짐
② 장애가 물질의 생리적 효과나 다른 의학적 상태로 인한 것이 아님
③ 걱정을 통제하기 어려움
④ 불안과 걱정이 당사자에게 심각한 고통을 유발함

> **해설**
> 범불안장애 환자들은 특히 불확실성에 대한 인내력이 부족하여 "만일~하면 어떡하지?"라는 내면적 질문을 계속하여 던지는 파국화(Catastrophizing)경향을 보인다.

027
자기애성 성격장애에 관한 이론과 그 설명을 잘못 연결한 것은?

① 대상관계이론-부모가 학대한 경우 위험성이 높다.
② 정신역동-타인이 자신에게 매우 도움이 된다고 믿는다.
③ 인지 행동이론-아동기에 지나치게 긍정적으로 대우받은 사람들에게서 발생한다.
④ 사회문화이론-경쟁이 조장되는 서구사회에서 나타날 소지가 크다.

> **해설**
> 프로이트는 자기애를 심리적 에너지가 자신에게로 향해져 자신의 신체를 성적인 대상으로 취급하는 태도라고 정의했으며, 이러한 성향이 어린 시절에는 정상적일 수 있으나 성장하여 성숙한 태도로 발전하지 못하면 병적인 자기애가 나타날 수 있다고 주장했다.

028
우울 유발적 귀인방식이 아닌 것은?

① 실패경험에 대한 전반적 귀인
② 실패경험에 대한 내부적 귀인
③ 실패경험에 대한 안정적 귀인
④ 실패경험에 대한 특정적 귀인

> **해설**
> **우울 유발적 귀인**
> 내부적, 전반적, 안정적 귀인이 우울을 유발한다는 것이다.

029
다음 설명 중 옳은 것은?

① 여성은 남성에 비해 알코올 분해 효소가 부족하다.
② 알코올은 정적 강화물로 작용할 수 있지만, 부적 강화물은 될 수 없다.
③ 술을 마셨을 때 얼굴이 신속하게 붉어지는 것은 알코올 분해 효소가 많다는 증거이다.
④ 술이 주로 식사와 함께 제공되는 문화에서는 알코올 문제가 많이 발생한다.

> **해설**
> 여성은 위점막의 알코올 분해효소가 남성에 비해 부족해서 술로 인해 발생하는 간 질환이나 위궤양 등이 질환에 더 잘 걸린다.

030

A양은 음대 입학시험을 앞두고 목소리가 나오지 않는 증상(aphonia)이 나타났다. 가장 가능성이 높은 정신장애 진단은?

① 강박장애(obsessive-compulsive disorder)
② 선택적 함묵증(selective mutism)
③ 전환장애(conversion disorder)
④ 특정공포증(specific phobia)

해설
전환장애의 4가지 유형에는 운동기능의 이상, 감각기능의 이상, 경련 또는 발작, 복합적 증상이 있는데, 위의 지문의 운동기능의 이상(발성불능에 따른 불성증)을 말하고 있다.

031

남성이 사정에 어려움을 겪으며 성적 절정감을 느끼지 못하는 성기능 장애는?

① 조루증　　　② 지루증
③ 발기장애　　④ 성교 통증장애

해설
지루증은 성기능장애 중 절정감장애에 포함되는 것으로, 특히 남성이 사정에 어려움을 겪으면서 성적 절정감을 느끼지 못하는 장애이다.

032

다음 중 조증 증상일 가능성이 가장 높은 경우는?

① 로또가 당첨될 것 같아서 오늘 자동차를 카드로 결제했고, 내일은 집을 계약할 예정이다.
② 지난 1년 동안 사람들과 부딪히는 것이 싫어서 낮에는 집에 있다가 밤에만 돌아다녔다.
③ 지능이 상위 0.01%에 속한다는 심리검사결과를 받고 멘사에 등록을 신청했다.
④ 연인이 다른 사람과 결혼한 것이 화가 나서 방송국을 폭파하겠다고 위협하는 전화를 했다.

해설
DSM-5의 조증삽화의 주요증상
- 팽창된 자존심 또는 심하게 과장된 자신감
- 수면에 대한 욕구감소(예 단 3시간의 수면으로도 충분하다고 느낌)
- 평소보다 말이 많아지거나 계속 말을 하게 됨
- 사고의 비약 또는 사고가 연달아 일어나는 주관적인 경험
- 주의산만(예 중요하지 않거나 관계없는 외적 자극에 너무 쉽게 주의가 이끌림)
- 목표지향적 활동(예 직장이나 학교에서의 사회적 또는 성적 활동)이나 흥분된 운동성 활동의 증가
- 고통스러운 결과를 초래할 쾌락적인 활동에 지나치게 몰두함(예 흥청망청 물건사기, 무분별한 성행위, 어리석은 사업 투자)

033

품행장애에 관한 설명으로 옳은 것은?

① 적대적 반항장애는 품행장애로 발전하지 않는다.
② 품행장애의 유병률은 남녀의 차이가 없다.
③ 품행장애의 발병에는 환경적 요인보다 유전적 요인이 크다
④ 품행장애가 이른 나이에 발병할수록 예후가 좋지 않다.

해설
아동 및 청소년기의 장애로서 다른 사람의 기본 권리나 나이에 적합한 사회규범 및 규율을 위반하는 행동양상이 반복적이고 지속적으로 나타나는 장애이다. 아동기의 주의력결핍 및 과잉행동장애(ADHD)는 품행장애나 성인기의 반사회적 성격장애로 진행될 가능성이 높다. 이는, 모두 충동성을 공통특징으로 한다.

034
의존성 성격장애의 진단기준에 해당하지 않는 것은?

① 자신이 사회적으로 무능하고 열등하다고 생각한다.
② 자신의 일을 혼자서 시작하거나 수행하기가 어렵다.
③ 타인의 보살핌과 지지를 얻기 위해 무슨 행동이든 한다.
④ 타인의 충고와 보장이 없이는 일상적인 일도 결정을 내리지 못한다.

해설

의존성 성격장애의 진단기준
돌봄을 받고자 하는 광범위하고 지나친 욕구가 복종적이고 매달리는 행동과 이별 공포를 초래하며, 이는 청년기에 시작되어, 여러 상황에서 나타나며 다음 중 5가지(또는 그 이상)로 나타난다.

1. 타인으로부터의 과도한 충고, 또는 확신 없이는 일상의 판단을 하는 데 어려움을 겪음
2. 자신의 생활 중 가장 중요한 부분에 대해 타인이 책임질 것을 요구함
3. 지지와 칭찬을 잃는 것에 대한 공포 때문에 타인과의 의견 불일치를 표현하는 데 어려움을 나타냄 (현실적인 보복의 두려움은 포함되지 않음)
4. 계획을 시작하기 어렵거나 스스로 일을 하기가 힘듦(판단이나 능력에 있어 자신감의 결여 때문)
5. 타인의 지지와 보호를 얻기 위해서라면 불쾌한 일이라도 지원해서 함
6. 혼자서는 자신을 돌볼 수 없다는 심한 공포 때문에 불편함과 절망감을 느낌
7. 친밀한 관계가 끝나면 자신을 돌봐주고 지지해 줄 다른 관계를 시급히 찾음
8. 자신을 돌보기 위해서 혼자 남는 데 대한 공포에 비현실적으로 집착함

035
우울장애에 관한 설명으로 가장 거리가 먼 것은?

① 쌍생아 연구는 우울증의 유전적 소인의 증거를 제시한다.
② 세로토닌의 낮은 활동은 우울과 관련이 있다.
③ 면역체계의 조절장애가 우울의 유발을 돕는 것으로 나타났다.
④ 우울증과 관련된 뇌회로는 밝혀진 것이 없다.

해설

카테콜라민 가설
카테콜라민이 결핍되면 우울증이 생기고, 반대로 카테콜라민이 과다하면 조증이 생긴다는 것이다. 특히 카테콜라민 중에서 에피네프린이나 도파민보다는 노르에피네프린이 우울증에 중요한 역할을 하는 것으로 알려져 있다. 우울증과 관련된 뇌회로가 발견되어, 뇌 속에 작은 전극을 넣어 뇌기능을 조절하여 우울증을 완화시키는 기술이 발달하였다.

036
강한 공포, 곧 죽지 않을까 하는 불안, 심계항진, 호흡곤란, 감각이상 등과 같은 문제들이 순식간에 시작되어 10여 분 내에 절정에 달하는 증상을 특징으로 하는 장애는?

① 신체증상장애 ② 공황장애
③ 질병불안장애 ④ 범불안장애

해설

공황장애
갑자기 엄습하는 강렬한 불안, 즉 공황발작을 반복적으로 경험하는 것
공황발작은 예상하지 못한 상황에서 갑작스럽게 밀려드는 극심한 공포, 곧 죽지 않을까 하는 강렬한 불안을 느낌

037
DSM-5 특정학습장애의 감별진단과 가장 거리가 먼 것은?

① 신경학적 또는 감각 장애로 인한 학습문제
② 지적장애
③ 신경인지장애
④ 우울장애

> **해설**
> **특정학습장애의 감별진단**
> 1. 학업적 성취의 정상변이(예 교육기회의 부족, 서투른 가르침의 지속, 제2언어로 학습)
> 2. 지적장애
> 3. 신경학적 또는 감각 장애로 인한 학습문제
> 4. 신경인지장애(치매)
> 5. 주의력 결핍 및 과잉행동장애
> 6. 정신병적 장애(예 조현병)

038
이상행동 및 정신장애의 판별기준과 가장 거리가 먼 것은?

① 적응적 기능의 저하 및 손상
② 주관적 불편감과 개인의 고통
③ 가족의 불편감과 고통
④ 통계적 규준의 일탈

> **해설**
> **이상심리의 기준** : 통계적 규준의 일탈, 주관적 불편감과 개인적 고통, 사회. 문화적 규범의 일탈, 법적 기준
> * 가족의 불편감과 고통은 판별기준과 관계 없다.

039
알츠하이머병의 유전적 원인에 관한 설명으로 옳지 않은 것은?

① 단백질 생산을 맡은 유전자의 돌연변이와 관련이 있다.
② 만발성 알츠하이머병과 조발성 알츠하이머병에 관련된 유전적 요인은 다르다.
③ 노인성 반점과 같은 구조적 변화가 관찰된다.
④ 신경섬유매듭이 정상발달 노인에 비해 매우 적다.

> **해설**
> 신경섬유매듭은 알츠하이머병 환자에게 더 많이 나타난다.

040
섭식장애에 관한 설명으로 옳지 않은 것은?

① 신체기능의 저하를 가져와 죽음에까지 이를 수 있다.
② 마른 외형을 선호하는 사회문화적 분위기와 관련된다.
③ 대개 20대 중반에 처음 발병된다.
④ 외모가 중시되는 직업군에서 발병률이 높다.

> **해설**
> 신경성 식욕부진증은 10대 후반에 처음 발병되며 여성 청소년에게서 흔히 나타난다.

제 3 과목 심리검사

041

MMPI-2의 타당도척도 점수 중 과잉보고(over reporting)로 해석 가능한 경우는?

① VRIN 80점, K 72점
② TRIN(F방향) 82점, FBS 35점
③ F 75점, F(P) 80점
④ F(B) 52점, K 52점

해설

MMPI-2 타당도 척도의 의미
자기보고형 검사의 단점(피검자의 반응 왜곡이나 방어적인 태도)의 영향을 줄이기 위한 척도
과잉보고는 부정왜곡(faking-bad)와 같은 의미이다.

무효 반응	?(무응답)	
	VRIN (무선반응 비일관성)	피검자가 빠짐없이 문항에 응답을 했는지, 문장을 제대로 읽고 일관성 있게 응답하였는지를 탐지
	TRIN (고정반응 비일관성)	
과잉 보고	F(비전형)	사람들이 일반적으로 반응하지 않는 방식으로 응답했는지에 대한 정보제공
	F(B) (비전형-후반부)	
	F(P) (비전형-정신병리)	
과소 보고	L(부인)	자신의 모습을 과도하게 긍정적으로 제시하고자 했는지에 대한 정보제공 과소보고(Under-Reporting)의 경향성 탐색(증상부인)
	K(교정)	
	S (과장된 자기제시)	

042

Wechsler 지능검사 결과해석에 대한 설명으로 옳지 않은 것은?

① 전체지능지수는 수검자의 지적능력에 대한 대표점수로서의 의미를 가진다.
② 검사 결과지에서는 지표점수들 간의 차이가 통계적으로 유의할 시 그에 대한 기저율과 차이확률이 제공된다.
③ 보충 소검사는 지능에 영향을 미치는 성격적 측면을 분명히 해 주기 때문에 모두 실시하는 것이 좋다.
④ 과정점수(처리점수)는 문제해결 과정에서의 인지적 과정에 대한 구체적 정보를 나타낼 수 있다.

해설

지능검사의 보충검사는 임상적인 정보를 제공하거나 핵심 소검사를 대체하기 위해 사용할 수도 있다. 다만, 각 지수점수에 대해 단 하나의 보충소검사만 대체할 수 있다. 즉, 이해소검사는 언어이해에 속해 있는 핵심 소검사 대신 실시할 수 있다.

043

지능에 관한 설명으로 옳지 않은 것은?

① 지능은 학업성적과 관련이 있다.
② 지능발달은 성격과 관련이 없다.
③ 지능은 가정의 양육행동과 관련이 있다.
④ 일반적인 지능에 있어서 남녀의 성차가 없다.

해설

개방적인 성격인 사람이 대체로 지능이 높다고 한다. 이는 성격의 5요인 이론 중 개방성과 관련이 있다.

044

일반적으로 정신장애의 진단을 목적으로 하는 심리검사는?

① CPI
② MMPI
③ MBTI
④ 16PF

해설
MMPI는 한국에서는 다면적인성검사라는 명칭으로 보급되어서 인성이라는 단어 때문에 인성을 측정한다는 오해를 불러일으킬 수 있는 데, 사실은 정신과 환자의 진단 평가를 위해 개발되었다.

045

다음 중 노인 집단의 일상생활 기능에 대한 양상 및 수준을 평가하기에 가장 적합한 심리검사는?

① MMPI-2
② K-VMI-6
③ K-WAIS-IV
④ K-Vineland-II

해설
K-Vineland-II
사회적응행동을 평가하는 검사로, 검사대상은 0세~99세이다. 미국의 'Vineland Maturity'를 1985년 국내 실정에 맞게 표준화한 사회성숙도검사(SMS)의 제한점을 개선하기 위해 새로운 규준을 마련하고 문항이 다시 수정된 검사이다.

046

MMPI 제작 방식에 대한 설명으로 옳은 것은?

① 정신병리 이론을 바탕으로 하여 제작되었다.
② 합리적 방식과 이론적 방식을 결합한 방식으로 제작되었다.
③ 정신장애군과 정상군을 변별하는 통계적 결과에 따라 경험적 방식으로 제작되었다.
④ 인성과 정신병리와의 상관성에 대한 선행 연구 결과들을 바탕으로 하여 제작되었다.

해설
MMPI는 다양한 종류의 문항을 모은 후, 정상 집단과 정신과 환자 집단을 변별해주는 문항을 골라 임상 척도를 구성하였다. 따라서 경험적 방식으로 제작되었는데, 경험적 방식이란 이론적, 논리적 방식의 검사 제작과 반대의 개념이다.

047

MMPI에서 검사의 신뢰성과 타당성을 높이기 위한 통계적 조작으로 K 원점수 교정을 하는 임상척도는?

① L 척도
② D 척도
③ Si 척도
④ Pt 척도

해설
K교정은 K의 일부를 첨가함으로써 다섯 개의 임상 척도에서 감별력이 증진될 수 있다고 생각하여, 비율을 달리해서 척도 4(Pd), 척도 7(Pt), 척도 8(Sc), 척도9(Ma)의 척도에 더해주는 것이다.

048

검사자가 지켜야 할 윤리적 의무로 옳지 않은 것은?

① 검사과정에서 피검자에게 얻은 정보에 대해 비밀을 보장할 의무가 있다.
② 자신이 다루기 곤란한 어려움이 있을 때는 적절한 전문가에게 의뢰하여야 한다.
③ 자신이 받은 학문적인 훈련이나 지도받은 경험의 범위를 벗어난 평가를 해서는 안 된다.
④ 피검자가 자해행위를 할 위험성이 있어도 비밀보장의 의무를 지켜야 하므로 누구에게도 알려서는 안 된다.

해설
검사자는 내담의 사적정보에 대한 비밀보장 의무가 있으나 예외가 있다(자해, 타해, 아동학대, 성폭력, 범죄, 법원의 정보공개명령 등).

049

23개월 유아가 월령에 비해 체격이 작고 아직도 걷는 것이 안정적이지 않으며, 말할 수 있는 단어가 "엄마, 아빠"로 제한되었다는 문제로 내원하였다. 다음 중 이 유아에게 실시할 수 있는 검사로 적합한 것은?

① 그림지능검사 ② 덴버 발달검사
③ 유아용 지능검사 ④ 삐아제식 지능검사

해설
덴버 발달검사는 생후 1개월에서 6세까지의 아동을 대상으로 하며 주로 발달지체가 의심되는 아동을 발견하기 위한 목적으로 사용되는 검사이다.
검사자가 대상 아동을 직접 관찰하거나 부모 등 아동을 주로 돌보는 사람에게 얻은 자료를 통해 발달 상태를 확인한다.

050

Kaufman과 Lichtenberger가 제시한 정보처리과정 모형에 해당되지 않는 것은?

① 입력 ② 군집
③ 저장 ④ 산출

해설
웩슬러 지능검사는 입력–통합–저장–산출의 4단계 정보처리모형에 근거하여 각각의 소검사를 개념화하고 해석하였다.

051

지능이 높은 사람은 모든 영역에서 우수하다는 종래의 일반적인 지능 개념에 이의를 제기하고 인간의 지적 능력은 서로 독립적인 여러 유형의 능력으로 구성되어 있다고 주장한 학자는?

① Binet ② Gardener
③ Wechsler ④ Kaufinan

해설
가드너의 다중지능이론에서는 언어지능, 논리–수학 지능, 공간지능, 신체–운동지능, 음악지능, 대인관계 지능, 개인 내적 지능을 포함하여 사람의 지능을 다양한 독립된 지능으로 구성한다.

052

말의 유창성이 떨어지고 더듬거리는 말투, 말을 길게 하지 못하고 어조나 발음이 이상한 현상 등을 보이는 실어증은?

① 브로카 실어증
② 전도성 실어증
③ 초피질성 감각 실어증
④ 베르니케 실어증

해설
브로카(표현성) 실어증 : 브로카 영역이 손상된 실어증 환자들은 대부분 단어의 의미를 이해할 수 있으며 어떻게 답변하고 싶은지를 알 수도 있다. 하지만 그들은 말해야 할 단어들을 찾는 데 어려움을 호소하며, 천천히 애를 쓰면서 한 단어 한 단어를 말하는 것을 너무 힘들어 한다. 이 때문에 욕설을 내뱉기도 하나 자신이 말한 것은 스스로 이해할 수 있으며, 언어의 정상적 리듬 및 강조도 빠져 있다. 이들은 구절을 반복하는 데 어려움을 느끼며, 브로카 실어증에 걸린 사람들은 대부분 단어를 쓸 줄 모른다.

053
K-WAIS-IV의 보충소검사가 아닌 것은?

① 이해
② 순서화
③ 동형 찾기
④ 빠진 곳 찾기

해설

K-WAIS-IV 4가지 지표
언어이해지수
핵심검사 : 공통성, 어휘, 상식
보충소검사 : 이해문제
지각추론지수
핵심소검사 : 토막짜기, 행렬추론, 퍼즐
보충소검사 : 무게비교, 빠진곳 찾기
작업기억지수
핵심소검사 : 숫자외우기, 산수문제
보충소검사 : 순서화
처리속도지수
핵심소검사 : 동형찾기, 기호쓰기
보충소검사 : 지우기

054
MMPI의 세 타당도 척도(L, F, K) 점수를 연결한 모양이 부적(-) 기울기를 보일 때 가능한 해석은?

① 정교한 방어
② 방어능력의 손상
③ 순박하지만 개방적인 태도
④ 개방적이지 못한 심리적 태세

해설

L, F, K의 부적 기울기
다소 유치한 방식으로 자신을 좋게 보이려고 애쓰는 사람들로, 대개는 교육수준이나 사회경제적 수준이 낮은 계층에서 많이 나타난다. 좋게 보이려는 시도는 미숙하여 대개는 실패하며, 신경증 세 척도(1,2,3)가 동반상승하는 경우가 많다.

055
표준화 검사의 개발 과정으로 옳은 것은?

① 검사목적 구체화 → 측정방법 검토 → 예비검사 시행 → 문항수정 → 본검사 제작 → 검사문항 분석 → 검사사용 설명서 제작
② 측정방법 검토 → 검사목적 구체화 → 예비검사 시행 → 문항수정 → 검사문항 분석 → 본검사 제작 → 검사사용 설명서 제작
③ 검사목적 구체화 → 예비검사 시행 → 측정방법 검토 → 본검사 제작 → 문항수정 → 검사문항 분석 → 검사사용 설명서 제작
④ 측정방법 검토 → 검사목적 구체화 → 예비검사 시행 → 검사문항 분석 → 문항수정 → 본검사 제작 → 검사사용 설명서 제작

해설

표준화검사의 제작과정
제1단계 : 검사목적의 구체화
제2단계 : 검사목적에 대한 조작적인 용어로의 재정의
제3단계 : 예비문항 작성 및 수정
제4단계 : 예비검사를 실시 및 현장 연구 시도
제5단계 : 최종검사의 제작
제6단계 : 본검사 제작
제7단계 : 신뢰도와 타당도 등 규준작성

056
K-Vineland-II에 대한 설명으로 틀린 것은?

① 개인의 발달 수준을 평가할 수 있다.
② 중학교 이상의 청소년들에게는 사용하기 어렵다는 단점이 있다.
③ 피검자의 가족이나 여타 피검자를 잘 알고 있는 사람과의 면담을 통해 실시할 수 있다.
④ 언어적 능력이 제한되어 있는 아동의 지능 수준을 유추할 수 있는 자료가 될 수 있다.

해설

K-Vineland-II의 실시연령 : 0~99세

057

Wechsler 지능검사 결과가 다음과 같을 때 그 해석으로 적절하지 않은 것은?

> 전체 IQ=127,   언어성 IQ=116,
> 동작성 IQ=132, 상식=15,
> 숫자외우기=15, 어휘=9,
> 산수=15,   이해=10,
> 공통성=10,   빠진곳찾기=12,
> 차례맞추기=9, 토막짜기=19,
> 모양맞추기=17, 바꿔쓰기=15

① 주의집중의 문제가 의심된다.
② 시지각 능력의 발달이 우수하다.
③ 전반적으로 지적 능력 발달이 불균형하다.
④ 언어 및 사회성 발달이 다른 지적능력에 비해 상대적으로 저조하다.

> **해설**
> 주의집중의 문제와 연관된 숫자외우기(15), 산수(15), 빠진곳찾기(12)에서 평균 이상의 수행을 보이고 있어, 주의집중력 문제는 시사되지 않는다.

058

신경심리검사의 용도에 관한 설명으로 옳지 않은 것은?

① 기질적 장애와 기능적 장애 간의 감별진단에 유용하다.
② 재활과 치료평가 및 연구에 유용하다.
③ CT나 MRI와 같은 뇌영상기법에서 이상 소견이 나타나지 않을 때 유용할 수 있다.
④ 기능적 장애의 원인을 판단하는 데 도움이 된다.

> **해설**
> 신경심리검사는 후천적이거나 선천적인 뇌손상과 뇌기능장애를 진단하는 검사이다.
> 뇌손상이 의심되거나 실제 손상이 있는 경우, 손상여부와 정도에 대해 평가할 수 있다. 기능적 장애라 함은 뇌기능과 관계없는 심리적 원인과 관련이 있다.

059

다음 중 구성능력(constructional ability)을 평가하는 데 적절한 신경심리검사는?

① Boston 실어증검사
② 위스콘신 카드검사
③ 추적검사(Trail Making Test)
④ Rey 복합도형검사(Complex Figure Test)

> **해설**
> **구성능력을 평가하는 검사의 종류**
> 지능검사의 토막짜기, 벤더게슈탈트검사, 레이-오스테리스 복합도형검사, 벤톤시각기억검사 등

060

K-WAIS-IV의 지수에 속하지 않는 것은?

① 처리속도 지수   ② 지각추론 지수
③ 작업기억 지수   ④ 운동협응 지수

> **해설**
> **K-WAIS-4의 조합점수**
> 언어이해 지수   지각추론 지수
> 작업기억 지수   처리속도 지수
> 전체지능 지수   일반능력 지수
> 인지효능 지수

제4과목 임상심리학

061
초기 임상심리학자와 그의 활동으로 바르게 짝지어진 것은?

① Witmer – g지능 개념을 제시했다.
② Binet – Army Alpha 검사를 개발했다.
③ Spearman – 정신지체아 특수학교에서 심리학자로 활동했다.
④ Wechsler – 지능검사를 개발했다.

해설
① Witmer : 펜실베니아 대학교에 심리진료소를 개설
② Binet : 최초의 아동용 지능검사 개발
③ Spearman : 지능의 일반요인과 특수요인 2요인 이론
④ Wechsle : 웩슬러 지능검사 개발

062
내담자를 평가할 때 문제행동의 선행조건, 환경적 유인가, 보상의 대체원, 귀인방식과 같은 요소를 중요하게 여기는 평가방법은?

① 기술지향적 평가
② 인지행동적 평가
③ 정신역동적 평가
④ 다축분류체계 평가

해설
인지적 행동평가
문제행동의 이면에 있는 인지과정을 평가함. 내담자의 인지과정은 치료효과가 있을 때 변하며, 문제행동을 지속 또는 악화시키는 원인이 되기도 한다. 제한점은 인지과정을 기술하는 것은 어려워한다.

063
다음에 해당하는 강화계획으로 옳은 것은?

ㄱ. 회사의 일정한 매출에 따라 성과급을 지원받았다.
ㄴ. 라디오 방송프로그램에 사연을 보내 경품이 당첨되었다.

① ㄱ: 고정비율, ㄴ: 고정간격
② ㄱ: 고정간격, ㄴ: 변동비율
③ ㄱ: 고정비율, ㄴ: 변동간격
④ ㄱ: 변동비율, ㄴ: 고정비율

해설
ㄱ. **고정비율 강화계획** : 어떤 특정한 행동이 일정한 수만큼 일어났을 때 강화를 주는 것을 의미한다. 빠른 반응을 보이지만 지속성이 낮다.
ㄴ. **변동간격 강화계획** : 시간 간격이 일정하지 않은 강화계획을 의미한다. 강화 시행의 간격이 다르며, 평균적으로 확인할 수 있는 시간 간격이 지난 후 강화한다.

064
관상동맥성 심장병과 관련 깊은 성격유형에 대비되는 성격으로 스트레스에 유연하게 반응하고 느긋함이 강조되는 성격유형은?

① Type A
② Type B
③ Introversion
④ Extraversion

해설
프리드만(Freidman)과 로젠만(Rosenman)은 A유형의 성격특성과 관상성 심장질환간에 상관이 있다는 것으로 보고하였다. A유형은 지나치게 경쟁적이고, 공격적이고, 참을성이 없고, 급박하며, 적대적인 행동을 보인다고 한다. 이와 반대로 B유형은 덜 경쟁적이며, 덜 투정적인 행동을 보인다고 하였다.

065
행동평가에서 중요시 하는 기능분석(functional analysis)이 아닌 것은?

① 선행조건(antecedent)
② 문제행동(behavior)
③ 문제인식(cognition)
④ 결과(consequence)

> **해설**
> 기능적 분석(functional analaysis)은 환경 내에서 어떠한 선행조건(A; Antecedent)에 의하여 어떠한 문제행동(B; Behavior)이 발생하였는지, 그 행동에 대하여 어떠한 결과(C; Consequence)가 따르게 되었는지를 분석하여 행동의 원인에 대한 정확한 평가해설을 하는 것이다.

066
임상건강심리학에서 주로 관심을 갖는 영역으로 가장 거리가 먼 것은?

① 주의력 결핍 과잉행동 장애
② 비만
③ 흡연
④ 스트레스 관리

> **해설**
> 건강심리학이란 건강의 증진과 유지, 질병의 예방과 치료, 건강 및 질병과 관련된 기능장애에 대한 병인학적이고 진단적 요인들의 규명, 건강 진료체계와 건강정책의 분석을 통한 개선 등을 위하여 과학적으로 공헌을 하는 심리학의 전문분야이다. 건강심리학은 스트레스 및 대처, 통증 관리, 심혈관질환 및 암을 포함한 만성질환의 행동적 요인, 흡연, 음주, 식습관, 운동 등과 관련된 분야를 다룬다.

067
내담자중심 치료에서 치료자의 주요 역할과 가장 거리가 먼 것은?

① 자유로운 분위기를 제공하는 것
② 내담자 자신과 주변 세계에 대해 스스로의 지각을 높이게 하는 것
③ 충고, 제안, 해석 등을 제공하는 것
④ 내담자가 자신에 대해 더 많이 말할 수 있도록 하는 반응들을 나타내 보이는 것

> **해설**
> 내담자 중심치료는 미국의 심리학자 Rogers가 제안한 치료 방법으로, 상담 과정에서 상담자의 분석이나 해석과 같은 지시적인 요소를 배제하고 무조건적인 수용과 공감적 이해를 바탕으로 내담자가 스스로 긍정적인 변화를 끌어내도록 돕는 상담기법을 뜻한다.

068
임상심리학자로서의 책임과 능력에 있어서 바람직하지 못한 것은?

① 서비스를 제공할 때 높은 기준을 유지한다.
② 자신의 활동결과에 대해 책임을 진다.
③ 자신의 능력과 기술의 한계를 알고 있어야 한다.
④ 자신만의 경험을 기준으로 내담자를 대한다.

> **해설**
> 상담자의 윤리의 하나로서 '유능성'의 의미는 상담자가 지속적으로 교육 수련을 받고 경험을 쌓음으로써 변화와 발전의 시대적 흐름 속에서도 항상 최신의 기수를 가지고 있어야 한다는 것이다.
> 상담에 있어서 가장 기본적인 윤리는 비밀보장이다.

069

치료자가 환자에게 자신의 욕구, 소망 및 역동을 투사함으로써 환자의 전이에 반응하는 것은?

① 전이 ② 전치
③ 역할전이 ④ 역전이

해설
역전이
상담자가 내담자에게 전이현상을 나타낼 때, 이를 역전이라고 한다. 역전이는 내담자의 반응을 왜곡하여 받아들이게 하기 때문에 최소화되어야 한다. 현대 정신분석에서는 역전이의 제거가 불가능하다는 점과 더불어 치료자와 내담자 두 사람의 상호전이를 이해하는 것이 중요하다는 점에서 역전이를 치료적으로 활용하자는 움직임이 나타나고 있다.

070

Beck의 우울증 인지행동치료에서 인지적 삼제(cognitive triad)로 틀린 것은?

① 자신 ② 과거
③ 세계 ④ 미래

해설
벡(Beck)은 우울한 사람들은 자신, 주변 환경, 미래에 대해서 부정적인 도식을 지니고 있다는 것을 발견하였으며, 이를 인지삼제(cognitive triad)라고 하였다.

071

다음에서 보여주는 철수 엄마의 행동을 가장 잘 설명한 것은?

> 철수의 엄마는 아침마다 철수가 심한 때를 쓰면 기분이 상하기 때문에, 철수가 떼를 쓰기 전에 미리 깨우고, 먹여주고, 가방을 챙겨서 학교에 데려다 주는 행동을 계속하고 있다.

① 정적강화 ② 처벌
③ 행동조형 ④ 회피조건형성

해설
회피(도피조건형성)은 혐오자극을 내포하고 있다는 점에서 벌과 같은 측면이 있지만 벌은 어떤 행동이 일어나자마자 혐오자극이 가해지는 데 반해, 도피조건형성에서는 어떤 행동이 일어나자마자 혐오자극이 감해진다는 면에서 다르다. 다시 말해, 벌은 장차 일어날 특정한 바람직하지 못한 행동이 일어날 확률을 낮추고 도피조건형성에서는 장차 바람직한 특정 행동이 일어날 확률을 높이는 것이다.

072

MMPI를 해석하는 방법을 바르게 나열한 것은?

ㄱ. 피검자의 검사태도 검토
ㄴ. 전체 프로파일 형태분석
ㄷ. 2코드 해석 시도
ㄹ. 임상척도에서 상승한 척도 검토
ㅁ. 타당도 척도 검토

① ㄱ → ㄹ → ㄷ → ㄴ → ㅁ
② ㄱ → ㄴ → ㄷ → ㄹ → ㅁ
③ ㄱ → ㅁ → ㄹ → ㄷ → ㄴ
④ ㄱ → ㄴ → ㅁ → ㄹ → ㄷ

> **해설**
> 다면적인성검사 해석단계
> 1단계 : 피검자의 검사태도를 검토한다.
> 2단계 : 척도별 점수를 검토한다.
> 3단계 : 척도들간 연관성에 대한 분석을 한다.
> 4단계 : 척도들간의 응집 혹은 분산을 찾아보고, 해석적 가설을 세운다.
> 5단계 : 낮은 임상척도에 대해서 검토한다.
> 6단계 : 형태적 분석을 한다.
> 7단계 : 전체 프로파일 형태에 대한 분석을 한다.

> **해설**
> 얄롬이 말한 집단치료의 치료요소
> 희망의 고취, 보편성, 정보전달, 이타심, 초기가족의 교정적 재현, 사회화기술의 발달, 모방행동, 대인관계학습, 집단응집력, 정화, 실존적 요인이다.
> ②는 정보전달, ③은 이타심, ④는 사회화기술의 발달과 연결되는 내용이다.

073
다음 중 면접질문의 유형과 예로 잘못 짝지어진 것은?

① 개방형 : 당신은 그 상황에서 분노를 경험했나요?
② 촉진형 : 조금만 더 자세히 말씀해 주시겠습니까?
③ 직면형 : 이전에 당신은 이렇게 말했는데요.
④ 명료형 : 당신이 그렇게 느꼈다는 말인가요?

> **해설**
> ①은 폐쇄형 질문으로 내담자가 '예'나 '아니오'로 답하게 된다.

074
집단치료의 치료요소에 대한 설명으로 옳은 것은?

① 보편성 : 다른 사람들도 자신과 비슷한 문제와 걱정을 가지고 있다는 것을 알게 된다.
② 희망고취 : 집단 구성원들은 치료자와 다른 구성원들로부터 충고를 받을 수 있다.
③ 카타르시스 : 집단 구성원들은 집단 수용을 통해 자기존중감을 증대시킨다.
④ 이타성 : 집단 구성원들은 다른 구성원들로부터 배울 수 있다.

075
다음은 어느 항목의 윤리적 원칙에 위배되는가?

> 임상심리사가 개인적인 심리적 문제를 갖고 있다든지, 너무 많은 부담 때문에 지쳐 있다든지, 교만하여 더 이상 배우지 않고 배울 필요가 없다고 생각하거나, 해당되는 특정 전문교육수련을 받지 않고도 특정 내담자군을 잘 다룰 수 있다고 여긴다.

① 유능성   ② 성실성
③ 권리의 존엄성   ④ 사회적 책임

> **해설**
> 유능성 : 임상심리학자가 자신의 강점과 약점, 자신이 가지고 있는 기술과 그것의 한계에 대해 자각해야 한다는 것이다. 그리하여 지속적인 교육수련으로 최신의 기술을 습득하여, 이를 통해 사회의 변화에 민첩하게 대응해야 한다는 점을 강조한다.

076
행동평가방법 중 흡연자의 흡연 개수, 비만자의 음식섭취 등을 알아보는 데 가장 적합한 방법은?

① 자기감찰   ② 행동관찰
③ 참여관찰   ④ 평정척도

해설

행동평가방법은 자기감찰(자기관찰), 자연관찰법, 유사관찰, 참여관찰법으로 나누어진다. 자기감찰(자기관찰법)은 개인이 자신의 행동, 사고, 정서 등을 관찰하고 기록하는 것이다. 목표 행동의 빈도, 강도, 기간을 기록하고 선행 자극조건과 행동 뒤의 결과가 무엇인지를 기록하여, 문제 행동의 발생 과정과 변화를 인식하게 한다. 자기 관찰이 자신에 대한 기록과 관찰을 왜곡하게 되는 단점이 있기는 하지만, 경비가 저렴하고 자신의 행동에 대한 피드백으로 문제행동을 통제하는 장점을 갖는다.

077
다음은 어떤 원리에 따른 치료 방법인가?

> 야뇨증 치료를 위해 요와 벨을 사용하여 환아가 오줌을 싸서 요를 적시게 되면 벨이 울려 잠자리에서 깨게 된다.

① 사회학습이론
② 고전적 조건화
③ 조작적 조건화
④ 인지행동적 접근

해설

중성자극을 무조건자극과 반복적으로 연합시켜 특정 반응을 이끌어내게 하는 과정을 고전적 조건화라고 한다.

078
다음에 해당하는 심리적 현상은?

> - 개체가 환경과의 접촉에서 발생한 행동이나 가치관을 무비판적으로 받아들이는 것
> - 자기 것으로 동화시키지 못하며 개체의 행동이나 사고방식에 악영향을 미침

① 투사
② 융합
③ 내사
④ 편향

해설

게슈탈트 치료의 접촉-경계혼란
내사(introjection) : 환경의 요구를 무비판적으로 받아들이는 것을 의미한다. 개인이 부모와의 과도한 동일시를 통해서 부정적 측면까지 내사하는 경우에 신경증이 발생한다.

079
지역사회 정신건강 센터에서 접수면접을 가장 잘 수행하는 방법에 대해 자문을 받았다면 어떤 유형의 자문인가?

① 내담자 중심 사례 자문
② 프로그램 중심 행정 자문
③ 피자문자 중심 사례 자문
④ 피자문자 중심 행정 자문

해설

내담자나 환자 중심의 개인사례보다는 프로그램 자체에 중점을 둔 자문에 해당한다. 임상가나 심리학자는 내담자나 환자를 위한 집단치료 프로그램의 구성 및 진행과정에 대한 자문을 구할 수 있다.

080
세계 제1차 대전과 제2차 대전 사이에 임상심리학의 발전사에 대한 내용으로 틀린 것은?

① 많은 심리 평가 도구들이 개발되었다.
② 치료 영역에서 심리학자들의 역할이 증대되었다.
③ 정신건강분야 내 직업적 갈등으로 임상심리학자들은 미국의 APA를 탈퇴해서 미국응용심리학회를 결성했다.
④ 미국 임상심리학의 박사급 자격전문화가 이루어졌다.

> **해설**
> 제1차 세계 대전
> 1914년 7월 28일 – 1918년 11월 11일
> 제2차 세계 대전
> 1939년 9월 1일 – 1945년 9월 2일
> 1918년 응용심리학자의 자격조건으로 박사학위는 필수조건으로 주장하며 심리학박사 제도를 도입하였으나, 이런 움직임에 대해 찬반론이 있었다.

> **해설**
> 가족치료에서 무엇보다 중요한 것은 개인에게서 문제의 원인을 찾는 개인적인 결함모형에서 관계와 관계 사이의 역기능을 파악하는 대인관계적 모형으로 개념을 변화시켜야 한다는 것이다. 더 나아가 문제행동은 가족의 상호작용, 생육사, 그리고 맥락을 반영하고 있다는 것이다.

제 5 과목 심리상담

081
성피해자에 대한 심리상담 시 치료관계를 형성하는 기법으로 적합하지 않은 것은?

① 치료과정에 대한 확실한 안내
② 내담자에게 선택권 주기
③ 내담자의 사실 부정을 거부하기
④ 치료자에 대한 개인적인 감정 묻기

> **해설**
> 상담자는 내담자가 성폭력 피해의 문제가 없다고 부인하는 경우 일단 수용하며, 언제든지 상담의 기회가 있음을 알려주어야 한다.

082
가족치료 관점에서 내담자의 증상에 관한 설명으로 옳은 것은?

① 가족체계나 관계 및 의사소통 양식을 반영한다.
② 개인의 심리적 갈등에서 유발된다.
③ 증상을 유발하는 분명하고도 단일한 원인이 있다.
④ 개인의 잘못된 신념이나 기술부족에서 비롯된다.

083
학교에서의 위기상담의 주목적으로 옳지 않은 것은?

① 위기가 삶의 정상적인 일부라는 것을 깨닫게 하기
② 갑작스런 사건과 현재 상황에 대한 다른 조망을 획득하기
③ 위기와 연관된 감정을 깨닫고 수용하기
④ 자신의 문제해결 기술을 반복하여 연습하기

> **해설**
> 위기상담이란?
> 자연재해나 극심한 심리적 고통과 같이 자신의 대처능력을 벗어나서 견디기가 매우 힘든 급박한 사건이나 상황처럼, 특정 순간에 갑작스럽게 심각한 문제를 겪어 신속한 해결이 요구되는 상황 혹은 상태에서 이루어지는 상담이 위기상담이다. 갑작스러운 자살충동을 겪어 전화로 도움을 요청하면서 이루어지는 전화상담도 위기상담에 속한다.
>
> 위기상담의 목표
> 1. 위기 처리
> 2. 위기 이전 수준으로의 회복
> 3. 적응 수행력 회복
> 4. 조력자나 지원체계 개발
> 5. 미래 위기에 대한 대처 기술과 능력 함양
> 6. 통제감의 재건과 자율성 회복

084
현실치료의 인간관으로 가장 적합한 것은?

① 인간의 행동은 유전과 환경의 상호작용에 의해 형성된다.
② 인간의 삶은 목표에 도달하기 위한 개인의 자유로운 능동적 선택의 결과이다.
③ 인간은 자신의 자유로운 선택에 의해 잠재력을 각성할 수 있는 존재이다.
④ 인간은 기본적으로 자유롭고 자신의 목표를 스스로 선택하고자 하는 욕구를 가진 존재이다.

해설
현실치료의 인간관 : 인간의 모든 행동은 기본적 욕구인 생존, 사랑, 권력, 자유, 재미를 충족시키기 위해서 선택한 것이다. 인간은 기본적 욕구를 충족시킬 수 있는 좋은 세계를 획득하기 위해서 전체행동을 선택하는 통제시스템이라는 것이 선택이론의 골자이다.

085
집단상담의 후기 과정에서 일어날 수 있는 구성원의 문제에 해당하는 것은?

① 내담자가 말을 너무 많이 해서 집단 과정을 방해한다.
② 내담자가 강도 높은 자기 개방으로 인한 불안으로 철수한다.
③ 내담자가 질문과 잡다한 충고 등을 해서 집단 과정을 방해한다.
④ 내담자가 집단을 독점하고 자신만 주목받기를 원한다.

해설
습관적 불평, 질문 공세, 대화 독점은 집단의 초기 과정에서 흔히 일어나며, 강도 높은 자기 개방으로 인한 불안으로 인해서 철수하는 태도는 후기에 일어난다.

086
다음은 인지상담의 기술 중 무엇에 대한 설명인가?

> 사람들은 종종 친구나 동료들보다 스스로에게 더 인색하게 대한다. 그러므로 같은 상황에서 스스로를 친구에게 하듯이 대하도록 한다.

① 주의 환기하기　② 이중잣대 방법
③ 장점과 단점　　④ 다른 설명 찾기

해설
이중잣대 방법
어떤 내담자는 다른 사람보다는 자신에게 엄격한 기준을 적용하는 경향이 있다. 다른 사람보다 자신을 평가절하하는 데 바탕을 둔 이중잣대를 가진 사람은 지속적으로 자기 자신을 약화시키는 것이라고 하였다. 치료자는 타인에게 말했던 것과 같은 동정적인 방법으로 스스로에게 이야기하라고 격려함으로써 내담자가 부정적 자동사고에 대응하도록 도울 수 있다. 이 기법을 통하여 내담자는 이중잣대를 버리고, 도움이 되고 현실적이면서도 따뜻한 단일잣대로 대처할 수가 있을 것이다.

087
다음과 같이 아동의 학습문제를 알아보기 위한 방법은?

> 관찰자가 관찰 대상이나 장면을 미리 정해 놓고 그 장면에서 일어나는 아동의 행동과 상황, 말을 모두 일어난 순서대로 기록하는 것이다.

① 표본기록법　② 일화기록법
③ 사건표집법　④ 시각표집법

> **해설**
>
> 관찰기록의 종류
> 1. 표본기록법
> 지속적인 관찰 기록법으로 행동의 일화를 가장 자세하고 완전하게 표현하는 관찰방법이다. 즉, 관찰자가 참여 대상이나 장면을 미리 정해놓고 그 장면에서 일어나는 유아의 행동과 상황을 모두 집중적으로 기술한다.
> 2. 일화 기록법
> 핵심적 단어 혹은 짧은 구절에 기초한 일화기록은 몇 초에서 몇 분 정도의 사건에 대한 서술적인 설명으로 기록시간이 적게 걸리고 특별한 계획, 양식지, 시간구성 등을 요구하지 않는다.
> 3. 사건표집법
> 사건표집은 단순히 어떤 행동의 발생 유·무만을 관찰하기보다는 행동이나 사건이 발생하기를 기다렸다가 관심을 가진 행동이나 사건이 일어나면 일정한 형식에 따라 행동의 순서를 자세하게 기술하는 방법이다. (공격성 : 때리기, 물기, 꼬집기, 뺏기, 욕설하기)
> 4. 시각 표집법
> 시간표집이란, 시간을 표집해서 관찰하는 방법으로 관찰하고자 하는 특정 행동이 정해진 짧은 시간 내에 얼마나 자주 일어나는지의 행동 출연 빈도를 수집하는 방법이다. 비교적 짧고 일정한 시간 사이에 행동이 얼마나 발생하는가를 양적으로 측정하는 방법이며, 빈도표집이라고도 한다.
> 5. 행동목록법
> 행동목록법(체크리스트)은 특정 행동이 존재하는지 아닌지를 표시하는 기록 방법으로 관찰자의 주관적 평가를 가능한 배제하기 위해 사전에 유아 발달이나 행동 특성의 목록을 미리 작성한다.
> (식사 후 양치질하기 등)
> 6. 평정척도법
> 평정척도는 관찰된 행동의 질적 차이를 평가할 때 연속성이 있는 단계로 수량화된 점수나 가치가 부여된 기록지에 평정하는 것이다. 이것은 행동목록법에 질적 수준에 대한 정보를 첨가한 형태로 볼 수 있다.

088

알코올중독 치료에 관한 설명으로 옳은 것은?

① 행동치료가 단독으로 시행되는 경우가 생물학적 혹은 인지적 접근법과 결합하여 시행될 때 보다 효과적이다.
② 정신역동적 관점에서는 의존욕구와 관련된 갈등이 알코올중독을 일으키는 중요한 요인이라고 간주한다.
③ 생리적 금단증상이 나타나는 경우 메타돈 유지프로그램을 적용하는 것이 권장된다.
④ 알코올중독에 대한 심리치료에서 치료 초기에 무의식적 사고와 감정에 대한 해석을 자주 사용하는 것이 권장된다.

> **해설**
>
> 알코올 중독자들은 구순기에 자극결핍이나 자극과잉으로 인해 구순기에 고착된 구강기 성격을 지니고 있으며, 이들은 의존적이고 피학적이며 위장된 우울증을 지니고 있다는 주장이 제기되었다.

089

진로상담에서 진로 미결정 내담자를 위한 개입방법과 비교하여 우유부단한 내담자에 대한 개입방법이 갖는 특징이 아닌 것은?

① 장기적인 계획 하에 상담해야 한다.
② 대인관계나 가족 문제에 대한 개입이 필요하다.
③ 정보 제공이나 진로 선택에 관한 문제를 명료화하는 개입이 효과적이다.
④ 문제의 기저에 있는 역동을 이해하고 감정을 반영하는 것이 효과적이다.

> **해설**
> 정보 제공이나 진로 선택에 관한 문제를 명료화하는 개입이 효과적인 내담자는 '진로 결정자'에게 하는 것이 적절하다.
> **진로 의사결정 수준에 따른 내담자 분류**
> (Sampson, Peterson 및 Reardon)
> ① 진로 결정자
> 자신의 선택을 명료화하기를 원함
> 자신의 선택을 실천하기 위해 도움을 청하는 내담자
> 진로 의사가 결정된 것처럼 보이나 실제로는 결정을 하지 못하는 내담자
> ② 진로 미결정자
> 자신의 모습, 직업 혹은 의사결정을 위한 지식이 부족한 내담자
> 다양한 능력으로 지나치게 많은 기회를 갖게 되어 진로 결정을 하기 어려운 내담자
> 진로 결정을 하지 못하지만 성격적인 문제는 없는 내담자
> 미 결정자들은 정상적으로 발달하고 있는 사람으로, 비록 진로 선택을 구체화할 수 없지만 진로 선택의 과업으로 인해 압력이나 스트레스를 받지 않음
> ③ 우유부단형
> 생활에 전반적인 장애를 주는 불안을 가진 내담자
> 일반적으로 문제해결 과정에서 부적응적인 성격을 지니고 있는 내담자
> 우유부단형은 일반적으로 결정을 쉽게 하지 못하는 성격적인 특징을 가지고 있으며, 높은 수준의 불안, 좌절, 불분명한 개인적 정체감, 낮은 수준의 자신감이나 자기존중감을 지니고 있음. 특히 관계를 형성하고 유지하는 데 유의해야 할 내담자

> **해설**
> 통합적 상담모형은 다양한 이론 중 해당사례에 가장 알맞은 것을 선택하여 적용한다는 의미이다. 그리고 상담 사례에 맞는 이론을 선택할 때에는 인지, 감정, 행동을 모두 중요하게 고려할 필요성이 있다.

091
다음과 같이 시험불안 원인을 설명하는 이론적 접근은?

> 시험불안이 높은 것은 학습전략 혹은 시험전략이 부족하기 때문이다.

① 인지적 간섭 모델 접근
② 행동주의적 접근
③ 욕구이론 접근
④ 인지적 결핍 모델 접근

> **해설**
> 인지적 결핍모델은 시험불안이 인지적 전략의 부재 등 인지적 요인을 사용하는 것의 실패로 인해 나타날 수 있다는 것이다.

090
통합적 상담모형의 기본 개념에 해당하지 않는 것은?

① 내담자와의 동반자 관계를 형성한다.
② 일상의 상황들에서 성공적으로 대처하기 위해서 재사회화 과정을 거친다.
③ 내담자의 인지보다는 행동에 초점을 둔다.
④ 독특한 내담자에게 최상의 상담기법이 무엇인지 찾는다.

092
생애별 발달과업을 제시함으로써 상담자에게 전체적인 상담프로그램을 평가하는 기준을 제시해준 것은?

① Erikson의 공헌
② Piaget의 공헌
③ Havighurst의 공헌
④ Gesell 아동발달연구소의 공헌

> **해설**
> **Havighurest(1970)의 단계별 주요발달과업**
> 발달과업이란 개인이 환경에 적응하기 위해 인간 발달의 각 단계마다 반드시 성취해야 할 과업을 말한다. 발달과업은 단계별로 질서와 계열성을 가지고 있고, 각 발달 단계에는 결정적 시기가 있으며, 이전의 발달 단계는 다음 발달 단계의 행동에 영향을 미친다는 특성이 있다.
> 인간의 발달 단계는 일반적으로 연령에 따라 유아기(0~6세), 아동기(6~12세), 청소년기(12~18세), 청년기(18~30세), 중년기(30~60세), 노년기(60세 이후)등 으로 구분되고, 각 단계별로 해당 발달과업이 있다고 구분한다.

093

청소년 비행의 원인에 관한 설명으로 옳지 않은 것은?

① 생물학적 접근 : 매우 심각한 비행청소년 집단에서 측두엽 간질이 유의미하게 발견되기도 한다.
② 사회학습 이론 : 청소년의 역할 모형이 바람직하지 못한 반사회적 행동이었을 경우에는 그 행동 패턴이 비행적으로 나타나게 된다.
③ 문화전달 이론 : 빈민가나 우범지대와 같은 사회해체 지역에서 성장하는 청소년은 각종 비행을 배우고 또 직접 행동으로 실행하기도 한다.
④ 아노미 이론 : 비행행동도 개인과 사회간 상호 행위 과정의 산물로 이해한다.

> **해설**
> 아노미 이론에서 아노미란 프랑스의 사회학자인 뒤르켐이 처음으로 사용한 용어인데, 사회구조가 급격하게 변화함에 따라 집단규범이 모호해져 초래된 '무규범상태'를 일컫는 말이다.
> 사회적으로 중요시되는 가치를 누구나 획득하고 싶어 하는데, 사회구조상 사회경제적 지위가 상위에 속하는 사람들은 이러한 목표를 추구할 기회가 더 많고 하위집단의 경우 이를 획득할 수 있는 기회가 제한되어 있다. 그래서 하위집단의 사람들은 아노미를 체험하게 되어 비행을 저지르게 된다.

094

신체적 장애 발생 시 흔히 나타나는 심리적 적응단계에 대한 설명으로 틀린 것은?

① 초기에 외상 자체에 대한 부정 여부는 회복효과와 관련이 없는 것으로 나타난다.
② 장애나 질병의 심각성과 정도를 이해하고 완전히 인정하게 될 때에는 우울해진다.
③ 독립적으로 자기간호와 재활의 노력이 가능할 때 나타나는 반작용이 독립에 대한 저항이다.
④ 충격은 외상 시 나타나는 즉각적인 반응이다.

> **해설**
> 신체장애가 발생하면 충격-우울-독립에 대한 저항-적응의 단계로 진행된다.
> 2단계에 나타나는 부정의 경우, 신체적 장애를 입게 되었을 때 대부분 나타난다. 현실 인정과 그것을 부정하고 회피하는 것 간의 상호 충돌은 점차적으로 양자 간에 번갈아 가며 진전되면서 적응하게 된다.

095

만성 정신장애 환자를 위한 정신재활치료에서 사례관리의 목적으로 가장 적합한 것은?

① 독립적인 사회생활을 할 수 있는 다양한 주거공간 확보
② 환자에게 필요한 다양한 서비스의 조정·통합
③ 위기상황에서 환자에게 안정화 전략 제공
④ 효율적인 대인관계 증진 지원

> **해설**
>
> 정신재활치료에서의 사례관리는 다양한 서비스들의 중복적인 공급 또는 부적절한 제공을 방지하기 위해 관련 서비스들을 조정·통합하는 것이다.
> **사례관리의 원칙**
> 1) 개별화 : 클라이언트의 신체적, 정서적, 사회적 상황에 따라 각자의 욕구에 맞는 서비스를 제공하는 것
> 2) 포괄성 : 클라이언트의 다양한 욕구를 충족시키기 위해 광범위한 지지를 연결, 조정, 점검하는 것
> 3) 자기결정권 : 클라이언트의 자율적인 선택을 존중하고, 자기결정권을 최대한 보장하는 것
> 4) 서비스의 지속성 : 클라이언트가 삶의 현장에서 잘 적응할 수 있도록 서비스를 지속적으로 제공하는 것
> 5) 서비스의 연계성 : 복잡하고 분리되어 있는 서비스 전달체계를 연결하는 것

096

다음에 해당하는 방어 기제는?

> A 교수는 최근에 이혼을 경험하고, 자신의 학생들에게 불필요하게 어려운 시험을 내고 점수도 다른 때와는 다르게 굉장히 낮게 주었다.

① 퇴행(regression)
② 전치(displacement)
③ 투사(projection)
④ 반동형성(reaction formation)

> **해설**
>
> **전치(치환, displacement)**
> 원래의 무의식적 대상에게 주었던 감정을, 그 감정을 주어도 덜 위험한 대상에게로 옮기는 과정(예 남편을 두려워하는 아내가 남편을 닮은 아들을 혼내고 때리는 심리).

097

인간중심 상담에 대한 설명으로 옳은 것은?

① 상담관계보다는 기법을 중시하는 특성을 가지고 있다.
② 내담자의 무의식적 측면도 충분히 반영하여 상담을 진행한다.
③ 기본원리를 "만일 ~라면 ~이다"라는 형태로 표현할 수 있다.
④ 상담은 내담자가 아닌 상담자가 이끌어가는 과정이다.

> **해설**
>
> "만일 ~라면 ~이다"라는 형태는 공감적 이해를 말하는 것으로, 내가 내담자라면 어떨까라는 입장, 역지사지를 말하는 것으로 여겨진다.
> **진실성(genuineness)**
> 상담자가 내담자와의 관계에서 감지되는 바를 왜곡하거나 부정하지 않고 있는 그대로 경험하는 것. 상담자가 내담자를 대할 때 가식이나, 왜곡, 겉치레가 없는 것. 상담자가 내담자를 진실하고 솔직하게 대하는 태도를 일관되게 유지하게 되면 내담자도 그것을 거울삼아 자신의 경험에 대해 진솔하게 접촉해 나갈 수 있게 됨
> **공감적 이해(empathy)**
> 내담자의 내면에서 진행되는 심층적인 경험내용을 상담자가 정확히 이해하고 의사소통하는 것. 상담자가 직접 경험하지 않고도 다른 사람의 감정을 거의 같은 내용과 수준으로 이해하는 것. 상담자는 내담자가 아니기에 내담자의 감정, 신념 등을 아는 것만으로는 충분치 않으며 내담자에게 공감한 것을 전달하는 것이 중요함.
> **무조건적 긍정적 존중(unconditional positive regard)**
> 상담자가 내담자를 그 어떠한 가치기준도 적용하지 않은 채 있는 그대로 수용하고 존중해주는 것. 나는 '당신이 ~할 때만 괜찮은 사람으로 인정하겠다'가 아니라 '나는 당신의 모습을 있는 그대로 존중하겠다'는 태도

098

노인을 대상으로 한 심리치료에서 고려해야 할 사항으로 적합하지 않은 것은?

① 보다 현실적이고 구체적인 사안에 초점을 맞추는 것이 좋다.
② 심층치료보다는 지지적인 치료가 더 적합하다.
③ 가급적 가족의 참여를 배제하고 개인 상담을 활용해야 한다.
④ 치료적 의존성을 주의해야 하며, 자조적이고 자립적인 행동을 격려하고 강화할 필요가 있다.

> **해설**
> 아동상담, 청소년상담, 성인상담, 노인상담을 비롯하여 어떤 심리적 문제든지 가족의 참여와 협조를 이끌어내는 가족치료적 접근이 기반이 되어야 한다.

099

청소년 상담자에게 요구되는 윤리적인 내용과 가장 거리가 먼 것은?

① 비밀보장에 대한 원칙을 내담자에게 알려준다.
② 청소년 내담자의 법적, 제도적 권리에 대해 알려준다.
③ 청소년 내담자에게 존중의 의미에서 경어를 사용할 수 있다.
④ 비밀보장을 위하여 내담자에 대한 기록물은 상담의 종결과 함께 폐기한다.

> **해설**
> 심리상담사 상담기록 내용을 일정기간 보관해야 하는 것이 윤리적 의무에 포함되어 있다.

100

도박중독의 심리·사회적 특징에 대한 설명으로 옳은 것은?

① 도박 중독자들은 대체로 도박에만 집착할 뿐 다른 개인적인 문제를 가지지 않는다.
② 도박 중독자들은 직장에서 도박 자금을 마련하기 위해 남보다 더 열심히 노력한다.
③ 심리적 특징으로 단기적인 만족을 추구하기 보다는 장기적인 만족을 추구한다.
④ 도박행동에 문제가 있음을 인정하지 않고 변명하려 든다.

> **해설**
> 도박장애의 진단기준에는 '도박에 관여된 정도를 숨기기 위해 거짓말을 함'이 포함되어 있다.
> **도박장애 진단기준**
> 지속적이고 반복적인 문제적 도박 행동이 임상적으로 현저한 손상이나 고통을 일으키고 지난 12개월 동안 다음의 항목 중 4개 또는 그 이상이 나타나야 한다.
> – 원하는 흥분을 얻기 위해 액수를 늘리면서 도박하려는 욕구
> – 도박을 줄이거나 중지시키려고 시도할 때 안절부절못하거나 과민해짐
> – 도박을 조절하거나 줄이거나 중지시키려는 노력이 반복적으로 실패함
> – 종종 도박에 집착함(예 과거의 도박 경험을 되새기고, 다음 도박의 승산을 예견해 보거나 계획하고, 도박으로 돈을 벌 수 있는 방법을 생각)
> – 괴로움(예 무기력감, 죄책감, 불안감, 우울감)을 느낄 때 도박함
> – 도박으로 돈을 잃은 후, 흔히 만회하기 위해 다음 날 다시 도박함(손실을 쫓아감)
> – 도박에 관여된 정보를 숨기기 위해 거짓말을 함
> – 도박으로 인해 중요한 관계, 일자리, 교육적. 직업적 기회를 상실하거나 위험에 빠뜨림
> – 도박으로 야기된 절망적인 경제 상태에서 벗어나기 위한 돈 조달을 남에게 의존함

2018년 제3회 임상심리사 2급 필기 채점표

구분	제1과목	제2과목	제3과목	제4과목	제5과목	전과목 평균
점수						

2018년 제3회 임상심리사 2급 필기 정답

001	002	003	004	005	006	007	008	009	010	011	012	013	014	015	016	017	018	019	020
③	③	②	④	①	④	①	④	①	③	②	④	①	①	①	④	①	④	④	①
021	022	023	024	025	026	027	028	029	030	031	032	033	034	035	036	037	038	039	040
④	④	③	②	③	①	④	④	②	①	④	①	④	①	④	①	②	①	①	③
041	042	043	044	045	046	047	048	049	050	051	052	053	054	055	056	057	058	059	060
③	③	②	②	④	③	④	④	②	②	①	③	③	①	②	①	④	④	④	④
061	062	063	064	065	066	067	068	069	070	071	072	073	074	075	076	077	078	079	080
④	②	③	②	③	①	③	④	④	②	④	③	①	①	①	①	②	③	②	④
081	082	083	084	085	086	087	088	089	090	091	092	093	094	095	096	097	098	099	100
③	①	④	④	②	③	④	④	③	④	①	②	②	③	③	④	④			

임상심리사 2급 필기

2017년 임상심리사 2급 기출문제

2017년 제1회 기출문제
2017. 03. 05. 시행

2017년 제3회 기출문제
2017. 08. 26. 시행

2017년 제1회 임상심리사 2급 필기 기출문제

2017년 03월 05일 시행

제1과목 심리학 개론

001
망각에 관한 설명으로 틀린 것은?

① 설단현상은 인출의 실패에 대한 사례이다.
② 한 기억요소는 색인 또는 연합이 적을수록 간섭도 적어지므로 쉽게 기억된다.
③ 일반적으로 일화기억보다 의미기억에 대한 정보의 망각이 적게 일어난다.
④ 망각은 유사한 정보 간의 간섭에 기인한 인출단서의 부족에 의해 생긴다.

해설
색인 또는 연합이 많을수록 기억하기가 더 쉽다.

002
엘렉트라 컴플렉스와 연관된 Freud의 심리성적발달 단계는?

① 구강기
② 항문기
③ 남근기
④ 성기기

해설
남근기(phallic stage, 3-6세)
성기 주변에 만족감을 느끼는 시기로 이성 부모에 대한 성적 애착을 느끼게 되고 이것은 동성 부모에 대한 경쟁의식으로 남아에게는 오이디푸스 콤플렉스(oedipus complex), 여아에게는 엘렉트라 콤플렉스(electra complex)로 나타난다. 이러한 콤플렉스는 동성 부모를 동일시함으로써 해소된다.

003
얼마간의 휴식기간을 가진 후에 소거된 반응이 다시 나타나는 현상은?

① 자극 일반화
② 자발적 회복
③ 변별 조건형성
④ 고차 조건형성

해설
얼마간의 휴지기 후 소거된 반응이 다시 나타나는 현상을 자발적 회복(spontaneous recovery)이라고 하며 이는 소거가 영구적인 망각이 아니라는 증거로 제시된다.

004
인본주의 성격이론에 대한 설명으로 옳은 것은?

① 무의식적 욕구나 동기를 강조한다.
② 대표적인 학자는 Bandura와 Watson이다.
③ 외부 환경자극에 의해 행동이 결정된다고 본다.
④ 개인의 성장 방향과 선택의 자유에 중점을 둔다.

해설
인본주의 심리학은 정신분석이 인간을 원초적이고 동물적인 추동에 의해 지배받는 존재로 보는 것과 행동주의가 동물연구를 기초로 인간을 기계적, 수동적인 존재로 비인간화한 것을 비판하면서 인간에 대한 낙관적인 관점으로 등장한다. <u>인본주의 성격이론은 개인의 능동적인 성장 가능의 방향과 선택에서 자유로운 주체로 보았다.</u> 인본주의 관점의 대표적인 학자는 인간 중심 접근을 제시한 로저스(Rogers)와 욕구 위계를 제시하고 이를 바탕으로 자아 실현 접근을 제안한 매슬로우(Maslow)이다.

005
관계의 내적작동 모델에 관한 설명으로 틀린 것은?

① 관계의 내적작동 모델은 자기와 일차양육자, 그리고 그들 사이의 관계에 대한 한 세트의 믿음들이다.
② 상이한 애착유형의 아는 상이한 관계의 작동 모델을 갖는 것으로 보인다.
③ 상이한 아동은 상이한 기질 혹은 정서적 반응성의 특징적 양식을 가지고 태어난다.
④ 매우 어린 아동은 두려움, 과민성, 활동성, 긍정적 감정, 그리고 기타 정서적 특성에 대한 성향에서 서로 같다.

해설
내적작동 모델이란 자신과 타인의 정신적 표상을 발전, 유지시키는 정서적 연결을 말한다. 주변 인물의 이해와 예측, 근접성 유지를 통한 생존, 안전감 수립 등을 위해 필수적이다. 애착 관련 경험의 매개체이며 애착 이론의 주춧돌이다.

006
행동주의적 성격이론에 관한 설명으로 틀린 것은?

① 학습원리로 성격을 설명한다.
② 상황적인 변인보다 유전적인 변인을 중시한다.
③ Skinner는 어떤 상황에서 비롯되는 행동과 그 결과를 강조한다.
④ 모든 행동을 자극과 반응이라는 기본단위로 설명한다.

해설
행동주의에서 유기체는 환경 자극에 대해 수동적으로 반응하는 존재이다. 행동주의는 성격에 대한 유전-환경의 논쟁에서 환경을 가장 강조하는 관점이고, 자극과 반응에 의해 행동이 결정되기 때문에 정신분석과 함께 결정론적 관점으로 분류된다.

007
다음 현상을 가장 잘 설명하는 것은?

> 철수가 영희와의 약속장소에 지하철로 가던 도중 발생한 안전사고로 인해 약속한 시간에 늦었다. 그럼에도, 영희는 철수가 약속 시간을 잘 지키지 않는 성격특성을 가지고 있다고 생각한다.

① 절감 원리   ② 공변 이론
③ 대응추리 이론 ④ 기본적 귀인오류

해설
기본적 귀인오류 : 사회심리학에서 가장 중요한 현상들 중 하나로, 행동의 실제원인이 상황에 있는데도 불구하고 원인을 사람(사람의 소인)에게로 돌리는 오류를 말한다.

008
기억에 관한 설명으로 틀린 것은?

① 외현기억은 회상과 재인의 정확도에 의해 측정된다.
② 기술이나 절차에 관한 기억은 암묵기억의 특성이 강하다.
③ 일화기억은 의미기억에 비해 더 복잡한 구성을 가지며 많은 단서와 함께 부호화된다.
④ 의미기억은 특정 시점이나 맥락과 연합되어 있지 않다.

해설
일화기억이 아니고 의미기억에 대한 설명이다.
일화 기억(episodic memory)은 개인이 경험한 특정한 시간과 장소에서 발생한 과거 사건들에 대한 기억을 의미한다. 따라서 일화 기억은 대개 특정 시점, 맥락과 연합되어 있다. 의미 기억은 일화 기억에 비해 더 복잡한 구성과 많은 단서와 함께 부호화된다.

009
성격의 사회-인지적 접근에서 주장하는 바가 아닌 것은?

① 행동은 개인의 성격보다는 그가 처한 상황에 의해 더 많이 향을 받는다.
② 사람들은 개인의 구성개념이라는 잣대를 통해 세상을 본다.
③ 상황이 중요하지만 문화에 따라서는 큰 차이는 없다.
④ 통제소재 유형에 따라 목표달성에 대한 기대가 다르다.

해설
사회 인지 이론(social cognitive theory)
반두라(Albert Bandura)는 인간의 행동이 강화와 조건화에 의해 통제된다는 행동주의 이론을 비판하며 인간의 사회적, 인지적 측면을 강조하였다. 사회인지 이론은 학습과 성격이 행동과 환경(상황), 개인적 특성(인지과정, 동기) 간의 상호작용을 통해 일어난다고 설명한다.

010
임의의 영점을 가지고 있는 척도는?

① 명목 척도 ② 서열 척도
③ 등간 척도 ④ 비율 척도

해설
등간척도(interval scale)는 간격척도, 동간척도라고도 한다. 동일한 측정 단위 간격마다 동일한 차이를 부여하는 척도이다. 등간척도는 척도치의 가산이 가능하지만 임의의 영점을 가지기 때문에 척도치 사이의 비율 관계는 성립하지 않는다.

011
언어적 재료에 대한 장기기억의 주된 특징을 나타낸 것은?

① 무한대의 저장능력, 의미적 부호화, 비교적 영속적
② 제한된 저장능력, 의미적 부호화, 빠른 망각
③ 미지의 저장능력, 음향적 부호화, 비교적 영속적
④ 제한된 저장능력, 감각적 부호화, 빠른 망각

해설
단기 기억의 정보들을 반복적으로 학습하면 정보가 장기 기억(long-term memory)으로 전달되는데 장기 기억은 거의 무한대의 용량으로 짧게는 몇 분, 길게는 수십 년 동안 지속된다.

012
Kohlberg의 도덕발달 단계가 아닌 것은?

① 전인습적 단계 ② 인습적 단계
③ 후인습적 단계 ④ 초인습적 단계

해설
Kohlberg의 도덕발달단계는 전인습적 수준, 인습적 수준, 후인습적 수준으로 나눈다.

013
설문조사법과 비교할 때 실험법의 장점은?

① 일반적으로 외적 타당도가 높다.
② 현상을 정확하게 기술할 수 있다.
③ 실험대상자를 무선할당하기 어려운 상황에 적용하기 용이하다.
④ 변인들 간의 인과 관계를 파악할 수 있다.

> **해설**
> 실험 연구에서는 다른 조건들을 일정하게 고정시켜 통제하고 알아보고자 하는 변인을 실험자의 의도대로 조작하거나 변화시킴으로써 다른 변인이 어떤 영향을 받는지 인과관계를 알 수 있다. 이때 실험자에 의해 조작되고 변화되는 변수가 독립 변수이고, 그로 인해 변화할 것이라 예상되는 변수를 종속 변수라고 한다.

014

마라톤 경주중계를 보는 도중 한 선수가 잘못된 방향으로 달리는 것이 눈에 매우 잘 띄었다. 이러한 현상을 가장 잘 설명하는 게슈탈트 원리는?

① 유사성의 원리 ② 연속성의 원리
③ 근접성의 원리 ④ 공통운명의 원리

> **해설**
> **공통 운명의 원리(Law of Common Fate)**: 우리가 움직이는 요소들을 방향이 같은 것끼리 집합적으로 묶어서 한 요인으로 지각한다는 것이다.

015

자극추구 성향에 관한 설명으로 옳은 것은?

① Eysenck는 자극추구 성향에 관한 척도를 제작했다.
② 자극추구 성향이 높을수록 노아에피네프린(NE)이라는 신경전달물질을 통제하는 체계에서의 흥분수준이 낮다는 주장이 있다.
③ 성격특성이 일부 신체적으로 유전된다는 주장을 반박하는 근거로 제시된다.
④ 내향성과 외향성을 구분하는 생리적 기준으로 사용된다.

> **해설**
> 자극추구 성향척도를 제작한 사람은 주커만이다. 자극추구 성향이 높을수록 노아에피네프린(NE)를 통제하는 체계에서 낮은 흥분 수준을 나타낸다.

016

자극에 대한 반복된 혹은 지속된 노출이 반응의 점차적인 감소를 낳는 일반적 과정은?

① 습관화 ② 민감화
③ 일반화 ④ 체계화

> **해설**
> 습관화는 자극에 대한 반복적 지속적 노출이 반응의 감소로 이어지는 일반적 과정이고 민감화는 위협적인 자극에 크게 반응하는 것을 의미한다.

017

최빈치에 대한 설명으로 틀린 것은?

① 주어진 자료 중에서 가장 많이 나타나는 측정치이다.
② 최빈값은 대표성을 갖고 있다.
③ 자료 중 가장 극단적인 값의 향을 받는다.
④ 중심경향성 기술치 중의 하나이다.

> **해설**
> 집중 경향치의 대표적인 통계치는 평균(mean), 중앙값(mdedian), 최빈값(mode)이다.
> **최빈값**: 분포에서 가장 빈번하게 관찰되는 수치를 말한다.
> **평균**: 가장 보편적인 집중 경향치로 산술평균을 의미한다. 측정치의 합을 사례수로 나눈 것으로 비정상적으로 분포를 벗어난 극단값(outlier, 이상치)의 영향을 가장 많은 받는다.
> **중앙값**: 모든 수치를 가장 작은 것에서 큰 순서로 나열할 때 중앙에 위치하는 점수를 의미한다.

018

접촉(contact)을 통한 편견과 차별 해소에 대한 설명으로 틀린 것은?

① 지속적이고 친한 접촉이 이루어져야 한다.
② 공동목표를 달성하기 위해서 협동적으로 상호 의존하여야 한다.
③ 동등한 지위로 접촉이 이루어져야 한다.
④ 사회적 평등보다는 규범이 더 지지되어야 한다.

해설

접촉 가설은 집단 간 편견을 감소시키기 위해 가장 포괄적으로 연구되어 온 대표적인 이론의 하나로, 외집단과의 빈번한 접촉이 필수적 요소라고 본다. 접촉의 효과성을 높이는 요소들로는 상호 의존적 관계, 같은 목표 하에서 협동일 지위, 비공식적 상호교류, 다양한 접촉, 평등에 대한 사회적 규범이다.

019

다음 (   )에 알맞은 것은?

어떤 고등학교의 2학년 1반 학생들과 2반 학생들의 지능지수 평균은 110으로 같으나, 1반 학생들의 지능지수 분포는 80~140인 반면에 2반 학생들의 분포는 95~120으로 (   )는 서로 다르다.

① 중앙치
② 최빈치
③ 변산도
④ 추정치

해설

중심경향치가 자료가 무엇을 중심으로 모여 있는가(혹은 흩어져 있는가)를 나타내는 것이라면, 변산성 측정치는, 그 모여 있는 정도(혹은 흩어져 있는 정도)를 의미하며, 분산, 표준편차, 범위, 사분위간 범위로 측정한다.

020

다음 사례에 가장 적합한 연구방법은?

학교 교실에서 발생하는 아동의 우정관계를 연구하기 위해 아동의 모든 또래관계 상호작용을 정확하게 알아보려고 한다.

① 관찰법
② 실험법
③ 설문조사법
④ 상관연구법

해설

관찰법 : 실험할 수 없는 현상에 대하여 취할 수 있는 과학적 방법
자연관찰 : 내담자의 집, 학교, 병원 등에서 자연스럽게 나타나는 문제행동을 관찰하는 것이다.
유사관찰(통제된 관찰) : 내담자가 문제행동을 보이는 상황을 조작해 놓고 그 조건에서의 문제행동을 관찰하는 것으로, 자연적인 상황에서의 관찰법이 갖고 있는 제한점을 보완해준다.
참여관찰 : 관찰하고자 하는 개인이 자연스러운 환경에 관여하면서 기록하는 방식이다.
자기관찰 : 개인이 자신의 행동, 사고, 정서 등을 관찰하고 기록하는 것이다.

제2과목 이상심리학

021
항정신병 약물 부작용으로서 나타나는 혀, 얼굴, 입, 턱의 불수의적 움직임 증상은?

① 무동증(akinesia)
② 만발성 운동장애(tardive dyskinesia)
③ 추체외로 증상(extrapyramidal symptoms)
④ 구역질(nausea)

해설
만발성 운동장애
장기에 걸친 항정신병제의 복용경과 중 또는 중단이나 감량을 계기로 나타나는 것으로, 주로 입술, 혀, 아래턱 등에서 볼 수 있는 불수의적인 움직임을 말한다.

022
다음의 특징을 보이는 장애는?

> 비사교적이며 대인관계에 무관심하고 정서적으로 냉담하며 외부자극에 잘 반응하지 않고 과도한 백일몽이나 자기만의 환상을 가짐

① 조현성 성격장애(schizoid personality disorder)
② 연극성 성격장애(histrionic personality disorder)
③ 편집성 성격장애(paranoid personality disorder)
④ 조현형 성격장애(schizotypal personality disorder)

해설
조현성 성격장애
고립, 은둔이 핵심키워드, 감정표현 없음, 대인관계 기피, 고립되어 혼자 생활, 다른 활동에 흥미 및 욕구 없음, 타인의 반응에 무관심, 직계가족 외에 가까운 사람 없거나 친밀한 관계를 원하지도 않음.

023
우울증의 원인이 되는 우울유발적 귀인(depressogenic attribution)현상에 관한 설명으로 옳은 것은?

① 성공을 외부적, 안정적, 특수적 요인에 귀인한다.
② 성공을 내부적, 안정적, 특수적 요인에 귀인한다.
③ 실패를 외부적, 안정적, 특수적 요인에 귀인한다.
④ 실패를 내부적, 안정적, 전반적 요인에 귀인한다.

해설
우울 유발적 귀인
내부적 귀인 : 실패의 원인을 내부적 요인으로 귀인하는 경우 우울감이 증가된다.
안정적 귀인 : 실패의 원인을 안정적 요인으로 귀인하는 경우 우울감은 장기화된다.
전반적 귀인 : 실패의 원인을 자신의 전반적인 능력 부족이나 성격 전체의 문제 등으로 귀인하는 경우 우울증이 일반화된다.

024
순환성 장애의 특징이 아닌 것은?

① 청소년기나 초기 성인기에 시작된다.
② 남녀 간의 유병률에 큰 차이가 없다고 보고된다.
③ 양극성 장애보다 경미한 증상이 2년 이상 지속된다.
④ 양극성 장애로는 발전하지 않는다.

> **해설**
> 순환성장애
> 기분 삽화에 해당되지 않는 경미한 우울 증상과 조증 증상이 번갈아 가며 2년 이상(아동과 청소년은 1년 이상) 장기적으로 나타나는 만성적인 기분장애이다. 제1형 양극성장애나 제2형 양극성장애로 발전하게 될 확률은 15~50%로 매우 높다.

025
이상행동 모델에 관한 설명으로 옳은 것은?
① 인지 모델 : 잘못된 사고 과정의 결과이다.
② 행동주의 모델 : 자기실현을 하는데 있어서 오는 어려움에서 생긴다.
③ 인본주의 모델 : 무의식적 내적 갈등의 상징적 표현이다.
④ 사회문화 모델 : 정상행동과 같이 학습의 결과로 습득된다.

> **해설**
> ② 인본주의 모델에 대한 설명이다.
> ③ 정신분석적 모델에 대한 설명이다.
> ④ 행동주의 모델에 대한 설명이다.

026
환각제에 해당되는 약물은?
① 펜시클리딘 ② 대마
③ 카페인   ④ 오피오이드

> **해설**
> 환각제 : 펜시클리딘, LSD, 메스칼린, 살로사이빈, 암페타민류, 항콜린성 물질

027
강박장애의 특징을 모두 고른 것은?

> ㄱ. 자신의 행동이 비합리적임을 알지만 강박행동을 멈추지 못한다.
> ㄴ. 강박행동을 수행한 후에 대개는 잠시 동안 불안을 덜 느낀다.
> ㄷ. 일부 강박행동은 의례행동(ritual behavior)으로 발전한다.

① ㄱ, ㄴ   ② ㄱ, ㄷ
③ ㄴ, ㄷ   ④ ㄱ, ㄴ, ㄷ

> **해설**
> 강박장애
> 강박사고와 강박적 행동이 반복적으로 발생하는 장애이다.
> 강박사고란 반복적으로 의식에 침투하는 고통스러운 생각, 충동 또는 심상을 의미한다. 강박행동이란 불안을 감소시키기 위해서 반복적으로 나타내는 행동이다. 강박장애 환자들은 자신의 사고와 행동이 부적절하다는 것을 알지만 그러한 행동을 반복하게 된다.

028
정신장애 개입의 최근 동향으로 틀린 것은?
① 탈시설화(deinstitutionalization)의 감소
② 향정신성 약물의 발전
③ 심리치료 서비스 이용의 증가
④ 정신건강에 대한 예방적 접근의 강조

> **해설**
> 탈시설화가 증가되었다.
> 미국과 유럽을 중심으로 시설 거주자의 인간으로서의 기본적인 인권을 회복하기 위한 탈시설화 운동이 전개됨으로써 정신질환자가 지역사회에 거주함으로써 정신질환자에 대한 지역 주민들의 인식을 개선하고 편견을 해소하는 계기가 마련되었다.

029
대형 화재현장에서 살아남은 남성이 불이 나는 장면에 극심하게 불안증상을 느낄 때 의심할 수 있는 가능성이 가장 높은 장애는?

① 외상 후 스트레스 장애
② 적응장애
③ 조현병
④ 범불안장애

해설
외상후 스트레스장애
외상 후 스트레스 장애(PTSD)는 생명의 위협을 느낄 정도의 충격적인 외상을 경험한 후, 재경험, 회피반응, 과잉각성 반응, 인지의 부정적 변화를 1개월 이상 겪을 때 진단된다.

030
적대적 반항장애(oppositional defiant disorder)의 진단 기준에 해당되는 행동은?

① 자신도 모르게 일정한 몸짓을 하며 때로는 괴상한 소리를 내기도 한다.
② 엄마와 떨어지는 것에 대한 불안으로 학교 가기를 거부한다.
③ 사회적으로 정해진 규칙을 위반하거나 타인의 권리를 침해한다.
④ 어른들과 논쟁을 하고 쉽게 화를 낸다.

해설
어른에게 거부적이고 적대적이며 반항적인 행동을 지속적으로 나타내는 경우는 DSM-5의 파괴적, 충동조절 및 품행장애에 해당한다. ADHD의 진단 기준에 해당하면 동반 진단된다.

031
우울증과 관련하여 Beck이 제시한 인지삼제는?

① 자신, 세계 및 미래에 대한 비관적 견해
② 자신, 과거 및 환경에 대한 비관적 견해
③ 자신, 과거 및 미래에 대한 비관적 견해
④ 자신, 미래 및 관계에 대한 비관적 견해

해설
아론 벡의 인지삼제 : 자신, 세계 및 미래에 대한 부정적 사고를 말한다.

032
자폐스펙트럼 장애에 관한 설명으로 틀린 것은?

① 의사소통의 장해가 현저하고 지속적이다.
② 상상적인 놀이를 하는데 어려움이 있다.
③ 사회적 관습을 이해하는데 어려움이 있다.
④ 연령증가와 함께 증상의 호전을 보인다.

해설
자폐스펙트럼장애는 지속적인 경과를 나타내는데, 연령에 비헤 발달 속도가 더디고 해당 생활연령에 적합한 수준으로의 향상은 아니므로 연령증가와 함께 증상이 호전된다고 볼 수 없다.

033
알츠하이머병에 관한 설명으로 틀린 것은?

① 현저한 인지기능 장애가 특징이다.
② 도파민과 밀접한 관련이 있다.
③ 연령의 증가와 함께 유병률이 높아진다.
④ 점진적으로 진행하는 질병이다.

해설
도파민과 관련이 있는 장애는 조현병, 파킨슨병 등이다.

034
조현성 성격장애와 조현형 성격장애의 공통점을 짝지은 것은?

> ㄱ. 의심이나 편집증적 사고
> ㄴ. 정체성 문제
> ㄷ. 제한된 정서 및 감정
> ㄹ. 사회적 고립

① ㄱ, ㄴ
② ㄴ, ㄷ
③ ㄷ, ㄹ
④ ㄴ, ㄹ

해설
조현성 성격장애와 조현형 성격장애는 모두 감정표현을 비롯한 대인관계의 위축 및 고립이 특징이다.

035
다음 사례에 가장 적절한 진단명은?

> A는 중소기업에서 일하는 직원이다. 오늘은 동료 직원 B가 새로운 상품에 대해서 발표하기로 했는데, 결근을 해서 A가 대신 발표하게 되었다. 평소 A는 다른 사람들이 자신의 발표에 대해 나쁘게 평가할 것 같아 다른 사람 앞에서 발표하기를 피해왔다. 발표 시간이 다가오자 온 몸에 땀이 쏟아지고, 숨 쉬기가 어려워졌으며, 곧 정신을 잃고 쓰러질 것 같이 느껴졌다.

① 범불안장애
② 공황장애
③ 강박장애
④ 사회불안장애

해설
사회불안장애는 사람을 두려워하고 대인관계를 원하지 않는 것이 아니라 다른 사람들과 상호작용하는 사회적 상황을 두려워하여 회피하는 장애(무대공포, 적면공포 등)를 특징으로 한다. 이유는 부정적 평가를 받을지 모른다는 불안과 자신이 당황하게 되는 것에 대한 두려움 때문이다.

036
DSM-5에서 제시한 폭식 삽화에 관한 설명으로 옳은 것은?

① 음식섭취에 대한 통제의 상실
② 주관적으로 많다고 느껴지는 음식섭취
③ 3시간 이상 지속적 음식섭취
④ 부적절한 보상행동(purging)의 사용

해설
신경성폭식증
짧은 시간 내에 많은 양을 먹는 폭식행동과 이로 인한 체중증가를 막기 이해 구토 등의 보상행동이 반복되는 경우에 해당한다.
반복되는 폭식삽화는 다음 2가지 특징을 보인다.
일정 시간 동안(예 2시간 이내) 대부분의 사람이 유사한 상황에서 동일한 시간 동안 먹는 것보다 분명하게 많은 양의 음식을 먹음
삽화 중에 먹는 것에 대한 조절 능력의 상실감을 느낌(예 먹는 것을 멈출 수 없거나, 무엇을 혹은 얼마나 많이 먹어야 할 것인지를 조절할 수 없는 느낌)

037
다음에 해당하는 장애는?

> - 경험하는 성별과 자신의 성별 간 심각한 불일치
> - 자신의 성적 특성을 제거하고자 하는 강한 욕구
> - 다른 성별 구성원이 되고자 하는 강한 욕구

① 성도착증
② 동성애
③ 성기능장애
④ 성별불쾌감

해설
성별불쾌감장애
자신에게 주어진 생물학적 성에 대한 불편감을 느끼며 다른 성이 되고자 하는 강렬한 열망을 가진 경우이며, 성정체감 장애 성전환증이라고 불린다. 이런 경우는 성전환 수술을 통해 성전환을 하기도 한다(예 하리수).

038

DSM-5에서 파괴적, 충동조절 및 품행장애에 관한 설명으로 틀린 것은?

① 병적 도박, 반사회성 성격장애 등의 하위유형이 있다.
② 자신이나 타인을 해하려는 충동, 욕구, 유혹에 저항하지 못한다.
③ 충동적 행동을 하기 전까지 긴장감이나 각성상태가 고조된다.
④ 충동적인 행동을 할 때마다 불쾌감이나 죄책감을 경험하게 된다.

> **해설**
> **파괴적, 충동조절 및 품행장애의 하위유형**
> 적대적 반항장애, 간헐적 폭발성 장애, 품행장애, 방화증, 도벽증이 있다.
> 이들 장애는 도덕성의 결여로, 불쾌감이나 죄책감을 경험하지 않는다.

> **해설**
> **이인화/비현실감장애**
> 이인증이나 비현실감을 지속적으로 경험하는 것이다.
> **이인증** : 자신의 생각, 감정, 감각, 신체 또는 행위에 관해서 생생한 현실로 느끼지 못하고 그것과 분리되는 경험을 지닌다.
> **비현실감** : 주변 환경이 비현실적인 것으로 느껴지거나 그것과 분리된 듯한 느낌을 갖게 되는 경험을 지닌다.

039

다음의 사례에 가장 적합한 진단명은?

> 24세의 한 대학원생은 자신이 꿈속에 사는 듯 느껴졌고, 자기 신체와 생각이 자기 것이 아닌 듯 느껴졌다. 자신의 몸 일부는 왜곡되어 보였고, 주변 사람들이 로봇처럼 느껴졌다.

① 해리성 정체성 장애
② 해리성 둔주
③ 이인화/비현실감 장애
④ 착란장애

040

치매에 관한 설명으로 가장 적합한 것은?

① 기억손실이 없다.
② 약물남용의 가능성이 많다.
③ 증상은 오전에 가장 심해진다.
④ 자신의 무능을 최소화하거나 자각하지 못한다.

> **해설**
> **치매(Dementia)의 경우 언어장애**
> 인지장애, 실행장애, 전두엽집행기능장애를 보인다. 치매가 심해지면 자기평가 능력이 없어지면서 인지적 손상을 자각하지 못하며 재활의지가 없어지기도 한다.

제 3 과목 심리검사

040
80세 이상의 노인집단용 규준이 마련되어 있는 심리검사는?

① K-WAIS
② K-WAIS-IV
③ K-Vineland-II
④ SMS(Social Maturity Scale)

해설
*한국판 바인랜드 적응행동척도 2판 K-VINELAND-II
검사대상 : 만 0세 0개월 ~ 만 90세 11개월
적응행동의 평가는 장애인(특히 지적장애인)과 같은 적응행동에 상당한 제한이 있는 사람들뿐만 아니라 다양한 장애(예를 들어, 발달장애, 학습장애, 청각 및 시각장애, ADHD, 정서 및 행동장애, 다양한 유전적 장애 등)의 임상적 진단에 사용될 수 있고, 장애가 없는 개인의 적응 수준을 평가하는 데도 도움이 될 수 있다.

042
MMPI에서 2, 7 척도가 상승한 패턴을 가진 피검자의 특성으로 옳지 않은 것은?

① 행동화(acting-out) 성향이 강하다.
② 정신치료에 대한 동기는 높은 편이다.
③ 자기 비판 혹은 자기 처벌적인 성향이 강하다.
④ 불안, 긴장, 과민성 등 정서적 불안 상태에 놓여 있다.

해설
행동화(acting-out) 성향은 4-9 코드 특징이다.
2-7 코드 유형 특징
불안과 긴장이 동반되는 우울, 걱정, 비관주의 자신감 부족, 소심함, 죄책감, 내적 경험 반주, 완벽주의적 성향, 심리상담이나 정신과적 도움을 구하는 사람에게서 흔한 프로파일임

043
신경심리검사에 관한 일반적인 설명으로 옳은 것은?

① 뇌손상은 단일한 행동지표를 나타낸다.
② 정상인과 노인의 기능평가에는 사용되지 않는다.
③ 피검자의 인구통계학적 및 심리사회적 배경에 따라 반응이 달라진다.
④ 신경심리평가에서는 전통적인 지적 기능평가와 성격평가는 필요하지 않다.

해설
① 뇌손상으로 나타나는 행동은 손상의 본질, 정도, 부위, 기간에 따라 매우 다양하고, 환자의 연령, 성별, 신체적 조건, 심리사회적 배경에 따라서 달라짐 → 단일검사가 아니라 다양한 검사를 배터리로 묶어서 사용하게 됨.
② 정상인과 노인의 인지 기능평가에도 활용함.
④ 신경심리평가에도 전통적인 지적평가와 성격평가가 필요하다(뇌손상이 있는 경우 지능의 저하와 성격도 변화되기 때문이다).

044
다음 중 심리평가 과정에서 일반적으로 중요도가 상대적으로 가장 낮은 정보는?

① 면담   ② 직업관
③ 심리검사   ④ 행동관찰

해설
심리평가는 행동관찰+심리면담+심리검사+심리학적 지식을 동원하는 과정이며, 이를 통합하여 심리평가 보고서가 작성된다.

045
MMPI에 관한 설명으로 틀린 것은?

① 수검자에 대한 행동평가가 가능하다.
② 수검자의 방어기제를 잘 알 수 있다.
③ 결과에 대한 정신역동적 해석이 가능하다.
④ 수검자의 성격 전반에 대한 이해가 가능하다.

해설
MMPI로 방어기제, 정신역동적 해석, 성격전반에 이해 등을 할 수 있으나 행동평가는 가능하지 않다.

046
다음 환자는 뇌의 어떤 부위가 손상되었을 가능성이 높은가?

> 30세 남성이 운전 중 중앙선을 침범한 차량과 충돌하여 두뇌 손상을 입었다. 이후 환자는 매사 의욕이 없고, 할 수 있는데도 불구하고 어떤 행동을 시작하려고 하지 않으며, 계획을 세우거나 실천하는 것이 거의 안 된다고 한다.

① 측두엽 ② 후두엽
③ 전두엽 ④ 두정엽

해설
전두엽: 대뇌피질의 앞부분에 위치하며, 뇌 전체의 약 40%를 차지한다. 전두엽의 맨 앞부분에 위치한 전전두엽은 고차적인 정신활동을 담당하는 영역으로, 인지 및 사고, 판단작용과 행동계획, 창의성 등을 관장한다.

047
MMPI-2에서 타당성을 고려할 때 '?' 지표에 대한 설명으로 틀린 것은?

① 각 척도별 '?' 반응의 비율을 확인해 보는 것은 유용할 수 있다.
② '?' 반응이 300번 이내의 문항에서만 발견되었다면 L, F, K 척도는 표준적인 해석이 가능하다.
③ '?' 반응이 3개 미만인 경우에도 해당 문항에 대한 재반응을 요청하는 등의 사전검토 작업이 필요하다.
④ '?' 반응은 수검자가 질문에 대해 답변을 하지 않을 경우뿐만 아니라 '그렇다'와 '아니다'에 모두 응답했을 경우에도 해당된다.

해설
? 척도(무응답 척도)
응답하지 않은 문항이나 '예', '아니오' 모두에 응답한 문항들의 총합이다.
보통 30개 이상일 경우 무효로 간주되나 예외가 있으며, 100개 이상인 경우 무효로 재실시해야 한다.

048
지능검사를 실시할 때 검사자의 태도로 바람직하지 않은 것은?

① 표준화된 실시 지침을 지켜야 한다.
② 검사의 실시 방법과 정답을 숙지하여야 한다.
③ 피검자가 최대 능력을 발휘할 수 있는 분위기에서 실시한다.
④ 객관적 해석을 위해서는 피검자의 배경정보를 고려하지 않는다.

해설
지능검사는 표준화된 실시, 검사행동 관찰, 주의를 분산시키지 않는 환경에서 실시, 해석 시는 면담정보, 배경정보를 고려하여 해석한다.

049
특정 학업과정이나 직업에 대한 앞으로의 수행능력이나 적응을 예측하는 검사는?

① 적성검사　　② 지능검사
③ 성격검사　　④ 능력검사

> **해설**
> **적성검사**
> 적성은 일반적 지식이나 특수한 기술을 습득, 숙달할 수 있는 개인의 잠재력을 의미한다. 일반적성검사(GATB), 차이적성검사(DAT)

050
좌반구 측두엽 부위의 손상을 당한 환자가 신경심리평가과제에서 보일 수 있는 특징이 아닌 것은?

① 명명과제(naming test)에서의 수행 저하
② 언어기억과제(verbal memory test)에서의 수행 저하
③ 시-공간적 지남력의 저하
④ 단어유창성과제(word fluency test)에서의 수행 저하

> **해설**
> **측두엽**
> 대뇌피질의 측면에 위치하며 뇌 전체의 약 21%를 차지한다. 청각 기능, 언어 이해, 기억, 정서와 관련 있다.
> ③은 두정엽의 기능과 관련이 있다.

051
측정영역이 서로 다른 검사로 짝지어진 것은?

① 주의력 검사 - 연속수행과제
② 코너스 평정척도 - 주의력 검사
③ 연속수행과제 - 코너스 평정척도
④ 낯선 상황 검사 - 코너스 평정척도

> **해설**
> 낯선 상황 검사는 애착유형 검사, 코너스 평정척도는 ADHD를 평정한다.

052
웩슬러 지능검사의 소검사 중에서 일반지능 또는 발병 전 지능을 추정하는데 사용되지 않는 소검사는?

① 상식　　② 어휘
③ 숫자　　④ 토막짜기

> **해설**
> 병전지능 추정과 관련이 높은 소검사는 어휘문제, 상식문제, 토막짜기로 뇌손상이나 심한 정신병리상태에서도 비교적 유지되므로 이 세가지 소검사 환산점수의 평균을 내어서 병전지능을 추정한다.

053
MMPI-2에서 8-9/9-8 상승척도 쌍을 보이는 사람들의 특징이 아닌 것은?

① 과잉활동적이고 정서적으로 불안정하다.
② 사회적인 기준이나 가치를 지나치게 무시하고, 자신의 이익을 위해 사람들을 이용하는 경향이 있다.
③ 다른 사람들에게 다소 자기중심적이고 유아적인 기대를 한다.
④ 성취 욕구가 강하고 성취에 대한 압박감을 느끼지만, 그들의 실제 수행은 기껏해야 평범한 수준인 경우가 많다.

> **해설**
> ②는 4-9/9-4코드 유형을 지닌 사람의 특징이다.
> **8-9/9-8코드**
> 주의집중의 어려움이 있고, 혼란, 망상, 지남력 장애를 나타내며, 현실검증력에 손상이 있다.
> 부적절한 정서나 퇴행이 특징적으로 나타나고, 친밀한 관계형성을 회피하며 사회적으로 철수되어 있다. 조현병, 양극성장애 진단이 가능하다.

054
지능검사에 관한 설명으로 옳은 것은?

① 최초의 편차지능을 이용한 지능검사는 Spearman이 만들었다.
② 정신검사(mental test)란 용어를 심리학에 도입한 학자는 Binet이다.
③ 지능검사는 피검사자의 정신병리를 파악하는데 사용할 수 있다.
④ 현재 널리 사용되는 지능검사들은 대부분 문화적 영향이 적절히 배제되어 있다.

해설
① 웩슬러(Wechsler)는 편차지능을 이용한 지능검사를 만들었다.
② 카텔(Cattel)은 정신검사(Mental Test)란 용어를 심리학에 도입한 학자이다.
④ 현재 널리 사용되는 지능검사들은 대부분 문화적 영향을 고려하고 있다.

055
16PF(성격요인검사)에 관한 설명으로 틀린 것은?

① 상반된 의미의 형용사를 요인분석하여 만든 검사이다.
② Cattell에 따르면 임상증상은 표면특성이고 그 배후에는 다양한 근원특성이 있다.
③ MMPI와는 달리 정신질환자가 아닌 정상인의 성격을 측정하기 위해 만든 검사이다.
④ Cattell과 Eber가 고안한 검사로 성인은 물론 학령기를 시작하는 6세 이상을 대상으로 하고 있다.

해설
16PF(성격요인검사)
1949년 Cattell이 개발, 형용사 목록을 추려 4,500개 성격특성목록을 작성한 후 이 중 인간 특성을 가장 잘 반영하는 171개 단어 목록을 선정, 이것을 요인분석하여 16개 요인을 발견하였다. 이 검사는 16세 이상의 정상 성인의 성격특성을 측정하기 위한 검사이다.

056
지능은 우수하지만 주의력 결핍과잉행동장애가 있어 학업부진을 보이는 아동이나 청소년들이 다른 소검사에 비해 높은 점수를 얻기 어려운 소검사는?

① 어휘
② 이해
③ 숫자
④ 토막짜기

해설
숫자외우기
청각적 단기기억, 즉각적인 기계적 회상, 주의력 및 주의집중력, 유동성 지능, 학습장애 등과 연관된다. 이 검사의 저조한 수행은 ADHD 아동을 판별하는데 도움을 준다.

057
심리평가와 관련된 윤리로 보기 어려운 것은?

① 가능하면 최근에 제작된 검사를 사용해야 한다.
② 심리검사를 구매하는 데도 일정한 자격이 필요하다.
③ 수검자 외의 어떠한 사람에게도 검사 결과를 알려서는 안 된다.
④ 검사 결과는 수검자가 이해할 수 있는 방식으로 설명해야 한다.

> **해설**
> **심리평가의 윤리적 고려사항**
> 내담자의 권익보호, 표준화된 도구 사용
> 평가도구의 도덕성 및 윤리성, 분류의 신중한 사용, 치료적 개입, 사생활 보호 및 비밀유지, 세부적인 평가 과정을 통해 얻어진 대부분의 정보는 내담자의 사생활 보호 및 비밀유지 차원에서 보호되어야 한다. 단, <u>수검자가 자해 및 타해의 위험이 있는 경우</u> 비밀보장의 원칙의 <u>예외사항</u>이다.

> **해설**
> **평균치(Mean)** : 전체 합산 점수를 사례 수로 나눈 값으로 가장 보편적인 집단의 집중경향을 나타내는 점수
> **중앙치(Median)** : 한 집단의 분포에서 서열상 가장 가운데 위치한 점수
> **표준편차(Standard Deviation)** : 분산의 제곱근으로, 한 집단의 점수가 흩어진 정도를 의미하는 변산도로 가장 많이 활용되는 점수

058
Bayley 발달척도(BSID-II)를 구성하는 하위 척도가 아닌 것은?

① 운동척도(motor scale)
② 정신척도(mental scale)
③ 사회성척도(social scale)
④ 행동평정척도(behavior rating scale)

> **해설**
> **베일리 발달척도(Bayley Scale of Infant Development-II ; BSID-II)**
> 베일리가 1969년 생후 2개월에서 30개월까지의 영유아를 대상으로 한 발달척도(BSID)를 고안한 이후, 1993년 개정판(BSID-II)을 통해 생후 1개월에서 42개월까지의 영유아를 대상으로 한 표준화가 이루어졌다.
> 하위척도는 정신척도, 운동척도, 행동평정척도로 구성되어 있다.

059
검사 점수들의 분포 특성을 요약적으로 나타내는 지표로 사용되지 않는 것은?

① 사례수(N)
② 평균치(mean)
③ 중앙치(median)
④ 표준편차(standard deviation)

060
동일한 사람에게 첫 번째 시행한 검사와 측정역, 문항수, 난이도가 같은 검사로 두번 째 검사를 실시해서 두 검사점수 간의 상관으로 신뢰도를 추정하는 방법은?

① 반분 신뢰도
② 내적 합치도
③ 동형검사 신뢰도
④ 검사 – 재검사 신뢰도

> **해설**
> **신뢰도의 의미** : 검사 점수의 일관성, 반복적인 측정에서 동일한 점수를 얻는 정도
> **동형검사 신뢰도**
> 검사의 두 가지 유사한 형태를 개발하여 시행한 후 두 검사 점수들간의 상관으로 계산하는 신뢰도를 말한다.

제4과목 임상심리학

061
범죄에 대한 지역사회심리학적 접근에서 일차적 예방에 해당하는 것은?

① 가해자의 부모에 대한 교육
② 범죄 피해자에 대한 조기지원 프로그램
③ 범죄 예방을 위한 환경의 변화 노력
④ 비행 청소년의 재비행 방지 프로그램

해설

브랜팅햄과 파우스트의 범죄예방 접근법
1차, 2차, 3차 모델로 나누어 범죄예방을 설명한다.
1차적 예방 : 범죄발생 원인에 영향을 미치는 경제 및 사회조건에 개입하는 전략, 범죄의 기회를 제공하는 물리적 환경조건을 찾아 개입하는 전략, 금은방에의 비상벨 설치, 금융기관 CCTV 설치 지도, 민간경비, 범죄예방교육, 경찰 방범활동, 시민순찰과 같은 이웃 감시
2차적 예방 : 잠재적 범죄자를 조기에 발견하여 개입하는 전략, 우범자 또는 우범지역 단속
3차적 예방 : 상습범 대책수립 및 재범 억제를 지향하는 전략, 교도소 구금, 범인의 검거 구속, 범죄자에 대한 민간단체나 지역사회의 교정 프로그램

062
행동적 평가 요소에 관한 설명으로 옳은 것은?

① 목적 : 병인론적 요인을 확인하기 위해 강조된다.
② 과거력의 역할 : 현재 상태가 과거의 산물이라 생각하기 때문에 중시된다.
③ 행동의 역할 : 특정한 상황에서 사람의 행동 목록의 표본으로 중시된다.
④ 도구의 구성 : 상황적 특성보다는 초맥락적 일관성을 강조한다.

해설

행동평가는 행동의 선행사건/상황과 그에 수반하는 결과에 초점을 맞춰 인간 행동 특성을 평가하는 심리 평가 기법 중 한 종류이다. 직접관찰과 실험을 통해 얻은 결과를 설명하고 추론하고 일반화하는 연구방법인 가설적-연역법을 통해 상황적·환경적 요인을 평가한다.

063
개방형 질문 시행 시 일반적인 지침과 가장 거리가 먼 것은?

① 지적으로 심사숙고하여 반응하기 쉬운 '왜'로 시작하는 질문은 삼간다.
② 연관된 영역을 부연하여 회상할 수 있도록 질문한다.
③ 정확하고 구체적인 사실여부 확인을 위한 질문을 한다.
④ 너무 많은 질문을 하지 않는다.

해설

• **개방형 질문**
개방형 질문은 자유응답형 질문으로 응답자가 할 수 있는 응답의 형태에 제약을 가하지 않고 자유롭게 표현할 수 있도록 하는 방법이다. 개방형 질문에 대한 장점과 단점은 다음과 같다.
• **장점**
- 강제성이 없어 다양한 응답이 가능하다.
- 응답자가 상세한 부분까지 언급할 수 있다.
- 대답이 불명확할 경우 면접자가 설명을 요구할 수 있으므로 오해를 제거하고 친밀감을 높일 수 있다.
• **단점**
- 응답결과 부호화나 수치화가 어려워 체점과 코딩이 어려우므로 통계적 분석이 용이하지 않다.
- 폐쇄형 질문보다 조사시간이 많이 걸린다.
- 무응답률이 높다.
- 응답의 세세한 부분이 유실될 수 있다.
- 응답 표현상의 차이로 상이한 해석과 편견이 개입될 수 있다.

064
단기 심리치료에서 좋은 결과를 이끌어 내기 위한 요인으로 틀린 것은?

① 치료자의 온정과 공감
② 견고한 치료적 동맹 관계
③ 문제에 대한 회피
④ 내담자의 적절한 긍정적 기대

해설
단기 심리치료(단기상담)의 특징
호소하는 문제가 비교적 구체적
주호소문제가 발달상의 문제와 연관됨
내담자를 사회적으로 지지해주는 사람이 있음
상보적 인간관계를 가져본 적이 있음
성격장애를 지니고 있지 않음

065
미국심리학회(2002)에서 제시하고 있는 윤리강령의 일반원칙에 해당하지 않는 것은?

① 전문능력
② 성실성
③ 타인의 복지에 대한 관심
④ 치료자의 자기 인식능력

해설
심리학자의 윤리원칙
유능성, 성실성, 전문적이고 과학적인 책임, 인간의 권리와 존엄에 대한 존중, 타인의 복지에 대한 관심, 사회적 책임이 해당되며, 치료자의 자기 인식능력은 포함되지 않는다.

066
다음은 행동치료의 어떤 기법에 해당하는가?

> 실수하기를 두려워하는 어린 딸에게 수영을 가르치기 위해 아버지가 직접 수영하는 것을 보여주었다.

① 역조건화
② 혐오치료
③ 모델링
④ 체계적 둔감화

해설
관찰학습(모델링)의 기본전제
사람들은 남들의 행동과 그 결과를 관찰함으로써 학습할 수 있다.
학습은 외적 행동의 변화 없이도 일어난다.
직접강화보다 대리강화가 더 중요한 역할을 한다.
보상에 대한 기대, 의식, 모델에의 주의 등 인지과정이 학습에 중요한 역할을 한다.

067
바람직한 행동을 한 아동에게 그 아동이 평소 싫어하던 화장실 청소를 면제해 주었더니, 바람직한 행동이 증가했다면 이는 어떤 유형의 조작적 조건 형성에 해당하는가?

① 정적 강화
② 부적 강화
③ 정적 처벌
④ 부적 처벌

해설
정적강화: 유쾌 자극을 부여하여 바람직한 반응의 확률을 높인다.
부적 강화: 불쾌 자극을 제거하여 바람직한 반응의 확률을 높인다.
정적 처벌: 불쾌 자극을 부여하여 바람직하지 못한 반응의 확률을 감소시킨다.
부적 처벌: 바람직하지 못한 반응을 감소시키기 위해 유쾌자극을 제거하여, 반응자가 좋아하는 것을 제한함으로써 바람직하지 않은 행동을 감소시킨다.

068
치료장면에서의 효과적인 경청과 가장 거리가 먼 것은?

① 내담자가 자신의 문제를 심각하게 얘기하지만 치료자가 보기에는 그렇지 않을 때에는 중단시킨다.
② 치료자는 반응을 보이기에 앞서 내담자가 스스로 말할 시간을 충분히 주려고 한다.

③ 치료자는 내담자에게 주의를 많이 기울인다.
④ 내담자가 문제점을 피력할 때 가로막지 않는다.

> **해설**
> **경청의 원리**
> 상담자가 말을 하기 전에 내담자가 자신에 대해 충분히 말할 시간을 제공한다.
> 내담자가 심각하게 말하고 있는 것에 대해 상담자가 비록 그렇게 생각하지 않는다 해도 심각한 것으로 간주하고 상담에 임한다.
> 고개를 자연스럽게 끄덕이거나 '음', '네' 등의 반응으로 내담자에게 주의를 기울이고 있음을 보여준다.
> 상담 주제와 관련된 필요한 질문을 하며, 상담 주제와 관련없는 상담자의 호기심을 채우기 위한 불필요한 질문을 삼간다.
> 내담자와 자주 자연스럽게 눈을 맞추며, 시계나 주변 사물을 보는 등 산만한 행동을 삼간다.
> 상담자가 대화를 하다가 주제를 갑자기 바꾸는 등 내담자의 문제나 호소를 회피하지 말아야 한다.

069
Freud의 정신분석적 심리치료에 대한 비판을 토대로 발전한 신 정신분석학파의 주요 인물 및 치료접근법에 해당하지 않는 것은?

① Adler의 개인심리학
② Sullivan의 대인관계 이론
③ Fairbaim의 대상관계 이론
④ Glasser의 통제 이론

> **해설**
> **Glasser의 통제 이론**
> Glasser는 무의식보다 의식의 내용을 다룰 뿐만 아니라 과거보다 현재의 행동에 초점을 맞추고 있다는 점에서 매우 실제적이고 경제적인 치료법이라고 할 수 있다. 내담자의 문제를 무의식이나 과거사와 연결시키게 되면, 치료에서 다루어야 할 내용이 확대될 뿐만 아니라 치료기간 역시 장기화될 수 있다.

070
임상심리학의 접근법 중 제2차 세계대전 이전에 대두된 치료 접근법은?

① 합리적 정서치료 ② Adler의 개인심리학
③ 교류분석 ④ 게슈탈트

> **해설**
> 제2차 세계대전은 1939년 9월 ~ 1945년 9월까지이다.
> 아들러의 개인심리학은 1912년 개인심리학협회를 창립하며 알려졌다.
> **합리적 정서치료** : 1950년대 엘버트 엘리스가 창안
> **교류분석** : 1959년 에릭 번이 창안
> **게슈탈트** : 1940년 펄스가 창안

071
문장완성검사에 관한 설명으로 틀린 것은?

① 수검자의 자기개념, 가족관계 등을 파악할 수 있다.
② 수검자가 검사자극의 내용을 감지할 수 없도록 구성되어 있다.
③ 수검자에 따라 각 문항의 모호함 정도는 달라질 수 있다.
④ 개인과 집단 모두에게 실시될 수 있다.

> **해설**
> 피검자의 의식적인 통제나 방어가 쉽게 이루어진다.

072
Rogers의 인간중심 접근에 대한 설명으로 틀린 것은?

① 자기개념을 확장하도록 돕는 것이 치료의 목표이다.
② 자기-경험의 불일치가 불안의 원인이라고 본다.
③ 부모의 조건적 애정과 가치가 문제의 근원이 될 수 있다.
④ 치료자는 때에 따라 자신의 감정을 숨기거나 왜곡해야 한다.

> **해설**
> Rogers의 인간중심 접근에서 강조한 상담자의 세가지 태도는 진실성, 공감적 경청, 무조건적 이해이다. ④번은 진실하지 못한 태도이다.

073
임상심리학의 발전에 기여한 인물이나 사건과 그 설명이 바르게 짝지어진 것은?

① Alfred Binet – 편차형 아동지능검사를 개발하였다.
② Sigmund Freud – 무의식적 갈등과 정서적 영향이 정신질환과 신체적 질병의 원인이 될 수 있다고 가정하였다.
③ Army Alpha – 문맹자와 언어장애자를 위한 비언어성 지능검사가 개발되었다.
④ Wilhelm Wundt – Pennsylvania 대학교에 심리진료소를 개설하였다.

> **해설**
> ① Alfred Binet는 언어성 지능검사를 개발하였다.
> ③ Army Alpha는 군인들의 지적 능력을 측정하고, 그 결과에 따라 군인들을 효율적으로 선발·배치할 수 있는 지능검사를 개발하였다.
> ④ Wilhelm Wundt는 1879년 독일 라이프치히 대학에 심리학 실험실을 개설하였고, 1896년 위트머(Witmer)는 Pennsylvania 대학교에 심리진료소를 개설하였다.

074
A유형(Type A) 성격의 행동패턴이 아닌 것은?

① 마감시한이 없을 때에도 최대의 능력을 발휘하여 일한다.
② 자신의 물리적, 사회적 환경을 장악하려는 통제감이 높다.
③ 지연된 보상이 주어지는 과제에서 향상된 수행을 발휘한다.
④ 좌절하면 공격적이고 적대적이 되며, 피로감과 신체적 증상을 덜 보고한다.

> **해설**
> **A유형(Type A) 성격**
> 1970년대 프로드먼과 로젠은 'A유형 행동과 당신의 심장(Type A Behavior and Your Heart)'라는 책을 출간, 심장병을 유발하는 주요 심리적 요인으로 A유형 행동이 알려지게 됨
> **A유형 성격의 특징**
> A유형 성격 유형은 조바심, 공격성, 강렬한 성취욕, 시간적 긴박감, 인정받고 싶은 욕구, 진보에 대한 욕구가 강한 특성을 가진다. 이는 빠르게 변화하고 복잡한 서구의 문화적 특징과 관련되어 있기도 하다.

075
환자에게 자신의 메시지를 정교화하도록 도울 뿐만 아니라 면접자가 그 메시지를 이해하고 있다는 것을 확실히 하기 위하여 사용되는 의사소통 기법은?

① 요약 ② 명료화
③ 직면 ④ 부연설명

> **해설**
> **명료화(clarification)** : 내담자의 말 속에 내포되어 있는 뜻을 내담자에게 요약하고 명확하게 말해주는 것. 내담자가 말하는 의미가 모호하거나 혼란스러울 때, 즉, 분명하게 말해 달라고 요청하는 것도 포함됨.
> **명료화의 구체적 예시**
> "~라고 말한 것은 구체적으로 무엇을 뜻합니까?", "~은 ~하는 의미인가요?", "예를 들어주시겠어요?"

076
불안을 유발하는 특정한 대상이나 상황이 불안하지 않은 상황으로 변화하도록 돕는 행동치료법은?

① 역조건형성
② 혐오치료
③ 토큰 경제
④ 인지치료

> **해설**
> 역조건형성(counter-conditioning) : 특정 조건자극에 대한 바람직하지 못한 조건반응을 바람직한 조건반응으로 대치하는 방법 예 개를 무서워하는 아이에게 사탕을 이용하여 개를 좋아하도록 만든다.

077
지역사회 심리학에서 지향하는 바가 아닌 것은?

① 자원 봉사자 등 비전문 인력의 활용
② 정신 장애의 예방
③ 정신 장애인의 사회 복귀
④ 정신병원시설의 확장

> **해설**
> 지역사회 심리학
> 사람과 환경 간의 적합성에 주의를 기울이면서 정신건강 문제의 발생 및 완화에 있어서 환경적 힘의 역할에 주목
> 삶의 문제 원인을 생물학적, 심리적 원인에서 찾기보다는 사회적, 지역적 선행사건에서 찾으려고 함
> 지역사회 중심의 공공 정신보건체계를 강조하며, 정신질환자 또는 정신장애인을 기존의 병원이나 수용소가 아닌 가족, 학교, 직장, 광범위한 장소 등 지역사회 내의 다양한 사회구조로 흡수를 중시함

078
Rorschach 검사의 실시에 관한 설명으로 옳은 것은?

① 수검자가 질문을 할 경우 검사자는 지시적으로 반응해야 한다.
② 일반적으로 수검자와 마주 보는 좌석배치가 표준적인 절차이다.
③ 질문단계에서는 추가적인 반응을 확인하기 위해 주의를 기울여야 한다.
④ 수검자가 카드 I 에서 5개를 넘겨 반응을 할 때는 중단시킨다.

> **해설**
> 카드 1에 대해 5개의 반응을 한 후 더 많은 반응을 하려고 하면 다음 카드로 넘어가도 된다.

079
체중감량을 위해 상담소를 찾은 여대생에게 치료자가 적용할 수 있는 가장 적합한 행동관찰법은?

① 자연관찰   ② 면대면 관찰
③ 자기관찰   ④ 통제된 관찰

> **해설**
> 자기관찰법
> 개인이 자신의 행동, 사고, 정서 등을 관찰하고 기록하는 것이다. 목표 행동의 빈도, 강도, 기간을 기록하고 선행 자극조건과 행동 뒤의 결과가 무엇인지를 기록하여, 문제 행동의 발생 과정과 변화를 인식하게 한다. 자기 관찰이 자신에 대한 기록과 관찰을 왜곡하게 되는 단점이 있기는 하지만, 경비가 저렴하고 자신의 행동에 대한 피드백으로 문제행동을 통제하는 장점을 갖는다.

080
다음은 뇌와 관련하여 공통적으로 어떤 질환에 해당하는가?

> 헌팅턴병   파킨슨병   알츠하이머병

① 종양   ② 뇌혈관 사고
③ 퇴행성 질환   ④ 만성 알코올 남용

> **해설**
> 퇴행성 질환은 노화와 깊은 관련을 가지면서, 정상적인 노화의 과정과는 달리 급속하게 신경계의 일부 또는 뇌 전체에 비정상적인 신경세포의 죽음이 일어나 뇌와 척수의 기능이 상실되어 인지 능력, 보행-운동 능력 등이 감소하는 질환이다.

제 5 과목 심리상담

081
청소년 비행의 원인을 사회학적 관점에서 설명하는 이론이 아닌 것은?

① 아노미 이론 ② 사회통제이론
③ 욕구실현이론 ④ 하위문화이론

해설
청소년 비행이론에는 아노미 이론, 차별접촉이론, 낙인이론, 사회통제이론, 하위문화이론 등이 있다.
아노미 이론 : 아노미란 프랑스의 사회학자인 뒤르켐이 처음으로 사용한 용어인데, 사회구조가 급격하게 변화함에 따라 집단규범이 모호해져 초래된 '무규범상태'를 일컫는 말이다.
차별접촉이론 : 서더랜드(E. Sutherland)에 의해 성립된 것으로, '가난과 범죄'의 관계를 문화적인 맥락에서 접근한다.
낙인이론 : 레머트(Lemert)와 베커(Becker)에 의해 제기된 이론으로, 행위자에 대한 낙인여부가 비행소년을 낳게 하는 원인이 된다고 보았다.
사회통제이론 : 허쉬(Hirsch)가 주장한 이론으로 비행성향을 통제해 줄 수 있는 사회에의 유대가 약화될 때 비행에 빠지게 된다고 주장하였다.
하위문화이론 : 청소년의 비행을 하위문화를 형성하고 있는 집단의 관습적 문제로 보는 이론이다.

082
상담심리학의 역사에서 상담심리학의 기반형성에 근원이 된 주요 영향이 아닌 것은?

① 의학적 관점으로부터의 상담과 심리치료의 발달
② Parsons의 업적과 직업운동의 성숙
③ 정신건강에 대한 관심
④ 심리측정적 경향의 발달과 개인차 연구

해설
의학적 관점에서 탄생한 심리학의 분야는 임상심리학이다. 임상이란 단어는 영어로 clinic이며 병원이란 의미이다.

083
전화상담의 특성에 대한 설명으로 틀린 것은?

① 전화상담은 일회성, 신속성, 비대면성의 특성을 지니기 때문에 상담에 대한 구조화를 배제해야 한다.
② 전화상담의 주된 주제에는 객관적 정보, 전문지식, 위로와 정서적 지지 제공, 다른 기관으로의 의뢰 등이 포함된다.
③ 우리나라의 전화상담은 자살을 비롯한 위기 예방을 목적으로 시작되었으나 점차 위기 이외의 일반적 문제나 목적으로 확대되는 추세이다.
④ 전화상담에서는 호소문제를 구체적으로 확인하고 상담목표를 정리하며 문제상황에 대한 새로운 대처방안 모색과 실행행동의 평가 등이 중요한 과제로 다루어져야 한다.

해설
전화상담은 단회상담의 원리를 적용하여 상담의 초기, 중기, 말기를 탈이론적 입장에서 단회에 모두 진행하여야 하며, 어떤 상담이든지 구조화는 필요하다.

084
학습문제 상담의 시간관리 전략에서 강조하는 것은?

① 기억하고자 하는 의도를 갖도록 노력한다.
② 학습의 목표를 중요도와 긴급도에 따라 구체적으로 수립한다.
③ 시험이 끝난 후 오답을 점검한다.
④ 처음부터 장시간 공부하기보다는 조금씩 자주 하면서 체계적으로 학습한다.

해설
시간관리는 학습동기, 성격, 가족의 생활습관 등과 밀접한 관련이 있다. 시간관리는 학습의 목표와 관련하여 중요하고 긴급한 것을 우선순위로 해서 설정하는 것이 필요하다.

085
중독의 병인을 설명하는 모델에 대한 설명으로 틀린 것은?

① 도덕모형 : 중독을 개인 선택의 결과로 간주한다.
② 학습모형 : 혐오감을 주는 금단증상이 계속적인 약물사용의 한 원인이고 동기로 간주한다.
③ 정신역동모형 : 물질남용은 더욱 근본적인 정신병리의 징후로 간주한다.
④ 고전적 조건형성 모형 : 병적도박 등 행위중독의 주요 기제로 간주한다.

해설
병적도박 등 행위중독의 중요한 기제는 조작적 조건형성 모형이다.
조작적 조건화는 행동주의 심리학의 이론으로, 어떤 반응에 대해 선택적으로 보상함으로써 그 반응이 일어날 확률을 증가시키거나 감소시키는 방법을 말한다. 여기서 선택적 보상이란 강화와 벌을 의미한다. 조작적 조건화는 작동적 조건화, 도구적 조건화라고도 한다.

086
집단상담 과정 중 집단원의 저항과 방어를 다루기 위해 지도자가 즉각 개입하고, 문제해결을 위해 지지와 도전을 제공하는 역할을 수행해야 하는 단계는?

① 갈등단계
② 응집성단계
③ 생산적단계
④ 종결단계

해설
집단상담은 초기단계, 갈등관계(과도기단계), 작업단계(응집력 및 생산력), 종결단계로 이루어진다.
갈등단계(과도기단계)에서는 불안, 갈등, 지도자에 대한 도전, 저항이 나타나며, 지도자는 집단원들의 저항과 방어를 직면하고 해결하기 위해 필요한 지지와 도전을 제공하는 것이다.

087
상담자의 바람직한 상담기술과 가장 거리가 먼 것은?

① 내담자에 대한 상담자의 정서적인 반응을 반영하는 자기관련 진술을 적절히 시행한다.
② 내담자의 음성언어 및 신체언어에 대해 비판단적이고 진지하게 반응해야 한다.
③ 치료적 직면은 돌봄의 과정 속에서 도전이 아닌 분명하게 하기 위한 목적으로 사용되어야 한다.
④ 상담 초기에는 찬반을 내포하지 않는 최소의 촉진적 반응은 될 수 있는 대로 하지 않는다.

해설
상담 초기에는 촉진적 관계형성 기술을 사용하여 서로 존중하고 신뢰하며 이해하는 관계가 형성되어야 한다.

088
심리상담에 관한 설명으로 옳은 것은?

① 내담자의 자각확장이 이루어지도록 조력하는 활동이다.
② 상담자의 가치관을 중심으로 성과가 산출되도록 해야 한다.
③ 조력과정으로 결과를 강조하는 활동이어야 한다.
④ 상담자의 전문적 훈련이 실제 상담과정과 무관하여야 한다.

해설
내담자의 가치관이 중요하며, 상담자의 가치관을 강요해서는 안 된다. 상담이란 인간적 성장을 위해 함께 노력하는 학습과정이다. 상담자의 전문적 훈련이 필수적으로 필요하다.

089
다음의 사례에서 사용된 현실치료 기법은?

> 지금은 정상적이지만 예전에 얼어붙듯 주먹 쥔 손 모양을 하고 있었던 때가 있었던 젊은 남자를 상담할 때, 치료사는 그의 습관대로 손을 아래에 숨기는 것이 아니라 다른 사람들이 볼 수 있도록 들어보라고 제안하였다. 치료사는 젊은 남자에게 일시적 장애를 극복한 것에 대해 자랑스럽게 느껴보도록 노력하라 제안했고, 그것을 숨긴다면 아무도 자신이 어려움을 극복했다는 것을 모를 것이라고 이야기해주었다. 치료사는 물었다. "이 일을 당신이 어려움을 극복할 수 있음을 주위 사람들에게 보여주기 위한 예로 사용하지 그래요?"

① 직면 ② 재구성하기
③ 역설적 처방 ④ 비유 사용하기

해설
재구성하기란 윌리엄 글래서가 창시한 현실치료의 기법 중의 하나로 내담자의 행동에 대한 인식을 변화시키는 기법으로 내담자가 문제를 다른 시각으로 바라볼 수 있도록 돕는 방법이다.

090
자신조차 승인할 수 없는 욕구나 인격특성을 타인이나 사물로 전환시킴으로써 자신의 바람직하지 않은 욕구를 무의식적으로 감추려는 방어기제는?

① 동일화 ② 합리화
③ 투사 ④ 승화

해설
투사(Projection)
자신이 무의식에 품고 있는 공격적 계획과 충동을 남의 것이라고 떠넘겨 버리는 정신기제이다. 가장 미숙하고 병적인 방어기제로, 망상이나 환각을 일으키는 정신기제이다 (예) 자신이 말 많은데 말 많은 사람을 싫어하는 심리)

091
행동주의 집단상담의 절차를 바르게 나열한 것은?

> ㄱ. 문제에 적합한 상담목표를 구체화
> ㄴ. 결과를 객관적으로 평가하고 피드백
> ㄷ. 문제가 되는 행동의 정의 및 평가
> ㄹ. 상담계획을 공식화하고 방법을 적용

① ㄱ→ㄴ→ㄷ→ㄹ
② ㄴ→ㄷ→ㄱ→ㄹ
③ ㄷ→ㄱ→ㄹ→ㄴ
④ ㄹ→ㄱ→ㄷ→ㄴ

해설
행동주의 집단상담 절차
1. 상담관계의 형성
2. 문제행동 규명
3. 현재 상태 파악
4. 상담목표 설정
5. 상담 기술 적용
6. 상담결과 평가
7. 상담종결

092
특수한 진단을 피하고, 직업적 역할 속에서 자아(self)의 개념을 명백히 하고 실행할 수 있도록 돕는 직업상담의 이론은?

① 특성-요인 직업상담
② 정신역동적 직업상담
③ 내담자 중심 직업상담
④ 행동주의 직업상담

해설
내담자 중심 직업상담
내담자가 직업적인 문제를 갖고 있는지 아닌지를 결정하는 대신 내담자와 상담자의 관계를 방해하는 요소를 진단한다.

093

자살을 하거나 시도하는 학생들에게 공통적으로 나타나는 성격특성과 가장 거리가 먼 것은?

① 부정적 자아개념
② 부족한 의사소통 기술
③ 과도한 신중성
④ 부적절한 대처 기술

해설
청소년 자살 특징
외부자극 변화에 민감하며 충동적으로 일어나기 쉽고, 사소한 일에도 쉽게 충격을 받아 단순하게 자살하는 경향이 많다.
오랫동안 신중하게 자살 생각을 한 결과라기보다 다분히 감정적인 상태에서 일어난다.

094

성폭력 피해자에 대한 인지적 단기상담을 실시할 때 상담의 효과를 유지시키기 위한 방법으로 적합하지 않은 것은?

① 상담을 통한 체험을 일반화하도록 도와준다.
② 자기와의 대화내용을 검토하고 잘못된 자기대화를 고치도록 한다.
③ 문제가 재발하지 않는다고 확신을 준다.
④ 사회적인 지지를 해준다.

해설
성폭력 재발 여부의 확신은 상담자가 해줄 수 없으며, 그러한 일이 생겼을 때 문제해결력을 키워주는 것이 상담자의 역할이다. 내담자의 문제 해결력을 키워주는 것은 성폭력 피해자를 위한 단기상담 이외에도 모든 심리상담에서 필요한 사항이다.

095

우울한 사람들이 보이는 체계적인 사고의 오류 중 결론을 지지하는 증거가 없거나 증거가 결론과 배치되는데도 불구하고 어떤 결론을 이끌어 내는 과정을 의미하는 인지적 오류는?

① 임의적 추론(arbitrary inference)
② 과일반화(overgeneralization)
③ 개인화(personalization)
④ 선택적 추상화(selective abstraction)

해설
아론 벡의 인지적 오류(인지적 왜곡)
임의적 추론(arbitrary inference)
지지할 만한 적절한 증거 없이 부정적 결론에 도달하는 것이다. 예를 들어 모든 사람이 당신이 한 행동을 꿰뚫어 보고 있다고 확신하는 것이다.

096

상담의 구조화에 관한 설명으로 틀린 것은?

① 상담의 다음 진행과정에 대한 내담자의 두려움이나 궁금증을 줄일 수 있다.
② 구조화는 상담 초기뿐만 아니라 전체 과정에서 진행될 수 있다.
③ 상담의 효과를 최대한으로 높이기 위해 행해진다.
④ 상담에서 다루려는 내용을 구체적으로 정의하는 작업이다.

해설
상담의 구조화
상담의 효과를 구조화하기 위해 상담의 본질, 제한점, 목표 등을 규정하고 상담자와 내담자의 역할 및 책임, 바람직한 태도 등의 명백하게 협의해서 정하는 것이다. 시간의 제한, 행동의 제한, 내담자 역할의 구조화, 상담자 역할의 구조화, 상담 과정 및 목표의 구조화, 비밀보장의 원칙 및 한계 등을 정한다.

097
Adler의 개인심리학적 상담에 대한 설명으로 틀린 것은?

① Adler는 일반적으로 인간이 열등감을 갖는 것은 필요하고 바람직하기까지 하다고 보았다.
② Freud와 마찬가지로 Adler도 인간의 목표를 중시하면서 주관적 요인을 강조하였다.
③ Adler는 신경증, 정신병, 범죄 등 모든 문제의 원인은 사회적 관심의 부재라고 보았다.
④ Adler는 생활양식을 개인 및 사회의 정신병리를 일으키는 주요 요인으로 보았다.

> **해설**
> 프로이트(Freud)는 인간의 행동을 결정하는 것은 무의식이며 인간발달 요인을 본능에서 찾은 반면, 아들러(Adler)는 인간의 행동을 결정하는 것은 주관적 열등감이며, 이 열등감을 극복하기 위한 노력, 즉 주관적 판단과 능동적 선택에 의해 인간이 발달한다고 보았다.

098
생애기술 상담이론에서 기술언어(skills language)에 해당하는 것은?

① 내담자가 어떻게 생각하고 느끼는가를 의미하는 것이다.
② 내담자가 어떤 외현적 행동을 하는가를 의미하는 것이다.
③ 내담자 자신의 책임감 있는 삶을 의미하는 것이다.
④ 내담자의 행동을 설명하고 분석하기 위해 사용하는 것을 의미하는 것이다.

> **해설**
> 생애기술상담(Life Skill Counseling) : 생애기술은 개인의 심리적 삶을 보장하기 위해 구체적 기술 영역에서 결정하는 일련의 선택이라고 할 수 있다.
> 기술언어(Skill Langualge) : 생애기술의 장점과 단점 관점에서 내담자 문제에 대해 생각하고 말하는 것.

특히 내담자의 문제를 지속시키는 구체적인 사고기술과 행동기술상의 단점을 규명하고, 그것들을 상담 목표로 전환하는 것을 포함한다.

099
상담자의 윤리에 관한 설명으로 틀린 것은?

① 비밀보장은 상담진행 과정 중 가장 근본적인 윤리기준이다.
② 내담자의 윤리는 개인 상담뿐만 아니라 집단 상담이나 가족 상담에서도 고려되어야 한다.
③ 상담여부를 결정하는 것은 내담자이며 상담자는 내담자에게 정확한 정보를 제공해야 한다.
④ 상담이론과 기법은 반복적으로 검증된 것이므로 시대 및 사회여건과 무관하게 적용해야 한다.

> **해설**
> 상담자는 지속적으로 교육수련을 받고 경험을 쌓음으로써 변화와 발전의 시대적 흐름 속에서도 항상 최신의 기술을 가지고 있어야 한다.

100
청소년 약물 남용에 대한 설명으로 틀린 것은?

① 우리나라 청소년의 흡연 비율은 아직 선진국보다 매우 낮은 편이다.
② 음주나 흡연을 하는 부모의 자녀는 음주나 흡연의 가능성이 높은 편이다.
③ 또래 집단이 약물을 사용할 때, 같은 집단의 다른 청소년도 약물을 사용할 가능성이 있다.
④ 흡연의 조기 시작은 본드나 마약 등의 약물 남용으로 발전될 가능성이 있다.

> **해설**
> 우리나라는 세계에서 가장 높았던 성인남성 흡연율이 90년대부터 감소추세이나, 여성 흡연율과 청소년 흡연율은 증가하는 추세를 보이고 있다.

2017년 제1회 임상심리사 2급 필기 채점표

구분	제1과목	제2과목	제3과목	제4과목	제5과목	전과목 평균
점수						

2017년 제1회 임상심리사 2급 필기 정답

001	002	003	004	005	006	007	008	009	010	011	012	013	014	015	016	017	018	019	020
②	③	②	④	④	②	④	③	③	①	④	④	④	②	①	③	④	③	①

021	022	023	024	025	026	027	028	029	030	031	032	033	034	035	036	037	038	039	040
②	①	④	④	①	①	④	①	④	①	④	②	③	④	①	④	④	④	③	④

041	042	043	044	045	046	047	048	049	050	051	052	053	054	055	056	057	058	059	060
③	①	③	②	③	②	③	③	③	③	③	③	③	④	③	③	③	③	④	③

061	062	063	064	065	066	067	068	069	070	071	072	073	074	075	076	077	078	079	080
③	③	③	③	④	②	①	④	②	②	④	②	③	②	①	④	④	④	③	③

081	082	083	084	085	086	087	088	089	090	091	092	093	094	095	096	097	098	099	100
③	①	①	②	④	①	①	②	③	③	③	③	③	①	④	②	④	④	①

2017년 제3회 임상심리사 2급 필기 기출문제

2017년 08월 26일 시행

제1과목 심리학 개론

001

실험법에 관한 설명으로 틀린 것은?

① 심리학이 과학적인 학문을 발전하는데 큰 기여를 했다.
② 다른 조건들을 일정하게 고정시키는 것을 통제라고 한다.
③ 독립변인이 어떻게 결과에 영향을 미치는지를 알아보기 위한 조작을 처치라고 한다.
④ 가외변인을 통제하기 어렵다는 문제점이 있다.

해설
실험법은 무작위 할당을 통해 실험집단과 통제집단에 피험자를 배치하여 가외변인을 효과적으로 통제하는 방법이다.
실험 연구(experimental studies)는 심리학이 과학적 학문으로 발전하는 데 기여한 연구 방법이다. 실험 연구에서는 다른 조건들을 일정하게 고정시켜 통제하고 알아보고자 하는 변인을 실험자의 의도대로 조작(처치)하거나 변화시킴으로써 다른 변인이 어떤 영향을 받는지 조사한다.

002

동조에 관한 설명으로 옳은 것은?

① 집단의 크기에 비례하여 동조의 가능성이 증가한다.
② 과제가 쉬울수록 동조가 많이 일어난다.
③ 개인이 집단에 매력을 느낄수록 동조하는 경향이 더 높다.
④ 집단에 의해서 완전하게 수용받고 있다고 느낄수록 동조하는 경향이 더 크다.

해설
동조는 사람들이 집단의 다른 구성원들에 의해 제시된 행동과 의견을 받아들이려는 경향이다.
집단의 크기가 3~4명일 때 동조율이 가장 높다. 정보가 부족하거나 불확실한 상황에서 동조가 잘 나타난다. 자신이 속하였거나, 속하고자 원하는 준거집단의 규범, 즉 집단에 매력을 느낄 수록 받아들여 이에 동조한다.

003

초자아에 대한 설명으로 틀린 것은?

① 사회의 가치와 도덕에 관한 내면화된 표상이다.
② 부모가 주는 상과 처벌에 대한 반응에 의해 발달한다.
③ 도덕성 원리에 의해 작용한다.
④ 본질적으로 성격의 집행자이다.

해설
성격의 집행자 역할을 하는 것은 자아(ego)이다.

004

싫어하는 사람을 과도하게 친절하게 대하는 것은 어떤 방어기제인가?

① 승화　　② 합리화
③ 반동형성　　④ 전위

해설
반동형성(reaction Formation) : 겉으로 나타나는 태도나 언행이 마음 속의 욕구와 반대인 경우이다.

005

여러 상이한 연령에 속하는 사람들로부터 동시에 어떤 특성에 대한 자료를 얻고, 그 결과를 연령 간 비교하여 발달적 변화과정을 추론하는 연구방법은?

① 종단적 연구방법
② 횡단적 연구방법
③ 교차비교 연구방법
④ 단기종단적 연구방법

해설
횡단적 연구
횡단적 연구(cross-sectional design)는 많은 시간과 비용을 요구하는 종단적 연구의 단점을 보완하기 위해 고안된 연구로 각기 다른 연령의 서로 다른 개인을 대상으로 동일한 시점에 자료를 얻고 그 결과를 연령 간 비교하여 발달적 변화과정을 추론하는 연구방법이다.
종단적 연구
종단적 연구(longitudinal study)는 동일한 연령집단에 대해 반복적 관찰 후 시간 경과에 따른 변화를 연구하는 방법이다.
교차비교 연구방법 : 각 연구대상의 피험자가 자신의 대조군 역할을 하는 연구 방법이다.
단기종단적 연구방법 : 종단적 방법과 횡단적 방법을 혼합한 형태이다. 서로 다른 연령층을 대상으로 일정 기간 동안 연령이 증가함에 따라 반복으로 연구하는 방법이다.

006

잔소리하는 어머니로부터 벗어나기 위해 집 밖에서 머무르는 시간이 증가하는 것은 조작적 조건형성에서 무엇에 해당되는가?

① 정적 강화
② 부적 강화
③ 정적 처벌
④ 부적 처벌

해설
부적 강화 : 불쾌자극을 제거하여 바람직한 반응의 확률을 높인다.
정적 강화 : 유쾌자극을 부여하여 바람직한 반응의 확률을 높인다.
정적 처벌 : 불쾌자극을 부여하여 바람직하지 못한 반응의 확률을 감소시킨다.
부적 처벌 : 유쾌자극을 제거하여 바람직하지 못한 반응의 확률을 감소시킨다.

007

실험법과 조사법의 가장 근본적인 차이점은?

① 실험실 안에서 연구를 수행하는지의 여부
② 연구자가 변인을 통제하는지의 여부
③ 연구변인들의 수가 많은지의 여부
④ 연구자나 연구참가자의 편파가 존재하는지의 여부

해설
실험법과 조사법의 근본적 차이는 연구자가 변인을 통제하는지 여부이다.

008

성격 이론의 구성요소에 해당하는 것으로만 바르게 나열한 것은?

① 개방성(openness to experience), 성실성(conscientiousness), 민감성(sensitivity)
② 외향성(extraversion), 친화성(agreeableness), 성실성(conscientiousness)
③ 친화성(agreeableness), 신경증성향(neuroticism), 강인성(hardiness)
④ 개방성(openness to experience), 친화성(agreeableness), 충동성(impulsiveness)

해설
골드버그의 성격 5요인 모델(OCEAN)
성실성, 친화성(동조성), 신경성, 개방성, 외향성

009
자신과 타인의 휴대폰 소리를 구별하거나 식용버섯과 독버섯을 구별하는 것은?

① 변별
② 일반화
③ 행동조형
④ 차별화

> **해설**
> 변별은 훈련 때 사용했던 바로 그 자극에 대해서만 반응하는 현상을 말한다. (예 휴대폰 소리 구분, 식용버섯과 독버섯 구분)
> **일반화** : 일반화가 훈련할 때 사용했던 자극뿐만 아니라 그와 유사한 자극에 대해서도 같은 반응을 하는 현상을 말한다.
> **행동조형** : 일련의 복잡한 행동을 학습시키기 위해, 목표행동에 근접하는 행동을 보일 때마다 강화를 하여 점진적으로 목표행동을 학습시키는 방법을 말한다.
> **차별화** : 차이를 두는 것을 의미한다.

011
검사의 내용이 측정하려는 속성과 일치하는지를 논리적으로 분석·검토하여 결정하는 타당도는?

① 예언타당도
② 공존타당도
③ 구성타당도
④ 내용타당도

> **해설**
> 내용타당도는 측정도구의 내용이 측정하고자 하는 구성개념을 얼마나 적절히 반영하고 있는가에 대한 것이다. 전문가들로 하여금 검사내용을 분석하고 판단하도록 하는 것을 말한다.

010
기억 단계를 바르게 나열한 것은?

> ㄱ. 보유(retention)
> ㄴ. 인출(retrieval)
> ㄷ. 습득(acquisition)

① ㄱ → ㄴ → ㄷ
② ㄷ → ㄱ → ㄴ
③ ㄴ → ㄱ → ㄷ
④ ㄱ → ㄷ → ㄴ

> **해설**
> 기억정보의 처리과정은 습득-보유-인출의 3단계로 이루어진다.

012
집단사고가 일어나는 상황과 가장 거리가 먼 것은?

① 집단의 응집력이 높은 경우
② 집단이 외부 영향으로부터 고립된 경우
③ 집단의 리더가 민주적인 경우
④ 실행 가능한 대안이 부족하여 집단의 스트레스가 높은 경우

> **해설**
> 자니스(Janis)는 집단사고(Group-Think)가 응집력이 높을 때, 외부로부터 단절되어 있을 때, 리더가 지시적이고, 제시한 방안보다 더 좋은 방안을 찾을 가망이 없다는 데서 오는 스트레스가 높을 때 나타나는 경향이 높다고 한다.
> * 리더가 민주적인 경우는 해당되지 않는다.

013
성격이론가에 관한 설명으로 틀린 것은?

① Allport는 성격은 과거 경험에 의해 학습된 행동성향으로, 상황이 달라지면 행동성향도 변화한다고 보았다.
② Cattell은 특질을 표면특질과 근원특질로 구분하고 자료의 통계분석에 근거하여 16개의 근원특질을 제시하였다.
③ Rogers는 현실에 대한 주관적 해석 및 인간의 자기실현과 성장을 위한 욕구를 강조하였다.
④ Freud는 본능적인 측면을 강조하고, 사회환경적 요인을 상대적으로 경시하였다.

해설
올포트(Gordon Allport)는 특질을 개인에게 여러 가지 다른 자극이나 상황에 대해 유사한 방식으로 반응하도록 조작하는 실체로 보고 개인의 사고, 정서 및 행동을 결정하는데 중요한 역할을 한다고 주장하였다.

014
단기기억의 용량은?

① 5±2　　② 6±2
③ 7±2　　④ 8±2

해설
단기기억은 짧은 시간 동안에만 기억할 수 있으며 용량이 한정적이다(1청크 7±2).

015
관찰법에 관한 설명으로 틀린 것은?

① 관찰법은 실험법과 같이 독립변인을 인위적으로 조작할 수 없으므로 관찰변인을 체계적으로 측정하지 않는다.
② 관찰법에는 직접 집단에 참여하여 그 집단 구성원과 같이 생활하면서 관찰하는 참여관찰도 있다.
③ 관찰법은 임신 중 영양부족이 IQ에 미치는 영향과 같이 실험 상황을 윤리적으로 통제할 수 없을 때 사용한다.
④ 관찰법에서는 관찰자의 편견이나 희망이 반영되어 관찰자 편향이 일어날 수 있다.

해설
관찰법(observation method)은 대상이 되는 사물이나 현상에 직접적인 조건을 가하지 않고 그대로의 상태를 보고 그 안에 있는 의미를 직접 파악하는 방법이다. 관찰법은 관찰자의 편견이나 희망 반영되는 관찰자 편향이 발생할 수 있다.

016
개나리나 장미가 필 때는 그렇지 않고 유독 진달래가 필 때만 콧물이 나는 상황의 경우, 코감기의 원인이 진달래라고 결론을 내리는 것은?

① 동의성　　② 효율성
③ 일관성　　④ 독특성

해설
켈리(Kelly)의 귀인과정에서의 공변원리
원인의 독특성 또는 특이성(Distincitiveness) : 어떠한 행동이 특정원인에 의해 발생할 경우, 즉 원인의 독특성 정도가 높은 경우 그 결과를 특정원인에 의한 것으로 추론한다.

017
나중에 학습한 정보가 먼저 학습한 정보를 방해하여 회상을 어렵게 하는 현상은?

① 순행간섭　　② 역행간섭
③ 부식　　　　④ 소거

해설

간섭이론(interference theory) : 입력된 다른 정보 속성의 유사성에 따라 간섭이 일어나 망각이 발생한다고 설명한다.
역행 간섭(retroactive interference) : 새롭게 학습한 정보가 이전에 학습한 정보를 간섭해서 기억하기 어려워지는 현상이다.
순행 간섭(proactive interference) : 이전에 학습했던 정보가 새롭게 학습한 정보를 간섭함으로 인해 기억하기 어려워지는 현상이다.

018
한 번 도박에 빠지면 그만두기 어려운 이유를 학습원리로 가장 적절하게 설명한 것은?

① 너무나 큰 정적 강화를 제공하기 때문에
② 부분 강화 효과 때문에
③ 보상에 비해 처벌이 적기 때문에
④ 현실 도피라는 부적 강화를 제공하기 때문에

해설

부분강화는 간헐 강화(intermittent reinforcement)라고도 하며 프리맥(premack)의 원리에 의하면 부분 강화가 연속 강화보다 행동 소거에 대한 저항이 강해 학습된 행동을 유지하는 데 유용하다. 대표적인 부분강화 유형에는 고정간격 강화, 고정비율 강화, 변동간격 강화, 변동비율 강화가 있다.

019
A씨의 아이는 항상 우유를 보고 물이라고 이야기한다. Piaget에 따르면 A씨가 단어를 바로 잡아 준 후 아이의 우유에 대한 도식을 변환시키려면 무엇을 해야 하는가?

① 동화　　　　② 보존
③ 조절　　　　④ 대상영속성

해설

조절(accomodation) : 주위 환경과의 상호작용 및 경험으로부터의 학습을 통해 기존 도식에서 변화가 일어나는 것을 말한다.

020
정상분포에 대한 설명으로 틀린 것은?

① 평균을 중심으로 좌우대칭을 이루는 곡선이다.
② 평균과 중앙값, 최빈값이 모두 같다.
③ 정상분포를 따르는 변인은 Z점수 평균이 0이고 변량은 1이다.
④ 정상분포의 양끝 쪽은 점차 X축에 접근한다.

해설

Z점수로 나타낸 표준정규분포로 평균은 0, 표준편차는 1이다.

제 2 과목 이상심리학

021
조현병의 음성증상이 아닌 것은?

① 감퇴된 정서표현   ② 무의욕증
③ 긴장성 경직   ④ 무쾌감증

> **해설**
> 양성증상의 일종으로 혼란스러운 행동, 긴장증적 행동이 이에 해당한다. 예 망상, 환각, 와해된 언어나 행동
> 음성증상의 예 : 무의욕증, 무언어증, 무쾌락증, 정서적 둔마, 자발성의 결여

022
DSM-5 신체증상 및 관련 장애에 속하는 장애를 모두 고른 것은?

ㄱ. 질병불안장애
ㄴ. 전환장애
ㄷ. 신체증상장애

① ㄱ, ㄴ   ② ㄱ, ㄷ
③ ㄴ, ㄷ   ④ ㄱ, ㄴ, ㄷ

> **해설**
> 신체증상 및 관련장애 하위유형
> 신체증상장애, 질병불안장애, 전환장애, 허위성장애

023
우울증의 생물학적 원인에 관한 설명으로 틀린 것은?

① 생물학적 입장 : 도파민의 과도한 활동결과
② 정신분석이론 : 자기를 향한 무의식적인 분노의 결과
③ 행동주의이론 : 정적 강화 감소의 결과
④ 인지이론 : 부정적이고 비관적인 생각의 결과

> **해설**
> 도파민 분비가 과다하면 조현병에 걸릴 수 있고, 도파민의 분비가 비정상적으로 낮으면 파킨슨병에 걸리게 된다.

024
조증 삽화와 경조증 삽화의 공통점을 모두 고른 것은?

ㄱ. 의기양양하거나 과대하거나 과민한 기분이 지속되는 기간
ㄴ. 감소된 수면 욕구
ㄷ. 목표지향적 활동의 증가

① ㄱ, ㄴ   ② ㄱ, ㄷ
③ ㄴ, ㄷ   ④ ㄱ, ㄴ, ㄷ

> **해설**
> ㄱ. 의기양양하거나 과대하거나 과민한 기분이 지속되는 기간은 조증 삽화 진단기준은 최소 7일간, 경조증 삽화의 경우 최소한 4일간 거의 매일 나타난다.
> **조증 삽화와 경조증 삽화의 주요 증상**
> 1. 자기존중감의 팽창 또는 과장된 자신감
> 2. 수면에 대한 욕구 감소(예 단 3시간의 수면으로도 충분하다고 느낌)
> 3. 평소보다 말이 많아지거나 말을 끊임없이 계속함
> 4. 사고의 비약 또는 사고가 연이어 나타나는 주관적인 경험
> 5. 보고된 혹은 관찰된 주의산만(즉, 중요하지 않거나 관련 없는 외부자극에 너무 쉽게 주의를 빼앗김)
> 6. 목표지향적 활동의 증가 또는 정신운동성의 초조
> 7. 고통스러운 결과를 초래할 가능성이 매우 높은 활동에의 과도한 몰두(예 무분별한 과소비, 무분별한 성적 행동 혹은 어리석은 사업 투자에의 이끌림)

025
신경성 식욕부진증에 관한 설명으로 틀린 것은?

① 제한적 섭취로 인해 체중이 심각하게 줄어든다.
② 체중증가에 대한 극심한 두려움이 있다.
③ 신체를 왜곡하여 지각한다.
④ 신경성 폭식증보다 의학적 합병증이 적게 나타난다.

> **해설**
> 신경성 식욕부진증은 거식증이라고 불리며, 신경성 폭식증보다 의학적 합병증보다 더 많이 나타난다. 음식 자체를 거부하여 예후가 좋지 않으며 이로 인한 사망률도 5~18%에 이른다.

026
조현병에 관한 설명으로 틀린 것은?

① 이란성 쌍생아가 일란성보다 취약하다.
② 유병률은 인종과 민족에 따라 다르게 나타난다.
③ 표출정서가 높은 가정이 낮은 가정에 비해 재발률이 높다.
④ 가장 대표적인 생화학적 가설은 도파민 가설이다.

> **해설**
> 조현병은 일란성 쌍둥이의 공병률은 57% 정도, 이란성 쌍둥이는 6~12% 정도로 추정된다.

027
파괴적, 충동조절 및 품행장애에 해당하지 않는 장애는?

① 적대적 반항장애
② 병적 방화
③ 파괴적 기분조절불능 장애
④ 간헐적 폭발장애

> **해설**
> 파괴적 기분조절불능장애는 우울장애의 하위범주이다.

028
편집성 성격장애의 행동 특성으로 가장 적합한 것은?

① 다른 사람이 자신을 이용하거나 피해를 입힌다고 생각한다.
② 단순히 아는 정도의 사람을 "매우 친한 친구"라고 지칭한다.
③ 반복적으로 자살을 시도하거나 행동한다.
④ 거의 어떤 활동에서도 즐거움을 느끼지 못한다.

> **해설**
> ② 히스테리 성격장애의 특징이다.
> ③, ④ 주요 우울장애의 성격특징이다.
> 편집성 성격장애의 핵심 키워드는 불신과 의심이다.

029
물질사용장애에 관한 설명으로 틀린 것은?

① 스트레스를 받는 사회경제적 조건 하에서 발생비율이 더 높다.
② 다른 사람들에 비해 의존성, 반사회성, 충동성이 더 높다.
③ 물질사용이 보상을 줄 것이라는 기대감 때문에 사용이 증가한다.
④ 보상결핍증후군과 가장 관련이 많은 신경전달물질은 세로토닌이다.

해설
도파민이 부족하면 보상결핍증후군이 나타난다.

030
성도착장애(paraphilias)에 관한 설명으로 틀린 것은?

① 물품음란장애(fetishistic disorder)는 여성보다 남성에게서 훨씬 더 많이 나타난다.
② 동성애(homosexuality)를 하위 진단으로 포함한다.
③ 의상도착증(transvestism)은 강렬한 성적흥분을 위해 이성의 옷을 입는 것이다.
④ 관음장애(voyeuristic disorder)는 대부분 15세 이전에 발견되며 지속되는 편이다.

해설
성도착장애의 하위유형
관음장애, 노출장애, 접촉마찰장애, 성적 피학장애, 성적 가학장애, 아동성애장애, 성애물장애, 의상전환장애
과거에는 동성애를 정신장애로 여긴 적이 있었으나, 1973년 미국정신의학협회(APA)는 동성애를 정신장애 분류체계에서 삭제하였다.

031
다음의 특징을 가진 DSM-5의 장애는?

- 자기의 전체 혹은 일부로부터 분리되거나 이를 낯설게 느낌
- 신체이탈경험을 할 수 있음
- 현실검증력은 본래대로 유지

① 심인성 둔주(psychogenic fugue)
② 해리성 정체감 장애(dissociative identity disorder)
③ 이인증/비현실감 장애(depersonalization)
④ 해리성 기억상실증(dissociative amnesia)

해설
이인화/비현실감장애는 해리장애의 하위유형으로, 이인화는 개인의 정신과정이나 신체로부터 분리되어 있으며, 비현실감을 느끼는 것이다.

032
다음 사건이 일어난 순서대로 바르게 나열한 것은?

ㄱ. 비네(Binet)와 사이몬(Simon)이 아동용 지능 검사를 제작
ㄴ. WHO가 정신장애를 포함한 최초의 질병 분류체계(ICD)를 발표
ㄷ. 스키너(Skinner)가 조작적 조건형성의 원리를 발표
ㄹ. 벡(Beck)이 인지치료를 제안

① ㄱ → ㄴ → ㄷ → ㄹ
② ㄱ → ㄷ → ㄹ → ㄴ
③ ㄴ → ㄱ → ㄷ → ㄹ
④ ㄴ → ㄷ → ㄱ → ㄹ

해설
ㄱ. 1905년 ㄴ. 1946년 ㄷ. 1948년 ㄹ. 1963년

033
DSM-5에서 조현성 성격장애의 특징이 아닌 것은?

① 거의 항상 혼자서 하는 활동을 선택한다.
② 기이하거나 편향된 행동을 보인다.
③ 타인의 칭찬이나 비평에 무관심하다.
④ 단조로운 정동의 표현을 보인다.

해설
기이하거나 편향된 행동은 조현형 성격장애의 특징이다.

034
B군 성격장애에 해당하지 않는 것은?

① 경계성 성격장애
② 강박성 성격장애
③ 반사회성 성격장애
④ 연극성 성격장애

해설
강박성 성격장애는 C군 성격장애이다.
B군 성격장애의 하위유형
반사회성 성격장애, 연극성 성격장애, 경계선 성격장애, 자기애성 성격장애

035
급성 스트레스장애와 외상후 스트레스 장애의 감별진단 기준으로 가장 중요한 것은?

① 기간
② 아동기 경험
③ 사회적 지지
④ 외상 심각도

해설
급성 스트레스장애는 외상적 사건 이후 1개월 이내 증상이 호전되는 경우, 외상후 스트레스 장애는 1개월이후에도 증상이 계속 나타나는 경우 진단된다.

036
불안장애의 인지 특성을 모두 고른 것은?

ㄱ. 상황의 위험한 측면에 대해 과대평가한다.
ㄴ. 위험의 신호를 찾기 위해 내·외적인 자극을 탐색한다.
ㄷ. 현실적 근거가 없는 자신만의 규칙을 갖고 있다.

① ㄱ, ㄴ
② ㄱ, ㄷ
③ ㄴ, ㄷ
④ ㄱ, ㄴ, ㄷ

해설
ㄱ,ㄴ,ㄷ 모두 불안 장애의 인지 특성에 해당하는 내용이다.

037
공황장애를 설명하는 인지적 관점에 의하면, 공황발작을 초래하는 핵심적 요인은?

① 신체 건강에 대한 걱정과 염려
② 만성 질병에 대한 잘못된 귀인
③ 억압된 분노표출에 대한 두려움
④ 신체 감각에 대한 파국적 오해석

해설
클라크(Clark)는 공황장애 환자들은 신체감각에 대한 파국적 오해석을 하고 있다는 사실에 주목하였다. 이때 파국적 오해석이란 정상적인 신체감각에 대해 마치 재난이 일어난 것처럼 해석하는 인지적 취약성을 의미한다.

038

정신분석적 입장에서 강박장애와 밀접한 관련이 있는 방어기제가 아닌 것은?

① 투사(projection)　② 격리(isolation)
③ 대치(displacement)　④ 취소(undoing)

해설
강박장애와 연관된 방어기제는 격리, 반동형성, 대치, 취소이다.
투사는 편집증적 성격장애와 관련된 방어기제이다.

039

알츠하이머병에 관한 설명으로 틀린 것은?

① 신경인 지장애의 가장 흔한 유형이다.
② 조발성이 만발성보다 더 빈번하게 발병한다.
③ 가장 현저한 인지기능 장해는 기억장해이다.
④ 발병부터 사망까지 대개는 8~10년이 걸린다.

해설
만발성 알츠하이머병이 조발성 알츠하이머병보다 더 빈번하게 발병한다.

040

품행장애의 DSM-5 진단기준이 아닌 것은?

① 사람과 동물에 대한 공격성
② 타인의 재산 파괴
③ 사기 또는 도둑질
④ 학습문제

해설
품행장애의 진단기준에는 사람과 동물에 대한 공격, 재산파괴, 사기 또는 절도 등이 포함되며, 학습문제는 포함되지 않는다.

제 3 과목 심리검사

041

웩슬러 지능검사 소검사를 범주화하는데 있어 '획득된 지식' 요인에 속하는 소검사가 아닌 것은?

① 산수문제
② 상식문제
③ 어휘문제
④ 숫자문제

해설
숫자문제 : 단기청각기억. 주의집중력을 측정하며 단순하게 숫자를 따라서 읽는 것으로 언어가 포함되어 있지 않다.
어휘, 상식, 산수문제는 언어적 지식이 지시문이나 응답에 포함되어 있다. 산수문제의 경우도 계산문제이지만 언어적 이해가 필요하다.

042

웩슬러 지능검사를 실시한 결과는 지수점수(또는 지표점수)가 산출된다. 각 지수점수(지표점 수)의 평균과 표준편차는?

① 평균은 90, 표준편차는 10이다.
② 평균은 100, 표준편차는 15이다.
③ 평균은 90, 표준편차는 15이다.
④ 평균은 100, 표준편차는 10이다.

해설
웩슬러 지능검사는 동일연령을 대상으로 평균 100, 표준편차 15를 적용하여 산출한다.

043

신경심리검사의 해석에 관한 설명으로 옳은 것은?

① 반응의 질적 측면은 해석에서 배제된다.
② 피검사자의 정서적 및 성격적 특징은 해석에서 고려되지 않는다.
③ 과제에 접근하는 방식과 검사자와의 상호작용 양상도 해석적 자료가 된다.
④ 과거의 기능에 관한 정보는 배제하고 현재의 기능에 초점을 맞추어 평가한다.

해설
일반심리검사 뿐만 아니라 신경심리검사도 질적 분석 및 양적 분석이 필요하다. 뇌손상이 생긴 경우 감정조절이나 성격의 변화도 생기므로 정서 및 성격검사를 통한 정서적 변화도 고려해야 한다. 현재기능 평가 및 예후를 위해서 병전기능(병전지능, 병전성격, 병전적응, 병전대인관계, 병전 정서)에 대한 정보도 중요하다.
③ 신경심리검사도 일반심리검사에 포함되므로 과제 접근방식과 검사자와의 상호작용 등 면담정보도 해석에 활용한다는 것은 옳은 답이다.

044

BGT(Bender Gestalt Test)의 장점에 관한 설명으로 틀린 것은?

① 피검사자의 뇌기능 장애 평가에 유용하다.
② 자기 자신을 과장되게 표현하려는 피검사자에게 유용하다.
③ 적절하게 말할 수 있는 능력이 없거나 말할 수 있는 능력은 있으나 얘기를 하기 싫어할 때 유용하다.
④ 피검사자가 말로 의사소통을 할 능력이 충분히 있더라도 언어적 행동으로 성격의 강점과 약점에 관한 정보를 얻기 힘들 때 유용하다.

해설
② MMPI의 L척도에 대한 설명으로 볼 수 있다.
벤더게슈탈트검사(BGT)에 적합한 피검사자: 9개의 도형으로 된 투사검사이므로 언어적 능력이 충분하지 않아도 심리검사가 가능하며, 뇌기능장애, 지적장애, 문맹자, 외국인도 가능하다. HTP검사의 검사대상이나 진행과정과 비슷하다고 볼 수 있다.

045

두정엽의 병변과 가장 관련이 있는 장애는?

① 구성 장애
② 시각양식의 장애
③ 청각기능의 장애
④ 고차적인 인지적 추론의 장애

해설
구성장애
두정엽은 대뇌피질의 윗부분 중앙에 위치하며, 공간지각, 운동지각, 신체의 위치판단 등을 담당한다.

046

다음 MMPI 프로파일에 대한 해석으로 적합하지 않은 것은?

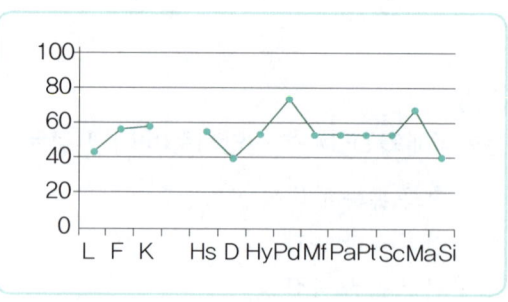

① 수동-공격성 프로파일로 볼 수 있다.
② 행동화 문제를 나타낼 가능성이 높다.
③ 비순응적이고 반사회적인 경향이 높다.
④ 대인관계가 피상적이고 이기적일 가능성이 높다.

해설

②, ③, ④는 4-9 또는 9-4코드 유형에 대한 설명이다. 범죄의 우려가 있는 범죄자나 신체노출, 강간 등의 성적 행동화를 보이는 사람, 결혼문제나 법적 문제 등에 연루된 사람에게서 종종 나타난다. 합리화의 방어기제를 사용하여 자신의 문제를 외면하며, 실패의 원인을 다른 사람에게 전가하기도 한다. 품행장애, 반사회성 성격장애, 양극성장애의 진단이 가능하다.
① 수동-공격성 프로파일은 4-6 또는 6-4코드 유형과 관련 있다.

047

기억장애를 보이고 있는 환자에게 기억 및 학습능력을 평가하는데 가장 적합한 것은?

① K-WMS-IV
② SCL-90-R
③ Face-Hand Test
④ Trail Making Test

해설

K-WMS-IV : 16~69세를 대상으로 다양한 기억과 작업기억 능력을 평가하기 위하여 고안한 검사
SCL-90-R : 간이정신 진단검사는 간신체화, 강박증, 대인예민성, 우울, 불안, 적대감, 공포불안, 편집증, 정신증의 9개 척도로 구성된 자기보고식 다차원 검사
Face-Hand Test : 피검자가 눈을 감은 상태에서 얼굴이나 손등에 동시적으로 주어지는 자극을 알아맞히도록 하여 촉각 부주의나 감각계 이상을 평가하기 위한 지각검사
Trail Making Test : 숫자나 문자 등을 통해 차례대로 연결하도록 하여 수검자의 집중력과 정신적 추적능력, 시각적 탐색과 운동기능을 측정하는 검사

048

지능검사 시행에 관한 설명으로 옳은 것은?

① 지능검사는 표준절차를 따르되 개인의 최대 능력을 측정하는 것을 목표로 한다.
② 지능검사 시행에서 수검자에 대한 행동 관찰은 별로 중요하지 않다.
③ 지능검사 시행에서 검사에 대한 동기는 결과에 영향을 미치지 않는다.
④ 검사가 시행되는 환경적 조건은 지능검사 결과에 별로 영향을 미치지 않는다.

해설

지능검사는 객관적인 검사로 실시, 채점, 해석이 표준화되어 있으므로 표준화된 절차대로 실시해야 한다.

049

심리검사의 시행에 관한 설명으로 옳은 것은?

① 표준절차 외에 자신만의 효과적인 절차를 사용한다.
② 중립적 검사시행을 위해 라포 형성은 가급적 배제되어야 한다.
③ 표준절차 외의 부가적 절차로 산출된 결과는 규준에 의거하여 해석하지 않는다.
④ 검사를 자동화된 컴퓨터 검사로 전환한 경우 원 검사에 대한 전문적 훈련은 요구되지 않는다.

해설

표준절차에 따라 시행하여야 하며, 라포형성도 필수적이며, 자동화된 컴퓨터 검사라고 할지라도 전문적 훈련은 필요하다.

050
다음 아동용 심리검사 중 실시 목적이 나머지 셋과 다른 것은?

① 운동성 가족화 검사(KFD)
② 아동용 주제통각검사(CAT)
③ 집-나무-사람 그림 검사(HTP)
④ 코너스 평정척도(Conners Rating Scale)

> **해설**
> 코너스 평정척도는 ADHD 판별검사이고, 나머지 KFD, CAT, HTP 검사는 투사검사로 성격의 이해를 위한 검사이다.

051
TAT(주제통각검사)에 관한 설명으로 틀린 것은?

① TAT 성인용 도판은 남성용, 여성용, 남녀 공용으로 나누어진다.
② TAT는 대인관계상의 역동적인 측면을 파악하는데 유용하다.
③ TAT는 준거조율전략(criterion keying strategy)을 통해 개발되었다.
④ TAT 반응은 순수한 지각반응이 아닌 개인의 선행경험과 공상적 체험이 혼합된 통각적 과정이다.

> **해설**
> 준거조율전략은 먼저 검사에서 준거로 사용할 집단을 구성해 놓고 어떤 문항에서 다른 집단보다 더 유의미하게 높은 점수를 받았는지 위주로 검사를 개발하는 접근법으로 대표적인 검사로는 MMPI-2가 있다.

052
모집단에서 규준집단을 표집하는 방법과 가장 거리가 먼 것은?

① 군집표집(cluster sampling)
② 유층표집(stratified sampling)
③ 비율표집(ratio sampling)
④ 단순무선표집(simple random sampling)

> **해설**
> 표집이란 모집단으로부터 표본을 추출하는 과정을 말한다.
> 비율표집은 모집단의 크기를 고려하여 모집단의 일정 비율을 표본으로 표집하는 방법이다. 예를 들어 부산시 변호사의 직무만족도를 분석한다고 하면, 남녀 변호사를 일정 수만큼 추출하는 것이 아니라 부산시 남녀 변호사의 수를 파악한 후 각 집단에서 일정비율을 표집할 수 있다.

053
집단용 지능검사의 특징으로 옳은 것은?

① 개인용 검사에 비해 임상적인 유용성이 높다.
② 선별검사(screening test)로 사용하기에 적합하다.
③ 대규모 실시로 실시와 채점, 해석이 상대적으로 어렵다.
④ 개인용 검사에 비해 지적 기능을 보다 신뢰성 있게 파악할 수 있다.

> **해설**
>
> | 구분 | 항목 |
> |---|---|
> | 개인용 지능검사 | - 수검자 한 사람을 대상으로 검사를 실시하도록 되어 있는 검사를 말한다.
- 개인용 지능검사에서는 수검자의 행동을 빠짐없이 관찰할 수 있으므로 수검자의 심리상태나 결함 혹은 장점을 파악하는 데 도움이 된다.
- 상대적으로 높은 신뢰성과 타당도, 임상적인 유용성을 기대할 수 있다.
- 실시의 복잡성, 검사자를 위한 고도의 훈련과 기술의 요구, 오랜 검사시간 등의 단점이 있다. |
> | 집단용 지능검사 | - 한 번에 여러 사람에게 동시에 실시할 수 있도록 구성되어 있는 검사를 말한다.
- 검사의 실시와 채점, 해석이 간편하며, 상대적으로 시간 및 비용을 절감할 수 있다.
- 선별검사로 사용하게 적합하다.
- 검사장면에서 발생할 수 있는 여러 가지 오차 요인을 통제하기 곤란하므로 신뢰성이 떨어지며, 개인용 지능검사에 비해 임상적인 유용성이 낮다는 단점이 있다. |

054
MMPI-2의 타당도 척도에 해당되지 않는 것은?

① S 척도
② D 척도
③ F(b) 척도
④ 무응답 척도

해설
② D 척도는 임상척도로 우울증상을 반영한다.
MMPI-2의 타당도 척도
응답태도를 평가하는 척도 : ?(무응답척VRIN, TRIN
비전형성을 평가하는 척도 : F, F(B), F(P)
방어성을 평가하는 척도 : L, K, S

055
K-VMI-6(시각-운동 통합 검사)에 관한 설명으로 가장 적합한 것은?

① BGT에 비해 전반적으로 문항의 난이도가 높다.
② BGT에 비해 전반적으로 문항의 난이도가 낮다.
③ 사용대상 연령은 만 2세~5세 까지로 대상 연령의 폭이 비교적 좁다.
④ 만 2세에서부터 노인에 이르기까지 폭넓은 연령에서 실시할 수 있다.

해설
K-VMI-6(한국판 시각-운동통합검사 6판)는 신경발달장애나 신경학적 장애를 평가하는 심리검사 도구로, 실시연령은 2~90세까지이다. 구체적인 측정영역은 시각 운동 통합능력과 시지각 능력, 운동협응능력을 측정하는 검사이다.

056
표집 시 남녀 비율을 정해놓고 표집해야 하는 경우에 가장 적합한 방법은?

① 군집표집(duster sampling)
② 유층표집(stratified sampling)
③ 체계적 표집(systematic sampling)
④ 구체적 표집(specific sampling)

해설
유층표집(층화표본추출)
유층표집(층화표본추출)은 모집단을 동질적인 몇 개의 층으로 나누어 각 층에서 무작위로 표본을 추출하는 것을 말한다. 이것은 모집단의 모든 구성 성분을 다 포함하고 싶을 경우에 사용하는 것으로써, 고등학생의 자아존중감에 대하여 연구할 때, 1, 2, 3학년을 모두 표본에 포함하고 싶다거나 할 때 쓰이는 방법이다. 이 유층표집은 일정한 정확성을 가지고 보다 모집단의 대표성이 보장되는 표본으로 경제적인 조사에 사용할 수 있는 장점이 있다. 그러나 연구자는 미리 모집단에 대한 사전 지식을 가지고 있어야 하고, 무엇이 층을 나누는 기준이며 초점이 되는가를 명확히 할 수 있어야 한다.
예 대선때 출구조사를 하는 경우.
경상도 전라도 경기도 강원도 충청도 제주도
80   40   100 30   70   25 ← 인구비율에 따라

이와 같이 같은 성질(대선이라고 하는)을 기준으로 나눈다.

057
MMPI-2의 타당도 척도 중 비전형성을 측정하는 척도에서 증상타당성을 의미하는 척도는?

① TRIN
② FBS
③ F(P)
④ F

해설
FBS 척도(증상타당도척도, Fake Bad Scale)
본래 '부정왜곡 척도'로 개발되었으나 척도해석에 이론이 여지가 있어서, 약자는 유지한 채 현재 '증상타당도(Symptom Validity)척도'로 불리게 되었다.
개인상해 소송이나 신체장애 판정장면에서 꾀병을 탐지하기 위한 총 43개의 문항으로 구성되어 있다.

058
적성검사에 대한 설명으로 틀린 것은?

① GATB는 대표적인 진로적성검사이다.
② 적성검사는 개인의 직업선택에도 활용된다.
③ 적성과 지능은 측정하는 구성요인이 서로 겹치지 않는다.
④ 적성검사는 하나의 검사로 다양한 능력 영역을 측정할 수 있는 이점이 있다.

해설
적성검사는 인지적 검사로 개인의 특수한 능력 또는 잠재력을 발견하며, 지능검사는 인지적 검사로 개인의 지적인 능력 수준을 평가할 수 있는데, 인지적 특성이라는 구성개념이 겹치기도 한다.

059
다음 중 지능에 관한 일반적인 정의와 가장 거리가 먼 것은?

① 지능이란 적응능력이다.
② 지능이란 학습능력이다.
③ 지능이란 기억능력이다.
④ 지능은 총합적·전체적 능력이다.

해설
지능의 정의
지능이란 적응능력, 학습능력, 추상적 사고능력이며, 또한 목적을 향해 합리적으로 사고하고 행동하고 자신의 환경을 다룰 수 있는 능력을 포함한 총합적·전체적 능력이다. 따라서 지능이 높은 사람은 학업 및 사회생활에서 성공가능성이 높다.

060
MMPI 타당도 척도 중 L과 K 척도는 T점수로 50에서 60사이이고 F 척도는 70 이상인 점수를 얻은 사람의 특징으로 적합한 것은?

① 지나친 방어적 태도 때문에 면담하기 어려운 사람이다.
② 감정을 억제하고 있으며, 행동을 적절하게 통제하고 있다.
③ 경험하는 스트레스의 정도가 미미하며, 사회적 상황에 효율적으로 대처하는 사람이다.
④ 자신의 문제를 인정하는 동시에 그런 문제와 관련하여 자신을 방어하려고 애쓰는 사람이다.

해설
L, K=50~60, F≥70
이러한 수치는 문제를 인정하면서 동시에 방어하는 상황으로 해석된다.

제 4 과목 임상심리학

061
인지치료에 대한 설명으로 틀린 것은?

① 개인의 문제는 잘못된 전제나 가정에 바탕을 둔 현실 왜곡에서 비롯된다.
② 개인이 지닌 왜곡된 인지는 학습 상의 결함에 근거를 둔다.
③ 부정적인 자기개념에서 비롯된 자동적 사고들은 대부분 합리적인 사고들이다.
④ 치료자는 왜곡된 사고를 풀어 주고 보다 현실적인 방식들을 학습하도록 도와준다.

> **해설**
> 자동적 사고는 우울이나 불안 같은 감정적 고통을 겪을 때 특정 상황과 관련하여 자신도 모르게 갑자기 떠오르는 생각이다. 이러한 생각은 그럴듯해보이며 벗어나기 힘들며 대부분 비합리적인 사고들이다.

062
치료자가 치료 초기에 rapport를 형성하기 위한 행동으로 바람직하지 않은 것은?

① 내담자를 가능한 한 인간으로 존중하려 했다.
② 너무 심문식으로 질문하지 않으려 했다.
③ 치료시간을 넘기더라도 내담자가 충분히 이야기할 시간을 주었다.
④ 내담자의 긴장을 풀어주기 위해 간단히 안부를 물었다.

> **해설**
> 치료자는 치료시간에 대한 구조화는 상담초기뿐만 아니라 상담과정 전반에 걸쳐서 이루어져야한다.

063
생명유지에 필수적인 기능에서 고차원적 인지 기능으로 발달하는 뇌의 발달 단계를 순서대로 나열한 것은?

① 후뇌(교와 소뇌) → 수뇌(연수) → 중뇌 → 간뇌 → 종뇌
② 수뇌(연수) → 후뇌(교와 소뇌) → 중뇌 → 간뇌 → 종뇌
③ 후뇌(교와 소뇌) → 중뇌 → 간뇌 → 종뇌 → 수뇌(연수)
④ 수뇌(연수) → 간뇌 → 후뇌(교와 소뇌) → 중뇌 → 종뇌

> **해설**
> 후뇌(교와 소뇌) → 수뇌(연수) → 중뇌 → 간뇌 → 종뇌 순으로 발달함

064
치료관계에서 얻은 내담자의 정보에 대한 비밀 보장의 예외적인 경우에 해당하지 않는 것은?

① 자해의 위험성이 있는 경우
② 제3자에게 위해가 가해질 우려가 있는 경우
③ 감염성 질병이 있는 경우
④ 내담자에게 알리지 않고 내담자의 정보를 책에 인용한 경우

> **해설**
> ④의 경우는 내담자의 정보에 대한 비밀보장의 예외 조항에 해당하지 않는다. 자해, 자살 및 타해 및 타살 계획, 사회의 안전, 전염병, 아동의 인권, 판사의 명령 등의 사유는 내담자에 대한 비밀보장의 예외가 된다.

065
신경심리학적 기능을 연구하는 방법 중 비침습적인 방법에 해당하는 것은?

① 양전자방출단층촬영(PET)
② 국부 대뇌 혈류(rCBF)
③ 심전극(Depth electrode)
④ 전자 뇌 지도(Electrical brain mapping)

> **해설**
> 비침습적 방법 : 초음파 등을 통해 신체에 상처를 주지 않고 할 수 있는 검사

066

정신상태검사(mental status examination) 면접에서 환자를 통해 평가하는 항목이 아닌 것은?

① 외모와 태도
② 지남력
③ 정서의 유형과 적절성
④ 가족관계

해설
정신상태검사는 일반적 외모와 면담행동, 면담태도, 정신운동기능, 정서적 반응, 언어와 사고, 감각과 지각, 기억 등을 파악한다.

067

행동이 보상을 받아 행동의 빈도가 증가하는 원리에 해당되지 않는 것은?

① 칭찬하기　　② 금전 제공
③ 관심 철수　　④ 토큰 경제

해설
관심 철수는 '부적 처벌'에 해당한다.
정적 강화 : 유쾌 자극을 부여하여 바람직한 반응의 확률을 높인다.
부적 강화 : 불쾌 자극을 제거하여 바람직한 반응의 확률을 높인다.
정적 처벌 : 불쾌 자극을 부여하여 바람직하지 못한 반응의 확률을 감소시킨다.

068

인간중심치료에서 자기와 경험 간의 일치를 촉진시키고, 자기실현을 하도록 치료자가 지녀야 할 특성과 가장 거리가 먼 것은?

① 공감
② 진실성
③ 객관적인 이해
④ 무조건적 긍정적 존중

해설
인간중심 상담에서 상담자가 갖추어야 할 바람직한 태도는 다음과 같다.
진실성(genuineness)
상담자가 내담자와의 관계에서 감지되는 바를 왜곡하거나 부정하지 않고 있는 그대로 경험하는 것. 상담자가 내담자를 대할 때 가식이나, 왜곡, 겉치레가 없는 것. 상담자가 내담자를 진실하고 솔직하게 대하는 태도를 일관되게 유지하게 되면 내담자도 그것을 거울삼아 자신의 경험에 대해 진솔하게 접촉해 나갈 수 있게 됨.
공감적 이해(empathy)
내담자의 내면에서 진행되는 심층적인 경험 내용을 상담자가 정확히 이해하고 의사소통하는 것. 상담자가 직접 경험하지 않고도 다른 사람의 감정을 거의 같은 내용과 수준으로 이해하는 것. 상담자는 내담자가 아니기에 내담자의 감정, 신념 등을 아는 것만으로는 충분치 않으며 내담자에게 공감한 것을 전달하는 것이 중요함.
무조건적 긍정적 존중(unconditional positive regard)
상담자가 내담자를 그 어떠한 가치 기준도 적용하지 않은 채 있는 그대로 수용하고 존중해주는 것. 나는 '당신이 ~할 때만 괜찮은 사람으로 인정하겠다'가 아니라 '나는 당신의 모습을 있는 그대로 존중하겠다.'라는 태도.

069

암, 당뇨 등과 같은 질병을 진단받은 환자들을 위한 효과적인 집단개입으로 가장 적합한 것은?

① 정신역동적 집단치료
② 가족치료
③ 인본주의적 집단치료
④ 심리교육적 집단치료

> **해설**
> 심리, 교육적 집단치료는 치료적 측면보다는 정의적, 인지적 측면의 정신건강교육의 기회와 이와 관련된 다양한 주제에 대한 정보를 제공하기 위해 구성되는 집단이다. 집단상담자는 교육자, 촉진자로서 집단구성원들에게 필요한 정보를 전달하고, 그들 사이의 상호작용을 촉진시키는 역할을 한다.

071
환자가 처방한 대로 약을 잘 복용하고, 의사의 치료적 권고를 준수하게 하기 위한 가장 적절한 방법은?

① 준수하지 않을 때 불이익을 준다.
② 의사가 권위적이고 단호하게 지시한다.
③ 모든 책임을 환자에게 위임한다.
④ 치료자가 약의 효과 등에 대해 친절하고 상세하게 설명한다.

> **해설**
> 라포 형성은 심리상담 장면뿐만 아니라 정신과 장면에서도 중요하다. 먼저 라포를 형성한 후 약의 효과, 약을 먹어야 하는 이유를 설명해주면 환자는 약을 더 잘 복용할 것이다.

070
심리평가에 관한 설명과 가장 거리가 먼 것은?

① 심리평가는 심리학자들이 진단을 내리고, 치료를 계획하고, 행동을 예측하기 위하여 정보를 수집하고 평가하는 과정이다.
② 심리평가의 자료로는 환자에 대한 면접자료, 과거 기록, 행동관찰 사항, 심리검사에 관한 결과들이 포함된다.
③ 제 1, 2차 세계대전 당시 신병들에 대한 심리평가의 요구는 임상심리학에서 심리평가의 중요 성과 심리검사 제작의 필요성을 촉진시켰다.
④ 임상장면에서 심리검사를 실시할 때 자주 사용하는 MMPI, K-WAIS, Rorschach, TAT와 같은 검사들은 반드시 포함되어야 한다.

> **해설**
> 심리검사는 인지기능의 평가를 위한 검사, 성격평가를 위한 검사, 특수장애 및 결함, 손상평가를 위한 검사, 변별진단을 위한 검사, 단일검사와 심리검사 표준 검사집(full battery)이 있다. 심리검사를 실시할 때 가장 중요한 점은 평가하고자 하는 목적에 맞게 적절한 검사를 실시했느냐 하는 점이다.

072
알코올중독 환자에게 술을 마시면 구토를 유발하는 약을 투약하여 치료하는 기법은?

① 행동조성
② 혐오치료
③ 자기표현훈련
④ 이완훈련

> **해설**
> 혐오치료(Aversion Therapy) : 혐오치료는 행동치료의 일종으로 제거하려는 문제행동과 불쾌경험을 짝짓는 방법으로 매우 효과적인 행동변화 기법이다.

073
임상심리학자가 활동할 수 있는 새로운 영역과 가장 거리가 먼 것은?

① 법정 임상심리학
② 소아과 심리학
③ 행동 의학
④ 인지 심리학

> **해설**
> 임상심리학자는 과학자-전문가 모델을 따르며, 인지심리학은 기초심리학의 영역이며 임상심리학자는 이러한 기초심리학을 응용하므로 종사할 수 있는 영역이라고 보기 어렵다.

074

임상심리학자의 교육수련과 관련된 설명으로 적절하지 않은 것은?

① 1949년 Boulder회의에서 과학자-전문가 수련모형이 채택되었다.
② 과학자-전문가 모형은 과학적 연구자나 임상적 실무자 중 어느 하나의 역할에 충실할 것을 강조한다.
③ 심리학 박사(Ph.D.)는 과학자-전문가 모형을 따른다.
④ 한국심리학회에서는 자질 있는 임상심리학자를 양성하기 위하여 임상심리전문가 제도를 두고 있다.

> **해설**
> 과학자 - 전문가 모델은 보울더 모델이라고 하며, 임상심리학자가 연구와 함께 임상적 경험을 겸비해야 한다는 뜻으로 해석할 수 있다. 또한 임상가로서 중요한 기능인 평가와 치료의 기술은 연구결과를 바탕으로 해서 발전시켜 나가야 한다는 점이다. 과학자이며 동시에 전문가인 임상심리학자는 평가에 대한 기술을 습득하고 치료에 대한 경험을 쌓은 것으로 만족해서는 안 되며 자기가 활용하고 있는 기법의 효율성에 대하여 지속적으로 검토해 보아야 한다.

075

심리치료 과정에서 저항이 일어나는 일반적인 이유와 가장 거리가 먼 것은?

① 환자가 변화를 원하더라도 환자의 삶에 중요한 영향을 미치는 타인들이 현 상태를 유지하도록 방해할 수 있기 때문이다.
② 부적응적 행동을 유지함으로써 얻는 이차적 이득을 환자가 포기하기 어렵기 때문이다.
③ 익숙한 행동을 변화시키려는 시도가 환자에게 위협을 주기 때문이다.
④ 치료자가 가진 가치나 태도가 환자에게 위협적이기 때문이다.

> **해설**
> 저항은 내담자가 자발적으로 치료를 받기 위해 찾아왔음에도 불구하고 다양한 방식으로 치료과정을 방해하는 행동들을 의미한다. 예를 들어, 치료시간에 늦거나 치료시간을 잊는 일, 꿈을 기억해오지 않는 일, 자유연상이 잘 되지 않는 것, 치료에 흥미를 잃는 것은 저항의 한 형태라고 할 수 있다.

076

Pennsylvania 대학교에 첫 심리진료소를 개설하고 임상심리학의 탄생에 크게 기여한 학자는?

① William James
② Lightner Witmer
③ Emil Kraepelin
④ Wilhelm Wundt

> **해설**
> 1896년 펜실베니아 대학교에 최초로 심리클리닉을 설립한 사람은 위트머(Witmer)이다. 또한 위트머는 '임상심리학'이라는 용어를 1907년 심리진료소의 기관지에서 처음으로 사용하였다.

077

MMPI-2에서 척도와 그 척도가 측정하는 바가 잘못 짝지어진 것은?

① L : 지나치게 긍정적인 자기 보고
② F : 자신의 문제들을 인정
③ S : 부정적 사고 및 태도 경향성
④ K : 자기 방어적 태도

> **해설**
> S척도(과장된 자기제시 척도)
> 비임상집단에서의 방어적 태도 탐지(인사 선발, 보호감찰 평가, 양육권 평가 등)
> 자신을 정직하고 책임감 있고 도덕적 결점과 심리적 문제가 없다고 표현. 70점 이상이면 매우 방어적인 태도이다.

078
행동평가에 관한 설명으로 가장 적합한 것은?

① 자연적인 상황에서 실제 발생한 것만을 대상으로 평가한다.
② 행동표본은 내면심리를 반영한 것으로 해석된다.
③ 특정 표적행동의 조작적 정의가 상이할 수 있음을 고려해야 한다.
④ 관찰 결과는 요구특성이나 피험자의 반응성 요인과는 무관하다.

> **해설**
> 연구자들마다 같은 변인에 대하여 서로 다른 조작적 정의를 사용할 수 있다.

079
역할시연과 가장 관련성이 높은 행동관찰 방법은?

① 자기-탐지
② 통제된 관찰
③ 자연관찰
④ 비구조화 관찰

> **해설**
> 역할시연은 행동수정 기법의 일종으로 문제의 원인이 되는 특정상황에 마치 그들이 있는 것처럼 행동하도록 요구하는 것이다. 관찰자가 임의적으로 조작한 환경에서 행동을 관찰하여 자료를 수집하는 방법인 통제된 관찰과 관련된다.

080
다음 중 유관학습의 가장 적합한 예는?

① 욕설을 하지 않게 하기 위해 욕을 할 때마다 화장실 청소하기
② 손톱 물어뜯기를 줄이기 위해 손톱에 쓴 약을 바르기
③ 충격적 스트레스 사건이 떠오를 때 '그만!' 이라는 구호 외치기
④ 뱀에 대한 공포가 있는 사람에게 뱀을 만지는 사람의 영상 보여주기

> **해설**
> 유관성은 서로 관계없는 자극과 반응을 학습을 통해 관계있는 것으로 만들어주는 것이다. 예를 들면, 학생이 교사가 원하는 바람직한 행동을 하면 학생이 원하는 보상을 하겠다는 협상을 하는 것을 말한다.

제 5 과목 심리상담

081
Bordin이 제시한 작업동맹(working alliance)의 3가지 측면을 바르게 짝지은 것은?

① 작업의 동의, 진솔한 관계, 든든한 유대관계
② 진솔한 관계, 든든한 유대관계, 서로의 호감
③ 유대, 작업의 동의, 목표에 대한 동의
④ 서로의 호감도, 동맹, 작업에 대한 동의

> **해설**
> Bordin은 작업동맹의 개념을 "상담의 목표와 과제 및 유대관계의 발달에 대한 동의를 토대로 한 상담자와 내담자 사이의 협력"으로 정의 내리면서 중요한 하위개념으로 (1) 상담 중에 달성될 목표 등에 대한 내담자와 상담자 간의 합의 (2) 포함된 과업들에 대한 합의 (3) 목표와 과제 모두를 달성하는 데 중요한 내담자와 상담자간의 유대를 제안하였다.

082

교류분석에서 치료의 바람직한 목표인 치유의 4단계에 해당되지 않는 것은?

① 계약의 설정　　② 증상의 경감
③ 전이의 치유　　④ 각본의 치유

> **해설**
> 교류분석(Transactional Analysis:TA)은 1957년 미국의 정신과 의사인 에릭번(Eric bern)에 의해 창안된 인간의 교류나 행동에 관한 이론체계이자 동시에 거기에 의거하여 실시하는 치료요법이다.
> **교류분석치료 치유의 4단계**
> - **사회의 통제** : 타인과의 상호작용에 있어 개인은 스스로의 행동의 통제를 발달시킨다.
> - **증상의 경감** : 개인이 불안과 같은 자신의 증세의 완화를 주관적으로 느끼는 것을 포함한다.
> - **전이의 치유** : 내담자는 치료사를 하나의 내사물로 자신의 머릿속에 보유하여 건강을 유지할 수 있게 된다. 즉, 중요한 심리적 내사물을 보유하는 동안 내담자의 치유상태가 유지된다는 것이다.
> - **각본의 치유** : 내담자는 각본에서 완전히 벗어나 제한적 각본결단을 재결단하여, 자율적인 사람이 되는 것을 포함한다.

083

학교진로상담의 기본원리로 고려해야 할 사항이 아닌 것은?

① 최종 선택은 내담자 스스로 결정하도록 유도한다.
② 만성적 진로 미결정자를 조기에 발견할 수 있도록 해야 한다.
③ 진로관련 정보제공을 위하여 상담자는 직업세계에 대한 정보를 숙지하는 것이 필요하다.
④ 학생을 위한 집단학습의 경험을 제공한다.

> **해설**
> **진로상담의 기본 5대 원리**
> 1. 일반 상담 능력을 기본적으로 갖추고 있어야 한다.
> 2. 각종 심리검사의 결과를 기초로 합리적인 결과를 이끌어 낼 수 있어야 한다.
> 3. 내담자의 진로발달 및 성숙 정도를 고려하여 직업 선택에 초점을 맞추어 전개되어야 한다.
> 4. 자아에 대한 이해와 직업 세계에 대한 이해의 진로정보 활동을 중심으로 개인과 직업을 매칭하는 합리적인 진로선택 및 결정을 돕는 과정이다.
> 5. 상담사 윤리강령을 따라 전개해야 한다.

084

다음 사례에 가장 적합한 개입방법은?

> 지방 출신의 한 남학생이 동급생들의 요구를 거절하지 못한 것에 불만스러워했다. 첫 면접에서 그러한 실례를 최근의 경험 중에서 다음과 같이 끄집어 낼 수 있었다. 첫째는 자기의 비상금 20,000원을 친구가 '우리 사이에 그럴 수 있느냐'는 식으로 조르기 때문에 싫으면서도 몽땅 빌려 준 후 갚아 달라는 말을 못했다. 둘째는 형님이 집안에서 자기 일이 아닌 데도 '이걸 가져오라', '저걸 치우라'는 식으로 심부름을 시킬 때, 형님이 싫어할까봐 할 수 없이 순종했다.

① 분노조절훈련
② 체계적 둔감화 훈련
③ 자기주장훈련
④ 역설적 수용 훈련

해설

자기주장훈련
자기주장훈련은 행동치료를 응용한 기법이다. 자기주장이라는 용어는 Wolpe가 처음으로 주장반응, 주장행동이라는 용어를 사용하면서 자기주장에 대한 필요성과 이론의 토대를 개발한 이후 Lazarus가 구체적인 프로그램을 만들어 최초로 실험연구를 하면서 알려지기 시작하였다. Lazarus는 자기표현은 자신의 권리를 요구하는 것뿐만 아니라 타인의 권리를 보호하는 것도 포함하여 '균형을 이룬 정서적 자유'라 하였으며, 우리나라에서는 자기표현훈련이 학자들에 따라 주장훈련으로 일컬어지기도 하고 단순히 자기표현이라고 칭해지기도 한다.

085

인지행동적 상담이론의 특징과 가장 거리가 먼 것은?

① 인지적 재구성에 초점을 둔 이론
② 선천적으로 진화적인 성장지향 접근
③ 문제해결 및 대처기술 접근
④ 기술에 대한 훈련을 강조하는 접근

해설

인간에 대한 기본적인 관점
1. 인간은 사회적이고 미래지향적인 존재이며, 자기실현의 의지와 선한 마음을 갖고 태어난다.
2. 인간은 본래 부적응상태를 극복하고 정신 건강을 되찾을 수 있는 능력을 지닌다고 믿는다.(치료진행 책임은 내담자에게 있다.)
3. 상담자는 최선의 해결책을 다 아는 권위적 존재가 아니다. 내담자는 상담자 지시를 따르는 수동적 존재도 아니다.

086

사별 경험이 있거나 자살을 시도하려는 아동의 상담에 관한 설명으로 틀린 것은?

① 상담자로서 잠재적 위험요인을 깨닫게 하기 위해 사용하는 가장 좋은 기법은 내담자의 대처방식을 관찰하는 것이다.
② 내담자와 자살금지 계약서를 작성할 때 시간제한을 명시한 동의보다 시간제한이 없는 동의를 하는 것이 효과적이다.
③ 자살예방 프로그램을 실시하기 전에 학부모 및 주위 교사 등에게 예방전략의 중요성을 알려야 한다.
④ 사별 경험을 한 아동 내담자를 돕기 위해 가장 중요한 일은 그들의 부모에게 아동을 이해하고 도와줄 수 있는 방법을 가르치는 것이다.

해설

청소년의 경우 자살금지 계약서에 시간제한을 두는 것이 중요하다. 왜냐하면 청소년은 충동적으로 자살 시도를 하는 경우가 많으므로, 충동적 행동을 지연시키는 조치가 필요하다(예 시간 약속).

087

장기간 사용 중이던 약물을 얼마 동안 사용하지 않았을 때 심리적으로 초조하고 불안함을 느낄 뿐 아니라 약물에 대한 열망과 메스꺼움 등의 신체적인 불쾌감을 경험하는 것은?

① 내성
② 금단증상
③ 갈망증상
④ 중독(intoxication)증상

> **해설**
> 금단 현상이란 특정 약물이나 대상, 행위를 충동적, 습관적으로 하게 되며, 이를 중단할 경우 여러 증상이 나타나는 것을 의미한다. 금단 현상을 유발하는 기호품에는 알코올, 니코틴, 커피 등이 있고, 약물에는 진정, 수면, 항불안제, 중추신경 자극제가 있다. 그 외에 인터넷 중독, 쇼핑 중독과 같은 행위와 관련된 것도 있다. 이러한 금단 현상은 원인 요소를 중단하기 어렵게 하고 나아가 여기에 의존하게 만드는 결과를 초래한다.

090
Rogers의 인간중심 상담이론의 기본 명제에 관한 설명으로 틀린 것은?

① 모든 개인은 본인이 중심이 되고 끊임없이 변화하는 경험의 세계에 존재한다.
② 유기체는 경험하고 지각하는 대로 장(field)에 반응한다.
③ 행동이해를 위한 가장 좋은 관점은 개인의 외적 참조준거에서 나온다.
④ 유기체에 의해 선택된 대부분의 행동방식은 자기개념과 일치하는 것이다.

> **해설**
> 인간중심 상담에서는 인간의 행동 이해를 위한 가장 좋은 관점은 개인의 내적 참조준거에서 나온다고 본다.

091
성피해자에 대한 상담의 초기 단계에서 상담자가 유의해야 할 사항으로 옳은 것은?

① 피해자가 첫면접에서 성 피해 사실을 부인할 경우 솔직한 개방을 하도록 지속적으로 유도한다.
② 가능하면 초기에 피해자의 가족상황과 성폭력 피해의 합병증 등에 관한 상세한 정보를 얻는다.
③ 성피해로 인한 내담자의 심리적 외상을 신속하게 탐색하고 치유할 수 있도록 적극적으로 개입한다.
④ 피해상황에 대한 상세한 정보 수집이 중요하므로 내담자가 불편감을 표현하더라도 상담자가 주도적으로 면접을 진행한다.

> **해설**
> 성피해자에 대한 상담 초기 단계에서는 가능하면 초기에 피해자의 가족상황과 성폭력 피해의 합병증 등에 관한 상세한 정보를 얻는다는 옳은 지문이다.

092
현실치료의 근간이 되는 선택이론의 주요원칙으로 옳지 않은 것은?

① 모든 인간의 동기나 행동은 다섯가지 기본 욕구인 생존 및 건강, 사랑과 소속, 자기가치감, 통제, 즐거움과 재미 등을 충족시키기 위해 고안된다.
② 다섯가지 욕구들을 모두 소유하고 있다고 하더라도 우리들은 각자가 모두 특별한 방법으로 그 욕구들을 충족시키려 한다.
③ 사람들이 바람 또는 욕구와 그들의 환경에서 얻고 있는 지각 사이에 차이가 있을 때는 특별한 행동들이 유발된다.
④ 자기 자신을 어떻게 지각하는가 뿐만 아니라 그들의 주변세계를 어떻게 지각하는지에 대해 그들의 현실세계와 자신을 보는 관점이 된다.

> **해설**
> **Glasser의 현실치료에서 강조하는 기본욕구 5가지**
> 사랑과 소속의 욕구
> 힘(권력)에 대한 욕구
> 자유에 대한 욕구
> 즐거움(재미)에 대한 욕구
> 생존에 대한 욕구

093

Kitchener가 상담의 기본적인 윤리적 원리를 제시한 것으로 상담자가 내담자와 맺은 약속을 잘 지키며 믿음과 신뢰를 주는 행동을 하는 것은?

① 자율성(autonomy)
② 무해성(beneficence)
③ 충실성(fidelity)
④ 공정성(justice/fairness)

해설

Kitchener의 상담의 기본적 윤리
선의, 비해악성, 자율성, 충실성, 정의
충실성이란 정직, 충성 등 끝까지 성실하게 상담하겠다는 약속을 의미한다.

094

효율적인 독서능력의 신장과 장기기억을 돕는 조직화 전략 SQ3R의 순서를 올바르게 나열한 것은?

① 개관 – 질문 – 읽기 – 암송 – 복습
② 질문 – 개관 – 읽기 – 복습 – 암송
③ 읽기 – 질문 – 개관 – 복습 – 암송
④ 질문 – 개관 – 읽기 – 암송 – 복습

해설

로빈슨의 효율적인 독서방법 : SQ3R
개관(Survey) – 질문(Question) – 읽기(Read) – 암송(Recite) – 복습(Review)

095

상담 및 심리치료의 발달역사에 관한 설명으로 옳지 않은 것은?

① William Glasser는 1960년대에 현실치료를 제시하였다.
② 가족치료 및 체계치료는 1970년대부터 본격적으로 등장하였다.
③ Rollo May와 Victor Franks 영향으로 게슈탈트 상담이 발전하였다.
④ Witmer는 임상심리학이라는 용어를 최초로 사용했으며, 치료적 목적을 위해 심리학의 지식과 방법을 활용하였다.

해설

게슈탈트상담은 펄스(Perls)에 의해 개발되었다. 롤로 메이(Rollo May)와 빅터 프랭클(Victor Frankel)은 의미치료(Logotherapy)라는 실존주의적 상담접근을 발전시켰다.

096

정신분석 상담에서 말하는 불안의 종류에 해당하는 것은?

① 구체적 불안
② 특성적 불안
③ 도덕적 불안
④ 실존적 불안

해설

도덕적 불안
원초아와 초자아간의 갈등에 의해 야기되는 불안으로, 본질적 자기양심에 대한 두려움과 연관된다.

097
상담 초기단계에서 내담자를 평가할 때 고려해야 할 사항이 아닌 것은?

① 지적인 기능과 사회경제적 조건
② 자살에 대한 생각, 의지, 충동성
③ 변화실행과 관련된 내담자의 전략
④ 자신의 문제에 관한 이해

> **해설**
> 상담의 초기단계에서는 상담접수, 상담관계형성, 상담의 구조화, 사례개념화, 목표설정 및 전략수립 등이 이루어진다.

098
집단상담을 초기단계, 전환단계, 작업단계, 마무리단계로 구분할 때 전환단계의 특징이 아닌 것은?

① 환경이 얼마나 안전한지를 결정하기 위해 상담자나 다른 참가자들을 시험한다.
② 참가자들은 존경, 공감, 수용, 관심, 반응에 대한 기본적인 태도를 배운다.
③ 주변에 남아 있을 것인지 아니면 위험에 뛰어들 것인지에 대해 생각한다.
④ 다른 사람이 들을 수 있도록 자신을 표현하는 방법을 배운다.

> **해설**
> 집단상담의 4단계 : 초기 단계, 전환 단계, 작업 단계, 마무리 단계로 구성된다.
> 전환 단계는 과도기 단계라고도 부르며 불안이 고조되고, 다른 구성원에 대한 적대감이 생긴다.
> 갈등을 다루면서 적절한 감정표현 학습해야 한다.
> 집단상담자에 대한 적대감. 저항이 표면화되기 때문에 저항의 극복이 중요한 단계이다.

099
체계적 둔감법(systematic desensitization)의 기초가 되는 학습원리는?

① 혐오 조건형성
② 고전적 조건형성
③ 조작적 조건형성
④ 고차적 조건형성

> **해설**
> 체계적 둔감법은 파블로프(Pavlov)의 고전적 조건형성의 원리에 입각하여 볼페(Wolpe)가 확립한 이론으로 불안과 이완이 상호병존할 수 없다는 '상호억제이론'에 입각하여 시행된다.

100
약물중독 개입모델 중 영적인 성장에 초점을 두고 자조집단을 활용하는 형식으로 진행되는 모델은?

① 12단계모델
② 동기강화모델
③ 하위문화모델
④ 공중보건모델

> **해설**
> 약물중독개입모델 중 자조집단의 하나인 익명의 알콜중독자모임(Alcohol Anonymous, AA)은 영적인 성장에 초점을 둔 알코올중독 치료의 목적을 가진 자조집단으로 12단계모델을 제시하였다.

2017년 제3회 임상심리사 2급 필기 채점표

구분	제1과목	제2과목	제3과목	제4과목	제5과목	전과목 평균
점수						

2017년 제3회 임상심리사 2급 필기 정답

001	002	003	004	005	006	007	008	009	010	011	012	013	014	015	016	017	018	019	020
④	③	④	③	②	②	②	②	①	②	④	③	①	③	①	④	②	②	③	③
021	022	023	024	025	026	027	028	029	030	031	032	033	034	035	036	037	038	039	040
③	④	①	③	④	①	③	①	④	②	③	①	②	②	①	④	④	①	②	④
041	042	043	044	045	046	047	048	049	050	051	052	053	054	055	056	057	058	059	060
④	②	②	③	①	①	②	②	③	①	②	③	②	③	②	②	③	②	③	④
061	062	063	064	065	066	067	068	069	070	071	072	073	074	075	076	077	078	079	080
③	③	①	④	④	④	③	③	④	④	④	②	④	③	②	④	②	③	②	①
081	082	083	084	085	086	087	088	089	090	091	092	093	094	095	096	097	098	099	100
③	①	④	③	②	②	②	③	②	③	②	①	③	①	③	③	③	②	②	①

임상심리사 2급 필기

2016년 임상심리사 2급 기출문제

2016년 제1회 기출문제
2016. 03. 06. 시행

2016년 제3회 기출문제
2016. 08. 21. 시행

2016년 제1회 임상심리사 2급 필기 기출문제

2016년 03월 06일 시행

제1과목 심리학 개론

001
'대학생들은 축구와 야구 중에 어느 것을 더 좋아하는가'라는 문제를 검증하는 경우처럼 빈도나 비율의 차이검증에 가장 적합한 분석 방법은?

① t 검증
② F 검증
③ Z 검증
④ x^2 검증

> **해설**
> x^2 검증 : 명목이나 서열수준과 같은 범주형 수준의 변인들에 대한 케이스들의 교차빈도에 대한 기술통계량을 제공해 줄 뿐만 아니라 교차빈도에 대한 통계적 유의성을 검증해 주는 통계분석 기법이다. 카이제곱 분석은 대학생들이 축구와 야구 중 어느 것을 더 좋아하는가의 문제를 검증(빈도차이 검증)하는 경우처럼 변수들이 명목척도 및 서열척도로 측정되어야 한다.

002
어떤 행동을 형성하고 유지시키기 위한 강화 계획에 관한 설명과 가장 거리가 먼 것은?

① 고정비율 계획에서는 매 n번의 반응마다 강화인이 주어진다.
② 변동비율 계획에서는 평균적으로 n번의 반응마다 강화인이 주어진다.
③ 고정간격 계획에서는 정해진 시간이 지난 후의 첫 번째 반응에 강화인이 주어지고, 강화인이 주어진 시점에서 다시 일정한 시간이 지난 후의 첫 번째 반응에 강화인이 주어진다.
④ 변동비율과 변동간격 계획에서는 강화를 받은 후 일시적으로 반응이 중단되는 특성이 있다.

> **해설**
> 고정비율과 고정간격 계획의 특징을 설명하고 있다.

003
주어진 자극과 장기기억 속에 저장되어 있는 과거의 경험 및 지식을 근거로 하여 주어진 자극이 무엇인지를 파악하는 과정은?

① 선택적 주의
② 형태재인
③ 부호화
④ 추론

> **해설**
> 형태재인(pattern recognition) : 어떤 대상을 재인할 때 감각 과정에서는 감각 수용체들에 의해 제공된 원 정보를 변형시키고 조직한다. 또한 그 감각 자극들을 다른 기억 저장소에 있는 정보와 비교한다.

004
Erikson의 심리사회적 단계에서 초기 성인기에 겪는 위기는?

① 신뢰감 대 불신감
② 정체감 대 혼미감
③ 친밀감 대 고립감
④ 생산성 대 침체감

> **해설**
> **친밀감 대 고립감 단계**
> 20세에서 40세경으로 성인초기 단계이다. 가족 외 이성이나 친구와 얼마나 친밀한지 사회적 관계를 형성할 수 있는가를 통해서 개인은 대인 관계에서 '친밀감'이라는 자아 특성이 발달된다. 여기서 친밀이란 개방과 상호신뢰를 통한 인간관계를 말한다. 반면 그런 사회적 관계를 원만히 형성하지 못했을 때는 소외와 '고립감'의 정서가 발달하게 된다.

005
Freud의 심리성적발달단계에서 초자아가 형성되는 시기는?

① 구강기　　② 항문기
③ 남근기　　④ 잠복기

해설
남근기(phallic stage, 3~6세) : 성기 주변에 만족감을 느끼는 시기로 이성 부모에 대한 성적 애착을 느끼게 되고 이것은 동성 부모에 대한 경쟁의식으로 남아에게는 오이디푸스 콤플렉스(oedipus complex), 여아에게는 엘렉트라 콤플렉스(electra complex)로 나타난다. 이러한 콤플렉스는 동성 부모를 동일시함으로써 해소된다.

006
다음의 계획 중 학습된 행동이 쉽게 소거되지 않는 것은?

① 고정간격강화　　② 변동간격강화
③ 고정비율강화　　④ 변동비율강화

해설
변동비율 강화계획 : 강화가 발생한 후 다음 강화가 발생하기까지 정해진 일정한 수만큼이 아니라 예기치 않게 변하는 것을 말한다. 그러나 무작위로 무조건적으로 강화를 발생시키는 것이 아니라 평균값을 유지하며 발생시키게 된다. 잭팟을 한번 터트린 이후에는 그 쾌감을 잊지 못해서 계속해서 매달리게 되는 것도 변화비율에 의해 강화된 것이다(예 잭팟, 도박, 경마, 복권).

007
A타입 성격의 특성이 아닌 것은?

① 강한 경쟁심　　② 약속 불이행
③ 강한 적대감　　④ 쉽게 긴장

해설
프리드만(Freidman)과 로젠만(Rosenman)은 A유형의 성격특성과 관상성 심장질환 간에 상관이 있다는 것으로 보고하였다. A유형은 지나치게 경쟁적이고, 공격적이고, 참을성이 없고, 급박하며, 적대적인 행동을 보인다고 한다. 이와 반대로 B유형은 덜 경쟁적이며, 덜 투정적인 행동을 보인다고 하였다.

008
고전적 조건형성에서 조건자극과 무조건자극을 배열할 때 조건형성효과가 가장 오래 지속되는 배열은?

① 후진 배열　　② 흔적 배열
③ 지연 배열　　④ 동시적 배열

해설
조건형성 효과가 가장 오래 지속되는 조건 자극과 무조건 자극의 배열은 지연배열이다
지연 배열(delayed conditioning) : 조건 자극이 먼저 제시되지만 조건 자극이 사라지기 전에 무조건 자극이 제시.
후진 배열(backward conditioning) : 무조건 자극이 먼저 제시되고 조건 자극이 나중에 제시.
흔적 배열(trace conditioning) : 조건 자극이 제시되고 조건 자극이 완전히 사라지고 난 후에 무조건 자극이 제시.
동시적 배열(simultaneous conditioning) : 조건 자극과 무조건 자극이 동시에 제시되고 동시에 사라짐.

009
아동기의 애착에 관한 설명으로 옳은 것은?

① 유아가 엄마에게 분명한 애착을 보이는 시기는 생후 3~4개월경부터이다.
② 엄마와의 접한 신체접촉이 애착을 형성하는데 가장 중요한 역할을 한다.
③ 애착은 인간 고유의 현상으로서 동물들에게는 유사한 현상을 찾아보기 어렵다.
④ 안정적으로 애착된 아동들은 엄마가 없는 낯선 상황에서도 주의를 적극적으로 탐색한다.

해설
생애 초기 경험한 양육자와의 부드러운 신체접촉은 아동의 안정적 애착을 형성하는 데 가장 결정적인 역할을 한다.

010
Alder의 개인심리학에서 무의식이나 성적 욕구보다 중요하게 다룬 개념은?

① 열등감의 극복　② 자존감
③ 자아　　　　　④ 성장

해설
아들러의 개인심리학의 주요개념은 가상적인 최종목표, 열등감 극복과 우월감 추구, 생활양식, 사회적 관심, 출생순서와 가족구조, 성격유형론이다.

011
살인 사건이나 화재 등으로 죽는 사람과 심장 마비로 죽는 사람 중 누가 더 많은지를 묻는 질문에서 사람들이 흔히 범하는 확률추론 과정의 오류는?

① 가용성 발견법
② 대표성 발견법
③ 확증 편향
④ 연역적 추리

해설
가용성 발견법(The availability heuristic)
어떤 범주의 빈도를 추정할 때 그 범주에 속한 예들이 얼마나 쉽게 떠오르는가에 의해 그 빈도를 추정하는 책략을 말한다.

012
심리학에서 실험에 관한 일반적인 설명과 가장 거리가 먼 것은?

① 실험참가자의 반응을 종속변인이라고 한다.
② 흔히 실험자의 조작이 가해지지 않은 집단을 통제집단이라고 한다.
③ 일반적으로 독립변인은 원인으로, 종속변인은 그 결과로 생각할 수 있다.
④ 독립변인은 주로 실험자의 실험의도와는 상관없이 실험참가자가 실험에 임하기 전의 자연적 상태를 측정하는 변인이다.

해설
실험 연구에서는 다른 조건들을 일정하게 고정시켜 통제하고 알아보고자 하는 변인을 실험자의 의도대로 조작하거나 변화시킴으로써 다른 변인이 어떤 영향을 받는지 조사한다. 이때 실험자에 의해 조작되고 변화되는 변수가 독립 변수이고, 그로 인해 변화할 것이라 예상되는 변수를 종속 변수라고 한다.

013
영아들을 대상으로 한 시각절벽(visual cliff) 실험을 통해 알 수 있는 것은?

① 신생아들은 새로운 자극을 제시하면 맥박이 평상시보다 빨라진다.
② 생후 6개월 이하의 영아들은 깊이지각 능력을 가지고 있다.
③ 신생아들은 정지해있는 물건보다 움직이는 물건을 더 선호한다.
④ 신생아들은 일반적인 도형보다 사람얼굴을 더 선호한다.

해설
Ginson과 Walk의 시각 절벽 실험(visual cliff)은 인간의 경우 기어 다니는 운동이 발생하는 생후 6개월부터 10개월이 지나 온전한 깊이 지각이 나타나는 것으로 보고되고 있다.

014
다음 학습방법이 해당하는 것은?

> 실험자는 쥐로 하여금 지렛대를 누르는 반응을 하도록 만들기 위해, 첫 단계에서 쥐가 지렛대 근처에 오기만 해도 먹이를 준다. 다음 단계에서는 쥐가 지렛대를 건드리는 행동까지 했을 때 먹이를 준다. 셋째 단계에서는 쥐가 지렛대를 누르는 올바른 반응을 했을 때만 먹이를 준다.

① 조형
② 자극일반화
③ 혐오적 조건형성
④ 체계적 둔감화

해설
행동조형(조성, shaping)
일련의 복잡한 행동을 학습시키기 위해, 목표행동에 근접하는 행동을 보일 때마다 강화를 하여 점진적으로 목표행동을 학습시키는 방법을 말한다. 동물조련사들이 동물에게 복잡한 묘기 행동을 학습시킬 때 이러한 행동조성법이 사용된다.

015
상관계수에 관한 설명으로 틀린 것은?

① 두 변수 사이의 관계를 기술하기 위한 것으로 두 변수가 연합되는 정도의 통계측정치이다.
② 상관계수의 범위는 +1.0에서 -1.0까지이다.
③ 두 변수 사이의 관계의 강도는 상관계수(r)의 절대치에 의해 규정된다.
④ 한 변수가 다른 변수에 향을 미치는 인과관계를 추론할 수 있다.

해설
상관 분석(correlation analysis)은 두 변인 간의 상호 연관성에 대한 통계적 유의성을 검증해 주는 통계분석 기법이다. 변인들의 관계성을 알려 준다는 점에서 상관은 중요한 개념이지만 인과관계를 알려주지는 못한다.

016
기억정보가 아날로그 방식으로 표상됨을 나타내는 예는?

① 심적 회전
② 마디(node)와 연결로(link)
③ 디지털 컴퓨터
④ 명제

해설
심적 회전(mental rotation) : 심상(mental imagery)은 절대적으로 하향처리에 의존하는 것으로 심적 회전은 평면이나 삼차원 공간에서 특정 물체의 회전을 심상화하는 것을 의미한다. 심적 회전은 심상이 기억에 저장되는 두 가지 관점인 아날로그 부호와 명제 부호 중 아날로그 방식으로 표상되는 예로 제시되었다.

017
Atkinson과 Shiffrin의 기억모형에 관한 설명으로 틀린 것은?

① 계열위치효과는 이 모형으로 잘 설명된다.
② 단기기억에는 시연, 부호화, 결정, 인출전략의 4가지 통제과정이 있다.
③ Miller가 주장한 단기기억 용량 7청크도 이 모형과 잘 부합된다.
④ 감각기관들은 직렬적으로 기능하기 때문에 정보처리에 유리하다.

해설
감각기억은 감각기관별로 분리되어 다중 저장되는 원리를 가지므로 효율적 정보처리가 가능하다.

018
어떤 사람의 행동을 보고 상황이나 외적 요인보다는 사람의 기질이나 내적 요인에 그 원인을 두려고 하는 것은?

① 고정관념
② 현실적 왜곡
③ 후광효과
④ 기본적 귀인오류

> **해설**
> **기본적 귀인오류**: 사회심리학에서 가장 중요한 현상들 중 하나로, 행동의 실제원인이 상황에 있는데도 불구하고 원인을 사람(사람의 소인)에게로 돌리는 오류를 말한다.

019
다음과 같은 입장을 취하고 있는 성격이론은?

> 자신을 형편없는 학생으로 지각하는 학생이 매우 좋은 성적을 받을 경우, 이 학생은 긍정적인 경험을 부정적인 자기개념과 일치시키기 위해 '운이 좋았어'라는 식으로 왜곡할 수 있다. 이 학생은 자기개념과 경험이 일치하지 않을 때 불안과 내적 혼란을 경험할 가능성이 높기 때문에, 자기개념을 유지하기 위해 경험을 부정하는 방어적 반응을 보인다. 이 학생이 경험을 부정하거나 왜곡하지 않도록 하기 위해서는 타인이 이 학생을 무조건적이고 긍정적으로 존중해주고 공감해 주어야 한다.

① 특질이론
② 정신역동이론
③ 현상학적 이론
④ 사회인지이론

> **해설**
> 로저스의 현상학적 이론은 인간의 행동은 개인이 지각한 현상적인 장에서 유기체가 지각한 욕구를 만족시키기 위한 목표지향적 시도를 한다고 보았다. 이 시도는 자신을 성장시키는 긍정적 방향으로 이루어지며, 실현경향성이라고 한다.

020
Freud의 정신 역동적 접근에 관한 설명으로 틀린 것은?

① 원초아는 현실의 원리를 따른다.
② 사람들은 불안을 극복하기 위해 억압과 같은 방어기제를 사용한다.
③ 아동이 강박적으로 청결이나 정돈에 매달리는 것은 항문기적 성격의 갈등 때문이다.
④ 오이디푸스 콤플렉스는 남근기에 나타나는 현상이다.

> **해설**
> 원초아-쾌락원리, 자아-현실원리, 초자아-도덕원리를 따른다.

제 2 과목 이상심리학

021
다음 밑줄친 '표현된 정서'의 의미로 옳은 것은?

> 가족들의 <u>표현된 정서(expressed emotion)</u>에 대한 연구에 의하면 가족들의 표현된 정서가 조현병의 재발률을 높인다고 한다.

① 지나치게 정서적 지지와 격려를 제공하는 것
② 비판적으로 과도한 간섭을 하는 것
③ 냉정하고, 조용하며, 무관심한 것
④ 관여하지 않으며, 적절한 한계를 정해주지 못하는 것

> **해설**
> **표현된 정서**
> 조현병 환자의 가족들이 갈등과 간섭이 많고 부정적인 감정을 자주 표현하는 경향을 말한다.

022
DSM-5의 진단범주 중 영아기, 아동기 및 청소년기에 흔히 처음으로 진단되는 장애에 포함되지 않는 것은?

① 지적발달장애　② 품행장애
③ 틱장애　　　　④ 적응장애

> **해설**
> 지적발달장애 아동기와 청소년기에 발병, 틱장애는 보통 18세 이전 발병하며 적응장애는 외상 및 스트레스 관련 장애에 속하는 하위 장애이다. 주요한 생활사건에 대한 적응 실패로 나타나는 정서적 또는 행동적 증상을 말한다.

023
조현병의 다른 증상들은 없으면서 비현실적인 믿음을 유지하는 장애는?

① schizoaffective disorder
② schizophreniform disorder
③ delusional disorder
④ schizotypal personality disorder

> **해설**
> 망상장애(delusional disorder) : 임상적 양상은 조현병의 특징적 증상을 충족한 적이 없으며 한 달 이상 1가지 이상의 망상만 존재하게 된다. 망상장애는 망상이나 망상과 연관된 장해 외에는 기타의 기능 손상이 크게 발견되지 않는다는 특징이 있다. 하위 유형으로는 애정형, 과대형, 질투형, 피해형, 신체형, 혼합형이 있다.

024
아동기에 나타날 수 있는 불안장애가 아닌 것은?

① 선택적 무언증
② 사회불안장애
③ 특정공포증
④ 자폐증

> **해설**
> 선택적 무언증, 사회불안장애, 특정공포증은 불안장애의 하위범주이다.

025
외상적 사건에 대한 기억과 연관된 불안을 감소시키는데 초점을 맞추고 있으며, Foa에 의해 개발된 이후 외상후 스트레스 장애에 대해 경험적으로 지지된 치료로서 학계로부터 널리 인정을 받고 있는 치료법은?

① 불안조절훈련
② 안구운동 둔감화와 재처리 치료
③ 지속노출치료
④ 인지적 처리치료

> **해설**
> 지속노출치료는 특히 강간 피해자의 치료를 위해서 Foa와 Riggs(1993)이 제시한 치료방법이다. 외상 사건을 단계적으로 떠올리게 하여 불안한 기억에 반복적으로 노출시킴으로써 궁극적으로 외상사건을 큰 불안 없이 직면할 수 있도록 유도하는 방법이다.

026
자살에 관한 설명과 가장 거리가 먼 것은?

① 모든 자살은 우울한 사람에게 국한되어 나타난다.
② 자살 기도자는 여성이 많으나 자살 성공자는 남성이 많다.
③ 자살률은 경제적 불황기에는 올라가며, 경제적 번기에는 안정되어 있으며, 전쟁 중에는 감소 한다.
④ 미국에서 아동 및 청소년기의 자살률은 증가하는 추세이다.

> **해설**
> 우울장애나 양극성 장애를 지닌 사람들이 자살 위험성이 가장 높은 집단이다.

027
신경성 식욕부진증에 관한 설명으로 틀린 것은?

① 폭식하거나 하제를 사용하는 경우는 해당하지 않는다.
② 체중과 체형이 자기평가에 지나치게 영향을 미친다.
③ 말랐는데도 체중의 증가와 비만에 대한 극심한 두려움이 있다.
④ 나이와 신장을 고려한 정상체중의 85% 이하로 체중을 유지한다.

> **해설**
> 신경성 식욕부진증은 폭식-하제사용형과 제한형으로 구분된다.

028
염색체 이상과 관련이 있는 장애로 신체적으로 특징적인 외모를 가진 장애는?

① 다운증후군
② 아스퍼거 증후군
③ 운동조정장애
④ 주의력결핍-과잉행동장애

> **해설**
> 다운 증후군은 가장 흔한 염색체 질환으로서, 21번 염색체가 정상인보다 1개 많은 3개가 존재하여 정신지체, 신체 기형, 전신 기능 이상, 성장 장애 등을 일으키는 유전 질환이다. 신체 전반에 걸쳐 이상이 나타나며 특징적인 얼굴 모습을 관찰할 수 있고, 지능이 낮다.

029
알코올 중독과 관련 있는 장애는?

① 헌팅톤 무도병
② 코르사코프 증후군
③ 레트 장애
④ 캐너 증후군

> **해설**
> 코르사코프 증후군은 장기간에 걸친 음주에 의해 단기기억의 장애가 오는 것이 특징이다. 주된 증상은 건망증, 기억력장애, 작화증 등이 특징이며, 해마의 손상이 원인이다.

030
DSM-5에서 성도착 장애의 유형에 대한 설명으로 옳은 것은?

① 노출장애 - 다른 사람이 옷을 벗고 있는 모습을 몰래 훔쳐봄으로써 성적 흥분을 느끼는 경우
② 관음장애 - 동의하지 않는 사람에게 자신의 성기나 신체 일부를 반복적으로 나타내는 경우
③ 아동성애장애 - 사춘기 이전의 소아를 대상으로 하여 성적 공상이나 성행위를 반복적으로 나타내는 경우
④ 성적 가학장애 - 굴욕을 당하거나 매질을 당하거나 묶이는 등 고통을 당하는 행위를 중심으로 성적 흥분을 느끼거나 성적행위를 반복

> **해설**
> **성도착 장애의 하위범주**
> 관음장애, 노출장애, 접촉 마찰 장애, 성적 피학 장애, 성적 가학 장애, 성애물장애, 의상전환장애, 아동성애장애가 있다.
> **아동성애장애** : 사춘기 이전의 아동(보통 13세 이하)을 대상으로 성적 공상이나 성행위를 6개월 이상 반복적으로 나타내는 경우이다.

031
성격장애는 크게 세 집단으로 구분한다. 그 중 B군 성격장애 집단은 극적이고 감정적이며, 변덕스러운 특징을 보이는 성격장애 집단이다. 여기에 속하는 성격장애는?

① 편집성 성격장애　② 경계성 성격장애
③ 회피성 성격장애　④ 의존성 성격장애

> **해설**
> B군 성격장애 : 반사회적 성격장애, 연극성 성격장애, 경계선 성격장애, 자기애성 성격장애
> 편집성 성격장애는 A군 성격장애이다.

032
다음 사례에서 김씨의 이러한 성격과 관련된 요인으로 확인할 사항이 아닌 것은?

> 고졸인 30대의 김씨는 사기 혐의로 교도소에 여러번 다녀왔으나 부끄러운 줄 모르고 죄책감도 없다. 초등학교 때 남의 집에 불을 지르기도 했고 무단결석을 자주 했었다. 겉으로는 멀쩡하고 정신병적인 행동도 없다.

① 소아기에 신경학적 증후없이 중추신경계에 기능장애만 발생하는지 여부
② 테스토스테론 호르몬의 수치가 정상 수준 인지 여부
③ 부모의 성격이 파괴적이거나 변덕스럽고 충동적이어서 노골적인 증오심과 거부에 시달려 일관성 있는 초자아 발달에 지장이 있었는지 여부
④ 부모의 질병, 별거, 이혼 또는 거부감정이 있어서 기본적으로 요구되는 사랑, 안전, 안정 및 존경심에 문제가 있는지 여부

> **해설**
> 예시와 ①, ③, ④는 반사회적 성격장애를 설명하고 있다.
> ② 테스토스테론 호르몬(남성 호르몬)의 수치는 반사회적 성격 특성과 관련된 요인을 알아보기 위한 지표로 부적합하다.
>
> **반사회성 성격장애(Antisocial Personaltiy Disorder) 진단 기준**
> - 법에서 정한 사회적 규범을 준수하지 않으며 구속 당할 행동을 반복한다.
> - 개인의 이익이나 쾌락을 위한 반복적인 거짓말, 가명 사용 또는 타인을 속이는 사기 행동
> - 충동성 또는 미리 계획을 세우지 못한다.
> - 빈번한 육체적 싸움이나 폭력에서 드러나는 호전성과 공격성
> - 자신이나 타인의 안전을 무시하는 무모성(예 음주운전이나 과속, 범죄, 마약 복용)
> - 꾸준하게 직업활동을 수행하지 못하거나 채무를 이행하지 못하는 행동으로 나타나는 지속적인 무책임성(예 가족을 부양하지 못함)
> - 타인에게 상처를 입히고 학대하거나 절도행위를 하고도 무관심하고 합리화하는 행동을 나타내는 자책의 결여

033
DSM-5에서 '신체증상 및 관련 장애' 분류항목에 해당하는 것은?

① 전환장애(conversion disorder)
② 다중인격(multiple personality)
③ 심인성 건망증(psychogenic amnesia)
④ 신체변형장애(body dysmorphic disorder)

> **해설**
> **신체증상 및 관련장애의 하위범주**
> 신체증상장애, 질병불안장애, 전환장애, 허위성장애

034
다음과 같은 과제수행에 필요한 여러 가지 인지기능을 수행하지 못하는 치매증상은?

> 과제수행에 필요한 여러 가지 인지기능, 즉 과제를 하위과제로 쪼개기, 순서별로 배열하기, 계획하기, 시작하기, 결과 점검하기, 중단하기 등의 기능

① 실어증
② 실인증
③ 지남력장애
④ 실행기능장애

> **해설**
> 실행기능장애는 치매가 발병했을 때 저하되는 인지기능의 하나로, 전전두피질의 기능에 문제가 생겨 어떤 일의 계획, 결과점검과 결정, 일의 시작 및 중단, 추상적 사고 등과 관련되는 과제 수행에 필요한 여러 인지기능이 불가능해진다.

035
공포증에 대한 2요인 이론은 어떤 요인들이 결합된 이론인가?

① 학습 요인과 정신분석 요인
② 학습 요인과 인지 요인
③ 회피 조건형성과 준비성 요인
④ 고전적 조건형성과 조작적 조건형성

> **해설**
> 모우러(Mowrer)는 2요인 이론(two-factor theory)에서 공포증이 형성되는 과정에는 고전적 조건형성의 학습원리가 관여하는 반면, 일단 형성된 공포증은 조작적 조건형성의 원리에 의해서 유지되고 강화된다고 하였다.

036
Abramson 등의 '우울증의 귀인이론(attributional theory of depression)'에 관한 설명으로 틀린 것은?

① 우울증에 취약한 사람은 실패경험에 대해 내부적, 안정적, 전반적 귀인을 하는 경향이 있다.
② 실패경험에 대한 내부적 귀인은 자존감을 손상시킨다.
③ 실패경험에 대한 안정적 귀인은 우울의 만성화에 기여한다.
④ 실패경험에 대한 특수적 귀인은 우울의 일반화를 조장한다.

> **해설**
> 우울장애에 걸리기 쉬운 사람들은 실패경험에 대해 내부적, 안정적, 전반적 귀인을 하는 반면, 성공 경험에 대해서 외부적, 불안정적, 특수적 귀인을 하는 경향성을 가지고 있어서 상태가 만성화되고 견고해진다.

037
Schneider가 주장한 조현병(정신분열병)의 일급증상이 아닌 것은?

① 사고 누락
② 사고 반향
③ 사고 투입
④ 사고 전파

> **해설**
> Schneider가 임상 관찰을 통해 밝힌 조현병의 일급증상에는 환청, 사고 주입, 사고 탈취, 사고 전파, 사고 반향 등이 있다.

038
DSM-5에 따라 성격장애를 군집별로 분류할 때 옳은 것은?

① 이상하며 기괴한 증상을 보이는 성격장애 군집으로는 조현형, 조현성, 편집성 성격장애가 있다.
② 극적이고 감정적이며 변덕스러운 것이 특징인 장애로 히스테리성, 자기애성, 반사회성, 회피성 성격장애가 있다.
③ 가학적, 자기패배적, 수동공격적 성격장애는 DSM-5에서 중요하게 다루어지는 성격장애의 군집이다.
④ 불안하고 두려움, 근심스러운 것이 특성인 성격장애로 편집성, 의존성, 경계성 성격장애가 있다.

> **해설**
> **A군 성격장애**
> 사회적으로 고립되어 있고 기이한 성격특성을 나타낸다. 편집성 성격장애, 분열성 성격장애, 분열형 성격장애가 해당된다.

039
조현형 성격장애 진단기준에 포함되지 않는 것은?

① 괴이한 사고와 언어
② 과도한 사회적 불안
③ 관계망상적 사고
④ 불안정하고 강렬한 대인관계

해설
④는 경계선 성격장애의 진단기준에 해당한다.

040
Bleuler가 제시한 조현병(정신분열병)의 네 가지 근본증상, 즉 4A에 해당하지 않는 것은?

① 감정의 둔마(affective blunting)
② 자폐증(autism)
③ 양가감정(ambivalence)
④ 무논리증(alogia)

해설
Bleuler의 4A
연상의 결함(Association)
정동의 결함(감정의 둔마)(Affectivity)
양가감정(Ambivalence)
자폐증(Autisim)

제 3 과목 심리검사

041
K-WAIS-IV에서 개념형성능력을 측정하는 소검사는?

① 차례맞추기   ② 공통성문제
③ 이해문제   ④ 빠진곳 찾기

해설
공통성문제 : 제시된 두 단어의 공통점을 묻는 문항 언어적 개념형성 능력과 추상적 사고력 측정 다른 언어성 검사들에 비해 유동적 지능 반영

042
K-WISC-IV의 시행 연령 범위는?

① 3~7세   ② 6~16세
③ 5~10세   ④ 12~20세

해설
한국판 아동용지능검사(K-WISC-IV)의 시행 연령 범위는 만 6세에서 만 16세
한국판 성인용 지능검사(K-WAIS-IV)의 시행 연령 만 16세에서 만 69세

043
치매가 의심되는 노인 환자를 대상으로 실시할 검사와 관련이 없는 것은?

① MMPI-2
② 간이정신상태검사(MMSE)
③ 기억력검사
④ 이름대기검사(BNT)

해설
MMPI-2는 인성검사, 나머지의 인지기능의 손상을 측정한다.
간이정신상태검사 : 약식 치매검사
기억력검사 : Rey-Kim, WMS 등으로 측정
이름대기검사 : 언어영역의 손상 정도를 평가하는 검사이다.

044
신경심리검사와 가장 거리가 먼 것은?

① H-R(Halstead-Reitan Battery)
② L-N(Luria-Nebraska Battery)
③ BGT(Bender Gestalt Test)
④ Rorschach Ink Blot test

> **해설**
> Rorschach Ink Blot test는 10개의 잉크반점을 보여주면서 무엇으로 보이냐고 물어보는 검사로 투사검사이다. 개인 성격의 독특성과 무의식을 반영하는 성격검사이다.

045
지능검사 결과를 해석할 때 주의해야 할 사항과 가장 거리가 먼 것은?

① IQ 점수를 표시된 숫자 그 자체로 생각할 것
② 과잉해석을 피할 것
③ 합리적이되 융통성을 가질 것
④ 학교성적을 예측할 수 있는 여러 변인 중의 하나로 생각할 것

> **해설**
> 지능검사의 해석은 양적분석(IQ 수치) 이외에도 질적분석(검사행동, 검사반응, 검사태도)도 함께 고려해야 한다.

046
성취도 검사와 적성검사의 특성에 관한 설명으로 옳은 것은?

① 성취도 검사와 적성검사의 차이는 문항형식에 있다.
② 성취도는 과거 중심적이고 적성은 미래 중심적이라고 할 수 있다.
③ 성취는 유전의 영향을, 적성은 환경의 영향을 많이 받는 것으로 본다.
④ 대부분의 학자들은 적성을 특수능력보다는 일반적 능력으로 본다.

> **해설**
> **성취도 검사** : 개인의 현재까지 축적된 과거의 경험을 측정한 결과이다.
> **적성검사** : 검사를 통해 나타난 결과로 현재보다는 미래의 수행을 예측한다.

047
아동이 현재 보이고 있는 시각-운동 발달 수준이 아동의 실제 연령에 부합되는 것인지 알고 싶다면 BGT 검사 시 어떤 방법론적 고려를 하는 것이 가장 적합한가?

① Koppitz Developmental Bender Scoring System
② Group Test
③ Tachistoscopic Procedure
④ Raven's Progressive Matrices

> **해설**
> Koppitz의 발달적 채점 체계를 채택한다.

048
MMPI-2와 비교할 때 성격평가질문지(PAI)의 특징이 아닌 것은?

① 문항의 수가 더 적다.
② 임상척도의 수가 더 적다.
③ 임상척도 이외에 대인관계척도를 포함한다.
④ 4지 선다형이다.

> **해설**
> **성격평가질문지(PAI)** : 환자와 정상인 모두의 성격을 평가하는 데 이용될 수 있다.
> 임상척도는 신체적 호소 척도, 불안 척도, 불안 관련 장애 척도, 우울 척도, 조증 척도, 망상 척도, 정신분열병 척도, 경계선적 특징 척도, 반사회적 특징 척도, 알코올 문제 척도, 약물 문제 척도로 11개의 하위 척도로 구성된다.
> MMPI-2의 임상척도인 10개 척도로 PAI의 척도가 더 많다.
> PAI는 타당성 척도, 임상척도, 치료고려 척도, 대인관계 척도로 구분된다.

049

MMPI-2 검사를 실시할 때 유의사항으로 틀린 것은?

① 독해력이 초등학교 6학년수준 미만인 사람에게는 실시하기 어렵다.
② 시행 소요시간이 90분 내외로 적정한지 검토해야 한다.
③ MMPI-2는 반드시 개별적으로 실시해야 한다.
④ 피검사자에게 "현재의 상태"를 기준으로 평가하라고 지시한다.

> **해설**
> MMPI-2는 개인 및 집단 모두 실시 가능하다.

050

심리평가 면담에 관한 설명으로 틀린 것은?

① 수검자뿐 아니라 필요하다면 보호자와 같은 주변 사람으로부터 정보를 얻을 수 있다.
② 라포를 유지한 상태에서 수검자의 자발성을 최대한 이끌어내는 것이 필요하다.
③ 수검자의 진술에서 객관적 현실에 부합되지 않는 경우는 직면이 필요하다.
④ 폐쇄형 질문보다는 개방형 질문을 우선적으로 사용한다.

> **해설**
> 평가상황의 직면의 목적은 깊이 있는 정보를 얻기 위한 것이다.
> 직면은 수검자의 말이나 행동이 일치하지 않은 경우 또는 내담자의 말에 모순점이 있는 경우 상담자가 그것을 지적하거나 언급해 주는 것이다.

051

MMPI-2에서 5번 척도가 높은 여대생의 경우에 가능한 해석으로 가장 적합한 것은?

① 성격적으로 수동-공격적인 특성이 있다.
② 반드시 남성적인 흥미를 나타내는 것은 아니다.
③ 자신감이 부족하고 충동적이다.
④ 심미적이고 예술적인 취미를 가지며 지능이 우수하다.

> **해설**
> 5번 척도가 높은 여성은 전통적인 여성적 성역할에 대해 거부적, 진취적, 경쟁적, 자기주장적인 모습을 보인다. 5번 척도가 낮은 여성은 전통적 여성 역할에 만족, 순응적, 수동적인 성향과 관련된다.

052

투사적 성격검사와 비교할 때, 객관적 성격검사의 장점은?

① 객관성의 증대
② 반응의 다양성
③ 방어의 곤란
④ 무의식적 내용의 반응

> **해설**
> **객관적 검사의 장점**
> 검사과정이 구조화되어 있어 실시와 채점 및 해석이 쉽고, 피검자가 응답하기 쉽다.
> 채점과 해석과정이 구조화되어 있어서, 검사자의 시간과 노력이 절약된다.
> 검사자나 상황적 변인의 영향을 덜 받기 때문에 검사 결과의 객관성이 확보된다.
>
> **객관적 검사의 단점**
> 사회적으로 바람직한 방향으로 응답하려는 경향성을 보일 수 있어, 검사 결과에 영향을 미칠 수 있다.
> 수검자는 '예'나 '아니오' 등의 일정한 방향을 정해서 응답할 수 있다.
> 수검자가 자기의 내적 심리상태와 무관하게 협조적 반응을 할 수 있다.

053

심리평가 면담의 지침으로 옳은 것은?

① 면담 초기 정보획득을 위해 구체적인 사안을 다루는 폐쇄형 질문으로 시작한다.
② 수검자에게 검사에 대한 설명을 하고 평가에 대한 동의를 얻는다.
③ 심리검사를 받는 이유와 증상에 대한 질문은 면담의 뒷 부분에 한다.
④ 다른 정보 출처보다는 내담자 본인에게 얻은 정보를 최우선으로 한다.

해설
① 개방형 질문을 통해 다양한 정보를 수집한다.
③ 내방사유 및 주된 증상에 대한 질문은 면담 초기에 한다.
④ 내담자 본인 및 보호자나 후견인 등의 정보도 함께 탐색한다.

054

동일한 검사를 동일한 집단에 1주일 또는 1개월의 간격을 두고 다시 실시하여 전후 검사 결과를 상관계수로 계산하는 신뢰도는?

① 동형검사 신뢰도
② 검사-재검사 신뢰도
③ 반분 신뢰도
④ 문항내적 합치도

해설
검사-재검사 신뢰도 : 같은 심리검사를 두 번 시행했을 때 점수들 간의 상관으로 계산한다.

055

Rosenzweig의 그림좌절검사(Picture Frustration Test)에서는 표출되는 공격성의 세 방향을 구분하고 있다. 세 방향에 속하지 않는 것은?

① 투사지향형
② 내부지향형
③ 외부지향형
④ 회피지향형

해설
그림좌절검사는 로젠츠베이그가 개발한 것으로 25개의 그림으로 구성되어 있으며 상대방에 의해서 좌절을 겪게 되는 인물이 어떤 반응을 보일지 피검자로 하여금 상상하도록 하는 만화로 구성되어 있다. 분석은 장면 전체에 걸쳐 공격성의 방향(외부지향형, 내부지향형, 회피지향형)과 반응형태(장애우위형, 자아방어형, 요구고집형)의 두가지 차원의 분석을 통해, 욕구불만 장면의 인물에 투사된 그 개인의 성격이 역동적으로 해석된다.

056

MMPI-2에서 4-6척도가 상승한 사람의 특징일 가능성이 가장 적은 것은?

① 항상 긴장되어 있고 다양한 신체적 증상을 나타낼 가능성이 높다.
② 분노와 적개심이 억제되어 있을 가능성이 높다.
③ 타인에 대한 불신감이 많을 가능성이 높다.
④ 권위적 대상(authority figure)과의 관계에서 문제가 발생할 가능성이 높다.

해설
4-6 상승척도
만성적으로 적대적으로 분노하는 경향
투사와 행동화 방어기제
행동 통제의 어려움
자기애적, 의존적, 타인의 관심과 공감을 요구하면서도 자기중심적으로 행동. 책임이나 요구에는 분개한다.

057

BGT에 의해 아동의 정서적 문제를 알아보고자 할 때, 고려해야 할 지표와 가장 거리가 먼 것은?

① 도형의 각도 변화
② 도형 크기의 변화 여부
③ 도형 배치의 순서
④ 선긋기의 강도

> **해설**
> 아동의 정서문제는 도형 배치 순서, 도형크기의 변화, 필압, 과대 및 과소 묘사, 가중 묘사, 반복 시행, 대시 사용 등을 통해 확인할 수 있다.

058
Cattell의 지능이론에 관한 설명으로 틀린 것은?

① Cattell은 지능을 유동적 지능과 결정적 지능으로 구별하였다.
② 유동적 지능은 22세 이후까지도 지속적으로 발달한다.
③ 결정적 지능은 문화적, 교육적 경험에 따라 영향을 받는다.
④ 유동적 지능은 개인의 독특한 신체구조와 과정에 기초한 선천적 기능이다.

> **해설**
> 카텔은 유동성지능과 결정성지능으로 구분하였다. 결정성 지능의 경우 22세 이후까지 지속적으로 발달이 가능하며 후천적으로 개발 가능한 지능이라고 보았다.

059
교통사고 환자의 신경심리 검사에서 꾀병을 의심할 수 있는 경우는?

① 기억과제에서 쉬운 과제에 비해 어려운 과제에서 더 나은 수행을 보일 때
② 즉각 기억과제와 지연기억과제의 수행에서 모두 저하를 보일 때
③ 뚜렷한 병변이 드러나며 작의적인 반응을 보일 때
④ 단기기억 점수는 정상범위이나 다른 기억 점수가 저하를 보일 때

> **해설**
> 꾀병이란 이차적 이득을 위해 증상을 과장하는 경우로, 교통사고나 산재환자의 보상문제, 군입대를 위한 심리검사 등에서 나타날 수 있다. 어려운 과제에서 쉬운 과제보다 더 나은 수행을 보인다는 것은 증상을 과장한 것일 수 있다.

060
아동의 발달적 수준을 측정하기 위해 사용하기 어려운 검사는?

① 사회성숙도 검사(SMS)
② 인물화 검사(DAP)
③ 아동용 주제통각검사(CAT)
④ 벤더도형검사(BGT)

> **해설**
> 아동용 주제통각검사(CAT)는 아동이 동물에 대해서 보다 쉽게 동일시하는 경향을 반영한 투사적 성격검사이므로 동의 과거경험과 욕구, 갈등 등이 투사되면서 성격의 특성과 환경과의 상호관계 방식 등에 대한 정보를 제공해 준다.

제 4 과목 임상심리학

061
전통적인 정신역동적 심리평가와 비교한 행동평가의 특징으로 옳은 것은?

① 행동의 무의식적인 동기를 파악할 수 있다.
② 문제행동의 주요 원인을 내적인 심리과정에서 찾는다.
③ 가설적-연역법을 적용하여 환경요인을 규명한다.
④ 특정 정신장애의 진단을 목표로 하는 경우가 많다.

> **해설**
> 행동평가는 행동의 선행사건/상황과 그에 수반하는 결과에 초점을 맞춰 인간 행동 특성을 평가하는 심리 평가 기법 중 한 종류이다. 직접관찰과 실험을 통해 얻은 결과를 설명하고 추론하여 일반화하는 연구방법인 가설적-연역법을 통해 상황적·환경적 요인을 평가한다.

062
대뇌피질 각 영역의 기능에 관한 설명으로 옳은 것은?

① 측두엽 : 망막에서 들어오는 시각정보를 받아 분석하며 이 역이 손상되면 안구가 정상적인 기능을 하더라도 시력을 상실하게 된다.
② 후두엽 : 언어를 인식하는 데 중추적인 역할을 하며 정서적 경험이나 기억에 중요한 역할을 담당한다.
③ 전두엽 : 현재의 상황을 판단하고 상황에 적절하게 행동을 계획하며 부적절한 행동을 억제하는 등 전반적으로 행동을 관리하는 역할을 한다.
④ 두정엽 : 대뇌피질의 다른 영역으로부터 모든 감각과 운동에 관한 정보를 다 받으며 이러한 정보들을 종합한다.

해설
측두엽 : 청각기능, 언어 이해, 기억, 정서
후두엽 : 대뇌반구의 가장 뒷부분, 시감각과 시지각 담당
두정엽 : 시공간적 기능, 촉감각

063
다음 중 규준(norm)에 관한 설명으로 가장 적합한 것은?

① 측정한 점수의 일관성 정도를 제공해준다.
② 검사 실시와 과정이 규정된 절차에서 이탈된 정도를 제공해준다.
③ 특정집단의 전형적인 또는 평균적인 수행 지표를 제공해준다.
④ 연구자가 측정한 의도에 따라 측정이 되었는지의 정도를 제공해준다.

해설
규준(norm) : 심리검사 점수는 흔히 표준화된 집단의 검사점수와 비교함으로써 그 의미를 해석하게 되는데 특정검사 점수의 해석에 필요한 기준이 되는 자료를 규준(norm)이라고 한다.

064
사회기술 훈련 프로그램의 구성요소에 해당되지 않는 것은?

① 문제해결 기술
② 의사소통 기술
③ 증상관리 교육
④ 자기주장 훈련

해설
사회기술훈련은 좁은 의미에서 의사소통을 통해 대인관계의 효율성을 향상시키는 기술을 말하는 한편, 넓은 의미에서 사회생활을 통해 자신이 원하는 것을 성취하는 데 필요한 모든 기술을 말한다.

065
임상적 면접에서 사용되는 바람직한 의사소통 기술에 해당되는 것은?

① 면접자 자신의 사적인 이야기를 꺼내는데 주저하지 않는다.
② 침묵이 길어지지 않게 하기 위해, 면접자는 즉각 개입할 준비를 한다.
③ 폐쇄형보다는 개방형 질문을 주로 사용한다.
④ 내담자의 감정보다는 얻고자 하는 정보에 주목한다.

해설
개방형 질문
개방형 질문은 자유응답형 질문으로 응답자가 할 수 있는 응답의 형태에 제약을 가하지 않고 자유롭게 표현할 수 있도록 하는 방법이다. 개방형 질문에 대한 장점과 단점은 다음과 같다.

장점
- 강제성이 없어 다양한 응답이 가능하다.
- 응답자가 상세한 부분까지 언급할 수 있다.
- 대답이 불명확할 경우 면접자가 설명을 요구할 수 있으므로 오해를 제거하고 친밀감을 높일 수 있다.

단점
- 응답결과 부호화나 수치화가 어려워 채점과 코딩이 어려우므로 통계적 분석이 용이하지 않다.
- 폐쇄형 질문보다 조사 시간이 많이 걸린다.
- 무응답률이 높다.
- 응답의 세세한 부분이 유실될 수 있다.
- 응답 표현상의 차이로 상이한 해석과 편견이 개입될 수 있다.

066

브로카(Broca) 영역 및 그 안쪽에 있는 백질과 주변 영역이 손상되었을 때 나타나는 증상은?

① 언어적 표현의 장애 혹은 표현적 실어증
② 언어적 이해의 장애 혹은 수용적 실어증
③ 목표지향적 운동을 수행하지 못하는 실행증
④ 소리가 인식되거나 해석되지 못하는 실인증

해설

브로카(표현성) 실어증 : 브로카 영역이 손상된 실어증 환자들은 대부분 단어의 의미를 이해할 수 있으며 어떻게 답변하고 싶은지를 알 수도 있다. 하지만 그들은 말해야 할 단어들을 찾는 데 어려움을 호소한다. 그들은 천천히 애를 쓰면서 한 단어 한 단어를 말해야 하며 때로는 이렇게 말하는 것이 너무 힘들다 보니 욕설을 내뱉기도 하나 자신이 말한 것은 스스로 이해할 수 있다. 언어의 정상적 리듬 및 강조도 빠져 있다. 이들은 구절을 반복하는 데 어려움을 겪는다. 브로카 실어증에 걸린 사람들은 대부분 단어를 쓸 줄 모른다.

067

학생 상담 시 어떤 학생이 또래들에게 가장 선호되고, 혹은 그렇지 못하는가를 확인해 보기 위해 사회관계 측정법(sociogram)을 사용하려고 한다. 상담자가 사회관계 측정법을 사용 시 유의 사항으로 틀린 것은?

① 유의미한 결과를 얻어내려면 학생들간에 교류하는 시간이 충분해야 한다.
② 학생의 연령대가 어릴수록 반응이 솔직하고 신뢰도와 타당도가 높다.
③ 집단의 크기가 유용한 정보를 제공해 줄 수 있으므로 집단의 크기가 너무 크거나 너무 작아도 안된다.
④ 유의미한 집단활동이 있어야 학생들간의 교류가 일어나므로, 상담자는 학생들에게 의미있고 친숙한 활동을 선택해서 제공해야 한다.

해설

사회관계 측정법은 모레노에 의하여 고안된 것으로 수용성 조사 또는 교우관계조사법이라고도 한다. 이 방법은 집단 내의 성원들 간 호의, 혐오, 무관심 등의 관계를 조사하여 집단 자체의 역동적 구조나 상태를 알아보는 방법이다.

068

비밀보장에 관한 설명으로 틀린 것은?

① 내담자에게 얻은 정보에 대한 비밀보장을 중요시해야 한다.
② 내담자 자신이나 타인에게 명백한 위험을 초래하게 되는 경우에도 비밀보장은 준수되어야 한다.
③ 적절한 시기에 내담자들에게 비밀보장의 법적인 한계에 대하여 알려주어야 한다.
④ 전문적인 관계에서 얻은 정보나 평가자료는 전문적인 목적을 위해서만 토론되어야 한다.

> **해설**
> 자해, 자살 및 타해 및 타살계획, 사회의 안전, 전염병, 아동의 인권, 판사의 명령 등의 사유는 내담자에 대한 비밀보장의 예외가 된다.

069
건강심리학 분야의 주된 관심 영역과 가장 거리가 먼 것은?

① 흡연 ② 우울증
③ 비만 ④ 알코올 남용

> **해설**
> 건강심리학이란 건강의 증진과 유지, 질병의 예방과 치료, 건강 및 질병과 관련된 기능장애에 대한 병인학적이고 진단적 요인들의 규명, 건강 진료체계와 건강정책의 분석을 통한 개선 등을 위하여 과학적으로 공헌을 하는 심리학의 전문분야이다. 건강심리학은 스트레스 및 대처, 통증 관리, 심혈관질환 및 암을 포함한 만성질환의 행동적 요인, 흡연, 음주, 식습관, 운동 등과 관련된 분야를 다룬다.

070
다음은 어떤 치료에 관한 설명인가?

> 경계성 성격장애와 감정조절의 어려움과 충동성이 문제가 되는 상태를 치료하기 위해 상대적으로 최근에 개발된 인지행동치료이다. Linehan은 자살 행동을 보이는 여자 환자들과의 임상 경험을 바탕으로 이 치료를 개발하였다.

① 현실치료
② 변증법적 행동치료
③ 의미치료
④ 게슈탈트치료

> **해설**
> 변증법적 행동치료(DBT: Dialectical Behavior Therapy)
> 1980년대에 Linehan이 경계선 성격장애 치료를 위해 고안했다. Linehan은 정서적 강렬함이 그 고통을 피하려는 시도를 유발하고, 이러한 도피 및 회피행동이 실제로는 정서적 강도를 감소시키기보다 증가시킨다는 사실을 이해하고 이런 악순환의 고리를 끊고 고통을 받아들이고 정서를 조절하며 대인관계능력을 향상시키기 위해 변증법적 치료를 개발했다.

071
정신질환자의 사회복귀정책에 관한 설명으로 적합하지 않은 것은?

① 유럽과 미국에서 시작되었으며, 전세계적으로 확산되는 추세이다.
② 기관에 수용하는 정책보다 국가예산이 더 많이 소요된다.
③ 인본주의적 정신에 기초하여, 환자의 삶의 질을 높이는데 주력한다.
④ 의학적 모형에 토대한 병원 중심의 재활이 아니고, 사회심리학적 모형에 토대한 지역사회 중심의 재활이 더 중요하다.

> **해설**
> 정신질환자의 사회복귀정책 시행 시 기관에 수용하여 치료하는 것보다 비용이 덜 든다.

072
다음 중 관계를 중심으로 치료가 초점화되고 있는 정신역동적 접근방법의 단기치료가 아닌 것은?

① 핵심적 갈등관계 주제(core conflictual relationship theme)
② 불안유발 단기치료(anxiety provoking brief therapy)
③ 기능적 분석(functional analysis)
④ 분리개별화(separation and individuation)

해설
기능적 분석(functional analaysis)은 환경 내에서 어떠한 선행조건(A; Antecedent)에 의하여 어떠한 문제행동(B; Behavior)이 발생하였는지, 그 행동에 대하여 어떠한 결과(C; Consequence)가 따르게 되었는지를 분석하여 행동의 원인에 대한 정확한 평가를 하는 것이다.

해설
고전적 조건형성의 원리에 기반을 두고 이완을 통해 불안을 억제하는 상호억제를 원리를 이용한 행동치료기법이다.

073
다음 (   )에 가장 알맞은 용어는?

기말 고사에서 전 과목 100점을 받은 경희는 최우수상을 받고 친구들 앞에서 선생님께 칭찬도 받았다. 선생님은 (   ) 학습과정을 사용하고 있다.

① 조건화   ② 내적 동기화
③ 성취   ④ 모델링

해설
조건화(conditioning)는 특정 반응이나 행동의 발생빈도를 증가시키기 위해 강화물을 사용하는 것이다. 경희에게 칭찬과 최우수상이라는 강화물이 주어졌으므로 경희가 이후 더욱 열심히 공부해서 우수한 점수를 받을 가능성이 증가했다.

075
K-WAIS-IV의 하위검사 중 주어진 시각적 자극의 전체를 고려하여 답을 끌어내는 능력을 측정하며, 시각적 추론의 적절성을 평가하는 검사는?

① 기호쓰기   ② 동형찾기
③ 토막짜기   ④ 행렬추리

해설
광범위한 시각적 지능 · 부분과 전체의 관계를 파악하는 능력, 지각적 조직화 능력 · 시공간 정보에 대한 동시적 처리능력 · 유동성 지능 등을 평가한다.

076
미국 사회에서 1950년대 많은 정신과 환자들이 병원장면을 떠나 지역사회 정신건강 기관이나 사회에 복귀하게 한 직접적인 원인은?

① 향정신성 약물치료
② 행동주의 접근 치료
③ 인본주의 접근 치료
④ 정신분석적 접근 치료

해설
1950년대 미국에서 향정신성약물인 클로르프로마진이란 약의 도입이 탈원화 운동에 기여했고, 입원 환자 수도 1952년 약 60만 명에서 1977년 16만 명으로 줄었다.

074
체계적 둔감법에 관한 설명으로 틀린 것은?

① 기본 절차는 조작적 조건형성의 원리에 기초한 치료기법이다.
② 주로 불안과 관련된 부적응 행동의 치료에 사용된다.
③ 불안을 일으키는 자극들을 반복적으로 이완상태와 짝 지운다.
④ 신경성 식욕부진증, 충동적 행동, 우울증을 치료하는데도 사용된다.

077
행동치료를 위해 현재문제에 대한 기능분석을 하면 규명할 수 있는 요소가 아닌 것은?

① 문제행동을 일으키는 자극이나 선행조건
② 문제행동과 관련있는 유기체 변인
③ 문제행동과 관련된 인지적 해석
④ 문제행동의 결과

해설

기능적 분석(functional analaysis)은 환경 내에서 어떠한 선행조건(A; Antecedent)에 의하여 어떠한 문제행동(B; Behavior)이 발생하였는지, 그 행동에 대하여 어떠한 결과(C; Consequence)가 따르게 되었는지를 분석하여 행동의 원인에 대한 정확한 평가를 하는 것이다.

078
다음 중 Rogers는 어떤 치료 기법을 발전시켰는가?

① 내담자 중심   ② 합리-정서치료
③ 인지 행동치료 ④ 대상관계치료

해설

내담자 중심치료는 미국의 심리학자 Rogers가 제안한 치료 방법으로, 상담 과정에서 상담자의 분석이나 해석과 같은 지시적인 요소를 배제하고 무조건적인 수용과 공감적 이해를 바탕으로 내담자가 스스로 긍정적인 변화를 끌어내도록 돕는 상담기법을 뜻한다.

079
정신건강의학과 병동에 입원한 환자들 중 단체생활의 규칙을 잘 지키지 않는 환자들의 행동문제들을 개선하는데 가장 효과적인 치료적 접근은?

① 정신분석   ② 체계적 둔감법
③ 토큰 경제   ④ 현실치료

해설

토큰경제(Token economy, 환표이용법) : 학교, 정신병원 등의 기관에서 많이 활용됨, 실제적인 강화물을 대신하여 환표(토큰, 스티커 등)를 강화물로 사용하여 바람직한 행동을 할 때 제공하여 강화한다.

080
구조적 가족치료를 창안한 사람은?

① Adler   ② Sullivan
③ Minuchin   ④ Hartman

해설

구조적 가족치료는 미누친(Minuchin)이 개발한 치료기법으로 짧은 면접과정 속에서 가족의 문제점, 가족 특유의 양식을 한 눈에 파악하여, 가족의 구조를 변화시킨다. 구조적 가족치료는 개인을 사회적 존재로 파악하여 개인을 둘러싼 구조에 관심을 두고, 가족의 구조가 변하면 동시에 가족성원들의 지위가 달라져서 결국 각 개인의 경험도 변할 수밖에 없다고 보았다.

제 5 과목 심리상담

081
청소년의 게임중독 치료와 관련하여 가장 적합하지 않은 개입은?

① PC방에 다녀온 것을 기록하게 한다.
② 상담의 목표를 부모님과 의논한 후 상담자가 정해준다.
③ 상담과정에 어머니를 조력자로 적극적으로 개입시킨다.
④ 자기관리 훈련을 시킨다.

해설
청소년 게임중독 치료뿐만 모든 심리상담은 상담의 목표를 내담자와 함께 정하는 것이 기본원리이다.

082
Taylor가 제시한 학습부진아에 관한 특성과 가장 거리가 먼 것은?

① 학업에 대한 막연한 불안감을 가지고 있다.
② 자기비판적이고 부적절감을 가져 자존감이 낮다.
③ 목표설정이 비현실적이고 계속적인 실패를 보인다.
④ 주의가 산만하고 과업지향적이다.

해설
Taylor의 학습부진아에 관한 특성 : 학업불안이 있고, 자존감면에서 자기비판적·부적절감을 지니며, 성인과의 관계는 추종, 회피, 맹목적 반항, 부모에 대한 적대감, 방어적인 모습을 보인다. 활동패턴은 사회지향적이며, 목표설정면에서 목표에 대해 비현실적이고 계속적으로 실패하게 된다.
학습과진아의 특성 : 학업불안 면에서 불안이 별로 없고, 목표달성에 대한 내적 통제력과 긴장감이 있다. 자존감 면에서 자기 수용, 낙관적, 자기신뢰감, 적절감이 있다. 활동패턴은 학업지향적이며, 목표설정 면에서 현실적이고 성공적인 모습을 보인다.

083
Axline의 비지시적 놀이치료에서 놀이치료자가 갖추어야 할 원칙에 포함되지 않는 것은?

① 아동을 있는 그대로 수용한다.
② 아동과 따뜻하고 친근한 관계를 가능한 빨리 형성하도록 한다.
③ 가능한 비언어적인 방법으로만 아동의 행동을 지시한다.
④ 아동이 타인과의 관계형성이 본인의 책임이라는 것을 알도록 하기 위해서는 제한을 둘 수 있다.

해설
Axline의 비지시적 놀이치료의 8가지 원칙
1. 아동과 친밀한 관계를 형성해야 한다.
2. 아동을 있는 그대로 수용한다.
3. 아동이 감정을 완전히 표현할 수 있는 허용적인 관계를 형성한다.
4. 아동의 감정을 민감하게 인지하고 행동을 통찰할 수 있도록 감정을 반영시켜준다.
5. 아동이 자기 문제를 스스로 해결할 수 있음을 인식하고 이를 존중한다. 놀이를 선택하고 변화를 가져오는 것은 아동의 책임이다.
6. 아동이 자기변화의 길을 인도하고 상담자는 따른다.
7. 상담자는 상담이 점진적인 과정임을 인식하고 재촉하지 않는다.
8. 치료를 현실세계와 연결시키고, 현실적인 관계에서 자신의 책임을 의식하는 데 필요한 경우에 한하여 제한을 둔다.

084
정신분석적 상담기법 중 상담진행을 방해하고 현재 상태를 유지하려는 의식적, 무의식적 생각, 태도, 감정, 행동을 의미하는 것은?

① 전이　　② 저항
③ 해석　　④ 훈습

> **해설**
> 저항은 내담자가 자발적으로 치료를 받기 위해 찾아왔음에도 불구하고 다양한 방식으로 치료과정을 방해하는 행동들을 의미한다. 예를 들어, 치료시간에 늦거나 치료시간을 잊는 일, 꿈을 기억해오지 않는 일, 자유연상이 잘 되지 않는 것, 치료에 흥미를 잃는 것은 저항의 한 형태라고 할 수 있다.

085
게슈탈트 심리치료에서 알아차림-접촉주기 단계의 진행순서로 옳은 것은?

① 배경 → 알아차림 → 감각 → 에너지 동원 → 행동 → 접촉 → 배경
② 배경 → 에너지 동원 → 감각 → 알아차림 → 접촉 → 행동 → 배경
③ 배경 → 감각 → 알아차림 → 에너지 동원 → 행동 → 접촉 → 배경
④ 배경 → 감각 → 알아차림 → 행동 → 에너지 동원 → 접촉 → 배경

> **해설**
> 게슈탈트 심리치료에서 전경과 배경이 교체되는 과정에 있어서 알아차림과 접촉이 매우 중요하다. 개체는 알아차림과 접촉을 통해서 전경과 배경을 교체하기 때문이다. 알아차림은 게슈탈트의 형성을 촉진하며, 접촉은 게슈탈트의 해소를 증진한다. 게슈탈트가 생성되고 해소되는 반복적인 과정을 '알아차림-접촉주기'라고 부른다.

086
다음 중 상담목표의 구성요소에 관한 설명으로 틀린 것은?

① 과정목표는 내담자의 변화에 필요한 상담 분위기의 조성과 관련된다.
② 과정목표에 대한 결과는 내담자의 책임이다.
③ 결과목표는 내담자가 상담을 통해 이루고자 하는 구체적인 삶의 변화와 관련된다.
④ 결과목표는 일반적으로 객관적일수록 효과적이다.

> **해설**
> 상담목표의 구성요소 중 과정목표에 대한 결과의 일차적 책임은 내담자가 아닌 상담자에 있다.

087
약물에 관한 설명으로 틀린 것은?

① 약물 내성은 동기의 대립과정이론으로 설명할 수 있다.
② 바비튜레이트는 자극제이다.
③ 메스칼린은 환각제다.
④ 진정제는 GABA 시냅스에 영향을 준다.

> **해설**
> 바비튜레이트는 중추신경계를 억제함으로써 진정과 수면을 유발하는 향정신성의약품의 일종. 1903년 개발된 약품으로 30여 종이 있다. 불안과 불면증·간질의 치료약과 마취제로 쓰이는 등 다양한 용도로 폭넓게 사용되어 왔다. 약효가 빠르게 나타나는 치오펜탈 시도움은 마취제로 사용되고, 펜토바르비탈은 간질약으로 사용되는 등 다양한 제제가 있다. 신경 활동이나 골격근·평활근·심장근육 등을 억제하는 효과를 가지고 있으며, 그밖에도 여러 생물학적 기능을 억제시키는 역할을 한다.

088
정신분석 상담에서 전이분석이 중요한 이유로 가장 적합한 것은?

① 내담자에 대한 상담자의 감정이 나온다.
② 상담자의 감정을 드러내지 않게 해준다.
③ 무의식 내용을 알 수 있는 최선의 길이다.
④ 내담자에게 현재 관계에 대한 과거의 영향을 깨닫게 해준다.

> **해설**
> 전이는 내담자가 과거에 타인에게 느꼈던 감정이나 환상을 무의식적으로 치료자에게 나타내는 것이다. 프로이트는 초기에 전이가 치료를 방해하는 것으로 여겼으나 이러한 전이반응 속에 내담자의 핵심적인 무의식적 갈등이 담겨 있음을 발견하면서 정신분석의 중요한 치료수단으로 발전시켰다.

> **해설**
> 사이버상담은 전화상담과 달리 온라인 플랫폼이나 채팅을 통하여 이루어지기 때문에 익명성이 개입되어 있어서 자살상담과 같은 위기상담에 부적합하다.

089
다음 중 전화상담에서 가장 중심이 되어야 하는 활동은?

① 위기상황에 대한 판단
② 신뢰관계의 구축
③ 감정의 이해
④ 통찰의 유발

> **해설**
> 전화상담은 다른 상담에 비해 자해나 타해 가능성 등 위기상황에 대한 신속한 판단이 매우 중요하다.

090
사이버상담의 발생과 미래에 관한 설명으로 옳지 않은 것은?

① 사이버상담은 전화상담처럼 자살을 비롯한 위기 상담이라는 뚜렷한 목적을 갖고 시작되었다.
② 사이버상담자들의 전문성과 윤리성 등을 통제하고 관리하는 체제가 필요하다.
③ 사이버상담의 전문화를 위해 기존 면대면 상담과는 다른 새로운 상담기법을 개발하고 실험을 통해 효과를 검증할 필요가 있다.
④ 사이버상담은 기존의 면대면상담과 전화상담에 참여하지 않았던 새로운 내담자군의 출현을 가져왔다.

091
정신분석적 상담에서 내적 위험으로부터 아이를 보호하고 안정시켜주는 어머니의 역할처럼, 내담자가 막연하게 느끼지만 스스로는 직면할 수 없는 불안과 두려움에 대해 상담자의 이해를 적절한 순간에 적합한 방법으로 전해주면서 내담자에게 의지가 되어주고 따뜻한 배려로 마음을 녹여주는 활동을 무엇이라고 하는가?

① 버텨주기(holding)
② 역전이(counter transference)
③ 현실검증(reality testing)
④ 해석(interpretation)

> **해설**
> **버텨주기(holding)**
> '내담자가 지금 체험하고 있거나 혹은 뭔가 막연하게 느끼기는 하지만 감히 직면할 수 없는, 끝없이 깊고 깊은 불안과 두려움을 분석가가 잘 알고 있다'는 것을 분석과정 안에서 적절한 순간에 적합한 방법으로 전해주면서, 내담자에게 큰 힘으로 의지가 되어주고 따뜻한 배려로 마음을 녹여주는 것을 의미한다.

092

상담에서 나타날 수 있는 윤리적 갈등의 해결단계를 바르게 나열한 것은?

> ㄱ. 관련 윤리강령, 법, 규정 등을 살펴본다.
> ㄴ. 한 사람 이상의 전문가에게 자문을 구한다.
> ㄷ. 현 상황에서 문제점이나 딜레마를 확인한다.
> ㄹ. 다양한 결정의 결과를 열거해보고 결정한다.

① ㄱ → ㄷ → ㄴ → ㄹ
② ㄴ → ㄷ → ㄱ → ㄹ
③ ㄷ → ㄱ → ㄴ → ㄹ
④ ㄷ → ㄱ → ㄹ → ㄴ

해설

윤리적 갈등의 해결단계
1단계 : 현 상황에서 문제점이나 딜레마 확인
2단계 : 잠재적인 쟁점 사항들을 확인
3단계 : 문제의 일반적 지침에 관한 윤리강령이나 법, 규정 등을 살피기
4단계 : 문제에 대한 다양한 관찰들을 얻기 위해 한 곳 이상의 기관에 자문을 구하기
5단계 : 있을 수 있는 다양한 행동적 방안에 대한 영감을 구하기
6단계 : 다양한 결정의 결과들을 열거하고, 내담자를 위한 각 결정들의 관련성을 반영하기
7단계 : 가장 바람직하다고 판단되는 행동 방침을 결정하기

093

성피해자에 대한 심리치료 과정 중, 초기단계에서 상담자가 유의해야 할 사항과 가장 거리가 먼 것은?

① 치료의 관계형성을 위해 수치스럽고 창피한 감정이 정상적인 감정임을 공감한다.
② 피해상황에 대한 진술은 상담자 주도로 이루어져야 한다.
③ 성피해 사실에 대한 내담자의 부정을 허락한다.
④ 내담자에게 치료자에 대한 감정을 물어주고 치료자를 선택할 수 있도록 해준다.

해설

성피해상담 시 초기에는 피해 상황에 대한 자세한 정보를 조심스럽게 묻되, 내담자가 현재 상황에서 표현할 수 있는 것만 표현하도록 선택권을 준다. 피해자에게 상담 내용의 주도권을 주도록 한다.

094

벌을 통한 행동수정 시 유의사항이 아닌 것은?

① 벌 받을 행동을 구체적으로 세분화하고 설명한다.
② 벌을 받을 상황을 가능한 한 없애도록 노력한다.
③ 벌은 그 강도를 점차로 높여가야 한다.
④ 벌 받을 행동이 일어난 직후에 즉각적으로 벌을 준다.

해설

벌을 줄 때는 가장 효과적인 것을, 가장 부드러운 형태로 주어야 한다.
벌의 기준은 확실하고 명확해야 한다.
벌하는 동안에도 학생들의 바람직한 상반행동을 찾아 반드시 강화해 주어야 한다.
벌은 그 강도를 점차로 줄여야 한다.

095
REBT 상담자들이 탐색, 자유토의, 통렬한 비난, 해석 등 보통의 상담기법에 첨가하여 사용하는 기법이 아닌 것은?

① 구조화 ② 직면
③ 교화 ④ 재교육

해설
구조화는 REBT의 기법이 아니고 모든 심리상담에서 상담초기에 시간, 행동, 상담자와 내담자의 역할, 상담과정 및 목표의 구조화, 비밀보호의 원칙 및 한계를 정하는 것을 말한다.
Ellis의 합리적 정서행동치료 상담은 논박, 직면, 교화, 재교육 등의 기법을 사용한다.

096
검사결과 해석 시 주의할 사항과 가장 거리가 먼 것은?

① 검사해석의 첫 단계는 검사 매뉴얼을 알고 이해하는 것이다.
② 내담자가 받은 검사의 목적과 제한점 및 장점을 검토해 본다.
③ 결과에 대한 구체적 예언보다는 오히려 가능성의 관점에서 제시되어야 한다.
④ 검사결과로 나타난 장점이 주로 강조되어야 한다.

해설
검사결과를 해석할때는 상담자는 내담자가 지닌 심리적인 장·단점 전반에 대해 종합적이고 객관적으로 해석해야 한다.

097
직업상담원의 역할에 해당되지 않는 것은?

① 직업상담
② 직업창출
③ 직업정보분석
④ 직업지도 프로그램 운영

해설
직업상담사는 직업정보분석, 직업상담, 직업지도를 위한 프로그램을 운영하는 등의 역할을 담당하며, 직접 직업을 창출해주지는 않는다.

098
Weiner의 비행분류에 관한 설명으로 틀린 것은?

① 비행자의 심리적인 특징에 따라서 사회적 비행과 심리적 비행을 구분한다.
② 심리적 비행에는 성격적 비행, 신경증적 비행, 정신병적(기질적) 비행이 속한다.
③ 신경증적 비행은 행위자가 타인의 주목을 끌 수 있는 방식으로 비행을 저지르는 경우가 많다.
④ 소속된 비행하위집단 내에서 통용되는 삶의 방식들은 자존감과 소속감을 가져다주므로 장기적으로 적응적이라고 할 수 있다.

해설
Weiner(1982)의 심리적 특성에 따라 비행을 사회적 비행, 성격적 비행, 신경증적 비행, 정신병적 혹은 기질적 비행으로 분류하였다.
비행집단에서의 삶의 방식들은 일시적인 자존감과 소속감을 가져다 준다 할지라도 장기적으로 더욱 비행에 빠지게 할 수 있으므로 적응적이지 못하다.

099

형태치료(게슈탈트 치료)에서 접촉 – 경계 혼란을 일으키는 여러 가지 심리적 현상 중 사람들이 감당하기 힘든 내적 갈등이나 환경적 자극에 노출될 때 이러한 경험으로부터 압도당하지 않기 위해 자신의 감각을 둔화시킴으로써 자신 및 환경과의 접촉을 약화시키는 것은?

① 내사(introjection)
② 반전(retroflection)
③ 융합(confluence)
④ 편향(deflection)

해설

④ 편향(deflection) : 감당하기 힘든 내적 갈등이나 환경적 자극에 노출될 때 이러한 경험으로부터 압도당하지 않기 위해 환경과의 접촉을 피해버리거나 자신의 감각을 둔화시킴으로써 환경과의 접촉을 약화시키는 것을 말한다.
① 내사(introjection) : 환경의 요구를 무비판적으로 받아들이는 것을 의미한다. 개인이 부모와의 과도한 동일시를 통해서 부정적 측면까지 내사하는 경우에 신경증이 발생한다.
② 반전(retroflection) : 개인이 다른 사람이나 환경에게 하고 싶은 행동을 자기 자신에게 하는 것, 혹은 타인이 자신에게 해주기를 바라는 행동을 스스로 자기 자신에게 하는 것을 뜻한다. 반전은 신체적 통증, 강박증상, 열등의식, 죄책감, 우울증 등을 유발할 수 있다.
③ 융합(confluence) : 밀접한 관계에 있는 두 사람이 서로의 독자성을 무시하고 동일한 가치나 태도를 지닌 것처럼 여기는 것이다.

100

다음 중 진로상담의 목표와 가장 거리가 먼 것은?

① 직업 세계에 대한 이해
② 의사결정 능력의 함양
③ 상급학교 진학 동기의 고취
④ 직업선택 및 직업생활에 대한 능동적인 태도 함양

해설

진로상담의 목표는 자신에 대한 정확한 이해 증진, 직업세계에 대한 이해 증진, 진로정보 탐색 및 활용능력 함양, 합리적인 의사결정 능력 증진, 일과 직업에 대한 올바른 가치관 및 태도 형성이다.
* 상급학교 진학 동기의 고취는 진로상담의 목표에 해당하지 않는다.

2016년 제1회 임상심리사 2급 필기 채점표

구분	제1과목	제2과목	제3과목	제4과목	제5과목	전과목 평균
점수						

2016년 제1회 임상심리사 2급 필기 정답

001	002	003	004	005	006	007	008	009	010	011	012	013	014	015	016	017	018	019	020
④	④	②	③	③	④	②	③	②	①	①	④	②	①	④	①	④	④	③	①
021	022	023	024	025	026	027	028	029	030	031	032	033	034	035	036	037	038	039	040
②	④	③	④	③	①	①	①	③	②	②	①	④	④	④	①	①	④	②	④
041	042	043	044	045	046	047	048	049	050	051	052	053	054	055	056	057	058	059	060
②	②	①	④	①	②	②	②	②	①	②	②	①	①	①	①	②	①	②	③
061	062	063	064	065	066	067	068	069	070	071	072	073	074	075	076	077	078	079	080
③	③	③	③	③	①	②	②	②	②	③	①	①	②	②	②	①	①	③	③
081	082	083	084	085	086	087	088	089	090	091	092	093	094	095	096	097	098	099	100
②	④	③	②	③	②	②	④	①	①	②	③	②	③	①	④	②	④	④	③

2016년 제3회 임상심리사 2급 필기 기출문제
2016년 08월 21일 시행

제1과목 심리학 개론

001
Janis의 집단사고의 원인이 아닌 것은?
① 강한 응집성
② 성급한 만장일치 욕구
③ 판단에 대한 과도한 확신
④ 구성원의 낮은 지적 수준

해설
자니스(Janis)는 집단사고(Group-Think)가 응집력이 높을 때, 외부로부터 단절되어 있을 때, 리더가 지시적이고, 제시한 방안보다 더 좋은 방안을 찾을 가망이 없다는 데서 오는 스트레스가 높을 때 나타나는 경향이 높다고 하였다.

002
마리화나가 기억에 미치는 영향을 알아보기 위한 실험에서 선행조건인 마리화나의 양은 어떤 변수에 해당하는가?
① 독립변수　② 종속변수
③ 가외변수　④ 외생변수

해설
독립변수는 다른 변인들과는 독립적으로 변화하기 때문에 자유로운 값을 지니는 자극 조건이다. 종속변수는 하나 또는 그 이상의 독립변인이 변화한 결과에 의해 그 값이 변하는 변인이다. 이 문제의 실험에서 마리화나는 독립변수, 기억은 종속변수이다.

003
Ericson의 심리사회적 발달이론이나 단계에 관한 설명으로 가장 적합한 것은?
① 성인 초기의 심리사회적 위기는 생산성과 침체감이다.
② Erikson이 주장한 8단계 중 앞의 몇 단계는 아동초기에 나타나며 Freud의 구강기, 항문기 및 남근기와 어느 정도 상응하는 측면이 있다.
③ 인간의 성적 발달은 아동기 이후에는 멈춘다.
④ 6세~사춘기에는 자아와 환경에 대한 기본적 통제를 회득해야 하는 발달과제를 안고 있는 시기이다.

해설
에릭슨의 심리사회적 발달 단계 중 '신뢰감 대 불신감' 단계는 프로이트의 구강기, 자율성 대 수치심 단계는 항문기, 주도성 대 죄책감 단계는 남근기와 유사하다.

004
다음은 무엇에 관한 설명인가?

보상과 아무런 관련이 없는 어떤 행동이 우연히 그 보상에 선행한 경우, 그 행동은 고정적으로 계속해서 나타는 경향이 있다.

① 자극 일반화
② 도피행동
③ 미신행동
④ scallop 현상

368　임상심리사 2급 필기

> **해설**
> 미신행동(superstitious behavior) : 비유관 강화(non contingent reinforcement)의 예시로 유발된 특정 행동이 보상과 아무런 관련 없이 어떤 행동에 대한 우발적 강화(보상)로 인해 그 행동의 강도가 증가되는 경향을 말한다.

005

성격에 대해 정의내릴 때 고려하는 특징과 거리가 먼 것은?

① 시간적 일관성
② 환경에 대한 적응성
③ 개인의 독특성
④ 개인의 자율성

> **해설**
> 성격개념의 특징
> - 내적 속성 : 성격은 직접 관찰할 수 있는 것이 아니며, 개인의 말투나 행동을 통해 간접적으로 측정한다.
> - 통합성 : 성격은 정신·신체적인 체제들(인지, 감정, 행동)의 통합적인 과정이다.
> - 독특성(고유성) : 개인마다 고유하고 독특하다.
> - 일관성 : 성격은 시간이 흘러도 안정적이고 잘 변화하지 않는 특성을 지니며, 여러 다른 상황에서도 비교적 일관된 행동을 보인다.
> - 역동성 : 성격과 상황은 서로 영향을 주고받는 역동적 관계이다.
> * 자율성은 성격 개념의 특징이 아니다.

006

자극추구동기에 관한 설명으로 틀린 것은?

① 인간만이 이 동기를 가지고 있는 것은 아니다.
② 이 동기 수준이 높은 청소년은 비행을 저지를 가능성이 높은 경향이 있다.
③ 이 동기는 사회적 동기로 분류할 수 있다.
④ 이 동기의 결핍은 인간의 인지적 측면에도 부정적인 영향을 미친다.

> **해설**
> 자극추구 동기는 생명 유지와는 관계가 없지만 생득적인 동기이다. 자극추구 동기의 가장 흔한 형태가 탐색, 조작하는 것이다.
> 각성 수준이 너무 높은 상태에서는 과제수행 능력이 떨어지고 너무 낮은 상태에서도 주의력이 떨어져 민첩하게 처리하지 못한다. 중간 정도의 수준이 최적 상태가 되고 사람들은 이 상태를 유지하려고 동기화되는데, 이것을 최적각성수준이라 한다. 그리고 복잡한 과제에서는 최적각성수준이 단순한 과제보다 낮아지는데 이것을 Yerkes-Dodson Law법칙이라 한다.

007

다음 중 성격이 다른 학습은?

① 연합학습
② 통찰학습
③ 잠재학습
④ 모방학습

> **해설**
> ②, ③, ④는 사회학습이론, ①은 조건형성 이론이다.

008

집중경향치에 관한 설명으로 틀린 것은?

① 일반적으로 집중경향치에는 평균치, 중앙치, 최빈치가 있다.
② 최빈치는 분포 중 가장 많은 대다수를 표현한다.
③ 대칭적 분포에서는 평균치와 중앙치가 동일하다.
④ 편포된 분포에서는 집중경향치를 선택할 때 어떤 집중경향치를 선택해도 똑같은 의미를 지닌다.

> **해설**
> 집중 경향치(central tendency)는 하나의 점수분포에서 중심적 경향을 나타내는 값을 말하는 것으로 대푯값라고도 한다. 집중 경향치의 대표적인 통계치는 평균(mean), 중앙값(mdedian), 최빈값(mode)이다. 정상분포일 경우에는 평균, 중앙치, 최빈치는 같다. 반면 정적편포의 경우에는 최빈치, 중앙치, 평균 순서이고, 그리고 부적 편포의 경우에는 평균, 중앙치, 최빈치순이다.

009
다음 중 훈련받은 행동이 빨리 습득되고 높은 비율로 오래 유지되는 강화계획은?

① 고정비율계획　② 고정간격계획
③ 변화비율계획　④ 변화간격계획

해설

변화비율 강화계획: 강화가 발생한 후 다음 강화가 발생하기까지 정해진 일정한 수만큼이 아니라 예기치 않게 변하는 것을 말한다. 그러나 무작위로 무조건적으로 강화를 발생시키는 것이 아니라 평균값을 유지하며 발생시키게 된다. 잭팟을 한번 터트린 이후에는 그 쾌감을 잊지 못해서 계속해서 매달리게 되는 것도 변화비율에 의해 강화된 것이다(예 잭팟, 도박, 경마, 복권).

010
다음의 정서적 경험을 설명하는 이론은?

> 철수는 어두운 밤길을 걷다가 갑자기 옆에서 무엇이 움직이는 소리를 듣고서 소름이 쫙 돋은 다음 강한 두려움을 느꼈다.

① James-Lange 이론　② Schachter 이론
③ Cannon-bard이론　④ Lazarus 이론

해설

제임스-랑게 이론(James-Lange theory)은 자극에 직면하여 발생한 내장기관의 변화 또는 나타난 행동에 대한 지각 결과가 정서 경험이라고 보는 관점이다. 슬프니까 울고, 무서우니까 달아난다가 아니라 울기 때문에 슬프고, 달아나기 때문에 무서움을 느낀다는 것이다.

011
심리검사가 측정하고자 하는 내용이나 속성을 실제로 얼마나 잘 측정하는지를 나타내는 개념은 무엇인가?

① 표준화　② 난이도
③ 타당도　④ 신뢰도

해설

타당도(validity)는 검사가 측정하고자 하는 것을 실제로 얼마나 잘 측정하고 있는지에 대한 지표로 내용 타당도, 안면 타당도, 준거 타당도(예언 또는 예측 타당도, 공인 또는 동시 타당도), 구성 타당도(수렴 타당도, 변별 타당도, 요인 분석)가 있다

012
Freud의 심리성적 발달이론에 관한 설명으로 옳은 것은?

① 초기 경험이 성격발달에 중요하다.
② 성격은 9단계에 따라 발달한다.
③ 성격은 전 생애를 통해 발달한다.
④ 성격발달의 사회문화적 요인을 강조한다.

해설

프로이트는 아동기 경험이 성격형성에 중요하다고 주장했다.

013
자신의 행동을 통해서 태도를 확인하고 이해하는 과정을 설명하는 이론은?

① 인지부조화이론　② 자기지각이론
③ 자기고양편파이론　④ 자기정체성이론

해설

벰(D. J. Bem)이 주장한 자기지각이론은 우리의 내적상태(신념, 태도, 동기, 그리고 감정들)는 현재의 행동방식에 대한 지각과 과거에 그 상황에서 어떻게 행동했었는지에 대한 회상을 통하여 추론된다는 것이다.

014
연구자가 검사의 예측능력에 관심이 있을 때 가장 고려해야 하는 타당도의 유형은?

① 내용 타당도 ② 안면 타당도
③ 준거 타당도 ④ 구성 타당도

해설
준거 타당도
준거 타당도는 한 검사가 주어진 기준 변인과의 관계 또는 기준 변인을 예언하는 정도이다. 준거 타당도는 현재의 준거변인과의 연관성을 나타내는 공인 타당도와 한 검사가 미래시점의 준거변인을 얼마나 정확하게 예측하는지를 나타내는 예언 타당도로 구분된다. 예언 타당도는 검사의 점수와 준거 변인의 측정치 간의 상관계수로 표현된다.

015
자유회상실험을 통해 얻은 계열위치곡선의 시사점과 가장 거리가 먼 것은?

① 최신(신근)효과
② 초두효과
③ 장기기억의 지속시간
④ 단기기억과 장기기억의 이중적 기억 과제

해설
중다기억이론에 따르면 U자 곡선의 첫 부분이 올라간 것을 초두효과라 하고 이는 장기기억으로 전이될 가능성이 높으며, 마지막 부분이 올라간 것을 최신효과라고 하며 단기기억에 유지된다.

016
귀인의 대응추리이론과 가장 거리가 먼 것은?

① 사회적 바람직성
② 비공통효과
③ 일관성, 일치성, 독특성
④ 기본적 귀인 오류

해설
어떤 사람의 행동을 설명하는 심리적 속성을 행위자에게 부여하는 것이 대응추리과정이라고 한다.

017
대인지각에서 첫인상의 중요성을 설명하는 효과로 부적합한 것은?

① 맥락효과   ② 중요성 절감효과
③ 주의감소효과   ④ 신근성 효과

해설
신근성 효과, 막바지 효과라고도 불린다. 미국 템플 대학교 심리학 교수 로버트 라나가 제시한 용어로 가장 처음에 제시된 정보를 더 잘 기억하는 초두 효과와 반대되는 개념이다. 가장 나중에 혹은 최근에 제시된 정보를 더 잘 기억하는 현상이다.

018
사회학습이론에 입각한 성격에 관한 설명으로 옳은 것은?

① 사회학습이론에서는 성격이 인지과정이나 동기에 의한 영향을 인정하지 않는다.
② 사회학습이론에서는 관찰학습과 모델링을 통해서 보상받은 행동을 대리적으로 학습한다고 한다.
③ 사회학습이론에서는 행동에 대한 환경적 변인의 독립적인 영향을 강조한다.
④ Bandura는 개인이 자신의 노력으로 원하는 결과를 얻을 수 있다는 신념이나 기대를 자기존중감(self-esteem)이라고 하였다.

해설
사회학습이론에서는 고전적 조건형성과 조작적 조건형성에 더하여 관찰학습의 중요성을 강조하였다. 사람들은 직접 어떤 행동을 수행하지 않고도 단지 다른 사람이 행동하는 것을 관찰하는 것만으로 학습할 수 있다.

019
다음 ( ) 안에 들어갈 가장 알맞은 것은?

> Freud의 주장에 따르면 신경증적 불안은 ( )에서 온다.

① 환경에 있는 실재적 위험
② 환경 내의 어느 일부를 과장해서 해석함
③ Id의 충동과 Ego의 억제 사이의 무의식적 갈등
④ 그 사회의 기준에 맞추어 생활하지 못함

해설
신경증적 불안 : 원초아의 충동과 자아의 억제 사이의 무의식적 갈등으로 생긴다.

020
정신역동적 관점의 학자들과 그 설명이 틀린 것은?

① Freud는 정신결정론과 무의식적 동기를 강조한다.
② Jung은 집단무의식의 중요한 구성요소를 원형이라 가정한다.
③ Adler는 생물학적 측면보다는 사회적 요인이 성격에 미치는 영향을 강조한다.
④ Sullivan은 3가지 성격요소 중 어느 한 요소가 지배적이고 다른 두 요소가 조화를 이룰 때 문제가 발생한다고 가정한다.

해설
프로이트의 이론에 의하면 건강한 성격이란 원초아, 자아, 초자아의 3가지 성격요소가 균형을 유지하고 있는 상태라고 하였다. 설리반은 대인관계와 의사소통의 중요성을 강조하였고, 개인을 중심으로 환경과 개인의 상호작용, 대인관계에 초점을 두었다.

제2과목 이상심리학

021
다음 장애 중 성기능 부전에 포함되지 않는 것은?

① 사정지연
② 발기장애
③ 마찰도착장애
④ 여성극치감장애

해설
성기능 부전장애는 사정지연, 발기장애, 여성 극치감장애, 여성 성적 관심장애, 성기-골반통증/삽입장애, 남성 성욕 감퇴장애, 조기사정이 포함된다.
③ 마찰도착장애는 변태성욕장애의 하위유형이다.

022
알코올 중독과 가장 관련이 깊은 정신장애들만으로 짝지은 것은?

① 치매, 공포장애, 우울장애
② 치매, 허위성장애, 해리성 기억상실증
③ 우울장애, 성격장애, 조현병
④ 성격장애, 적응장애, 신체형 장애

해설
알코올 중독 환자의 경우, 알콜성 치매, 우울장애, 불안장애(공포증, 공황장애) 등이 수반될 수 있다.

023
다음 보기에서 이 환자의 감별진단이 필요한 정신과적 진단들로 알맞은 것은?

> 65세의 남성이 3개월 전 직장을 그만둔 후 "자꾸 깜박깜박해요"라는 기억력 감퇴를 호소하며 병원에 찾아왔다. 환자는 물건을 두고도 잘 찾지 못하고 방금 들은 말도 잊어버리는 일이 많아졌다고 하며 책을 읽어도 내용이 머릿속에 잘 들어오지 않는다고 하였다. 부인에 의하면 이전에 부지런하고 깔끔한 성격이었던 환자가 위생 상태에도 신경을 쓰지 않고 누워만 있는 등 상당히 게을러졌다고 한다.

① 섬망, 우울증
② 치매, 우울증
③ 섬망, 치매
④ 치매, 스트레스장애

해설
65세 노인이 인지기능저하를 호소하는 경우 우선적으로 치매와 우울장애의 감별진단이 필요하다.
우울은 하루 중 대부분 거의 매일 우울한 기분이 지속되고, 대부분의 일상 활동에 대한 흥미나 즐거움이 현저히 감소되며, 피로감, 체중증가나 감소, 불면이나 과다수면, 정신운동성 초조, 죄책감·무가치감, 자살사고를 보일 때 진단된다.
신경인지장애는 그 심각도에 따라 주요 신경인지장애, 경도 신경인지장애로 분류된다.

024
강박장애의 설명으로 옳은 것은?

① 강박관념은 환자 스스로에게 자아-동조적(ego-syntonic)이다.
② 강박장애 환자의 사고, 충동, 심상은 실생활 문제를 단순히 지나치게 걱정하는 것이다.
③ 강박장애 환자는 강박적인 사고, 충동, 심상이 개인이나 개인 자신의 정신적 산물임을 인정한다.
④ 강박장애 환자는 자신의 강박적 사고나 강박적 행동이 지나치게 비합리적임을 인식하지 못한다.

해설
강박장애 환자는 자신의 증상으로 인해 고통스러워하기 때문에 자아이질적이며, 자신의 정신적 산물임을 인정하고 비합리적인 것도 인식하지만 침투사고로 인한 불안한 감정을 강박행동으로 중화시켜려 한다.

025
우울증의 임상양상과 원인 등의 양분된 차원으로 틀린 것은?

① 조발성 우울과 만발성 우울
② 정신병적 우울과 신경증적 우울
③ 내인성 우울과 반응성 우울
④ 지체성 우울과 초조성 우울

해설
우울의 기준
조발성 우울과 만발성 우울의 기준은 없다.
치매의 경우 65세를 기준으로 65세 이하에 발생하면 조발성 치매, 65세 이상에서 발생하면 만발성 치매로 분류한다.

026
성격장애에 관한 설명으로 틀린 것은?

① DSM-5에서 10가지 성격장애로 구분된다.
② 고정된 행동양식이 사회적, 직업적, 그리고 다른 중요 영역에서 임상적으로 심각한 고통이나 기능장애를 초래해야 한다.
③ 개인의 지속적인 내적 경험과 행동양식이 그가 속한 사회의 문화적 기대에서 심하게 벗어나야 한다.
④ 발병 시기는 성인기 이후여야 한다.

> **해설**
> 성격장애는 청소년기에 진단가능하다.
> 성격장애란 어린 시절부터 서서히 발전하기 시작해 청소년기 또는 초기 성인기에 공고화된 개인의 병리적인 정서, 사고 및 행동 양식을 말한다.

027
DSM-5에 근거한 주요 우울증 일화의 준거가 아닌 것은?

① 사고의 비약
② 정신운동성 지체
③ 자기비하
④ 주의집중장애

> **해설**
> 사고의 비약은 양극성 장애에서 조증 삽화에 보이는 특징적인 증상이다.

028
다음에서 설명하고 있는 것은?

> 신경성 식욕부진증 환자들이 사회적 및 신체적 문제들에도 불구하고 절식행동과 과도한 운동을 하는 생물학적 이유를 설명하기 위해 제안된 것으로서, 굶는 동안 엔돌핀 수준이 증가하여 긍정적 정서를 체험함으로써 신경성 식욕부진증적 행동이 강화된다.

① 상호억제원리
② Premack의 원리
③ 신해리이론
④ 자가중독이론

> **해설**
> **자가중독이론**
> 동물실험연구에서 실험실의 쥐에게 하루에 한번 먹이를 주면 먹기를 억제하고 과도하게 운동하는 자기기아행동을 나타낸다.
> 사람도 과도한 운도을 한 뒤에는 엔돌핀 수준이 증가하는데, 신경성식욕부진증 환자들이 굶는 동안 혹은 운동을 하는 동안 엔돌핀 수준이 증가하고, 이것이 기분을 좋게 한다. 따라서 이 상태를 유지하게 위해 음식을 피하고 운동을 하게 된다는 이론이다.

029
조현병에서 보이는 증상에 관한 설명으로 틀린 것은?

① 망상(delusion)-자신과 세상에 대한 잘못된 강한 믿음이고, 외부세계에 대한 잘못된 추론에 근거한 그릇된 신념
② 환각(hallucination)-외부자극이 없음에도 불구하고 어떤 소리나 형상을 지각하거나 외부 자극에 대해서 현저하게 왜곡된 지각을 하는 경우
③ 와해된 언어(disorganized speech)-언어적 표현 소멸
④ 긴장성 운동행동(catatonic behavior)-마치 근육이 굳은 것처럼 어떤 특정한 자세를 유지하는 경우

> **해설**
> 와해된 언어 : 언어가 소멸되는 것이 아니라 말을 하기는 하지만 논리에 맞지 않는 말을 하는 것으로, 예를 들어 연상의 이완이나 지리멸렬을 의미한다.

030
지적장애(intellectual disability)의 진단적 특징으로 틀린 것은?

① 임상적 평가와 개별적으로 실시된 표준화된 지능검사로 확인된 지적 기능의 결함이다.
② 적응기능의 결함으로 인해 독립성과 사회적 책임의식에 필요한 발달학적 사회문화적 표준을 충족하지 못한다.
③ 20세 이전에 발병한다.
④ 지적 결함과 적응기능의 결함은 발달시기 동안에 시작된다.

> **해설**
> 20세 이전에 시작되는 신경 발달장애로 심한 지적장애일수록 좀 더 어린 시절에 나타난다.
> 지적수준에 따라 경도·중도·고도로 구분된다.

031
조현병의 양성 증상에 관한 설명으로 틀린 것은?

① 정상적인 기능의 왜곡 또는 과잉을 의미한다.
② 대표적으로 망상이나 환각을 들 수 있다.
③ 동기와 즐거움의 상실 등이 여기에 속한다.
④ 혼란된 행동과 기괴한 행동이 여기에 속한다.

> **해설**
> 동기와 즐거움의 상실은 음성 증상에 속한다.
> **양성증상의 예** : 망상, 환각, 와해된 언어나 행동
> **음성증상의 예** : 무의욕증, 무언어증, 무쾌락증, 정서적 둔마, 자발성의 결여

032
병적 도벽에 관한 설명으로 틀린 것은?

① 개인적으로 쓸모가 없거나 금전적으로 가치가 없는 물건을 훔치려는 충동을 저지하는 데 반복적으로 실패한다.
② 훔치기 전에 고조되는 긴장감을 경험한다.
③ 훔친 후에 기쁨, 충족감, 안도감을 느낀다.
④ 분노나 복수를 하기 위해서 훔친다.

> **해설**
> **병적 도벽**
> 남의 물건을 훔치고 싶은 충동을 참지 못해 반복적 도둑질하는 심리적 장애이다.
> **진단기준** : 개인적인 용도로 쓸모가 없거나 금전적으로 가치가 없는 물건을 훔치려는 충동을 저지하는 데 반복적으로 실패한다.
> – 훔치기 직전에 고조되는 긴장감이 나타난다.
> – 훔쳤을 때의 기쁨, 만족감 또는 안도감이 있다.
> – 훔치는 행위를 분노나 복수를 표현하거나 망상이나 환각에 의한 반응으로 하는 것이 아니다.
> – 훔치는 행위가 품행장애, 조증 삽화 또는 반사회적 성격 장애로 잘 설명되지 않는다.

033
행동주의적 입장에서 보는 이상행동으로 틀린 것은?

① 비정상적인 성격발달도 유전적 소인과 경험 간 상호작용의 결과로 본다.
② 우울증은 부분적으로는 행동이 더 이상 보상을 받지 못하는 소거의 결과로 본다.
③ 행동주의자들은 진단범주에 따라 환자들을 명명하는 것에 회의적이다.
④ 행동주의자들은 모든 심리적 이상이 오지 학습되었다고 본다.

> **해설**
> 행동주의적 성격이론은 인간의 성격과 행동을 형성하는데 있어 환경의 역할을 중요시한다. 개인이 환경과의 상호작용에서 일련의 과정들을 학습하게 되며 성격을 형성하게 되는 과정을 고전적 조건화, 조작적 조건화, 사회인지, 학습(모델링) 등을 통해 설명하고 있다.

034
Fured가 정신분석이론을 발전시키는 초기 과정에서 많은 관심을 지녔던 것으로 알려져 있으며, Anna O의 사례와 밀접한 관련이 있는 정신장애는?

① 경계선 성격장애 ② 전환장애
③ 건강염려증 ④ 특정 공포증

> **해설**
> **전환장애**
> 전환장애는 부인이나 억압이란 방어기제에 기인한다. Anna O는 프로이트의 스승, 블로일러의 환자로, 아버지를 병간호하는 와중에 신경성 기침, 팔의 마비, 언어장애를 보였다고 하는데, 이는 전환장애에 해당한다. Anna O의 사례는 정신분석학의 이론이 탄생하는데 중요한 계기가 되었다.

035
다음 환자가 포함될 진단범주로 가장 가능성이 높은 것은?

> 35세의 기혼 남성 회사원이 정신과에 입원하였다. 얼마 전 지나가던 트럭에서 오물이 날아와 몸에 묻은 일을 경험하였다. 집에 와서 목욕을 하고 옷을 세탁하였지만 더럽다는 생각이 없어지지 않고 계속 불안하여 락스로 손을 씻고 안절부절하며 밖에 나가기를 두려워하여 회사에 결근하는 일이 잦아졌다. 입원 후에도 시트나 밥그릇 등이 불결하다는 생각에 잠도 잘 못 자고 식사도 잘 하지 못하고 있다.

① 사회공포증 ② 강박장애
③ 강박성 성격장애 ④ 망상 장애

> **해설**
> 동기와 즐거움의 상실은 음성 증상에 속한다.
> **양성증상의 예**: 망상, 환각, 와해된 언어나 행동
> **음성증상의 예**: 무의욕증, 무언어증, 무쾌락증, 정서적 둔마, 자발성의 결여

036
공황장애의 특징을 모두 고른 것은?

> ㉠ 어지럼증
> ㉡ 몸이 떨리고 땀 흘림
> ㉢ 호흡이 가빠지고 숨이 막힐 것 같은 느낌
> ㉣ 미쳐버리거나 통제력을 상실할 것 같은 느낌

① ㉠, ㉡, ㉢ ② ㉢, ㉣
③ ㉠, ㉡, ㉣ ④ ㉠, ㉡, ㉢, ㉣

> **해설**
> **공황장애의 진단 증상**
> - 심장이 두근거리거나 심장박동수가 빨라짐
> - 진땀을 흘림
> - 몸이나 손발이 떨림
> - 숨이 가쁘거나 막히는 느낌
> - 질식할 것 같은 느낌
> - 가슴의 통증이나 답답함
> - 구토감이나 복부통증
> - 어지럽고 몽롱하며 기절할 것 같은 느낌
> - 한기를 느끼거나 열감을 느낌
> - 감각이상증(마비감이나 찌릿찌릿한 감각)
> - 이인감(비현실감이나 자기 자신과 분리된 듯한 느낌)
> - 자기통제를 상실하거나 미칠 것 같은 두려움
> - 죽을 것 같은 두려움

037
양극성 장애에 대한 설명으로 틀린 것은?

① 조증 상태에서는 사고의 비약 등의 사고장애가 나타난다.
② 우울증 상태에서는 자살을 시도하기도 한다.
③ 조증은 서서히, 우울증은 급격히 나타난다.
④ 조증과 우울증이 반복되는 장애이다.

> **해설**
> 조증은 급격하게 수시간에서 수일에 걸쳐서 급격하게 악화된다.

038
다음 이상행동의 원인을 다음과 같이 설명하는 이론은?

> - 인간의 감정과 행동은 객관적·물리적 현실보다 주관적·심리적 현실에 의해서 결정된다.
> - 정신장애는 인지적 기능의 편향 및 결손과 밀접하게 연관되어 있다.

① 정신분석이론
② 행동주의 이론
③ 인지적 이론
④ 인본주의 이론

> **해설**
> 인지적 이론 : 이 이론에서는 인지에 초점을 두며 비합리적 사고가 정서와 행동에 영향을 주며, 스트레스나 정신병리에도 원인으로 작용한다고 본다. 앨버트 엘리스, 아론벡 등이 대표적인 인지적 입장의 이론가들이다.

039
지적장애(intellectual disablity) 진단과 관련된 세 가지 영역에 해당되지 않는 것은?

① 개념적 영역(conceptual domain)
② 사회적 영역(social domain)
③ 발달적 영역(developmental domain)
④ 실행적 영역(practical domain)

> **해설**
> 지적장애 진단과 관련된 세 가지 영역은 개념적 영역, 사회적 영역, 실행적 영역이다.

040
정신분석적 관점에서 볼 때 해리성 장애 환자에게서 가장 흔히 나타나는 방어기제는?

① 억압   ② 반동형성
③ 전치   ④ 주지화

> **해설**
> 정신분석적 입장에서는 해리현상을 능동적인 정신과정으로 본다. 해리성 장애환자들은 억압과 부인을 통해 경험한 내용이 의식에 이르지 못하도록 막는 현상인 것이다. 억압이란 아주 위협적이고 고통스러운 충동이나 기억을 의식에서 추방시키는 것이다.

제 3 과목 심리검사

041
직업선호도검사(VPT)의 코드유형 중 다음은 어느 유형에 대한 설명인가?

> 현장에서 몸을 부대끼는 활동을 좋아한다. 사교적이지 못하며 대인관계가 요구되는 상황에서 어려움을 느낀다.

① 현실형(R) ② 탐구형(I)
③ 관습형(C) ④ 진취형(E)

해설
② 탐구형(I) : 탐구심이 많고, 논리적, 분석적, 합리적이며, 정확하고, 지적호기심이 많으며, 비판적, 내성적이고, 수줍음을 잘 타며 신중하다.
③ 관습형(C) : 정확하고, 빈틈없고, 조심성이 있으며, 세밀하고, 계획성이 있으며, 변화를 좋아하지 않으며, 완고하고 책임감이 강하다.
④ 진취형(E) : 지배적이고, 통솔력, 지도력이 있으며, 말을 잘하고, 설득적이며, 경쟁적, 야심적이며, 외향적이고, 낙관적이고, 열정적이다.

042
아동을 대상으로 집-나무-사람 그림검사를 실시할 때 그 실시 방법으로 옳은 것은?

① 아동의 보호자가 옆에서 지켜보면서 격려하도록 한다.
② 집, 나무, 사람은 각각 별도의 용지를 사용하여 실시한다.
③ 그림을 그린 다음에는 수정하지 못하게 한다.
④ 그림이 완성된 후 보호자에게 사후 질문을 하는 것이 일반적이다.

해설
보호자가 옆에 있다면 자연스럽게 내면을 표현할 수 없다. 그림은 그림실력을 보는 것이 아니기 때문에 얼마든지 수정 가능하다. 보호자에게 사후질문을 하는 것이 아니라 아동에게 사후질문을 한다.
집, 나무, 사람(남.여) 각각 4개의 용지를 따로 사용한다.

043
MMPI-2 코드 쌍의 해석적 의미로 틀린 것은?

① 4-2-행동화적 경향이 높다.
② 1-2-다양한 신체적 증상에 대한 호소와 염려를 보인다.
③ 2-6-전환증상을 나타내는 경우가 많다.
④ 3-8-사고가 본질적으로 망상적일 수 있다.

해설
2-6/6-2 코드의 특징은 자신 및 타인에 대한 분노감이다. 이들은 타인에 대한 부정적인 개념을 가지고 있어서, 다른 사람들이 그들에게 공격적이고 적대적이라고 지각한다. 2번 척도가 많이 상승될 경우 타인에 대한 분노감을 내재화하여 스스로를 비난하며 우울감을 경험하게 된다.

044
표준점수에 관한 설명으로 틀린 것은?

① 대표적인 표준점수로는 Z점수가 있다.
② 표준점수는 원점수를 직선변화하여 얻는다.
③ 웩슬러 지능검사의 IQ수치도 일종의 표준점수이다.
④ Z점수가 0점이라는 것은 그 사례가 해당집단의 평균치보다 1표준편차 위에 있다는 것을 의미한다.

> **해설**
> Z점수가 0점인 것은 그 사례가 해당집단의 평균이라는 것을 나타낸다.
> 표준값 z는 원수치인 x가 평균에서 얼마나 떨어져 있는지를 나타낸다. 음수이면 평균 이하, 양수이면 평균 이상이다.

045

전두엽의 집행기능(executive function)을 평가하기 위한 신경심리검사와 가장 거리가 먼 것은?

① 위스콘신 카드 분류검사(WCST)
② 하노이 탑 검사(Tower of Hanoi test)
③ 보스턴 이름대기 검사(Boston Naming test)
④ 스트룹 검사(Stroop test)

> **해설**
> 보스톤 이름대기 검사는 언어영역의 손상 정도를 평가하는 검사이다. 이름대기 능력의 손상은 뇌졸중, 외상성 뇌손상, 치매, 경도인지장애 등의 신경학적 질환을 지닌 다양한 환자군 뿐만 아니라, 정상적인 노화과정을 겪고 있는 노인들에게서도 관찰된다.

046

초등학교 학생의 성취도를 알아보기 위하여 평가를 실시하고자 한다. 성취도 검사의 범주에 포함되지 않는 것은?

① 독해검사
② 쓰기검사
③ 산수검사
④ 지능검사

> **해설**
> 심리검사의 종류에는 지능검사, 적성검사, 성격검사, 성취도검사, 태도검사가 있으며, 성취도는 일정한 단계에서의 기술이나 지식의 발달 정도를 의미하며, 성취도검사는 훈련이나 수업 등의 체계화된 학습을 통해 학습된 기술 및 지식을 측정하는 표준화된 검사이다.
> 지능검사는 개인의 지적인 능력 수준을 평가할 수 있으며, 인지 기능의 특성을 파악할 수 있다.

047

진로발달검사(CDI)의 하위척도에 포함되지 않는 것은?

① 진로계획(CP)
② 진로탐색(CE)
③ 의사결정(DM)
④ 경력개발(CD)

> **해설**
> 진로발달검사(CDI ; Career Development Inventory)는 초 5~중 2를 대상으로 한다. 하위척도는 8개로 진로계획, 진로탐색, 의사결정, 일의 세계에 대한 정보, 선호 직업군에 대한 지식, 진로발달-태도, 진로발달-지식과 기술, 총체적인 진로성향으로 구성되어 있다.
> 경력개발(CD)은 NCS(국가직무능력표준)에서 자기개발의 하위영역이다.

048

MMPI-2를 해석하는 데 있어서 수검자의 검사태도 및 프로파일의 타당도를 알아보기 위해 고려해야 할 사항과 가장 거리가 먼 것은?

① 검사수행에 걸린 시간
② 무응답의 개수
③ F척도의 상승도
④ 6번 척도의 변화폭

> **해설**
> 검사태도는 수행시간, 검사 도중의 언어 및 행동의 질적 분석과 타당도 척도(무응답, F, F(B), F(P), FBS) 양적 분석으로 알 수 있다.
> 6번 척도(Pa)는 임상척도이며, 의심과 불신이 핵심 키워드이다.

049

표준화 검사의 특징과 가장 거리가 먼 것은?

① 검사 실시의 절차가 엄격히 통제된다.
② 모든 표준화 검사는 규준을 갖고 있다.
③ 개인의 특수한 행동에 관한 정보를 수집하기 쉽다.
④ 수검자의 일시적인 상태를 충분히 고려하지 못한다.

> **해설**
> 표준화 검사는 실시, 채점, 해석에 대한 지침이 있으며, 상대적 비교를 할 수 있는 규준이 마련되어 있다. 수검자의 일시적 상태인 상황을 고려하지 못할 수 있다. 개인의 특수성을 고려하지 못한다.

050
지능검사를 집단으로 실시하는 경우에 관한 설명으로 틀린 것은?

① 전산화 심리검사로 개발되어 사용될 수 있다.
② 검사 실시자의 훈련이 쉽다.
③ 개인의 특수한 행동에 관한 정보를 수집하기 쉽다.
④ 수검자의 일시적인 상태를 충분히 고려하지 못한다.

> **해설**
> 지능검사를 집단으로 실시할 경우 1명의 검사자가 다수의 피검자에게 검사를 실시하므로 개인의 특수한 상황이나 특수한 행동에 대한 정보를 수집하기 어렵다.

051
MMPI-2의 타당도 척도에 대한 해석으로 틀린 것은?

① 무반응(?) 점수가 100 이상일 때는 채점에서 제외시킨다.
② 방어성 척도중 L점수가 높으면 사소한 결점이나 약점을 인정하는 태도를 보인다.
③ 비전형 척도 중 F점수는 보통 사람들과는 다른 생각(예 : 정신병을 가진 사람), 이상한 태도, 이상한 경험을 가진 사람에게서 낮아지는 경향이 있다.
④ 방어성 척도 중 K점수가 낮으면 방어적 태도가 낮아져 과도하게 솔직하고 자기비판적임을 나타낸다.

> **해설**
> 방어성 척도 중 L점수가 높으면 사소한 결점이나 약점을 부인하는 태도를 보인다.

052
아동의 지적 발달이 또래집단에 비해 지체되어 있는지 혹은 앞서고 있는지를 평가하기 위해 Stern이 사용한 IQ산출방식은?

① 지능지수(IQ)=[정신연령/신체연령]×100
② 지능지수(IQ)=[정신연령/신체연령]+100
③ 지능지수(IQ)=[신체연령/정신연령]×100
④ 지능지수(IQ)=[신체연령/신체연령]+100

> **해설**
> 독일의 심리학자 스턴(Stern)은 신체연령에 대한 정신연령의 비율에 100을 곱하여 지능을 평가할 수 있도록 고안하였다.

053
웩슬러 지능검사로 평가할 수 있는 지능의 영역과 가장 거리가 먼 것은?

① 추상적 사고능력   ② 예술적 능력
③ 공간적 추론능력   ④ 주의집중력

> **해설**
> 웩슬러 지능검사는 언어이해지수, 지각추론지수, 작업기억지수, 처리속도지수로 구분되어 있어, 4개의 지수와 연관된 소검사가 있다. 예술적 능력은 웩슬러 지능검사로 측정할 수 없다.

054
지능의 측정 영역 중 일반적으로 연령이 증가함에 따라 가장 크게 저하되는 것은?

① 귀납적 추리능력
② 공간위치 파악 능력
③ 수리능력, 지각속도
④ 언어능력, 언어기억

> **해설**
> 카텔은 지능을 유동성 지능과 결정적 지능으로 구분하였는데, 유동적 지능은 유전, 신경생리적 영향에 의해 발달된 지능으로, 지각속도, 지각능력, 기계적 암기능력 등이다. 이러한 지능은 뇌와 중추신경계의 성숙에 비례하여 발달하고, 연령이 증가함에 따라 점차 쇠퇴한다.

> **해설**
> 심리검사를 위한 면담은 심리검사 전 시행하는 면담으로 추후 심리검사 결과와 통합해서 내담자를 평가하고 보고서를 작성해야 하므로, 최대한 많은 정보를 구하는 것이 중요하므로 되도록 빨리 끝내는 것은 바람직하지 않다.

057

MMPI-2의 각 척도에 대한 해석으로 가장 적합한 것은?

① 1번 척도는 다양하고 모호한 신체적 임상증상과 연관성이 높다.
② 2번 척도는 반응성 우울증보다는 내인성 우울증과 관련이 높다.
③ 4번 척도의 상승시 심리치료 동기가 높고 치료의 예후가 좋음을 나타낸다.
④ 7번 척도는 불안 가운데 상태불안 증상과 연관성이 높다.

055

BGT 검사 실시에 관한 설명으로 틀린 것은?

① 카드는 보이지 않게 엎어두고 도형 A부터 도형 8까지 차례로 제시한다.
② 카드에 제시된 도형 크기가 같게 그리게 한다.
③ 모사용지는 수검자가 원하는 만큼 사용하게 한다.
④ 수검자의 검사태도, 검사행동을 잘 관찰한다.

> **해설**
> BGT 검사 실시 방법에는 모사단계, 순간노출단계, 회상단계의 3단계의 실시 방법이 있으며, 똑같이 그리라는 지시문은 없다.

> **해설**
> ② 2번 척도는 반응성 우울증과 관련이 관련이 있으며, 우울한 기분, 불행감, 자살사고 등 우울 증상과 관련된다.
> ③ 4번 척도의 상승 시 자신의 문제행동에 대한 통찰이 부족하고 심리치료에 대한 동기가 낮다.
> ④ 7번 척도는 불안과 관련있으며, 특성불안과 상태불안 모두와 관련이 있다.

056

심리검사를 위한 면담에서 임상심리사 유의해야 할 점과 가장 거리가 먼 것은?

① 수검자의 부적응적 행동의 과거력을 잘 물어봐야 한다.
② 면담은 되도록 간단하게 진행해서 빨리 끝내야 한다.
③ 평가 목적(의뢰 사유)을 정확히 파악하고 이에 대한 답을 찾도록 해야 한다.
④ 수검자와 의사소통 관계(라포)를 잘 형성한 후 물어보아야 한다.

058

뇌기능 이론에 관한 설명으로 틀린 것은?

① 국재화(localization)는 어떤 인지기술이 뇌의 특정영역에 자리 잡고 있다는 것이다.
② 등력성주의(equipotentialism)는 뇌 영역이 한 가지 이상의 기능을 수행한다고 주장한다.
③ 뇌손상 후에 나타나는 부분적인 기능회복은 등력성의 지지증거이다.
④ 뇌손상 후에 나타나는 부분적인 기능회복은 국재화의 지지증거이다.

> **해설**
> 뇌손상 후에 나타나는 부분적인 기능회복은 등력성(equipotentialism)과 관련이 있다.

059
심리검사의 제작에 관한 설명으로 가장 거리가 먼 것은?

① 평균이 지나치게 한쪽으로 몰려 있거나 분산이 작은 경우는 정보가가 낮아 좋은 문항이라고 하기 어렵다.
② 문항의 난이도가 높아질수록 개인의 능력을 변별할 수 있는 가능성이 늘어난다.
③ 오답을 정답으로 잘못 선택하는 확률은 각 오답 선택지별로 동질적인 것이 좋다.
④ 검사점수의 변량이 작으면 검사의 신뢰도나 타당도는 낮아질 가능성이 크다.

> **해설**
> 문항의 난이도가 너무 높아지거나 문항의 난이도가 너무 낮아지면 개인의 능력을 변별하기 어렵다.

060
아동용 시각-운동 통합의 발달검사로, 24개의 기하학적 형태의 도형으로 이루어진 지필검사는?

① VMI ② BGT
③ CPT ④ CBCL

> **해설**
> VMI(시각운동 통합발달검사)는 2~15세 아동의 시지각과 소근육 운동 협응능력을 평가하기 위한 것으로, 24개의 도형을 제시하고 그리도록 하는 검사이며, 뒷부분으로 갈수록 그림이 더욱 복잡해진다.

제 4 과목 임상심리학

061
다음에서 설명하고 있는 것은?

> 전문적인 지식을 나누어 줌으로써 어떤 사람이 노력하여 얻고자 하는 것의 효과를 증진시키는 과정이다.

① 자조
② 평가
③ 자문
④ 개입

> **해설**
> 임상심리학자의 역할은 심리평가, 심리상담, 심리치료, 재활, 교육, 자문, 행정, 연구로 이루어졌으며, 자문은 그 중의 하나이다.
> 자문은 다양한 장면에서 수많은 형태로 이루어진다. 임상사례에서부터 영업, 인사, 이윤의 문제까지 광범위하게 이루어질 수 있다. 개인을 다룰 수도 있고, 전체 기관을 다룰 수도 있으며, 치료나 예방을 목표로 하기도 한다.

062
행동평가 방법에 관한 설명으로 틀린 것은?

① 자연관찰은 참여자가 아닌 관찰자가 환경 내에서 일어나는 참여자의 행동을 관찰하고 기록하는 방법이다.
② 유사관찰은 제한이 없는 환경에서 관찰하는 방법이다.
③ 참여관찰은 관찰하고자 하는 개인이 자연스러운 환경에 관여하면서 기록하는 방식이다.
④ 자기관찰은 자신이 개인과 환경 간의 상호작용에 관한 자료를 수집하도록 한다.

> **해설**
> 유사관찰법 : 면담실이나 실험실에서 문제행동을 관찰하거나 문제행동이 일어나는 상황을 유도하여 이를 관찰하는 방법이다.

> **해설**
> 분트는 1979년 독일의 라이프치히 대학에 세계 최초로 심리학 실험실을 설치하여, 심리학이 철학으로부터 독립하는 계기를 마련하였다. 분트는 의식의 내용과 구조를 분석하기 위해 내성법을 사용하였다. 분트의 제자인 티취너가 구조주의 학파를 열었으며 심리학의 연구방법은 의식을 내성하는 것 뿐이라고 주장했다. 이런 구조주의 심리학은 지나치게 의식의 구조와 내용에만 집중함으로써 의식의 기능과 작용을 무시한다는 평가를 받기도 하였다.

063

임상심리사의 윤리에 어긋하는 행위는?

① 본인이 맡고 있는 상담사례에 대해 지도를 받기 위하여 지도감독자에게 상담의 내용을 설명한다.
② 내담자의 동의 없이 인적사항을 포함한 상세한 상담내용을 잡지에 기고한다.
③ 부모의 동의하에 아동의 지능검사 결과를 교사에게 알려 준다.
④ 자살과 같은 위급한 상황에서 본인의 동의를 받지 못한 채 부모나 경찰에게 연락한다.

> **해설**
> 연구, 교육, 평가 및 치료과정에서 알게 된 비밀정보를 보호하여야 할 일차적 의무가 있다. 비밀 보호의 의무는 고백한 사람의 가족과 동료에 대해서도 지켜져야 한다. 그러나 내담자/환자의 상담과 치료에 관여한 심리학자와 의사 및 이들의 업무를 도운 보조자들 간에서나, 또는 내담자/환자가 비밀노출을 허락한 대상에 대해서는 예외로 한다. 그러나 이 경우에도 실명노출을 최소화하기 위해 노력한다.

065

Rorschach 검사의 모든 반응이 형태를 근거로 한 단조로운 반응이고, MMPI에서 8번 척도가 65T 이상으로 유의하게 상승되어 있는 내담자에 대한 설명으로 가장 적합한 것은?

① 우울한 기분, 무기력한 증상이 나타날 가능성이 크다.
② 망상, 환각이 나타나고 판단력이 저하되어 있을 가능성이 있다.
③ 타인을 믿고 신뢰하지 못하고 의처증 증상을 보일 가능성이 있다.
④ 회피성 성격장애의 특징을 보일 가능성이 있다.

> **해설**
> Rorschach 검사에서 형태반응이 주로 나타난다는 것은 높은 Lamda를 의미한다. Lamda는 전체반응에서 순수형태반응이 차지하는 비율로 경험에 대한 개방성을 평가할 수 있다. 구하는 방법은 F/(R-F). 높은 Lamda는 회피적이고 방어적인 지각경향성을 반영하며, MMPI-2의 척도 8의 높은 점수는 사고(망상) 및 지각의 장애(환청, 환시, 환후, 환미, 환촉)를 반영하므로 조현병의 진단이 추정된다.

064

인간 마음의 요소적 구조를 탐색하기 위하여 내성법을 사용하였던 초기 심리학파는?

① 구조주의
② 기능주의
③ 행동주의
④ 인본주의

066
현실치료에 관한 설명으로 가장 적합한 것은?

① 내담자가 더 현실적이고 실현 가능한 인생철학을 습득함으로써 정서적 훈련과 자기패배적 행동을 최소화하는 것을 강조한다.
② 내담자의 좌절된 욕구를 알고 사람들과의 관계에서 새로운 선택을 함으로써 보다 성공적인 관계를 얻고 유지할 수 있음을 강조한다.
③ 현대의 소외, 고립, 무의미 등 생활의 딜레마 해결에 제한된 인식을 벗어나 자유와 책임능력의 인식을 강조한다.
④ 가족 내 서열에 대한 해석은 어른이 되어 세상과 작용하는 방식에 큰 영향이 있음을 강조한다.

해설
현실치료의 인간관: 인간의 모든 행동은 기본적 욕구인 생존, 사랑, 권력, 자유, 재미를 충족시키기 위해서 선택한 것이다. 인간은 기본적 욕구를 충족시킬 수 있는 좋은 세계를 획득하기 위해서 전체행동을 선택하는 통제시스템을 따른다는 것이 선택이론의 골자이다.

067
체계적 둔감 절차의 핵심 요소는?

① 이완　　　② 공감
③ 해석　　　④ 인지적 재구조화

해설
체계적 둔감법은 파블로프(Pavlov)의 고전적 조건형성의 원리에 입각하여 볼페(Wolpe)가 확립한 이론으로 불안과 이완이 상호병존할 수 없다는 '상호억제이론'에 입각하여 시행된다.

068
내담자와의 연합에서 중요한 기법 중 하나인 경청에 대한 설명과 가장 거리가 먼 것은?

① 반응하기에 앞서 내담자가 말할 충분한 시간을 준다.
② 대수롭지 않은 내용을 말할 때는 도움이 될 만한 충고를 생각하며 듣는다.
③ 내담자와 자주 눈을 맞추고 주의를 기울인다.
④ 가능한 한 내담자의 말을 끊고 반응하는 행동을 하지 않는다.

해설
효과적인 경청이란 상담자가 생각할 때에 대수롭지 않다고 여겨져도 내담자의 입장에서는 심각하다면 심각한 것으로 여겨야 한다. 충고를 하기보다는 내담자가 스스로 답을 찾도록 해야 한다.

069
행동평가에서 강조하는 내용을 모두 고른 것은?

㉠ 행동평가는 행동주의 심리학 또는 행동치료에 이론적 근거를 두고 있다.
㉡ 행동평가에서는 행동의 중요한 원인으로 특성을 강조한다.
㉢ 행동평가에서는 문제행동뿐만 아니라 문제행동이 일어나기 쉬운 특수한 자극 상황도 평가한다.
㉣ 행동평가는 특수한 상황에서 나타나는 환자의 구체적인 행동, 사고, 감정 및 생리적 반응에 관한 자료를 수집한다.

① ㉠, ㉢　　　② ㉠, ㉡, ㉣
③ ㉠, ㉢, ㉣　　④ ㉡, ㉢, ㉣

해설
전통적 평가에서는 내적인 성격특성을 강조한 반면, 행동평가에서는 내담자의 구체적인 행동, 사고, 감정 등을 강조한다.

070
뇌의 편측화 효과를 측정할 수 있는 대표적 방법은?

① 미로검사 ② 이원청취기법
③ Wechsler 기억검사 ④ 성격검사

해설
이원청취기법은 청각체계에서의 뇌의 편측성 효과를 탐색하는 절차이다.
이 실험 장치에서 피검자는 헤드폰을 쓰고 각 귀로 동시에 서로 다른 메시지를 제시받는다. 각 귀로 경쟁하는 메시지를 제시하여 비대칭성을 시험하는 방법을 '이원청취(dichotic listening)'라고 부른다.

071
정신상태검사(mental status examination)에서 파악하는 항목과 가장 거리가 먼 것은?

① 감각기능 – 의식상태, 주의력, 기억력 등
② 인지기능 – 내담자의 치료 동기의 파악
③ 지각장애 – 착각, 환각의 유무 등
④ 지남력 – 시간, 장소, 사람 지남력

해설
정신상태검사는 치료동기를 파악하지는 않는다.
정신상태검사는 일반적 외모와 면담행동, 면담태도, 정신운동기능, 정서적 반응, 언어와 사고, 감각과 지각, 기억 등을 파악한다.

072
다음 (   )에 알맞은 방어기제는?

> 중현이는 선생님께 꾸중을 들어 기분이 매우 좋지 않았다. 집으로 돌아온 중현이에게 동생이 밥을 먹을 것인지 묻자, "네가 상관할 거 없잖아!"라고 소리를 질렀다. 중현이가 사용하고 있는 방어기제는 (   )이다.

① 행동화 ② 투사
③ 전위 ④ 동일시

해설
전위(displacemnet 전치) : 원래의 무의식적 대상에게 주었던 감정을, 그 감정을 주어도 덜 위험한 대상에게로 옮기는 과정(예 남편을 두려워하는 아내가 남편을 닮은 아들을 혼내고 때리는 심리).

073
Bergan과 Kratochwill은 임상심리사의 자문과 관련하여 10가지 자문모형을 밝히고, 자문 과정을 5가지 핵심문제로 분류하였는데, 다음 중 핵심문제가 아닌 것은?

① 자문가의 책임 ② 목표
③ 초기면담 ④ 지식기반

해설
Bergan과 Kratochwill은 임상심리사의 자문과 관련하여 정신건강 모델, 행동주의 모델, 조직(인간간계) 모델, 조직(조직 사고)모델, 조직옹호 모델, 과정 모델, 임상 모델, 프로그램 모델, 교육 및 훈련 모델, 협동 모델의 10가지 자문 모델을 제시하였다. 자문과정은 이론, 지식기반, 목표, 단계, 자문가의 책임 등 다섯 개의 핵심문제로 분류된다.

074

골수 이식을 받아야 하는 아동에게 불안과 고통에 대처하도록 돕기 위하여 교육용 비디오를 보게 하는 치료법은?

① 유관관리기법
② 역조건 형성
③ 행동시연을 통한 노출
④ 사회학습법

해설

사회학습 이론에서는 고전적 조건형성과 조작적 조건형성에 더하여 관찰학습의 중요성을 강조하였다. 사람들은 직접 어떤 행동을 수행하지 않고도 단지 다른 사람이 행동하는 것을 관찰하는 것만으로 학습할 수 있다.

075

아동기에 기원을 둔 무의식적인 심리적 갈등에서 이상행동이 비롯된다고 가정한 조망은?

① 행동적 조망
② 인지적 조망
③ 대인관계적 조망
④ 정신역동적 조망

해설

정신역동적 조망 : 극복해야 할 무의식적 자료를 의식세계로 가져오는 방법을 사용한다. 초점은 아동기 경험에 두며 이것을 재구성하며, 토의하고, 해석하고, 분석하여 극복하도록 한다. 성격의 변화를 위해서는 전이 관계의 훈습이 필수적임을 가정한다. 정신분석의 핵심적 기법은 분석적 틀의 유지, 자유연상, 해석, 꿈분석, 저항 및 저항의 분석이다.

076

행동의학에서 주로 다루는 주제로 가장 적합한 것은?

① 공황발작
② 외상 후 스트레스 장애
③ 정신분열병의 음성 증상
④ 만성통증 관리

해설

행동의학은 신체장애에 대한 행동주의적 치료의 응용을 포함한다. 최면과 바이오피드백이 추가된 행동치료 기법들은 비만, 흡연, 의학적 치료에 대한 응종, 통증 관리, 두통, 심혈관 장애를 비롯한 다양한 문제들에 응용되고 있다.

077

주로 과음, 흡연, 노출증 등의 문제를 해결하기 위해 활용되어지는 치료적 접근법은?

① 정신분석
② 체계적 둔감법
③ 혐오치료
④ 명상치료

해설

혐오치료는 제거하려는 문제행동과 불쾌경험을 짝짓는 방법으로 매우 효과적인 행동변화 기법이다. 주로 흡연, 음주, 과식 등의 문제에 적용한다.

078

행동치료에 관한 설명으로 틀린 것은?

① 평가와 치료가 직접적으로 연관된다.
② 문제행동의 기저 원인에 중요성을 둔다.
③ 모든 사례에 동일한 기법을 적용하기보다는 개별화된 평가와 개입을 한다.
④ 평가와 치료 절차가 구체적이고 분명하다.

> **해설**
> 행동치료에서 문제는 구체적이고 측정가능한 행동단위로 분석되고 정의된다.
> 행동치료에서 문제는 모두 행동의 문제로 볼 수 있고, 이러한 행동은 기본적으로 학습된 것으로 가정한다.
> 행동치료에서는 변화될 행동을 조작적으로 정의하고 이를 체계적으로 측정 평가한다.

079
자신의 초기 경험이 타인에 대한 확장된 인식과 관계를 맺는다는 가정을 강조하는 치료적 접근은?

① 대상관계이론
② 자기심리학
③ 심리사회적 발달이론
④ 인본주의

> **해설**
> 대상관계이론은 초기 아동기에 성격구조가 발달하는 과정을 중시한다. 오이디푸스 콤플렉스가 나타나는 남근기 이전의 어린 유아가 어머니와의 관계에서 겪게 되는 내면적 경험과 갈등에 초점을 두고 있다. 이러한 어린 시절의 갈등경험은 자기표상과 대상표상의 형성에 영향을 줄 뿐만 아니라 성인기의 대인관계에 강력한 영향을 미친다고 주장한다.

080
생물학적 조망에 대한 설명과 가장 거리가 먼 것은?

① 행동과 기질적 기능 간의 상호작용에 초점을 맞추고 있다.
② 마음과 몸은 하나의 복잡한 실체의 두 측면이다.
③ 심리적인 스트레스와 신체적인 질병은 서로 영향을 미치는 경우가 거의 없다.
④ 관찰 가능한 표현형은 그 사람의 유전인자와 연관된 경험의 산물이다.

> **해설**
> 생물학적 조망에서는 심리적인 스트레스와 신체적인 질병은 서로 영향을 미친다고 본다.

제 5 과목 심리상담

081
인지행동상담에서 사용하는 스트레스 접종방법이 아닌 것은?

① 재구조화 연습
② 이완훈련
③ 심호흡 연습
④ 인지 재교육

> **해설**
> 스트레스 접종은 스트레스를 줄이기 위해 캐나다 심리학자 Donald Meichenbaum에 의해 개발된 인지행동적 절차이다. 스트레스 접종은 처음에는 불안 문제를 치료하기 위해 고안되었으나 현재는 스트레스 접종 훈련은 불안이 존재하는 다양한 장애에 적용되고 있다. 스트레스 접종 방법에는 재구조화, 논의, 문제해결, 전략, 심호흡 훈련, 대처기술, 모델링, 자기교육, 이완훈련, 대처훈련 등이 있다.
> * 인지 재교육은 인지적 기법이다.

082
접촉, 지금-여기, 자각과 책임감 등을 중시하는 치료이론은?

① 인간중심적 치료
② 게슈탈트 치료
③ 정신분석
④ 실존치료

> **해설**
>
> 게슈탈트 치료는 프리츠 펄스가 게슈탈트 심리학, 실존철학, 현상학, 사이코드라마, 연극기법 등을 통합하여 창안한 심리치료법이다. 게슈탈트 치료의 핵심은 내담자의 현존, 즉 '지금-여기'에서 경험되는 감각, 감정, 인식, 행동의 알아차림을 고양하는 것이다.

> **해설**
>
> 도박장애는 비물질관련장애로 분류되며, 바라는 흥분을 얻기 위해 액수를 늘리면서 도박하려는 욕구(내성), 도박을 조절하거나 줄이거나 중지시키려고 시도할 때 안절부절못하거나 과민(금단증상)이 진단기준에 포함된다. 심하면 자살에 이를 수도 있다.

083

사회공포증 극복을 위한 집단치료 프로그램에서 불안을 유발하기 때문에 지금까지 피해 왔던 상황을 더 이상 회피하지 않고 그 상황에 직면하게 하는 일종의 행동치료 기법은?

① 노출훈련
② 역할연기
③ 자동적 사고의 인지재구성 훈련
④ 역기능적 신념에 대한 인지재구성 훈련

> **해설**
>
> 행동치료에 있어서 노출법은 매우 중요한 치료기법 중 하나다. 노출법은 내담자가 두려워하는 자극이나 상황에 반복적으로 노출시켜 직면하게 함으로써 그러한 자극상황에 대한 불안을 감소시키는 방법이다. 반복적은 노출은 자극에 대한 불안을 감소시키는 둔감화 현상을 유발한다.

084

도박 중독에 관한 설명으로 가장 적합한 것은?

① 원하는 흥분을 얻기 위해 액수를 낮추면서 도박을 한다.
② 정상적인 사회생활에는 큰 지장이 없다.
③ 도박을 중단하면 금단증상이 나타나며 심하면 자살을 초래한다.
④ 도시보다 시골지역에 많으며 평생 유병률은 5% 정도로 보고되고 있다.

085

심리재활 프로그램인 집단치료가 가지는 장점과 가장 거리가 먼 것은?

① 다른 집단 구성원에게 도움을 준다는 만족감을 경험할 수 있다.
② 효과적인 대화기술을 익히는 기회가 된다.
③ 고민하는 비슷한 문제들에 대해 다양한 해결책을 살펴볼 수 있다.
④ 항상 참여할 수 있고 자유롭게 다른 일정과 병행할 수 있다.

> **해설**
>
> ①, ②, ③ 모든 집단치료에 있는 치료적 요인이고, ④는 오답이다. 심리재활 프로그램은 미리 대상자를 선정하여 집중적인 치료를 목적으로 하므로 항상 참여할 수 있거나 다른 일정과 병행하기는 어려울 수 있다.

086
집단상담에 대한 설명으로 가장 적합한 것은?

① 집단크기, 기간, 집단성격, 프로그램 등을 미리 결정해야 한다.
② 집단상담에서는 개인상담에 있는 접수면접과 같은 단계는 생략된다.
③ 집단상담에서 상담자는 조언을 사용해서는 안된다.
④ 만성적 우울증을 가진 내담자로 이루어진 집단은 자조집단에 어울린다.

> **해설**
> 집단상담을 시작하기 전 집단크기, 기간, 집단성격, 프로그램 등을 미리 정해야 한다.

087
교류분석상담에서 성격이나 일련의 교류들을 자아상태모델의 관점에서 분석하는 것은?

① 구조분석
② 기능분석
③ 교류패턴분석
④ 각본분석

> **해설**
> 교류분석상담에서 구조분석은 3가지 자아상태(부모자아, 성인 자아, 아이 자아)를 토대로 개인의 성격을 분석하는 것이다.

088
Glasser의 현실요법 상담이론에서 가정하는 기본적인 욕구가 아닌 것은?

① 생존의 욕구
② 권력에 대한 욕구
③ 자존감의 욕구
④ 재미에 대한 욕구

> **해설**
> Glasser에 의하면 인간은 선천적으로 다섯 가지의 기본 욕구, 즉 생존, 애정, 권력, 자유, 재미의 욕구를 갖고 태어난다는 것이다. 우리의 뇌는 끊임없이 이러한 욕구를 충족시킬 수 있는 방법을 선택하기 위해서 외부세계를 자각한다.

089
다음 심리치료에서 사용될 상담기술은?

> 내담자 : 당신은 나에 대해 모든 것을 아는 것처럼 행동하지만, 당신은 아무것도 몰라요.
> 상담자 : 내가 당신의 아버지를 기억나게 하는 것은 아닌지 의문스럽군요. 당신은 아버지가 모든 것을 아는 것처럼 행동한다고 말했었지요.

① 재진술
② 직면(도전)
③ 해석
④ 감정반영

> **해설**
> 해석 : 내담자로 하여금 새로운 방식으로 자신의 문제들을 돌아볼 수 있도록 사건들의 의미를 설정해주고, 자신의 문제를 새로운 각도에서 이해할 수 있도록 그의 생활경험과 행동, 행동의 의미를 설명하는 것이다.

090

성폭력 피해자와의 상담에 대한 설명으로 틀린 것은?

① 상담자는 내담자가 성에 대해 무지하다는 가정을 갖고 상담을 시작하면 관계형성에 어려움이 생긴다.
② 상담자는 피해자가 취해야 할 역할행동을 검토함으로써 필요한 대인관계를 익히도록 돕는다.
③ 먼저 내담자 스스로 자기 패배적 사고방식과 언어표현을 깨닫게 해주는 것이 중요하다.
④ 강간 피해자들을 위한 상담의 첫 단계 목표는 신뢰적 관계 형성, 우선적 관심사 처리, 지속적 상담 준비이다.

> **해설**
> 성폭력 피해자와의 상담에 있어 상담자는 내담자의 성에 대한 지식이 무지하다는 가정을 지니고 심리상담을 진행할 수도 있다.

091

현대 상담에 대한 접근과 가장 거리가 먼 것은?

① 다소 복잡하고, 역사적이고, 이론적인 시야 등 이 분야의 종합적인 통찰을 얻어야 한다.
② 상담 접근 방식들의 주된, 공통된, 효과적인 요소가 무엇일지에 대해 생각해야 한다.
③ 통합적인 상담방식보다 특정 상담방식을 고수해야 한다.
④ 상담 접근 방식들 간의 핵심적인 차이에 대해 논의해야 한다.

> **해설**
> 현대 상담은 특정 이론을 고집하지 않고 여러 가지 상담이론과 접근을 통합한 절충식 상담 접근방향을 지향하고 있다.

092

전화상담이 가장 효과적인 경우는?

① 심한 정신질환이 있는 경우
② 만성적인 문제가 있는 경우
③ 스스로 문제를 해결할 능력이 있는 경우
④ 남과 얼굴 대하기를 꺼려하는 경우

> **해설**
> 전화상담은 익명성과 비대면이 주요한 장점이므로 남과 얼굴 대하기를 꺼리는 내담자에게 효과적이다. 심한 정신질환과 만성적인 문제는 전화상담과 같은 단회상담보다 장기상담으로 진행하는 것이 좋다. 스스로 문제를 해결할 능력이 있는 경우는 심리상담을 받으려고 하지 않을 것이다.

093

인간중심치료 이론에서 치료자가 취해야 할 태도로 가장 적합한 것은?

① 저항의 분석
② 체험에의 개방
③ 솔직성
④ 무조건적인 반영

> **해설**
> 로져스가 이론화한 인간중심치료에서 강조하는 치료자의 태도로는 솔직성(일치성=진실성), 공감적 이해(공감적 경청), 무조건적 긍정적 존중(수용)이 있다.

094

상담자가 상담과 관련하여 내담자에게 제공해야 할 정보와 가장 거리가 먼 것은?

① 상담시간과 요금
② 상담자의 특성과 훈련
③ 상담을 거부할 수 있는 권리
④ 비밀보장의 한계

> **해설**
> 상담초기에 구조화를 하여야 하며, 상담시간 및 비용, 비밀보장의 원칙 및 예외, 상담을 거부할 수 있는 권리 등을 설명해야 한다.

095

게슈탈트 상담에 대한 중요한 비판점으로 가장 적합한 것은?

① 성격의 인지적 측면을 무시한다.
② 내담자의 삶을 무시하거나 가치를 떨어뜨릴 수 있다.
③ 자신들의 사고를 가용할 수도 있다.
④ 내담자가 심리적 손상을 입을 가능성이 많다.

> **해설**
> 게슈탈트 상담은 '지금-여기'에서의 알아차림을 강조하고 개인과 환경 간 접촉의 질을 증진하는 새로운 치료방법을 제시함으로써 인지적 측면의 중요성을 간과했다는 비판이 제기된다.

096

진로상담의 일반적인 원리와 가장 거리가 먼 것은?

① 만성적인 미결정자의 조기발견에 특히 유념해야 한다.
② 경우에 따라서는 심리상담을 병행하면 더욱 효율적이다.
③ 최종결정과 선택은 상담자가 분명하게 정해주어야 한다.
④ 내담자에 대한 기본적인 신뢰와 공감적 이해는 진로상담에서도 중요하다.

> **해설**
> 진로상담 시 최종결정과 선택을 상담자가 해준다는 것은 내담자의 자율성과 자기선택권을 침해하는 행동이다.

097

상담 초기 단계에서 사용하기에 가장 적합한 기법은?

① 경청
② 자기개방
③ 피드백
④ 감정의 반영

> **해설**
> 상담 초기 단계에서는 내담자의 생각과 감정을 이해하기 위해 언어적·비언어적 경청이 중요하다.

098

집단상담에서 집단응집력에 관한 설명으로 틀린 것은?

① 응집력인 높은 집단은 자기개방을 많이 한다.
② 응집력은 집단상담의 성공에 매우 중요한 요소가 된다.
③ 응집력이 낮은 집단은 지금-여기에서의 사건이나 일에 초점을 둔다.
④ 응집력이 높은 집단은 집단의 규범이나 규칙을 지키지 않는 다른 집단성원을 제지한다.

해설

응집력이 높은 집단이 지금-여기에서의 사건이나 일에 초점을 두는 경향이 있다.

100

다음 중 인지적 결정론에 따른 치료적 접근과 입장이 다른 하나는?

① 합리적 정서치료
② 점진적 이완훈련
③ 인지치료
④ 자기교습훈련

해설

점진적 이완훈련은 행동주의 이론에 입각한 행동수정기법이다.
점진적 이완훈련은 1929년에 미국의 정신과 의사인 에드먼드 제이콥슨이 정서적 문제로 생기는 신경근육 긴장 치료를 위해 개발하였다.
이후 1973년 Bernstein, Borkovec이 이 방법을 변형하여 근육을 그룹별(머리, 목, 얼굴, 어깨, 팔, 손, 가슴, 허리, 복부, 엉덩이, 다리, 발 등 16개 근육군)로 위에서 아래 혹은 점진적 긴장 및 이완을 반복하는 방법으로 개량하였다.
점진적 근육이완법은 교감신경반응을 감소시키고, 부교감 신경기능 반응을 증가시켜 스트레스를 줄여준다.

099

내담자로 하여금 예상되는 불안과 공포를 의도적으로 익살을 섞어 과장해서 생각하고 표현하도록 하는 상담기법은?

① 비합리적 사고의 교정
② 역설적 의도
③ 역할연기
④ 자기표현훈련

해설

역설적 기법은 실존치료자인 빅터 프랭클에 의해 제시된 것으로 현실치료에서 내담자의 통제감과 책임감을 증진하기 위해 활용되고 있다. 역설적 기법은 내담자에게 모순되는 지시를 하는 것이다. 예컨대, 발표에서 실수를 하는 것을 두려워하는 환자에게 의도적으로 실수를 하도록 지시하는 것이다.

2016년 제3회 임상심리사 2급 필기 채점표

구분	제1과목	제2과목	제3과목	제4과목	제5과목	전과목 평균
점수						

2016년 제3회 임상심리사 2급 필기 정답

001	002	003	004	005	006	007	008	009	010	011	012	013	014	015	016	017	018	019	020
④	①	②	③	④	③	①	④	③	①	③	①	②	③	③	③	④	②	③	④
021	022	023	024	025	026	027	028	029	030	031	032	033	034	035	036	037	038	039	040
③	①	②	③	①	④	①	④	③	③	④	④	②	②	④	③	③	③	③	①
041	042	043	044	045	046	047	048	049	050	051	052	053	054	055	056	057	058	059	060
①	②	③	④	③	④	④	②	③	①	②	③	②	②	②	①	④	②	④	①
061	062	063	064	065	066	067	068	069	070	071	072	073	074	075	076	077	078	079	080
③	②	②	①	②	②	①	②	③	②	③	③	③	④	④	④	③	②	①	③
081	082	083	084	085	086	087	088	089	090	091	092	093	094	095	096	097	098	099	100
④	②	①	③	④	①	①	③	③	①	④	③	②	①	③	①	③	③	②	②

학습문의 및 정오표 안내

저희 북스케치는 오류 없는 책을 만들기 위해 노력하고 있으나, 미처 발견하지 못한 잘못된 내용이 있을 수 있습니다. 학습하시다 문의 사항이 생기실 경우, 북스케치 이메일(booksk@booksk.co.kr)로 교재 이름, 페이지, 문의 내용 등을 보내주시면 확인 후 성실히 답변 드리도록 하겠습니다.

또한, 출간 후 발견되는 정오 사항은 북스케치 홈페이지(www.booksk.co.kr)의 도서정오표 게시판에 신속히 게재하도록 하겠습니다.

좋은 콘텐츠와 유용한 정보를 전하는 '간직하고 싶은 수험서'를 만들기 위해 늘 노력하겠습니다.

아임팩트 I'M FACT
임상심리사 2급 기출문제집 필기

초판발행	2023년 02월 10일
편저자	문가인
펴낸곳	북스케치
출판등록	제2022-000047호
주소	경기도 파주시 문발로 211 1층(문발동)
전화	070-4821-5513
팩스	0303-0957-0405
학습문의	booksk@booksk.co.kr
홈페이지	www.booksk.co.kr
ISBN	979-11-91870-56-5

이 책은 저작권법의 보호를 받습니다.
수록된 내용은 무단으로 복제, 인용, 사용할 수 없습니다.
Copyright©booksk, 2023 Printed in Korea

북스케치
www.booksk.co.kr

북스케치
www.booksk.co.kr